새시대를 위한
禮記 5

새 시대를 위한

# 禮記 5

서정기 譯註

한국학술정보㈜

# 머리말

　어이쿠, 예절은 천리(天理)를 밝혀 만물의 조리질서를 세워서 진리의 세계를 구현하며, 성리(性理)를 밝혀 인간의 심리(心理)체계를 바로잡아 지선(至善)의 인격을 완성하며, 윤리(倫理)를 밝혀 사회의 화합규범을 제정하여 아름다운 풍속을 건설하는 원리이다.

　그러므로 성인(聖人)이 예절을 제정함에, 첫째는 태극(太極)의 대통일원리를 본체(本體)로 하며, 하늘과 땅을 만물의 근본으로 하며, 음양(陰陽)을 운동의 발단으로 하며, 4시(四時)를 경영의 시기로 하며, 일시(日時)를 작업의 시간으로 하며, 달[月]을 공적 평가의 기간으로 하며, 귀신(鬼神)을 수호사도(守護使徒)로 하며, 5행(五行)을 본질속성으로 하여 천도(天道)의 공명정대(公明正大)함을 본받아 확연대공(廓然大公)의 자연질서를 구현하였으니 이것이 예절의 근본이넘이다.

　둘째는 인간성(人間性)의 지극히 착한 인의예지(仁義禮智)를 본성(本性)으로 하고, 총명예지(聰明睿知)한 지각(知覺)을 인식(認識)의 주체(主體)로 하며, 측은(惻隱), 수오(羞惡), 사양(辭讓), 시비(是非)의 4단(四端)을 양지양능(良知良能)으로 하며, 희로애구애오욕(喜怒哀懼愛惡欲)의 7정(七情)을 삶의 정서(情緒)로 하여 천덕(天德)의 중정화평(中正和平)함을 본받아 거룩하고 신성(神聖)한 인격 주체를 확립하였으니 이것이 예절의 자체 성능이다.

셋째는 천하국가사회의 안녕을 보장하고 억조만민의 융성(隆盛)한 생활터전을 개척하며, 부자(父子), 군신(君臣), 부부(夫婦), 장유(長幼), 붕우(朋友)의 5륜(五倫)을 밝히며, 생로병사(生老病死)에 서로 경조(慶弔)하며, 우주만상이 쾌활하게 하며, 만물을 일체로 사랑하며, 봉린용귀(鳳麟龍龜)가 노는 복지낙원(福祉樂園)의 대동세계(大同世界)를 건설하여 천륜(天倫)의 정체(正體)와 인륜(人倫)의 주체(主體)가 순조롭게 계승 발전토록 하나니 이것이 예절의 역할과 기능이다.

그리하여 예절의 범위는 천계(天界)와 신계(神界)와 인계(人界)와 물계(物界)에 두루 미치지 않은 곳이 없어 그 광대(廣大)함을 다하였고, 예절의 종류는 길례(吉禮), 흉례(凶禮), 빈례(賓禮), 군례(軍禮), 가례(嘉禮)의 5례(五禮)를 갖추었으니 그 미세(微細)함을 다하였다. 주례(周禮) 춘관(春官) 태종백(大宗伯)에 말하기를 길례(吉禮)는 천지신명(天地神明)과 조상신(祖上神)에게 제사 지내는 제례(祭禮)요, 흉례(凶禮)는 초상 치고 장사 지내는 상례(喪禮)요, 빈례(賓禮)는 빈객(賓客)을 대접하는 조근(朝覲), 회동(會同), 사상견례(士相見禮), 빙례(聘禮)요, 군례(軍禮)는 군진(軍陣)의 의례(儀禮)를 갖추는 예절이요, 가례(嘉禮)는 경사스러운 일에 친목하는 사관례(士冠禮), 사혼례(士昏禮), 향음주례(鄕飮酒禮), 향사례(鄕射禮), 대사(大射), 연례(燕禮), 공사대부례(公食大夫禮)라고 하였으니 가정에서 거행하는 관혼상제(冠婚喪祭)를 가례(家禮)라 하며, 사회에서 거행하는 사상견례(士相見禮)와 향음주례(鄕飮酒禮), 향사례(鄕射禮)를 향례(鄕禮)라 하며, 나라에서 거행하는 것을 국례(國禮)라 하며, 천하에서 거행하는 것을 천하례(天下禮)라고 하였다.

일찍이 요(堯)임금과 순(舜)임금이 예절과 음악으로 인민을 가르쳐 어진 정치를 베풀어 봉황이 노래하는 태평성대(太平聖代)를 건설하였으니 하(夏)나라의 우(禹)임금과 은(殷)나라의 탕(湯)임금 및 주(周)나라의 문왕(文王)과 무왕(武王)이 거듭 이어받아 인정(仁政)을 베풀고 예치(禮治)를 숭상하여 정치적 대통(大統)과 학문적 도통(道統)을 계승하여 인륜도덕을 준수하는 사회제도를 정착시키고, 청렴정직을 숭상하는 정치제도를 수립하고, 예의염치를 지키는 교육제도를 구비하여 소강사회(小康社會)를 통해서 대동세계(大同世界)로 들어가는 길을 활짝 열었다.

이에 주공(周公)이 정한 의례(儀禮)와 주례(周禮)에서는 예절의 등급을 나누어 천자례(天子禮), 제후례(諸侯禮), 대부례(大夫禮), 사례(士禮)로 분류하였으니 모두 자율규범으로 인격의 향상에 따라 더욱 아름다운 규범을 갖추도록 배려한 것이다. 무릇 서민대중은 타율규범인 국법(國法)의 질서를 지키되 향상 발전의 길로 인도하기 위하여 서민례(庶民禮)는 만들지 않고, 가능하면 힘써 사례(士禮)를 거행하게 하였으니 이것은 서민을 낮추지 않고, 모두 선비가 되도록 권장하기 위함이다. 그리고 선비는 초급지식인으로서 하급관료의 신분이고, 또한 나이가 젊은 세대인 까닭에 활달하고 번듯한 생활예절과 인류의 보편적인 의례(儀禮)를 따르게 하니 상례(喪禮)의 5복(五服)을 시마(總麻)까지 모두 입게 하였다. 따라서 인간은 태어나면서부터 고귀한 사람이 없으므로 관혼(冠昏)은 오로지 사관례(士冠禮), 사혼례(士昏禮)뿐이요, 왕세자관례(王世子冠禮)나 제후혼례(諸侯昏禮)는 아예 없었는데 후세에 전제군주(專制君主)가 속임수로 날조한 것이다.

대부례(大夫禮)는 고급지식을 체득한 군자(君子)로서 고급관료의 신분이고 또한 나이를 먹고 경험이 풍부한 까닭에 가지런하고 엄숙한 생활예절과 사회의 지도자적인 의례(儀禮)를 실천하게 하였다. 따라서 상복(喪服)도 자최(齊衰)까지만 입고 대공(大功) 이하는 면제하였으니 국사(國事)에 전념토록 배려함이며, 특히 향음주례(鄕飮酒禮)와 향사례(鄕射禮)를 거행하도록 하였는바 지역문화발전에 기여할 사명이 있는 까닭이다.

제후례(諸侯禮)는 나라를 지도하는 어진 이로서 위로 천자(天子)를 받들고 아래로 민심(民心)의 공론(公論)에 따라 일백 관료를 거느리고 나라를 다스리는 까닭에 성대하고 훌륭한 생활예절과 나라의 모범적인 의례(儀禮)를 실천하게 하였다. 따라서 상복(喪服)도 3년복(三年服)만 입고 1년복(一年服) 이하는 입지 않도록 하였으니 임금의 직무에 전념토록 배려함이며 특히 연례(燕禮), 제후대사(諸侯大射), 빙례(聘禮), 공사대부례(公食大夫禮), 근례(覲禮)를 부지런히 거행하여 국가문화 발전에 기여하면서 국제교류 협력에 힘쓰도록 하였다.

천자례(天子禮)는 천하를 다스리는 신성(神聖)한 자리에 올라 위로 천명(天命)을 받들고 아래로 억조만민(億兆萬民)을 다스림에 인류의 사표(師表)가 되고 정치의 모범을 보여야 하는 까닭에 그윽하고 거룩한 생활예절과 천하의 모범적인 의례(儀禮)를 실천하게 하였다. 따라서 상복(喪服)도 3년복만 입고 1년복 이하는 입지 않도록 하였으니 천자의 직무에 전념토록 배려함이며, 특히 예악사어서수(禮樂射御書數)의 국민교육을 장려하여 문덕(文德)과 무예(武藝)와 기술(技術)을 진작(振作)하고, 5례(五禮)를 아름답게 다듬어 문명(文明)을 널리 보급하여, 병기(兵器)를 쓰지 않고도 세계평화를 길이 보장하고, 형벌(刑罰)을 쓰지 않고도 사회안녕을 널리 보장함으로써 상서(祥瑞)로운 기운이 우주에 가득하며 지평천성(地平天成)의 새 시대를 창조하도록 하였다.

공자(孔子)는 춘추(春秋)의 어지러운 시대에 성인(聖人)의 예악정치(禮樂政治)가 무너지고 난신적자(亂臣賊子)가 횡행(橫行)하므로 고례(古禮)를 찾아 세상을 바로잡기 위하여 예절의 대의(大義)를 밝히고 제자들에게 가르쳤으니 제자들이 그 기록을 모아서 예기(禮記)를 편집하였다.

아, 예기(禮記)는 49편이 남아서 2,500년의 긴 세월 동안 전해 오거니와 그 뜻이 깊고 그 말이 간결하여 파악하기 어려운데다가 전제군주(專制君主) 시대에 왕권신성화(王權神聖化) 작업에 함몰한 지성(知性)의 몰락으로 착각 오인한 내용이 적지 않고 또한 어리석은 사람들이 자의적으로 해석까지 하여 그 실체를 발견하기 쉽지 않았다.

이에 내가 평생 동안 쉬지 않고, 세계 속의 한국문화를 연구하여 주역(周易), 춘추(春秋), 시경(詩經), 서경(書經)을 역주(譯註)한 경험을 쌓아 마침내 6년을 집필하여 『새 시대를 위한 예기(禮記)』를 빠짐없이 역주하였으니 예기(禮記)의 대동세계를 건설하는 위대한 가치가 태양처럼 빛나도다.

단기 4343년 1월 17일
동양문화연구소장 대구 서정기 삼가 씀

# 새 시대를 위한 禮記

# 차 례

# 제1권

# 제2권

# 일러두기

1. 이 책은 명(明)나라 한림원에서 칙찬(勅纂)한 예기집설대전(禮記集說大全)을 대본으로 하였다.

2. 원문 앞에 고유번호를 넣었는데 앞자리의 수는 편을 나타내고, 가운데 자리의 수는 장을 나타내고, 끝자리의 수는 절을 나타내서 찾아보기 쉽게 했다. 다만 편의 분류는 원전을 따랐고 장절의 분류는 내가 처음 나누었으나 원문의 순서를 그대로 따랐다.

3. 현토(懸吐)와 구두법은 우리나라 민족문화추진회에서 국역연수원의 교재로 영인한 『예기집설대전』에 옛사람이 구결(口訣)로 토를 달아 놓았기 때문에 참고하고 문법에 어긋난 것은 내가 바로잡았다.

4. 원문의 한글번역은 『 』표기 안에 간명하게 직역하였으며 성인의 말씀이므로 옛 말투를 그대로 살려 두었다.

5. 주해는 ☯ 표를 넣어 역주자의 『새 시대를 위한 예기』임을 밝히고 원칙적으로 한글로만 설명하고 고유명사나 꼭 필요한 곳에만 괄호 속에 한자를 넣어서 한글세대가 알기 쉽게 하였다.

6. 『예기집설대전』의 49편 가운데 대학(大學)과 중용(中庸)은 주자(朱子)가 이미 분리 독립하여 사서(四書)로 표창하였고 예운(禮運)은 내가 역주하여 분리 독립해서 『새 시대를 위한 大學·中庸·禮運』(한국학술정보(주) 刊, 2006)을 단행본으로 출간하

였음을 알린다.

7. 이 책은 먼저 원문을 읽고 경전의 진수를 음미할 수 있도록 한 글 음을 붙였으니 한자는 뜻에 따라 음이 다른 것이 있으므로 바르게 읽도록 돕기 위함이고, 또한 한문을 몰라도 쉽게 읽을 수 있게 함이다.

8. 원문을 존중한다는 뜻에서 원문을 먼저 넣고 번역문을 뒤로 넣었으나 한글세대는 번역문과 주해를 먼저 읽고 글의 뜻을 파악한 다음에 원문을 읽으면 암기하기 쉬울 것이다.

# 새 시대를 위한 禮記

## 제 5 권

란도(鸞刀): 난새의 소리가 나는 방울이 칼의 머리와 중간과 끝에 달려 있어 칼을 쓸 때 상단부와 중간부와 하단부가 모두 같은 소리를 내어 일을 결단하여 착수하고 끝냄을 상징. 민주적인 화합 경영을 하라는 뜻

# 25. 제통(祭統)

　　제(祭)는 앞에 제법(祭法)과 제의(祭義)의 해제(解題)에서 이미 해설하였다.

　　통(統)은 순서(順序)에 따라 세대(世代)를 상속(相續)하여 바르게 이어 성실하고 경건한 정신과 규범의 전통이다.

　　무릇 제사에는 전통이 있나니 나라의 제사에는 대통(大統)이 있고, 집안의 제사에는 종통(宗統)이 있으며, 학교의 제사에는 도통(道統)이 있는 것이다. 따라서 대통의 정체성(正體性)을 확립하여야 나라의 제사를 지낼 수 있고, 종통의 정체성을 확립하여야 집안의 제사를 지낼 수 있으며, 도통의 정체성을 확립하여야 학교의 제사를 지낼 수 있으므로 제사의 전통을 계승하는 것은 대단히 엄중한 사업이 아닐 수 없다. 그러므로 이 편에서는 제사의 전통을 계승하는 길을 설파하였으니 깊이 살펴야 한다.


25-1-1 ─────────── 凡治人之道는 莫急於禮하고 禮有五經하되
莫重於祭하니 夫祭者는 非物自外至者也라.
自中出生於心者也라 心怵而奉之以禮하나니
是故로 唯賢者라야 能盡祭之義하느니라.


　『무릇 사람을 다스리는 도는 예절보다 시급한 것이 없고, 예절에는 다섯 가지 경계가 있되 제사보다 중대한 것이 없으니 대저 제사라는 것은 헤아림이 밖으로부터 이르는 것이 아니라 자기 내면의 마음에서

말미암아 나오는 것이므로 마음이 두려워서 예절로 받드나니 이런 까
닭으로 오직 어진 사람이어야 능히 제사의 본의를 다하느니라.』

　◑ 이 장은 제사의 전통예절이 어버이를 생각하는 지극한 효성(孝
誠)에서 비롯하였음을 기술하였으니 여기에서는 어진 사람이어야 정
성과 공경을 다하여 제사 지낼 수 있음을 밝혔다.
　오경(五經)은 다섯 가지의 경계(經界)이니 길례(吉禮), 흉례(凶
禮), 군례(軍禮), 빈례(賓禮), 가례(嘉禮)의 다섯 분야(分野)의 예절
이다. 물(物)은 헤아려 살피는 것이고, 출(怵)은 출척(怵惕)이니 두
려워함이며, 봉지(奉之)는 제사를 받드는 것이다.
무릇 효자(孝子)는 시절이 바뀌고 새로운 물건이 나오면 먼저 어
버이를 생각하기 때문에 음식을 장만하여 제사를 지내는 전통이
생기게 되었다.


25-1-2 ───────── 賢者之祭也엔 必受其福하나니 非世所謂福也라
福者는 備也니 備者는 百順之名也라 無所不順者之謂備니
言內盡於己하고 而外順於道也라 忠臣이 以事其君하며 孝子가
以事其親하나니 其本은 一也라 上則順於鬼神하고
外則順於君長하고 內則以孝於親하나니 如此之謂備니 唯賢者라야
能備하고 能備然後에 能祭니라. 是故로 賢者之祭也엔 致其誠信과
與其忠敬하야 奉之以物하며 道之以禮하며 安之以樂하며 參之以時하야
明薦之而已矣요 不求其爲하나니 此는 孝子之心也라.


『어진 사람의 제사에는 반드시 그 복을 받으니 세속에서 말하는

복이 아니라 복이라는 것은 갖추는 것이니 갖춘다는 것은 일백 가지 일에 순서를 따른다는 이름이므로 순서로 하지 않은 바가 없는 것을 일컬어 갖추었다고 하나니 언컨대 안으로 자기의 마음에서 극진히 하고 밖으로 자연의 진리에서 차례를 지키는 것이라. 충신이 그 임금을 섬기게 하며 효자가 그 어버이를 섬기게 하나니 그 근본은 하나인 것이므로 위로 귀신에게 순서를 지키고, 밖으로 임금과 어른에게 순서를 지키고, 안으로 어버이에게 효도를 하게 하나니 이와 같이 함을 일컬어 갖추었다고 하니 오직 어진 사람이어야 능히 갖추고, 능히 갖춘 다음에 능히 제사 지내느니라. 이런 까닭으로 어진 사람의 제사에는 그 정성과 믿음과 그 진실과 공경을 다하여 제물로써 받들고, 예절로써 말미암으며, 음악으로 편안하게 하며, 때로써 참여하여 깨끗한 제사를 지낼 뿐이요, 그 이유를 추구하지 아니하나니 이것이 효자의 마음이니라.』


　☯ 이 절에서는 일백 가지 일에 순서를 지키는 것이 어진 사람이 제사를 지내는 전통임을 기술하였으니 어진 이는 복(福)을 받기 위하여 제사를 지내는 것이 아니고, 안으로 마음의 정성을 극진히 하며 밖으로 자연의 진리를 따라서 일백 가지의 일에 순서를 지켜서 예절을 갖추어 제사를 지내면 저절로 복을 누리게 됨을 밝혔다.

　세소위복(世所謂福)은 서민대중이 천지신명(天地神明)에게 기도(祈禱)하여 소원성취(所願成就)하는 것이니 곧 요행이 재앙을 피하고 행복을 취하는 것이다. 비(備)는 완비(完備)함이요, 백순(百順)은 일백 가지 일에 질서를 지키고 순서를 따르는 것인즉 자연의 천리(天理)와 인간의 성리(性理)와 사회의 윤리(倫理)에 따라서 그 정체(正體)를 뚜렷이 확립하여 조금도 모자라거나 넘치거나 어그러짐이 없는 것이다.

진어기(盡於己)는 자기의 정성을 극진히 함이고, 순어도(順於道)는 자연의 진리에 순종함이며, 본(本)은 본의(本義)요, 순어귀신(順於鬼神)은 귀신 앞에 제주(祭主)의 정체(正體)를 바르게 확립함이며, 순어군장(順於君長)은 임금이나 어른 앞에 제주(祭主)의 정체를 바르게 확립함이며, 효어친(孝於親)은 어버이 앞에 제주(祭主)의 정체를 바르게 확립하는 것이다.

그 정성과 신의와 진실과 공경을 다하는 것은 제주(祭主)가 정체(正體)를 확립하는 정신이고, 물(物)은 제기(祭器), 제복(祭服), 제물(祭物)이며, 도지(道之)는 제사를 말미암아 지내는 것이요, 참지(參之)는 제사에 참여하여 거행함이며, 기위(其爲)는 그 소이(所以)로 하는 바의 대가나 목적이다.


25-1-3 ──────────────── 祭者는 所以追養繼孝也니 孝者는 畜也라
順於道하야 不逆於倫이 是之謂畜이라.


『제사라는 것은 죽은 뒤에 공양하여 효도를 계속하는 원리이니 효도라는 것은 기르는 것이라. 자연의 진리에 순응하여 윤리를 거스르지 않음을 이에 기름이라고 하니라.』


◉ 이 절에서는 사람이 효심(孝心)으로 죽은 부모를 공양(供養)하는 것이 제사임을 기술하였다.

추양(追養)은 죽은 뒤에 음식과 의복을 어버이에게 공양(供養)함이요, 계효(繼孝)는 어버이가 죽은 뒤에도 계속 효도를 하여 효자(孝子)가 되는 것이다. 휵(畜)은 먹이고 길러서 성장(成長)시킴이니 곧

어버이의 영혼(靈魂)을 크고 빛나도록 해마다 제사를 지내서 기리는 것이다. 순어도(順於道)는 자연의 생성하는 진리에 따라서 제물(祭物)을 정결하고 풍성하게 차리는 것이고, 불역어륜(不逆於倫)은 윤리에 거스르지 아니함이니 곧 큰아들과 큰며느리가 직접 제물을 장만해서 그 어버이와 시어버이께 제사를 지내는 것이다.

무릇 귀신(鬼神)은 기(氣)이므로 그 기운(氣運)을 북돋우면 또한 신통력(神通力)이 왕성(旺盛)하여 더욱 크고 빛나는 것이니 신(神)은 양기(陽氣)의 영혼(靈魂)이요, 귀(鬼)는 음기(陰氣)의 정백(精魄)이므로 제사를 잡수시면 그 원기(元氣)를 더욱 드날리고, 그 정기(精氣)를 더욱 응결하는 것이다.


25-1-4 ──────── 是故로 孝子之事親也에 有三道焉하니 生則養하고
沒則喪하고 喪畢則祭하나니 養則觀其順也하고
喪則觀其哀也하고 祭則觀其敬而時也하나니
盡此三道者는 孝子之行也니라.


『이런 까닭으로 효자가 어버이를 섬김에 세 가지의 도가 있으니 생전에는 곧 공양하고, 돌아가시면 초상 치고, 상기를 마치면 제사 지내나니 공양할 때에는 곧 그 순종함을 보고, 초상 침에는 곧 그 슬퍼함을 보고, 제사 지냄에는 곧 그 공경하고 때에 알맞음을 보나니 이 세 가지 도를 다하는 것이 효자의 행실이니라.』


◑ 이 절에서는 효자(孝子)의 행실에는 세 가지의 도(道)가 있음

을 기술하였으니 화순(和順)하게 공양(供養)하고 슬프게 초상 치고 경건하게 때맞추어 제사를 지내야 비로소 효자임을 밝혔다.

3도(三道)는 생도(生道)와 사도(死道)와 신도(神道)이고 시(時)는 네 철의 중월(仲月)이니 제사 지내는 때를 맞추는 것이다.

25-2-1 ──────────── 旣內自盡하고 又外求助하나니 昏禮가 是也라 故로 國君이 取夫人之辭也에 曰請君之玉女와 與寡人이 共有敝邑하야 事宗廟社稷이라 하나니 此는 求助之本也라 夫祭也者엔 必夫婦親之하나니 所以備外內之官也라. 官備면 則具備水草之菹와 陸産之醢하나니 小物備矣요 三牲之俎와 八簋之實은 美物備矣요 昆蟲之異와 草木之實은 陰陽之物을 備矣니 凡天之所生과 地之所長에 苟可薦者엔 莫不咸在하니 示盡物也라. 外則盡物하고 內則盡志하나니 此는 祭之心也라.

『이미 안으로 자기의 노력을 다하고 또한 밖으로 협조할 사람을 찾으니 혼례가 이것이다. 그러므로 나라의 임금이 부인을 얻은 말씀에 말하기를 "임금의 사랑하는 따님과 과인이 함께 폐읍에 살면서 종묘와 사직을 섬기기를 청하나이다"라고 하나니 이것은 협조할 사람을 찾는 기본이다. 무릇 제사라는 것은 반드시 부부가 몸소 친히 지내나니 남자와 여자의 관직을 갖추는 까닭이다. 관직을 갖추면 수초의 절임과 땅에서 생산한 젓국 김치를 구비하나니 작은 물질을 갖추는 것이요, 세 가지 희생의 살코기와 여덟 가지 대나무 제기의 곡식은 아름다운 물질을 갖추는 것이요, 곤충의 특이한 맛과 초목의 열매는 음양의 물질을 갖추는 것이니 무릇 하늘이 낸 바와 땅이 기른

바에 진실로 제물로 바칠 만한 것은 모두 있지 아니함이 없나니 물질을 다했음을 보인 것이다. 밖으로 물질을 다하고, 안으로 뜻을 다하나니 이것은 제사의 마음인 것이니라.』

◉ 이 장은 제사(祭祀)를 극진히 지내는 전통을 기술하였으니 여기에서는 사람의 노력을 다하여 제물을 갖추는 절도를 밝혔다.

자진(自盡)은 자기의 노력을 극진히 함이요, 취(取)는 취(娶)이며 옥녀(玉女)는 사랑하는 따님이고, 친지(親之)는 몸소 직접 하는 것이다. 외내지관(外內之官)은 밖에서 남자들이 하는 일과 안에서 부인네가 하는 일을 나누어 각각 직분을 맡기는 것이고, 수초(水草)는 물에서 자라는 미역과 다시마 및 김 등이요, 육산(陸産)은 땅에서 자라는 나물과 채소 등이며, 소물(小物)은 작은 물질로 흔한 것이다. 3생(三牲)은 소와 돼지와 양이고, 팔궤(八簋)는 앞에 14-4-16에서 이미 해설하였으니 벼, 수수, 보리, 콩, 조, 피, 기장, 깨의 곡식이나 또는 벼, 보리, 콩, 조, 밀, 팥, 기장, 깨의 여덟 가지 곡식이다. 미물(美物)은 아름다운 물질이니 사람의 노력으로 생산한 맛있는 음식이다. 곤충(昆蟲)은 벌과 같은 것이고, 이(異)는 특이한 맛이니 곧 꿀과 같은 것이며, 초목지실(草木之實)은 일백 가지 과일인데 음양지물(陰陽之物)은 물과 햇볕을 받아 자연적으로 생성하는 물질이다. 함재(咸在)는 제사상에 모두 갖추어 있는 것이고, 진물(盡物)은 천하의 물질을 모두 갖추어 제물을 차리는 것이고, 진지(盡志)는 자기의 뜻을 오로지 한결같이 하여 어버이를 섬기는 것이며, 제지심(祭之心)은 정성과 공경을 다하는 엄숙한 마음이다.

대저 혼례(昏禮)는 의례(儀禮)에 사혼례(士昏禮)뿐이요, 대부(大夫)나 국군(國君)의 혼례는 없거늘 여기에서 마치 국군혼례(國君昏禮)가 있는 것처럼 예(例)를 들었으니 춘추시대의 변례(變禮)라고 하겠다.


25-2-2 ────────── 是故로 天子가 親耕於南郊하사 以共齊盛하시고
王后가 蠶於北郊하사 以共純服하시며 諸候가
耕於東郊하사 亦以共齊盛하시고 夫人이 蠶於北郊하사
以共冕服하시나니 天子諸候가 非莫耕也며 王后夫人이
非莫蠶也라. 身致其誠信하니라. 誠信之謂盡이요
盡之謂敬이니 敬盡然後에 可以事神明이니 此는 祭之道也라.


『이런 까닭으로 천자가 남쪽 교외에서 몸소 경작하사 제삿밥을 드리시고, 왕후가 북쪽 교외에서 양잠하사 또한 제복을 드리시며, 제후가 동쪽 교외에서 경작하사 또한 제삿밥을 드리시고, 부인이 북쪽 교외에서 양잠하사 면류관과 곤룡포를 드리시나니 천자와 제후가 사람을 시켜서 경작을 못 할 것이 아니며, 왕후와 부인이 사람을 부려서 양잠을 못할 것이 아니로되 몸소 그 정성과 믿음을 다하느니라. 정성과 믿음을 일컬어 다함이라 하고, 다함을 일컬어 공경이라 하니 공경을 다한 연후에 신명을 섬길 수 있으니 이것은 제사의 도리이다.』


◑ 이 절에서는 제삿밥과 제복(祭服)은 직접 농사를 짓고 양잠(養蠶)을 하여 성신(誠信)을 극진하는 것이 신명(神明)을 공경하는 제사의 길임을 기술하였다.

남교(南郊)는 양(陽)이 극성하는 땅이니 남자가 경작하고, 공(共)은 공(供)이며, 자성(齊盛)은 자성(粢盛)이니 기장 과 피로 제삿밥을 드리는 것이다. 북교(北郊)는 음(陰)이 극성하는 땅이니 여자가 양잠(養

蠶)하고, 치복(純服)은 치복(緇服)으로 천자의 제복(祭服)이다. 동교
(東郊)는 양기(陽氣)가 처음 비롯하는 땅이요, 면복(冕服)은 면류관과
곤룡포이며, 비막경(非莫耕)은 천하에 부릴 사람이 없어서 경작하지 못
하는 것이 아니라는 뜻이고, 비막잠(非莫蠶)은 천하에 부릴 사람이 없
어서 누에를 치지 못하는 것이 아니라는 뜻이니 곧 아랫사람으로 하여
금 대신 농사를 짓게 하고 누에를 치게 해서 제삿밥과 제복(祭服)을
만들게 할 수 있지만 그것은 자기의 정성이 아니고 또한 자기의 신의
(信義)가 아니므로 귀신을 극진히 공경하는 길이 아니다. 따라서 천자
와 제후도 몸소 경작하여 제삿밥을 차리는 것이 제사의 도리이다.


25-3-1 ──────── 及時將祭할새 君子가 乃齊하나니 齊之爲言은 齊也니
齊不齊하야 以致齊者也라 是故로 君子가 非有大事也며
非有恭敬也면 則不齊하나니 不齊則於物에 無防也며
耆欲이 無止也이니라 及其將齊也하얀 防其邪物하며
訖其耆欲하며 耳不聽樂하나니 故로 記에 曰齊者엔
不樂言이라 하니 不敢散其志也라 心을 不苟慮하야
必依於道하며 手足을 不苟動하야 必依於禮하니 是故로
君子之齊也엔 專致其精明之德也라. 故로 散齊七日하야
以定之하니 致齊三日하야 以齊之하나니 定之之謂齊니
齊者엔 精明之至也라 然後에 可以交於神明也라.


『때가 닥쳐서 장차 제사 지내려고 할 적에 군자가 이에 목욕재계를
하나니 목욕재계의 말뜻은 가지런하게 하는 것이니 가지런하지 않은
것을 가지런하게 하여 마음속에서 극진하게 통일하여 가지런히 하는

것이다. 이런 까닭으로 군자가 큰일이 있지 않으며 공경함이 있지 않은 것이면 목욕재계를 아니 하나니 목욕재계를 아니 하면 사물에 대하여 방어함이 없는 것이며, 즐겨 하고자 함을 그침이 없는 것이니라. 그 장차 제삿날에 미쳐서 그 사특한 사물을 방지하며, 그 즐겨 하고자 함을 끝내며, 귀로 음악을 듣지 아니하나니 그러므로 예기에 말하기를 목욕재계한 사람에게는 말하기를 즐기지 아니한다고 하니 감히 그 뜻을 산란하게 하지 못하는 것이다. 마음을 구차하게 생각하지 아니하여 반드시 도리에 의존하며, 손과 발을 구차하게 움직이지 아니하여 반드시 예절에 의거하니 이런 까닭으로 군자의 목욕재계함에는 오로지 정밀하고 밝은 덕을 이루는 것이다. 그러므로 외모에서 한가롭게 가지런히 일곱 날을 하여 마음을 고정하니, 마음속에서 극진하게 통일하여 가지런히 사흘을 하여 가지런히 하나니 마음을 고정한다는 말은 가지런히 함이니 목욕재계한 사람에게는 정밀하고 밝음의 지극한 것이라. 그러한 다음에 가히 신명께 교접할 수 있는 것이다.』


◑ 이 장은 제사에 신명(神明)과 교접(交接)하기 위해서는 반드시 정신을 통일하는 치재(致齊) 3일과 산재(散齊) 7일간의 재계(齊戒)가 필요함을 기술하였다.

치재(致齊)와 산재(散齊)는 앞에 24-1-2에서 이미 해설하였고 어물무방(於物無防)은 사물에 대하여 방어(防御)함이 없는 개방상태라는 뜻이고, 기욕무지(耆欲無止)는 즐겨 하고자 한 바를 단속하지 않고 방임한다는 뜻이다. 정명지덕(精明之德)은 정밀하고 명확한 덕성이니 지혜와 사랑과 용기로 충만한 정성과 공경의 실체이니 곧 천리(天理)가 마음속에 갖추어 있는 것이다. 정(定)은 고정(固定), 평정(平定), 안정(安定)이니 흔들림이 없고 기울어짐이 없으며 위태로

움이 없는 자연적인 중정(中正)의 상태이다. 교어신명(交於神明)은
제사가 신령(神靈)이 강림하심에 제주(祭主)가 맞이하여 교접(交接)
함이니 곧 귀신을 통하는 것이다.


25-3-2 ─────── 是故로 先期旬有一日에 宮宰가 宿夫人이어든
夫人이 亦散齊七日하시고 致齊三日하시나니 君은
致齊於外하시고 夫人은 致齊於內하사 然後에
會於大廟하사 君은 純冕으로 立於阼하시고 夫人은
副褘로 立於東房하시며 君이 執圭瓚하사 祼尸하시며
大宗이 執璋瓚하야 亞祼하고 及迎牲하야 君이 執紖하시며
卿大夫가 從하며 士가 執芻하고 宗婦가 執盎하야 從하거든
夫人이 薦涗水하시고 君이 執鸞刀하사 羞嚌하시며
夫人이 薦豆하시니 此之謂夫婦親之니라.


『이런 까닭으로 정한 날보다 11일 전에 종묘의 의례담당관이 부인
에게 목욕재계하라고 알리거든 부인이 또한 외모에서 한가롭게 가지
런히 일곱 날을 하시고, 마음속에서 극진하게 통일하여 가지런히 사
흘을 하시나니 임금은 밖에서 마음을 가지런히 통일하시고, 부인은
안에서 마음을 가지런히 통일하사 그런 다음에 태조의 사당에 모여서
임금은 검은 곤룡포와 면류관으로 동쪽 계단에 서시고, 부인은 첩지
와 검은 비단에 꿩을 많이 그린 옷으로 동쪽 방에 서시며, 임금이 옥
으로 손잡이를 만든 옥술잔을 들고 시동 앞에 강신주를 땅에 부으시
며, 태종백이 반쪽 서옥으로 손잡이를 만든 옥술잔으로 다음 강신주
를 땅에 붓고, 희생을 맞이함에 미쳐 임금이 고삐를 잡으시며, 경대부

가 따르며, 선비가 꿀을 들고, 종부가 앙제를 들고 따르거든 부인이 맑은 물을 올리시고, 임금이 난도를 들고 제물을 자르시며, 부인이 제기를 올리시니 이것을 일컬어 부부가 몸소 제물을 차린다고 하니다.』

◑ 이 절에서는 종묘의 제사에 임금과 부인이 동시에 목욕재계하는 것으로부터 제물을 차리고 제사를 준비하는 일체의 절차를 더불어 거행하는 전통을 기술하였다.

숙(宿)은 숙계(宿戒)이고, 태묘(大廟)는 태조(太祖)의 묘당(廟堂)이며, 부위(副禕)는 앞에 14−2−7에서 이미 해설하였다. 규찬(圭瓚)은 앞에 14−2−5에서 참조하라. 관시(祼尸)는 시동(尸童)의 앞에서 강신주(降神酒)를 땅에 부은 것이요, 태종(大宗)은 태종백(大宗伯)이니 예절장관이며, 진(紖)은 쇠고삐이고, 추(芻)는 마른 풀이니 소를 잡을 때에 바닥에 깔기 위한 것이다. 종부(宗婦)는 동종(同宗)의 부인이고 앙(盎)은 앙제(盎齊)이며 세수(涗水)는 명수(明水)요, 수제(羞嚌)는 소를 잡아서 그 간(肝)을 썰어 맛을 보고 신령께 바치는 것이다.

25-3-3 ——————————— 及入舞하야 君이 執干戚就舞位하사 君이 爲東上하시나니 冕而總干하사 率其群臣以樂皇尸라. 是故로 天子之祭也엔 與天下樂之하시고 諸侯之祭也엔 與竟內樂之하시나니 冕而總干하사 率其群臣하사 以樂皇尸란 此는 與竟內樂之之義也라.

『춤추는 사람이 들어옴에 미쳐 임금이 방패와 도끼를 들고 춤추는 자리로 가시어 임금이 동쪽 윗자리가 되시나니 면류관으로 방패를 합하사 그 여러 신하를 거느리고 거룩한 시동을 즐겁게 하는지라 이런 까닭으로 천자의 제사에는 천하와 더불어 즐겁게 하시고, 제후의 제사에는 국경 내와 더불어 즐겁게 하시나니 면류관으로 방패를 합하사 그 여러 신하를 거느리고, 거룩한 시동을 즐겁게 함이란 이것은 국경 내와 더불어 즐거워한다는 뜻이다.』

◐ 이 절은 제사의 악무(樂舞)는 거룩한 임금의 업적을 찬송(讚頌)하는 것이므로 천자는 천하로써 시동(尸童)을 즐겁게 하고, 제후는 그 영토로써 시동을 즐겁게 하는 것이 제사의 전통적인 음악과 무용임을 기술하였다.

간척(干戚)은 무무(武舞)의 도구로 방패와 도끼이며, 위동상(爲東上)은 동쪽의 맨 앞줄의 기준이 되는 것이요, 총간(總干)은 도끼로 방패를 쳐서 합하는 것이며, 락(樂)은 즐겁게 함이고, 황시(皇尸)는 거룩한 시동(尸童)이니 높이는 말이다. 천자는 천하로써 그 덕(德)을 기리고, 제후는 영토로써 그 공(功)을 기리는 것이 분수에 알맞고 이름에 합하는 예절이다.

25-4-1 ────────────── 夫祭有三重焉이니 獻之屬은 莫重於祼이요
聲은 莫重於升歌며 舞는 莫重於武宿夜니 此는
周道也라 凡三道者엔 所以假於外하야 而以增君子之志也라
故로 與志進退하야 志輕則亦輕하고 志重則亦重하나니
輕其志而求外之重也는 雖聖人이라도 弗能得也라 是故로
君子之祭也엔 必身自盡也하나니 所以明重也라 道之以禮하야
以奉三重하야 而薦諸皇尸란 此는 聖人之道也라.

『무릇 제사에는 세 가지의 중대한 것이 있으니 술을 드림에는 강신 주보다 중대한 것이 없고, 소리는 승가보다 중대한 것이 없으며, 춤은 무숙야보다 중대한 것이 없으니 이것은 주나라의 법도이다. 무릇 세 가지의 법도에는 밖에서 빌리는 바로써 군자의 뜻을 더하는 것이다. 그러므로 뜻과 더불어 나아가고 물러오게 하여 뜻이 가벼우면 또한 가볍게 하고, 뜻이 무거우면 또한 무겁게 하나니 그 뜻을 가볍게 하면 서 밖의 무거운 것을 추구하는 것은 비록 성인이라도 얻을 수 없는 것이다. 이런 까닭으로 군자의 제사에는 반드시 자신이 스스로를 다하 나니 무거운 것을 밝히는 원리이다. 예절로써 말미암아 세 가지 중대 한 일을 받들어 거룩한 시동에게 드리나니 이것은 성인의 법도이다.』

◉ 이 장은 제사에 있어서 특히 중요한 사항을 기술하고 전통적으 로 몇 가지의 중대한 법도가 있음을 기술하였다.

3중(三重)은 세 가지의 중요한 일이니 향기로운 강신주(降神酒)로 신령을 이르게 함이 첫째로 중대한 일이고, 다음은 아름다운 문덕(文 德)을 노래하여 신령을 찬양함이 둘째로 중대한 일이며, 끝으로 빛나는 무공(武功)을 춤추고 기려서 신령께 감사함이 셋째로 중대한 일이니 이것이 곧 주(周)나라가 제사를 지내는 전통적인 세 가지의 법도이다.

승가(升歌)는 당상악(堂上樂)으로 문덕(文德)을 노래하는 찬송가 이고, 무숙야(武宿夜)는 당하악(堂下樂)으로 무공(武功)을 기리는 무 무(武舞)의 곡명(曲名)이다. 가어외자(假於外者)는 밖에서 빌리는 것 이니 신령이 이르기를 바라는 간절한 뜻을 향기로운 울창주(鬱鬯酒) 로 표현하고, 신령을 즐겁고 편안히 모시려는 간절한 뜻을 아름다운 노래로 표현하며, 신령에게 감사하고 보답하려는 간절한 뜻을 장엄한 춤으로 표현하니 모두 속에 있는 마음을 표현하는 수단을 밖에서 빌린 것이다. 성인지도(聖人之道)는 문왕(文王), 무왕(武王), 성왕(成王)과 주공(周公)이 제사의 법도로 정한 전통이라는 말이다.


25-4-2 ────────────────── 夫祭有餕하니 餕者는 祭之末也니
不可不知也니라 是故로 古之人이 有言하되
曰善終者는 如始라 하니 餕其是已인저 是故로 古之君子가
曰尸亦餕鬼神之餘也하나니 惠術也에 可以觀政矣라 하니라.


『대저 제사에 남긴 제물을 먹는 절차가 있으니 남긴 제물을 먹는 절차는 제사의 끝이니 알지 않으면 안 되는 것이니라. 이런 까닭으로 옛사람이 말하되 이르기를 잘 마치는 것은 시작과 같이 함이라고 하니 남긴 제물을 먹는 절차가 그 이것인저, 이런 까닭으로 옛날의 군자가 말하기를 시동이 또한 귀신이 남긴 음식을 먹는다고 하나니 혜택을 베푸는 방법에서 정치의 도덕을 볼 수 있다고 하니라.』


☯ 이 절에서는 남긴 제물을 먹는 준례(餕禮)의 중대한 뜻을 기술하였다.
　준(餕)은 남긴 음식을 먹는 것이니 가장 친밀한 관계임을 확인함과 동시에 혜택(惠澤)을 직접 받았음을 상징하는 의식전통이다. 선종자여시(善終者如始)는 잘 끝내는 사람은 시작할 때와 똑같이 한다는 말이니 곧 근시(謹始)하고 신종(愼終)하여 시종일관(始終一貫) 성실하고 공경하는 것이다. 혜술(惠術)은 혜택을 아래로 베풀어 내려가게 하는 방법이고, 관정(觀政)은 천자와 제후의 정치적 혜택이 대부(大夫)를 거쳐 차례로 선비와 인민대중에게 베풀어 내려가는 것을 확인한다는 것이다.

是故로 尸諼커든 君이 與卿四人으로 餕하시고
君이 起커든 大夫六人으로 餕하나니 臣이 餕君之餘也라
大夫가 起커든 士八人이 餕하나니 賤이 餕貴之餘也라
士가 起할새 各執其具以出하야 陳于堂下어든 百官이
進徹之하나니 下餕上之餘也라 凡餕之道가 每變以衆하나니
所以別貴賤之等하며 而興施惠之象也라 是故로 以四簋黍로
見其脩於廟中也하나니 廟中者는 竟內之象也라.

『이런 까닭으로 시동이 일어나거든 임금이 경 4인과 더불어 남긴 제물을 잡수시고, 임금이 일어나거든 대부 6인이 남긴 제물을 먹나니 신하가 임금이 남긴 음식을 먹은 것이다. 대부가 일어나거든 선비 8인이 남긴 제물을 먹나니 천한 사람이 귀한 사람의 남긴 음식을 먹은 것이다. 선비가 일어날 때에는 각각 그 제물을 담은 그릇을 들고 밖으로 나아가 당 아래에 진열하거든 일백관리가 앞으로 다가가서 모두 집어가서 먹나니 아랫사람이 윗사람의 남긴 음식을 먹은 것이다. 무릇 남긴 제물을 먹는 방법은 매번 변할 때마다 먹은 사람의 수가 많아지나니 귀하고 천한 등급을 분별하는 원리이며 동시에 은혜를 베푸는 풍속을 일으키는 표상이다. 이런 까닭으로 네 개의 대나무 제기에 담은 기장으로 그 사당 안에 닦음을 보이나니 사당 안은 영토의 안을 상징하는 것이다.』

◉ 이 절은 종묘의 제례에 남긴 제물을 빠짐없이 골고루 나누어 먹는 준(餕)의 절도를 기술하여 정치적 혜택도 위에서부터 아래로 질서와 조화를 지켜야만 전체 인민대중이 균평한 혜택을 누리게 될 수 있음을 밝혔다.

속(謖)은 일어나는 것이고, 진철(進徹)은 앞으로 다가가서 남은 제물을 모두 집어가서 먹은 것이며, 궤(簋)는 천자는 8궤(八簋)이고, 제후(諸侯)는 6궤(六簋)인데 준(餕)할 때에는 4방(四方)을 상징하여 4궤(四簋)만 내려다가 먹은 것이다.

무릇 음식의 도(道)는 상청하후(上淸下厚)이니 윗사람은 청렴(淸廉)과 결백(潔白)을 숭상하여 맛만 보고 아래로 후덕(厚德)하게 내려 주는 것이므로 경대부(卿大夫)와 선비는 사당 안에서 맛보는 것이다. 그리고 하급관료인 일백 관리는 두터운 혜택을 받아서 누리는 것을 숭상하므로 마당에서 남은 음식을 모두 나누어 가지는 것이니 이것이 청렴결백한 정치풍토와 두터운 혜택을 베푸는 풍속을 일으키는 방법이다.

25-4-4 ──────────────── 祭者는 澤之大者也라 是故로 上有大澤하면 則惠必及下하나니 顧上先下後耳라 非上에 積重하야 而下有凍餒之民也니라 是故로 上有大澤하면 則民夫人이 待于下流하나니 知惠之必將至也일새니라 由餕하야 見之矣니 故로 曰可以觀政矣라 하니라 夫祭之爲物이 大矣하며 其興物이 備矣라 順以備者也니 其敎之本與인저 是故로 君子之敎也엔 外則敎之以尊其君長하고 內則敎之以孝於其親하나니 是故로 明君이 在上하면 則諸臣이 服從하고 崇事宗廟社稷하면 則子孫이 順孝하나니 盡其道하며 端其義하야 而敎가 生焉하나니.

『제사란 혜택을 베푸는 큰 것이다. 이런 까닭으로 위에서 큰 혜택을 베품이 있으면 혜택이 반드시 아래로 내려가나니 그러므로 위에서 먼저 베풀어야 아래에서 뒤에 받을 따름이므로 위에서 무겁게 축적함으로써 아래에 얼고 굶주리는 민중이 있는 것이 아니다. 이런 까닭으로 위에서 큰 혜택을 베풂이 있으면 민중과 저 사람들이 하류사회에서 기다리나니 혜택이 반드시 장차 이르는 것을 아는 까닭이니라. 남긴 제물을 먹는 절차를 말미암아 그것을 보는 것이니 그러므로 말하기를 정치적 혜택을 볼 수 있다고 하니라. 무릇 제사의 행사됨이 큰 것이며 그 행사를 융성하게 하여 갖추는 것이다. 차례로 갖추는 것이니 그 교육의 근본인저, 이런 까닭으로 군자의 교육에는 밖에 나아가면 그 임금과 어른을 존경하도록 가르치고, 안에 들어가면 그 어버이에게 효도하도록 가르치나니 이런 까닭으로 밝은 임금이 위에 있으면 여러 신하가 복종하고, 종묘와 사직을 높이 섬기면 자손이 온순하고 효도하나니 그 도리를 다하며, 그 의리를 단정히 해서 교육이 생기나니』

◉ 이 절은 남긴 제물을 먹은 준(餕)의 절도를 통하여 인민대중에게 정치적 혜택을 베풀어 민생경제를 안정시킴으로써 충효(忠孝)의 윤리교육이 비롯하여 생기는 교육의 본의를 기술하였다.

고(顧)는 고(故)와 같고 민부인(民夫人)은 민중과 저 곤궁한 사람들이며, 하류(下流)는 하류사회이다. 위물(爲物)은 행사(行事)의 내용됨이요, 홍물(興物)은 행사의 규모를 융성하게 함이며, 교지본(敎之本)은 어버이의 은혜에 보답하는 효심(孝心)이니 곧 천성(天性)의 발로(發露)이고, 교지생(敎之生)은 제사를 통하여 충효의 마음을 일이키므로 이것이 교육으로 비롯하여 말미암아 나오는 기본원리라는 뜻이다.

 ——————————— 是故로 君子之事君也엔 必身行之하야
所不安於上이면 則不以使下하며 所惡於下면
則不以事上하나니 非諸人하고 行諸己는 非敎之道也라
是故로 君子之敎也는 必由其本하나니 順之至也니
祭其是與인저 故로 曰祭者는 敎之本也已라 하니라.


『이런 까닭으로 군자가 임금을 섬김에는 반드시 몸으로 행하여 위에서 편안치 않은 바이면 아래를 부리지 아니하며, 아래에서 싫어하는 바이면 위에를 섬기지 아니하나니 남에게는 그것을 비난하고, 자기에게는 그것을 행함은 교육의 법도가 아니다. 이런 까닭으로 군자의 교육은 반드시 그 근본을 말미암나니 순서를 따르는 지극함이니 제사가 그 이것인저, 그러므로 제사는 교육의 근본이라고 하니라.』


☯ 이 절은 앞 절에 이어 교육의 근본은 모든 사람의 천심(天心)에 기초한 보편적 진리임을 기술하였다.

나의 천심(天心)을 헤아려서 보편적 법도에 알맞게 행동하는 대학(大學)의 혈구지도(絜矩之道)가 군자의 교육과정임을 강조하였으니 고대 제정일치(祭政一致)와 후세의 정교일치(政敎一致)가 같음을 알 수 있다.


 ——————————— 夫祭有十倫焉이니 見事鬼神之道焉하며
見君臣之義焉하며 見父子之倫焉하며
見貴賤之等焉하며 見親疏之殺焉하며
見爵賞之施焉하며 見夫婦之別焉하며

見政事之均焉하며 見長幼之序焉하며<br>
見上下之際焉하나니 此之謂十倫이니라.

『대저 제사에는 열 가지의 윤리가 있으니 귀신을 섬기는 도리를 보이며, 임금과 신하의 의리를 보이며, 아버지와 아들의 윤리를 보이며, 귀하고 천한 등급을 보이며, 친근하고 소원한 비김을 보이며, 작위와 포상을 시행함을 보이며, 남편과 아내의 분별을 보이며, 정치사업을 균평하게 함을 보이며, 어른과 어린이의 차례를 보이며, 위와 아래가 교제함을 보이나니 이것을 일컬어 열 가지의 윤리라고 하니라.』

◑ 이 장에서는 제사에 열 가지의 윤리가 있음을 기술하였으니 아래에 차례로 그 내용을 밝혔다.

10륜(十倫)은 열 가지의 협화(協和)하는 질서의 체계이니 곧 5륜(五倫)의 관계를 더욱 확대해서 자세히 서술한 것이다.

25-5-2 ──────────

鋪筵하며 設同几는 爲依神也요 詔祝於室하고<br>
而出于祊하나니 此는 交神明之道也라.

『자리를 펴며 안석을 나란히 설치함은 신령을 의지하게 하는 것이요, 사당방에서 축문을 아뢰고 사당문에서 나오나니 이것은 신명을 교접하는 길이다.』

◑ 이 절은 10륜(十倫) 가운데 첫째인 귀신을 섬기는 법을 기술하

였다.

포연(鋪筵)은 제사를 지내기 위하여 깨끗하게 청소하고 제사 지낼 자리를 펴는 것이요, 설동궤(設同几)는 여러 조상신이나 또는 부모의 신령이 함께 강림할 좌석을 나란히 설치한 신위(神位)이다.

조(詔)는 보고함이요, 축(祝)은 축문이며, 실(室)은 사당의 방이고 팽(祊)은 신령이 출입하는 사당문이니 앞에 11−5−5와 10−9−5에서 이미 해설하였다.

무릇 신령을 교접(交接)하는 절도는 지극히 공경하여 죽은 영혼 섬기기를 살았을 때 섬기듯이 하며, 형체가 없는 귀신 섬기기를 형제가 있는 듯이 섬기라고 공자가 말씀하셨으니 그 정성이 있으면 그 귀신이 강림하고, 만일 그 정성이 없다면 그 귀신이 강림하지 아니하나니 사람이 귀신과 교접하는 길은 오로지 공경과 정성뿐이다.

25−5−3 ────────────────────────── 君이 迎牲而不迎尸는 別嫌也니 尸在廟門外則疑於臣하고 在廟中則全於君하며 君이 在廟門外則疑於君하고 入廟門則全於臣하며 全於子니 是故로 不出者는 明君臣之義也니라.

『임금이 희생을 맞이하고, 시동을 맞이하지 않음은 혐의를 분별하는 것이니 시동이 사당문 밖에 있으면 신하로 의심하고, 사당 안에 있으면 임금의 상징성을 갖추며, 임금이 사당문 밖에 있으면 임금으로 의심하고, 사당문에 들어가면 신하의 자세를 갖추고 아들의 자세를 갖추니 이런 까닭으로 임금이 종묘의 대문 밖으로 나아가지 아니함은 임금과 신하의 의리를 밝히기 위함이니라.』


　◉ 이 절의 10류 가운데 두 번째인 임금과 신하의 의리를 해명하였다.

　영(迎)은 주인이 손님을 맞이하는 절도이므로 희생(犧牲)은 제주(祭主)가 마련하기 때문에 임금이 주인으로서 희생을 맞이하는 것이 예절이다. 그러나 시동(尸童)은 귀신을 상징하고 사당은 귀신의 집이기 때문에 귀신이 자유롭게 출입하는 곳이므로 제주(祭主)가 구태여 맞이할 필요가 없는 것이다. 따라서 임금이 시동을 대문 밖에 나아가서 맞이하면 시동이 임금의 신하로 착각할 소지가 있을 뿐만 아니라 또한 임금이 사당에서 임금으로 천신하는 오해를 받을 염려가 있는 것이다.

　바야흐로 종묘에서 제사를 지냄에는 제주(祭主)인 임금은 조상의 자손으로 처신하고, 선왕(先王)의 신하로 대하는 의리가 있는 것이다. 전(全)은 온전히 갖추는 것이니 전어군(全於君)은 시동이 임금의 상징적 존엄성을 온전히 갖추는 것이요, 전어신(全於臣)은 제주(祭主)인 임금이 선군(先君)에 대한 신하로서의 자세를 온전히 갖추는 것이다.


25-5-4 ─────────── 夫祭之道엔 孫이 爲王父尸하나니 所使爲尸者가 於祭者에 子行也니 父가 北面而事之는 所以明子事父之道也니 此는 父子之倫也라.


　『무릇 제사의 도에는 손자가 할아버지의 시동이 되나니 하여금 시동이 된 바의 사람이 제사 지내는 사람에 대하여 아들의 항렬이니

아버지가 북쪽을 향하여 섬기는 것은 아들이 아버지를 섬기는 도리
를 밝히는 까닭이니 이것은 아버지와 아들의 윤리인 것이다.』


◑ 이 절은 10륜 가운데 세 번째인 아버지와 아들의 윤리를 해명
하였다.

항(行)은 항렬(行列)이니 손자의 항렬로 시동(尸童)을 정해 할아버지
의 신위(神位) 옆에 세우고, 아들이 북향하여 돌아가신 아버지의 제사를
지내는 것은 그 아들에게 아버지를 섬기고, 도리를 알리려는 까닭이다.


25-5-5 ──────────────── 尸飮五어든 君이 洗玉爵하야 獻卿하고
尸飮七이어든 以瑤爵으로 獻大夫하고
尸飮九어든 以散爵으로 獻士及群有司하되
皆以齒하나니 明尊卑之等也니라.


『시동이 다섯 번을 마시거든 임금이 옥술잔을 씻어서 경에게 술을
드리고, 시동이 일곱 번째 마시거든 아름다운 옥술잔으로 대부에게
술을 드리고, 시동이 아홉 번째 마시거든 옻칠한 술잔으로 선비와 여
러 책임자에게 술을 드리되 모두 나이순으로 하나니 높고 낮은 등급
을 밝히는 것이니라.』


◑ 이 절은 10륜 가운데 네 번째인 귀하고 천한 등급을 가리는 절
도를 기술하였다.

무릇 조정에서는 벼슬로 높고 낮은 등급을 정하되 벼슬이 같을 때
에는 나이로 순서를 정하여 음식을 먹는다.

시음오(尸飮五)는 무릇 제사를 지냄에 시동(尸童)은 귀신이 남긴 음식을 먹는 것이므로 앞에 25-3-2에서 임금이 규찬(圭瓚)으로 관시(祼尸)하고 대종백(大宗伯)이 장찬(璋瓚)으로 관시(祼尸)한다고 하였으니 시동이 강신주는 먹는 것이 아니지만은 이에 두 번을 마신 것으로 셈하는 것이다. 그리고 본격적으로 제사를 지냄에 임금이 초헌(初獻)하고, 부인이 아헌(亞獻)하며, 빈장(賓長)이 3헌三獻)하며, 장형제(長兄弟)가 4헌(四獻)을 하며, 중빈지장(衆賓之長)이 5헌(五獻)을 하고, 사자(嗣子)가 6헌(六獻)을 하고, 여수(旅酬)에 좌식자(佐食者)가 7헌(七獻)을 하나니 그때마다 신령께 술잔을 올린 다음에 시동(尸童)에게도 반주(飯酒)로 윤(酳)을 드리기 때문에 관(祼)과 합하여 모두 아홉 잔을 시동이 마시는 격이 되는 것이다. 따라서 관(祼) 2잔과 초헌, 아헌 3헌을 합쳐 시동이 5잔을 마시면 임금이 경(卿)에게 옥작(玉爵)으로 술을 드리고, 또한 이에 4헌과 5헌을 합쳐 일곱 잔을 시동이 마시면 요작(瑤爵)으로 대부(大夫)에게 술을 드리며, 또 6헌과 7헌을 합쳐 아홉 잔을 시동이 마시면 산작(散爵)으로 임금이 선비와 책임자에게 술을 드리는 것이다.

옥작(玉爵)은 순수한 옥으로 만든 술잔이요, 요작(瑤爵)은 무늬와 색깔이 다양한 옥술잔이며, 산작(散爵)은 옻칠을 한 나무로 만든 술잔이니 그 뜻이 깊다.


25-5-6 ────────────────────────── 夫祭有昭穆하니 昭穆者는
所以別父子遠近長幼親疏之序而無亂也라
是故로 有事於大廟어든 則群昭群穆이
咸在而不失其倫하나니 此之謂親疏之殺也라.

『무릇 제사에는 소와 목이 있으니 소와 목이라는 것은 아버지와
아들이 멀고 가깝고 장성하고 어리고 친근하고 소원한 순서를 분별
하는 원리인 것이다. 이런 까닭으로 태조의 사당에 일이 있거든 곧
여러 소와 여러 목이 모두 있으면서도 그 윤리를 잃지 아니 하나니.
이것을 일컬어 친근하고 소원함의 비김이라고 하니라.』


☯ 이 절은 10류 가운데 다섯 번째인 친근하고 소원한 비김을 가
리는 절도를 기술하였다.

무릇 사당에 신위(神位)를 배열하는 법은 태조(太祖)를 중심으로
좌측을 소(昭)라 하고, 우측을 목(穆)이라 하는데 아버지와 아들을
본래 친근하므로 소와 목으로 나누어 멀리 떼어 놓고, 할아버지와 손
자는 본래 소원하므로 같은 소와 같은 목에 붙여 놓아서 친근하고
소원함을 서로 비기게 하였으니 그 질서와 조화(調和)를 두루 추구
한 뜻이 깊도다.


25-5-7 ——————————— 古者에 明君이 爵有德而祿有功하시되

必賜爵祿於大廟는 示不敢專也라 故로

祭之日에 一獻하고 君이 降立于阼階之南하사

南鄕커시든 所命이 北面커든 史由君右하야

執策命之하면 再拜稽首하고 受書以歸하야

而舍奠于其廟하나니 此는 爵賞之施也라.


『옛날에 밝은 임금이 덕이 있는 사람에게 작위를 주고, 공이 있는
사람에게 녹봉을 주되 반드시 태조의 사당에서 작위와 녹봉을 내리

는 것은 감히 오로지 마음대로 결정한 것이 아님을 보이는 것이다.
그러므로 제향일에 초헌을 드리고 임금이 섬돌계단의 남쪽에 내려와
서 남쪽을 향하여 서시거든 상을 받을 사람이 북쪽을 향하거든 사관
이 임금의 오른쪽을 말미암아 책명을 들면 재배하고 머리를 조아려
땅에 대고 일어나서 책명서를 받아들고 돌아가서 그 사당에 제물을
바치나니 이것은 작위와 상을 베푸는 법도이다.』


◑ 이 절은 10류 가운데 여섯 번째인 작위와 상을 베푸는 절도를
기술하였으니 앞에 24-10-1을 참조하라.

시불감전(示不敢專)은 임금이 독자적 판단으로 결정한 것이 아니
고 국가의 공명정대한 역사적 평가에 의하여 결의된 것임을 확인하
는 것이다. 일헌(一獻)은 앞에 25-5-5에서 시음오(尸飮五)의 초헌
(初獻)이며, 소명(所命)은 작위나 녹봉을 상으로 받은 사람이요, 책
명(策命)은 임금이 신하에게 내려 명령하는 글이며, 서(書)는 책명서
(策命書)이다. 사(舍)는 석(釋)이니 사전(舍奠)은 석전(釋奠)이며 기
묘(其廟)는 작위나 녹봉을 받은 사람의 조상을 모신 사당이다.


25-5-8 ──────────────── 君이 卷冕하사 立于阼하시고 夫人이 副褘로
立于東房하시며 夫人이 薦豆하시되 執校하시고
執醴가 受之하되 執鐙하며 尸酢夫人할새 執柄하고
夫人이 受尸하실새 執足하시며 夫婦가 相授受하되
不相襲處하며 酢必易爵하나니 明夫婦之別也니라.

『임금이 곤룡포에 면류관을 쓰시고 섬돌계단에 서시고, 부인이 첩지와 휘복으로 동쪽 방에 서시며, 부인이 나무제기를 제상에 올리시되 나무제기의 밑동 중간을 잡으시고, 예제를 잡은 집사가 예제를 부인에게 건네되 발적대를 잡으며, 시동이 부인에게 음복주를 주되 자루를 잡고, 부인이 시동에게서 받으실 때에는 술잔의 발을 잡으시며, 남편과 아내가 서로 주고받되 그 잡은 곳을 서로 이어 잡지 아니하며, 술을 받고 다시 줌에는 반드시 술잔을 바꾸나니 남편과 아내의 분별을 밝히는 것이니라.』


● 이 절은 10류 가운데 일곱 번째인 남편과 아내의 분별을 밝히는 절도를 기술하였다.

부휘(副褘)는 앞에 24-5-10에서 이미 해설하였고 효(校)는 나무제기의 중앙에 곧은 몸통이며, 집례(執醴)는 예제(醴齊)를 든 집사요, 등(鐙)은 발적대이며, 시작부인(尸酢夫人)은 제사에 있어서 임금이 초헌(初獻)하고 부인이 아헌(亞獻)하며 빈장(賓長)이 3헌(三獻)함에 시동(尸童)이 헌작(獻爵)을 맛본 다음에 다시 그 헌관(獻官)에게 술을 권하는 것이니 이것을 작(酢)이라고 하는 것이므로 시동이 부인에게 술을 권하는 것은 앞에 25-5-5에서 시음7(尸飮七)의 다음이요, 요작(搖爵)으로 헌대부(獻大夫)의 앞에 거행한다. 병(柄)은 자루인데 곧 손잡이고, 족(足)은 술잔의 발이며, 습처(襲處)는 주는 사람이 잡았던 곳을 받은 사람이 이어 잡은 것이며, 역작(易爵)은 술잔을 다른 잔으로 바꾸는 것이다.

凡爲俎者엔 以骨爲主하나니 骨有貴賤하니 殷人은 貴髀하고 周人은 貴肩하니 凡前이 貴於後하니라 俎者는 所以明祭之必有惠也라 是故로 貴者엔 取貴骨하고 賤者엔 取賤骨하야 貴者가 不重하며 賤者가 不虛는 示均也니 惠均則政行하고 政行則事成하고 事成則功立하나니 功之所以立者는 不可不知也니라. 俎者는 所以明惠之必均也하니 善爲政者가 如此하니 故로 曰見政事之均焉이라 하니라.

『무릇 도마제기에 차리는 것에는 뼈로써 주장을 삼나니 뼈에는 귀하고 천함이 있으니 은나라 사람은 넓적다리뼈를 귀하게 여기고, 주나라 사람은 어깨뼈를 귀하게 여기니 무릇 앞이 뒤보다 귀하니라. 도마제기는 제사에 반드시 혜택이 있음을 밝히는 바이라. 이런 까닭으로 귀한 사람에게는 귀한 뼈를 취하고, 천한 사람에게는 천한 뼈를 취하여 귀한 사람이 무겁지 아니하며, 천한 사람이 비지 아니함은 균등함을 보이는 것이니 혜택이 균등하면 정사가 행하고, 정사가 행하면 사업이 성공하고, 사업이 성공하면 공적이 확립하나니 공적이 확립되는 방법은 알지 않으면 안 되니라. 도마제기는 혜택이 반드시 균등함을 밝히는 원리인 것이니 정치를 잘하는 사람은 이와 같이 하니 그러므로 말하기를 정사의 균등함을 보인다고 하니라.』


◉ 이 절은 10류 가운데 여덟 번째인 정사의 균등함을 밝히는 절도를 기술하였다.

조(俎)는 도마처럼 만든 제기인데 희생(犧牲)의 토막고기를 담은 중요한 제기이다. 대저 희생의 각 부위를 골고루 떼어서 도마제기에

보기 좋게 담되 은(殷)나라는 질(質)을 숭상하므로 살이 두터운 넓적
다리뼈를 위주로 담았고, 주(周)나라는 문(文)을 숭상하므로 살이 얄
팍한 어깨뼈를 위주로 담았으니 주(周)나라는 뒤보다는 앞을 귀하게
여긴 것이다. 대저 골(骨)은 양(陽)이요, 육(肉)은 음(陰)이니 조(俎)
는 뼈를 담고, 두(豆)는 살코기를 담으므로 조(俎)는 홀수로 하고, 두
(豆)는 짝수로 하는데 귀한 사람은 귀한 뼈를 드리고, 천한 사람은
천한 뼈를 주나니 귀한 사람은 명목(名目)을 취하고, 천한 사람은 실
질을 취하여 각각 그 신분에 부응하는 가치를 균등하게 누리는 것이
다. 비(脾)는 넓적다리뼈로 살이 두텁고, 견(肩)은 어깨뼈로 살이 얄
팍하며, 전(前)은 머리 쪽이고, 후(後)는 꼬리 쪽이며, 혜(惠)는 음식
을 얻어먹은 혜택이다. 귀골(貴骨)은 앞쪽의 상부에 있는 뼈이고, 천
골(賤骨)은 뒤쪽의 하부에 있는 뼈이며, 중(重)은 살이 많은 뼈이고,
허(虛)는 살이 전혀 없는 뼈이다. 무릇 음식의 예절은 윗사람이 청렴
하고, 아랫사람이 두터운 상청하후(上淸下厚)이므로 정치사업도 또한
이것을 본받아 그 혜택이 하층민중에게 골고루 돌아가게 하여야 마침
내 그 성공의 영광이 정치행정의 지도자에게 있는 것이다.


25-5-10 —————————————————— 凡賜爵할새 昭爲一이요 穆爲一하야
昭與昭齒하고 穆與穆齒하며 凡群有司가
皆以齒하나니 此之謂長幼有序라.


『무릇 제사를 지내고 집단적으로 음복주의 술잔을 내릴 때에 소가 한
줄이 되고, 목이 한 줄이 되어 소는 소와 더불어 나이순으로 하고, 목은

목과 더불어 나이순으로 하며, 무릇 여러 책임자가 모두 나이순으로 술을 마시나니 이것을 일컬어 어른과 어린이가 차례가 있다고 하니라.』

◑ 이 절은 10륜 가운데 아홉 번째인 어른과 어린이의 차례를 밝히는 절도를 기술하였다.

범사작(凡賜爵)은 제사를 지내고 참석한 모든 어른에게 어린이가 집단적으로 음복주(飮福酒)를 권하는 여수(旅酬)와 연모(燕毛)의 절차를 밝혔으니 앞에 25-5-5에서 말한 시음9(尸飮九)의 다음에 산작(散爵)으로 선비와 여러 유사에게 술을 내린 뒤에 거행한다. 일(一)은 하나의 대열(隊列)이고, 치(齒)는 나이순이며 좌측에 어린이는 좌측의 어른에게 술잔을 권하고 우측의 어린이는 우측의 어른에게 술잔을 권하여 제사에 참석한 모든 어른이 음복주를 나이순으로 마시는 것이다.

25-5-11 ——————————— 夫祭에 有畀煇胞翟閽者하니 惠下之道也라
唯有德之君이라사 爲能行此하시나니
明足以見之하시며 仁足以與之하시니라 畀之爲言은
與也니 能以其餘로 畀其下者也라 煇者는 甲吏之賤者也요
胞者는 肉吏之賤者也요 翟者는 樂吏之賤者也요
閽者는 守門之賤者也라 古者에 不使刑人으로
守門하더니 此四守者는 吏之至賤者也라 尸又至尊하니
以至尊旣祭之末로 而不忘至賤하야 而以其餘로
畀之하나니 是故로 明君이 在上하시면 則竟內之民이
無凍餒者矣니 此之謂上下之際라.

『무릇 제사에 병사와 요리사와 악사와 문지기에게 내림이 있나니 아랫사람에게 혜택을 베푸는 방법이다. 오직 덕이 있는 임금이라사 능히 이것을 시행하시나니 밝음이 족히 보시며, 사랑이 족히 주시니라. 내린다는 말은 주는 것이니 능히 그 나머지 음식으로 그 아랫사람에게 주는 것이다. 병사라는 것은 무장군인의 낮은 사람이고, 요리사라는 것은 고기를 요리하는 낮은 관리이며, 악사라는 것은 음악을 연주하는 낮은 관리이며, 문지기라는 것은 문을 지키는 낮은 관리이다. 옛날에 형벌 받은 사람으로 하여금 문을 지키게 하지 아니하더니 이 네 가지 일을 맡은 사람은 벼슬아치 가운데 가장 낮은 사람인 것이다.

시동은 또한 지극히 높으니 지극히 높은 이가 제사 지낸 마지막에 지극히 낮은 사람을 잊지 아니하여 그 남은 음식으로 내려 주나니 이런 까닭으로 밝은 임금이 위에 계시면 영토 내의 인민이 얼거나 주린 사람이 없는 것이니 이것을 일컬어 위와 아래가 교제한다고 하니라.』

◉ 이 절은 10류 가운데 열 번째인 위와 아래가 어울리는 절도를 기술하였다.

비(畀)는 내려 주는 것이요, 운(煇)은 갑사(甲士)이니 무장군인이며, 포(胞)는 포(庖)이니 백정(白丁)으로 요리하는 사람이고, 적(翟)은 악사(樂士)이며, 혼(閽)은 문지기이다. 형인(刑人)은 형벌을 받은 사람이니 신성한 일에 참여하지 못하는 것이요, 지존(至尊)은 신령을 상징하므로 가장 높은 것이다.

25-6-1 ——————————————— 凡祭有四時하니 春祭曰礿이요,
夏祭曰禘요, 秋祭曰嘗이요, 冬祭曰烝이니라.

『무릇 제향에는 네 철이 있나니 봄 제향을 말하여 약이라 하고, 여름 제향을 말하여 체라 하고, 가을 제향을 말하여 상이라 하고, 겨울 제향을 말하여 증이라 하니라.』

◑ 이 장은 천자와 제후가 종묘에서 4시정제(四時正祭)를 거행하는 구체적인 뜻과 절도를 기술하였으니 여기에서는 네 철의 제사이름을 밝혔는데 앞에 5-12-2에서 이미 해설하였다.


25-6-2 ─────────────── 礿禘는 陽義也요 賞烝은 陰義也라 禘者는
陽之盛也요 嘗者는 陰之盛也니
故로 曰莫重於禘嘗이라 하니라.


『봄 제향인 약과 여름 제향인 체는 양기가 발동하는 뜻이요, 가을 제향인 상과 겨울 제향인 증은 음기가 정지하는 뜻이라. 여름 제향인 체는 양기가 극성한 것이요, 가을 제향인 상은 음기가 극한 것이니 그러므로 말하기를 체와 상보다 중대한 것이 없다고 하니라.』

◑ 이 절은 4시정제(四時正祭) 가운데 체(禘)와 상(嘗)의 음양원리를 기술하였다.

양의(陽義)는 양기(陽氣)가 발동하여 확산해서 만물이 생영(生榮)하는 발전의 뜻이고, 음의(陰義)는 음기(陰氣)가 정지(靜止)하여 응결해서 만물이 결실(結實)을 맺는 퇴장(退藏)의 뜻이다. 따라서 여름은 양기가 극성하여 만물이 번창하는 영광의 계절이요, 가을은 음기

가 극성하여 만물이 풍요로운 결실의 계절이니 여름 제향인 체(禘)
와 가을 제향인 상(嘗)을 가장 성대하게 지내야 되는 것이다.

25-6-3 ——————— 古者엔 於禘也에 發爵賜服하나니 順陽義也요
於嘗也에 出田邑發秋政하나니 順陰義也니라 故로
記에 曰嘗之日에 發公室이라 하니 示賞也라
草艾則墨하나니 未發秋政하면 則民이 弗敢草也니라.

『옛날에는 여름 체제를 지냄에 작위를 봉하고 의복을 하사하나니
양기가 발동하는 뜻에 순응한 것이요, 가을 상제를 지냄에 전야와 시
읍에 나아가 가을일을 하라는 명령을 발표하나니 음기가 정지하는
뜻에 순응한 것이니라. 그러므로 기록에 말하기를 가을 상제날에 공
실의 창고를 연다고 하니 상을 내리는 것을 보이는 것이다. 풀을 베
면 묵형을 주나니 가을일을 하라고 명령을 발표하지 아니하면 민중
이 감히 풀을 베지 못하는 것이다.』

◐ 이 절은 체(禘)의 발전적 행사와 상(嘗)의 수렴적 행사를 구체
적으로 기술하였다.

발작사복(發爵賜服)은 덕(德)이 있는 신하에게 작위(爵位)를 봉
(封)하여 곤룡포를 하사하여 국가의 발전을 도모함이요, 출전읍(出田
邑)은 전야(田野)와 지방의 시읍(市邑)에 가서 시찰하는 것이며, 발
추정(發秋政)은 추수(秋收)하는 가을걷이의 일을 하라는 행정명령을
발표하는 것이다. 발공실(發公室)은 제후국(諸侯國)의 창고를 열어서

곡식을 나누어 주는 것이며, 시상(示賞)은 정치사업을 성공적으로 수
행한 사람에서 상(賞)을 내리는 것을 공개적으로 보이는 것이다. 초
예(草艾)는 가을이 되어 열매가 익기 전에 풀을 베는 사람에게 묵형
(墨刑)을 주는 것이니 자연의 생성 변화하는 순리를 어겼기 때문이
다. 불감초(弗敢草)는 감히 풀을 베지 못한다는 뜻이다.


25-6-4 ────── 故로 曰禘嘗之義大矣라 治國之本也니 不可不知也라
明其義者는 君也요 能其事者는 臣也니 不明其義하면
君人이 不全하시고 不能其事하면 爲臣이 不全하나니
夫義者는 所以濟志也니 諸德之發也라 是故로 其德이
盛者는 其志가 厚하고 其志가 厚者는 其義가 章하고
其義가 章者는 其祭也가 敬하나니 祭가 敬하면
則竟內之子孫이 莫敢不敬矣니라 是故로 君子之祭也엔
必身親涖之하나니 有故則使人可也로되 雖使人也이나
君이 不失其義者는 君이 明其義故也라 其德이 薄者는
其志가 輕하나니 疑於其義而求祭하면 使之必敬也라도
弗可得已니 祭而不敬하면 何以爲民父母矣리오.


『그러므로 말하기를 체제와 상제의 뜻이 크다고 하니라. 나라를
잘 다스리는 근본이니 알지 않으면 아니 되니라. 그 뜻을 밝히는 사
람은 임금이요, 그 일을 잘하는 사람은 신하이니 그 뜻을 밝히지 아
니하면 임금이 온전하지 아니하시고, 그 일을 잘하지 아니하면 신하
가 온전하지 않게 되나니 대저 뜻이라는 것은 마음의 결정을 성취하
는 원리이니 여러 가지의 가치를 밝히는 것이다. 이런 까닭으로 가치

가 성대한 것은 그 마음의 결정이 두텁고, 그 마음의 결정이 두터운 것은 그 뜻이 밝고, 그 뜻이 밝은 것은 그 제사가 경건하나니 제사가 경건하면 영토 내의 자손이 감히 공경하지 않을 수 없는 것이니라. 이런 까닭으로 군자의 제향에는 반드시 몸소 친히 임하나니 연고가 있으면 사람을 시켜도 되지만 비록 사람을 시킬지나 임금이 그 뜻을 잃지 아니하는 것은 임금이 그 뜻에 밝은 까닭인 것이다. 그 가치가 희박한 것은 그 마음의 결정이 가볍나니 그 뜻을 의심하면서 제사의 뜻을 찾으면 하여금 반드시 경건하게 지내라고 하여도 얻을 수 없을 것이니 제사에 공경하지 아니하면 어떻게 인민의 부모가 되리오.』

◉ 이 절은 체(禘)와 상(嘗)의 대의(大義)를 밝혀야 천도(天道)를 받들어 완전한 왕도정치(王道政治)를 실현할 수 있음을 기술하였으니 공자가 중용(中庸)에서 말하기를 교사(郊社)의 예절과 체상(禘嘗)의 본의를 알면 나라를 잘 다스리는 것은 손바닥을 움직이는 것과 같다고 하였으니 깊이 음미하라.

의(義)는 본의(本義)이니 본래의 이념과 목적을 나타내는 뜻이요, 소이제지(所以濟志)는 마음의 결정을 성취하는 원리이며, 제덕지발(諸德之發)은 여러 가지 가치(價値)를 밝혀서 이득(利得)이 있음을 증명하는 것이다. 성(盛)은 풍성하게 많은 것이고, 후(厚)는 두텁게 확정한 것이며, 장(章)은 밝고 뚜렷한 것이다. 유고(有故)는 임금에게 질병이나 상사(喪事)가 있는 것이요, 사인(使人)은 대종백(大宗伯)이 섭행(攝行)하는 것이며, 기덕박자(其德薄者)는 그 가치가 희박하여 별로 의미가 없는 것이고, 기지경(其志輕)은 그 마음의 결정이 가벼워서 쉽게 바뀌는 것이다.

 —————————————— 夫鼎에 有銘하니 銘者는 自名也니

自名以稱揚其先祖之美하야 而明著之後世者也라

爲先祖者엔 莫不有美焉하며 莫不有惡焉하나

銘之義는 稱美而不稱惡하나니 此가

孝子孝孫之心也니 唯賢者가 能之니라.


『대저 솥제기에 새김글이 있으니 새김글이라는 것은 스스로 이름을 지은 것이니 스스로 이름을 지어서 그 선조의 아름다움을 일컬어 드날리게 하여 후세에 밝게 드러내는 것이다. 선조 된 사람에게는 아름다움이 있지 아니함이 없을 것이며, 사나움이 있지 아니함이 없을 것이나 새김글의 뜻은 아름다움만을 일컫고 사나움은 일컫지 아니하나니 이것이 효자와 효손의 마음이니 오직 어진 사람이 잘하느니라.』


◑ 이 장은 솥제기인 정(鼎)의 명(銘)을 통하여 제사는 조상의 아름다운 면을 현창하여 기리는 행사임을 기술하였다.

정(鼎)은 세 발에 두 귀가 있는 솥처럼 생긴 제기(祭器)로 삶은 고기를 담으며, 명(銘)은 길이 잊지 않도록 글을 새기는 것이다. 자명(自名)은 스스로 명명(命名)하는 것이니 자기가 그릇의 이름을 지어 그 그릇에 새기는 것이다. 대저 조상에게 어찌 착한 행실만 있으리오만은 그러나 어진 자손은 조상의 착한 면만을 현창하여 기리고, 착하지 못한 면은 숨겨서 감추는 것이니 공자가 말씀하시기를 아버지는 자식을 위하여 숨겨 주고, 자식은 아버지를 위하여 숨겨 준다고 하였다.

 銘者는 論譔其先祖之有德善功烈勳勞慶賞聲名하야

列於天下하야 而酌之祭器하야 自成其名焉하야

以祀其先祖者也니 顯揚先祖는 所以崇孝也요

身比焉은 順也요 明示後世는 敎也라.

『새김글이라는 것은 그 선조의 덕이 착함과 공이 빛남과 훈로와 경사스러운 상과 명성이 있음을 논하여 엮어서 천하에 펼쳐서 제기에 알맞게 하여 스스로 그 이름을 이루게 하여 그 선조에게 제사를 지내는 것이니 선조를 뚜렷이 드날림은 효심을 높이는 원리이고, 몸소 나란히 함은 정체를 지킴이요, 밝게 후세에 보임은 교육인 것이니라.』

◉ 이 절은 솥제기인 정(鼎)의 명(銘)을 엮는 구체적 내용과 가치를 기술하였다.

찬(譔)은 찬(撰)이요, 덕선(德善)은 선덕(善德)이며, 성명(聲名)은 명성(名聲)이고, 열(列)은 포열(布列)이다. 작(酌)은 짐작(斟酌)이니 알맞게 조절함이고, 자성기명(自成其名)은 저절로 그 제기(祭器)의 이름을 붙여서 사용하는 절도가 이루어지는 것이다. 숭효(崇孝)는 효심(孝心)을 숭고하게 높임이고 신비(身比)는 자기 자신의 이름을 선조의 이름아래에 새기는 것이니 곧 제작자의 이름을 밝힘이며, 순(順)은 정체(正體)를 바르게 지키는 것이요, 교(敎)는 조상을 숭배하는 윤리교육이다.

 夫銘者는 壹稱而上下가 皆得焉耳矣니라 是故로

君子之觀於銘也에 旣美其所稱하고 又美其所爲하나니

爲之者는 明足以見之하며 仁足以與之하며 知足以利之니
可謂賢矣니라 賢而勿伐하면 可謂恭矣니라.

『대저 새김글이라는 것은 한 번 일컬음에 조상과 자손이 모두 마음에 들어야 할 따름이라 이런 까닭으로 군자는 새김글에서 관찰함에 이미 그 일컬은 바를 아름다워하고, 또한 그 하는 바를 아름다워하나니 그것을 하는 사람은 밝음이 족히 그것을 보며, 사랑이 족히 그것을 더불으며, 지혜가 족히 그것을 이롭게 하니 어질다고 말할 수 있느니라. 어질면서도 자랑하지 아니하면 공손하다고 말할 수 있을 것이다.』

◉ 이 절은 솥제기인 정(鼎)의 명(銘)을 공손히 받드는 자세를 기술하였다.

상(上)은 선조(先祖)요, 하(下)는 자손(子孫)이며, 개득(皆得)은 조상과 자손이 모두 마음에 들어 흡족한 것이며, 기소칭(其所稱)은 그 조상의 빛나는 업적이고, 기소위(其所爲)는 그 자손이 정명(鼎銘)을 만드는 일이다. 위지자(爲之者)는 조상의 정명(鼎銘)을 제작하는 자손이고, 견지(見之)는 조상의 빛나는 업적을 정당하게 평가하는 것이며, 여지(與之)는 조상의 착한 덕을 이어받아 혜택을 널리 베풀어 조손일체(祖孫一體)가 되는 것이요, 이지(利之)는 조상의 명예를 길이 빛내서 영원히 기리게 함이다. 물벌(勿伐)은 정명(鼎銘)을 과시하며 자랑하거나 뽐내지 아니함이니 조상이 아무리 훌륭해도 그 자손이 교만방자하면 그 빛을 잃고 무색하게 되는 것이다.

 ──────────────── 故로 衛孔悝之鼎銘에 曰六月丁亥에 公이
假于大廟하시니 公이 曰叔舅여 乃祖莊叔이
左右成公한대 成公이 乃命莊叔하사 隨難于漢陽하며
卽宮于宗周하야 奔走無射이라 하시며

『그러므로 위나라 공회의 솥제기 새김글에 말하기를 6월 정해일에 공이 태조의 사당에 이르시니 공이 말하시기를 외숙이여 그대의 조상 장숙이 성공을 보좌한대 성공이 이에 장숙에게 명령하사 한수의 양지로 피난길을 따르라고 하며 곧 주나라에 유폐하야 분주한 일을 싫어함이 없었다고 하며』

◑ 이 절은 위(衛)나라 공회(孔悝)의 정명(鼎銘)을 인용하여 새김 글을 엮은 절도를 기술하였다.

공회(孔悝)는 위(衛)나라의 대부(大夫)로 장공(莊公: 蒯聵)을 섬긴 충신이요, 유월(六月)은 주력(周歷)의 6월이며, 공(公)은 위(衛)나라 장공(莊公)이니 영공(靈公)의 아들로 출공(出公: 輒)의 아버지인데 출공을 축출하고 임금이 되었다. 격(假)은 격(格)이니 이르는 것이고, 태묘(太廟)는 태조의 사당이며, 숙구(叔舅)는 이성(異姓)의 대부(大夫)를 임금이 일컫는 말이요, 내조(乃祖)는 그대의 조상이며, 장숙(莊叔)은 공회(孔悝)의 7세조(七世祖) 공달(孔達)이니 장공(莊公)이 공회에게 정명(鼎銘)을 내리면서 먼저 그 선조의 공덕을 기리는 것은 뿌리를 밝히기 위함이다. 좌우(左右)는 곁에서 보필한 것이고, 성공(成公)은 장공(莊公)의 7세조(七世祖)이며, 수난(隨難)은 진(晉)나라의 침략에 임금의 피난길을 따라간 것이요, 한양(漢陽)은 한

수(漢水)의 양지쪽이니 곧 초(楚)나라 땅이다. 궁(宮)은 유폐(幽閉)
함이요, 종주(宗周)는 주(周)나라이며 분주(奔走)는 바쁘게 애쓰는
것이고 무역(無射)은 싫어함이 없는 것이다.


25-7-5 ─────────────────────────── 啓右獻公한대 獻公이 乃
命成叔하사 纂乃祖服하라 하시며


『헌공을 계도하여 도우라 한대 헌공이 이에 성숙에게 명령하사 너
의 조상이 복무한 공적을 엮으라고 하시며』


◑ 이 절은 앞 절에 이어 대대로 충성한 사실을 기술하였다.
　우(右)는 돕는 것이요, 헌공(獻公)은 성공(成公)의 증손(曾孫)이
니 이름이 간(衎)이며, 성숙(成叔)은 장숙(莊叔)의 손(孫)이니 이름
이 증서(烝鉏)이다. 찬(纂)은 모아서 정리하여 글을 엮은 것이고, 내
조(乃祖)는 장숙(莊叔)이며, 복(服)은 복무하여 이룩한 업적이다.


25-7-6 ─────────────────── 乃考文叔이 興舊耆欲하야 作率慶士하야
躬恤衛國하야 其勤公家하야 夙夜不解한 대
民이 咸曰休哉라 하니 公이 曰叔舅여
予女銘하나니 若이 纂乃考服하라.


『그대의 돌아가신 아버지 문숙이 옛날 조상이 즐기던 충의 정신을

일으켜 경사로운 선비를 거느리고, 떨쳐 일어나서 몸소 위나라를 사랑하여 그 공가에 부지런히 복무하여 새벽부터 밤까지 풀지 아니한대 인민이 모두 말하기를 아름다운저 라고 하므로 공이 말하기를 외숙이여, 내가 그대의 새김글을 지으리니 그대는 그대의 돌아가신 아버지가 복무한 업적을 편찬하라고 하니라.』

◑ 이 절은 앞 절에 이어 공회(孔悝)의 아버지가 나라에 충성한 공적을 기술하였다.

문숙(文叔)은 공어(孔圉)로 공회(孔悝)의 아버지요, 흥구(興舊)는 그 선조의 충성이며, 기욕(耆欲)은 즐겁게 하고자 하는 것이고, 작솔(作率)은 거느리고 떨쳐 일어나는 것이며, 경사(慶士)는 경사스러운 선비니 공적을 쌓아 승진하는 관료들이다. 궁휼(躬恤)은 몸소 사랑하는 것이고, 여(女)와 약(若)은 모두 제2인칭 대명사로 공회(孔悝)를 지칭한다.

25-7-7 —————— 悝가 拜稽首하야 曰對揚以辟之勤大命施于烝彝鼎이라 하더니 此가 衛孔悝之鼎銘也라.

『회가 절하고 머리를 땅에 대고 말하기를 임금의 두텁고 큰 명령으로 드날리라는 뜻에 대답하여 가을제사에 술통제기와 솥제기에 새김글을 시행하리다 하더니 이것이 위나라 공회의 솥제기에 새김글이라.』

◑ 이 절은 앞 절에 이어 공회(孔悝)가 정명(鼎銘)한 내용을 기술하였다.

대(對)는 대답(對答)이고, 벽(辟)은 임금이며, 근(勤)은 두터운 것
이요, 시(施)는 시행함이다. 증(烝)은 가을제사요, 이(彝)는 종묘의
술통제기이니 강신주(降神酒)를 담은 중대한 그릇이다.


25-7-8 ——————— 古之君子가 論譔其先祖之美하야 而明著之後世者也에
以比其身하며 以重其國家가 如此하니 子孫之守宗廟社稷者는
其先祖를 無美而稱之면 是는 誣也요 有善而弗知면 不明也요
知而弗傳이면 不仁也니 此三者는 君子之所恥也니라.


『옛날의 군자가 그 선조의 아름다움을 논의하여 엮어서 밝게 후세
에 드러냄에 그 몸을 나란히 하며, 그 국가를 소중하게 함이 이와 같
으니 자손이 종묘와 사직을 지키는 사람은 그 선조를 아름다움이 없
는데도 칭송하면 이것은 속이는 것이요, 착함이 있는데도 알지 못하
면 현명치 못한 것이요, 알면서도 전하지 아니하면 사랑하지 않은 것
이니 이 세 가지의 것은 군자가 부끄러워하는 바이니라.』


◉ 이 절은 군자(君子)가 조상을 빛내는 절도를 기술하였다.

중기국가(重其國家)는 국가의 장엄한 정치문화와 위대한 역사를
길이 보존하여 국민으로 하여금 애국심을 가지게 하고, 외국으로 하
여금 존경심을 느끼게 함이다. 무(誣)는 속이는 것이니 사악하고, 불
명(不明)은 어리석은 것이니 답답하며, 불인(不仁)은 사랑하지 않은
것이니 잔인한 것이다.

昔者에 周公旦이 有勳勞於天下하시더니 周公이
旣沒커늘 成王康王이 追念周公之所以勳勞者하사
而欲尊魯라 故로 賜之以重祭하시니 外祭則郊社가
是也요 內祭則大嘗禘가 是也라 夫大嘗禘에
升歌淸廟하고 下而管象하며 朱干玉戚으로
以舞大武하며 八佾로 以舞大夏하나니 此는 天子之樂也라
康周公이라 故로 以賜魯也하시니 子孫이 纂之하야
至于今不廢하나니 所以明周公之德이며 而又以重其國也니라.

『옛날에 주공 단이 천하에 훈로가 있으시더니 주공이 이미 돌아가심에 성왕과 강왕이 주공의 훈로하신 바를 추념하사 노나라를 높이고자 하니라. 그러므로 중대한 제향을 하사하셨으니 밖에 제사는 곧 교제와 사직제사가 이것이요, 안 제사는 곧 큰 가을제향과 여름제향이 이것이다. 대저 큰 가을제향과 여름제향에 당에 올라가서 청묘를 노래하고, 내려가 마당에서는 피리를 들고 상무를 춤추며, 붉은 방패와 옥도끼로 대무의 춤을 추며, 여덟 줄로 서서 대하를 춤추나니 이것은 천자의 음악인 것이다. 주공을 찬양하여 높임이라. 그러므로 노나라에 내린 것이니 자손이 엮어서 오늘에 이르기까지 폐하지 아니하나니 주공의 덕을 밝히는 원리이며, 동시에 또한 그 나라를 소중하게 지키는 방법인 것이니라.』

◉ 이 절은 주공(主公)이 주(周)나라의 예법을 제정하고, 음악을 창작한 훈로(勳勞)를 높이 평가하여 성왕(成王)이 노(魯)나라에 교사(郊社)와 대상체(大嘗禘)를 하사한 절도를 기술하였다.

외제(外祭)는 밖에서 제향을 지내는 제사이고, 내제(內祭)는 방

안에서 지내는 제향이며, 대상체(大嘗禘)는 제후의 제례가 아니고 천자의 제례로 지내는 것이다. 승가(升歌)는 당상악(堂上樂)이요, 하(下)는 당하악(堂下樂)이니 마당에서 음악을 연주하고 춤을 추는 것이며 관상(管象)은 피리를 들고 상무(象舞)를 추는 것이니 문무(文舞)이고, 대무(大武)는 무왕(武王)의 춤이며, 팔일(八佾)은 춤을 추는 대열이 여덟 줄이니 8풍(八風)과 8괘(八卦)를 상징한 것으로 천자의 악무(樂舞)는 가로와 세로가 모두 여덟 명씩으로 64인이고, 제후는 6일(六佾)로 36인이며, 대부는 4일(四佾)로 16인이다. 대하(大夏)는 우(禹)임금의 음악이고, 강주공(康周公)은 주공의 덕을 포상(褒賞)하여 높이는 것이며, 사노(賜魯)는 주(周)나라 성왕(成王)이 노나라에 하사한 것인데 그 표창하는 뜻은 고귀하지만 고금의 예법에는 부합하지 않은 것이니 독자는 여기에서 공자가 비판한 사실을 잊지 말기 바란다.

# 26. 경해(經解)

경(經)은 6경(六經)이니 성인(聖人)의 말씀이고 해(解)는 해석(解釋)이니 쉽게 풀어서 제왕학(帝王學)의 내용을 설파하였다.

무릇 이 편은 경전의 종지(宗旨)를 밝혀 천자가 예절로써 나라를 바르게 다스리는 요지를 밝혔다.

26-1-1 ──────── 孔子가 曰入其國하야 其敎를 可知也니 其爲人也가
溫柔敦厚는 詩敎也요 疏通知遠은 書敎也요 廣博易良은
樂敎也요 絜靜精微는 易敎也요 恭儉莊敬은 禮敎也요
屬辭比事는 春秋敎也라 故로 詩之失은 愚요 書之失은
誣요 樂之失은 奢요 易之失은 賊이요 禮之失은 煩이요
春秋之失은 亂이니 其爲人也가 溫柔敦厚而不愚하면
則深於詩者也요 疏通知遠而不誣하면 則深於書者也요
廣博易良而不奢하면 則深於樂者也요 絜靜精微而不賊하면
則深於易者也요 恭儉莊敬而不煩하면 則深於禮者也요
屬辭比事而不亂하면 則深於春秋者也라.

『공자가 말씀하시기를 그 나라에 들어가서 그 교화를 알 수 있는 것이니 그 사람됨이 따뜻하고 부드러우며 돈독하고 두터움은 시경의 교화요, 사리에 달통하고 멀리 앎은 서경의 교화요, 넓고 해박하며 평이하고 착함은 음악의 교화요, 맑고 고요하며 정밀하고 은미함은 주역의 교화요, 공손하고 검소하며 씩씩하고 경건함은 예절의 교화

요, 말씀을 인용하고 사실을 열거하여 비교함은 춘추의 교화인 것이
다. 그러므로 시경교육의 실패는 어리석음이요, 서경교육의 실패는
속임이요, 음악교육의 실패는 사치함이요, 주역교육의 실패는 해침이
요, 예절교육의 실패는 번거로움이요, 춘추교육의 실패는 어지러움이
니 그 사람됨이 따뜻하고 부드러우며 돈독하고 두터우면서도 어리석
지 아니하면 시경에 조예가 깊은 사람이요, 사리에 달통하고 멀리 알
면서도 속이지 아니하면 서경에 조예가 깊은 사람이요, 넓고 해박하
며 평이하고 착하면서도 사치하지 아니하면 음악에 조예가 깊은 사
람이요, 맑고 고요하며 정밀하고 은미하면서도 해치지 아니하면 주역
에 조예가 깊은 사람이요, 공손하고 검소하며 씩씩하고 경건하면서도
번거롭지 아니하면 예절에 조예가 깊은 사람이요, 말씀을 인용하고
사실을 열거하여 비교하면서도 어지럽지 아니하면 춘추에 조예가 깊
은 사람인 것이다.』


　◑ 이 장은 제왕(帝王)의 학문을 기술하여 천자(天子)가 천하국가
를 다스림에 6경(六經)의 교화(敎化)가 대단히 중요함을 설파하고
그 영향을 평가하여 성공방법을 기술하였다.

　교(敎)는 교육(敎育), 교화(敎化)로 교육문화를 지칭하며, 시교(詩
敎)는 정서(情緒)를 순화하므로 인정이 두터워져서 온유돈후(溫柔敦
厚)한 풍모가 있지만 그 교육이 실패하면 어리석은 폐단이 생기는 까
닭에 따뜻하고 부드럽고 돈독하고 두터우면서도 어리석지 않도록 가
르쳐야 된다. 서교(書敎)는 성왕(聖王)의 도덕정치를 배우기 때문에
지선(至善)을 추구하여 소통지원(疏通知遠)한 능력이 있지만 그 교육
이 실패하면 속이는 폐단이 생기는 까닭에 사리에 달통하고 멀리 알
면서도 속이지 않도록 가르쳐야 된다. 악교(樂敎)는 두루 화합하여

조절하는 절도를 익히므로 더불어 노래하는 광박이량(廣博易良)의 도량이 있지만 그 교육이 실패하면 사치하고 뽐내는 폐단이 생기는 까닭에 넓고 해박하고 평이하고 착하면서도 사치하지 않도록 가르쳐야 된다. 역교(易敎)는 사물의 신비로운 작용을 깊이 꿰뚫어 길흉화복(吉凶禍福)을 판단하므로 결정정미(潔靜精微)한 지능이 있지만 그 교육이 실패하면 해치는 폐단이 생기는 까닭에 맑고 고요하며 정밀하고 은미하면서도 해치지 않도록 가르쳐야 된다. 예교(禮敎)는 인생만사에 있어서 모범행실을 배우기 때문에 공검장경(恭儉莊敬)한 풍채가 있지만 그 교육이 실패하면 번거로운 폐단이 생기므로 공손하고 검소하며 씩씩하고 경건하면서도 번거롭지 않도록 가르쳐야 된다. 춘추교(春秋敎)는 고금의 역사를 통하여 시비선악(是非善惡)과 이해득실(利害得失)을 비교 연구하므로 촉사비사(屬辭比事)의 역량이 있지만 그 교육이 실패하면 어지러운 혼란이 생기는 까닭에 말씀을 인용하고 사실을 열거하여 비교하면서도 어지럽지 않도록 명확히 가르쳐야 된다.

대저 시교(詩敎)는 문학교육이요, 서교(書敎)는 정치학교육이며, 악교(樂敎)는 예술학교육이요, 역교(易敎)는 철학교육이며, 예교(禮敎)는 사회학교육이요, 춘추교(春秋敎)는 역사학교육이니 천하국가를 다스림에 필수교양과목인 것이다.

26-2-1 ──────────────────── 天子者는 與天地으로 參이라 故로
德配天地하시며 兼利萬物하시며
與日月並明하사 明照四海而不遺微小하시고
其在朝廷하산 則道仁聖禮義之序하시며 燕處엔

즉 청 아 송 지 음 　　　　　　 행 보 　　 즉 유 환 패 지 성
則聽雅頌之音하시며 行步엔 則有環佩之聲하며
승 거 　　 즉 유 난 화 지 음 　　　 거 처 　 유 례
升車엔 則有鸞和之音하며 居處엔 有禮하시며
진 퇴 유 도 　　　 백 관 　 득 기 의 　　　 만 사
進退有度하사 百官이 得其宜하며 萬事가
득 기 서 　　 시 　 운 숙 인 군 자 　　 기 의 불 특
得其序하나니 詩에 云淑人君子여 其儀不忒이로다
기 의 불 특 　　　 정 시 사 국 　　　　 차 지 위 야
其儀不忒이라 正是四國이라 하니 此之謂也라.

『천자란 것은 하늘땅과 더불어 셋이 나란히 하나니 그러므로 덕은 하늘땅과 짝하시며, 만물을 아울러 이롭게 하시며, 해와 달과 더불어 밝음을 나란히 하사 밝음이 사해를 비추어 미소한 것을 남기지 아니하시고, 그 조정에 있으심엔 곧 어질고 성스러운 예의의 차례를 말씀하시며, 한가롭게 머묾엔 아악과 찬송가의 음악을 들으시며, 걸어 다님엔 곧 도리옥과 패옥의 소리가 있으며, 수레에 오름엔 곧 말방울과 수레방울의 소리가 있으며, 사는 곳에는 예절이 있으시며, 나아가고 물러옴에 절도가 있으시어 일백 관료가 그 마땅함을 얻으며, 만사가 그 차례를 얻나니 시에 이르기를 아리따운 사람 군자여, 그 거동이 어그러지지 않도다. 그 거동이 어그러지지 아니하므로 이에 사방의 나라를 바로잡도다 하니 이것을 일컬은 것이니라.』

◑ 이 장은 천자(天子)가 천하를 다스리는 대경대법(大經大法)을 기술하여 천덕왕도(天德王道)로 태평성대(太平聖代)를 건설해야 됨을 밝혔다.

삼(參)은 3위1체(三位一體)가 되는 것이요, 도(道)는 말하는 것이며, 환(環)은 도리옥이고 패(佩)는 패옥이다. 난(鸞)은 말방울이요, 화(和)는 수레방울이며, 시(詩)는 조풍(曹風) 시구편(鳲鳩篇)이다.

　살피건대 천자의 전지전능(全知全能)한 지도능력은 앞 장에서 밝힌 6경(六經)을 깊이 연구한 학문적 조예에서 얻어지는 것이므로 무릇 천자가 되려는 사람은 모름지기 먼저 6경을 읽어야 한다.


26-2-2 ——————————————————— 發號出令而民說을 謂之和요 上下相親을
謂之仁이요 民不求其所欲而得之를
謂之信이요 除去天地之害를 謂之義니
義與信과 和與仁은 霸王之器也니
有治民之意하고 而無其器면 則不成이니라.


　『법률의 문서번호를 밝히고 시행령을 발표함에 민중이 기뻐함을 일컬어 화합이라 하고, 임금과 신하가 서로 친함을 일컬어 어질다고 하고, 민중이 그 하고자 하는 바를 추구하지 않아도 얻음을 일컬어 믿음이라 하고, 하늘땅의 해로움을 제거하는 것을 일컬어 정의라고 하나니 정의와 믿음과 화합과 어짊은 패업과 왕업의 그릇인 것이니 인민을 다스리려는 생각이 있으면서도 그 그릇이 없으면 성공하지 못하느니라.』


　◐ 이 절은 정치를 성공하는 지도자의 네 가지 행정체제를 기술하였다.

　발호(發號)는 발신번호이니 법률에 의한 공문의 문서번호를 밝힘이며, 출령(出令)은 그 시행령을 발표함이다. 민열(民說)은 민중이 찬성함이요, 화(和)는 국민이 화합함이며, 상(上)은 임금이고, 하(下)는 신하(臣下)며, 상친(相親)은 서로 친절함이요, 인(仁)은 인정(仁

政)을 베풀어 시행함이다. 기소욕(其所欲)은 안락(安樂)함과 이득(利得)이며, 신(信)은 민중이 정부를 신임하여 신뢰사회가 이룩된 것이다. 제거(除去)는 사전에 미리미리 예방하는 것이고, 천지지해(天地之害)는 천재지변(天災地變)이며, 의(義)는 정의사회이다. 패(覇)는 패업(覇業)이니 으뜸가는 강대국을 건설하는 사업이고, 왕(王)은 왕업(王業)이니 천명(天命)을 받아 천덕(天德)으로 왕도(王道)를 구현하는 사업이다. 기(器)는 일정불변한 도구로 오로지 한 가지에만 사용하는 그릇이니 확고 불변한 행정체제를 상징한다.

살피건대 천하국가의 발전은 공화정체(共和政體)로 인정(仁政)을 베풀어 인민이 정부를 신임(信任)하여 정의사회(正義社會)를 건설하여야 성공하는 것이니 이 네 가지는 왕도정치(王道政治)의 확고부동한 행정체제이다.


26-3-1 ——————— 禮之於正國也는 猶衡之於輕重也와 繩墨之於曲直也와

規矩之於方圓也라 故로 衡이 誠縣하면

不可欺以輕重이요 繩墨이 誠陳하면

不可欺以曲直이요 規矩가 誠設하면

不可欺以方圓이요 君子가 審禮하면

不可誣以姦詐니라.


『예절이 나라를 바로잡음에 대해서는 마치 저울이 가볍고 무거움에 대함과 먹줄이 굽고 곧음에 대함과 그림쇠와 기역자가 모나고 둥긂에 대함과 같은 것이다. 그러므로 저울이 살펴서 달면 가벼움과 무거움을 속일 수 없고, 먹줄이 살펴서 베풀면 굽음과 곧음을 속일 수

없고, 그림쇠와 기역자가 살펴서 갖추면 모남과 둥긂을 속일 수 없고, 군자가 예절을 살피면 간사함을 속일 수 없느니라.』


☯ 이 장은 천하국가를 바로잡음에 있어서 예절의 중요성을 기술하였으니 여기에서는 예절의 기능이 도량형기(度量衡器)와 같은 사물의 보편적 기준임을 밝혔다

성(誠)은 살피는 것이니 도량형기는 사물의 실상을 살펴서 판단하는 표준이고, 예절은 인간의 진정을 살펴서 확인하는 기준이므로 나라를 바로잡으려면 먼저 예절을 일으켜야 된다.


26-3-2 —————————— 是故로 隆禮由禮를 謂之有方之士요 不隆禮와

不由禮를 謂之無方之民이니 敬讓之道也라

故로 以奉宗廟則敬하고 以入朝廷則貴賤이

有位하고 以處室家則父子가 親하며 兄弟가

和하고 以處鄕里則長幼가 有序하나니 孔子가

曰安上治民은 莫善於禮라 하니 此之謂也.


『이런 까닭으로 예절을 융숭히 하고 예절을 말미암은 것을 일컬어 떳떳함이 있는 선비라고 하며, 예절을 융숭히 아니 하고 예절을 말미암지 아니함을 일컬어 떳떳함이 없는 사람이라고 하니 공경하고 사양하는 도리다. 그러므로 종묘를 받듦에는 곧 공경하고, 조정에 들어감에는 귀천이 자리가 있고, 집에서 거처함에는 부자가 친하며 형제가 화합하고, 향리의 삶에는 어른과 어린이가 차례가 있나니 공자가 말씀하시기를 임금을 편안케 하고 인민을 다스림에는 예절보다 좋은

것이 없다고 하였으니 이것을 일컬음이니라.』

　◑ 이 절은 예절의 효용가치를 기술하였으니 예절이 있어야 질서
와 조화가 있는 도덕사회를 건설할 수 있음을 다시 밝혔다.
　융(隆)은 융숭(隆崇)하게 받드는 마음이고, 유(由)는 말미암아 실
천하는 행동이며, 방(方)은 떳떳하고 방정(方正)함이다. 공자왈(孔子
曰)로 미루어 볼 때에 이 장은 기자(記者)의 글임을 알 수 있다.


26-3-3───────── 故로 朝覲之禮는 所以明君臣之義也요 聘問之禮는
所以使諸侯로 相尊敬也요 喪祭之禮는 所以明臣子之恩也요
鄕飮酒之禮는 所以明長幼之序也요 昏姻之禮는
所以明男女之別也니 夫禮가 禁亂之所由生은 猶坊이
止水之所自來也라 故로 以舊坊으로 爲無所用而壞之者는
必有水敗하고 以舊禮로 爲無所用而去之者는 必有亂患이니라.


　『그러므로 조회에 가서 뵈는 예절은 임금과 신하의 의리를 밝히는
원리요, 사신을 보내서 문안하는 예절은 제후로 하여금 서로 존경토
록 하는 원리요, 초상 치고 제사 지내는 예절은 신하와 아들의 은혜
를 밝히는 원리요, 향리에서 어른에게 술을 대접하는 예절은 어른과
어린이의 차례를 밝히는 원리요, 혼인하는 예절은 남자와 여자의 분
별을 밝히는 원리니 대저 예절은 혼란이 말미암아 생기는 바를 금지
함에 마치 둑은 물이 비롯하여 오는 바를 멈추게 하는 것과 같은 것
이다. 그러므로 옛 둑으로 쓸 데가 없다고 해서 허물어 버리는 사람
은 반드시 홍수의 무너짐이 있고, 옛 예절로 쓸 데가 없다고 해서 버

리는 사람은 반드시 분란의 근심이 있느니라.』

◑ 이 절은 예절의 본의(本義)를 밝혀 각각 사회조직의 기강을 세우는 원리임을 기술하였다.

조근(朝覲)은 제후가 천자를 직접 찾아가서 뵈는 것이니 봄에 뵈는 것이 조(朝)요 가을에 뵈는 것이 근(覲)이다. 혼인(昏姻)은 장가들고 시집가는 것이니 사위가 아내의 친정을 일컬어 혼(昏)이라 하고 며느리가 남편의 집을 인(姻)이라 한다. 방(坊)은 둑이니 물을 막는 제방이고, 패(敗)는 무너지는 것이며, 란환(亂患)은 분란이 일어나서 다투는 근심이다.

26-3-4 ──────── 故로 昏姻之禮가 廢하면 則夫婦之道가 苦하야 而淫辟之罪가 多矣요 鄕飮酒之禮가 廢하면 則長幼之序가 失하야 而爭鬪之獄이 繁矣요 喪祭之禮가 廢하면 則臣子之恩이 薄하야 而倍死忘生者가 衆矣요 聘覲之禮가 廢하면 則君臣之位가 失하야 諸侯之行이 惡하야 而倍畔侵陵之敗가 起矣니 故로 禮之敎化也가 微로되 其止邪也는 於未形에 使人으로 日徙善遠罪而不自知也하나니 是以로 先王이 隆之也하시니 易에 曰君子는 愼始하니 差若毫釐나 繆以千里라 하니 此之謂也라.

『그러므로 혼인의 예절이 무너지면 부부의 도리가 고통스러워 음란하고 편벽된 죄가 많아지는 것이요, 향음주례가 무너지면 장유의 질서가 없어서 다투고 싸우는 재판이 번거로워지는 것이요, 초상 치고 제사 지내는 예절이 없어지면 신하와 자녀의 은덕이 얄팍하여 죽은 사람을 배신하고, 산 사람을 잊은 이가 많은 것이요, 빙문하고 조근하는 예절이 무너지면 임금과 신하의 자리가 없어서 제후의 행실이 사악하여 배반하고 침노하여 능멸하는 파멸이 일어나는 것이니, 그러므로 예절의 교화하는 것은 은미하되 그 사악을 그치게 하는 것은 아직 형상으로 나타나지 아니할 때에 사람으로 하여금 날로 착한 데로 옮겨 가서 죄를 멀리하면서도 스스로 알지 못하게 하나니, 이래서 선왕이 그 예절을 융숭히 하시니, 역에 말하기를 군자는 시작을 삼가나니 차이는 털끝과 같으나 천리로 어그러진다고 하니 이것을 일컬은 것이니라.』

◐ 이 절은 예절의 사회교화기능이 막대함을 기술하였다.

무릇 선왕(先王)이 제정한 전통예절은 도덕을 지키고 윤리를 밝히는 원리이므로 전통의 미풍양속(美風良俗)을 보존하면 국가사회의 기강이 확립되어 공경하고 사양하며 감사하는 절도가 있어 평화세계를 보장하는 것이나 만일 전통예절을 폐지(廢止)하여 감성(感性)을 방류(放流)하여 야욕충족에 사로잡히고 물질의 노예로 전락하면 끝없는 사회혼란이 야기하여 분쟁 속에 자멸할 뿐인 것이다. 역왈(易曰)은 위서(緯書)에 나온 말이다.

# 27. 애공문(哀公問)

애공(哀公)은 춘추 말기에 노(魯)나라의 임금으로 이름이 장(蔣)인데 공자(孔子)의 학문과 사상을 흠모하였으나 등용하지는 아니하였다.

문(問)은 질문하는 것이니 애공(哀公)이 공자에게 예절과 정치에 대하여 질문함에 공자가 대답한 내용을 기술하였다.

이 편은 임금에게 있어서 가장 절실한 예절을 공자가 설파하였으니 지치(至治)에 뜻을 둔 나라의 지도자는 반드시 이 편을 연구하여 그 기본정신을 갖추어야 될 것이다.


27-1-1 ──────────── 哀公이 問於孔子하야 曰大禮란 何如이니꼬
君子之言禮가 何其尊也이니까 孔子가 曰丘也는 小人이라
不足以知禮하니다 君이 曰否라 吾子가 言之也하소서.


『애공이 공자에게 물어 말하시기를 큰 예절이란 어떠한 것입니까, 군자가 예절을 말함이 어째서 그토록 높이 숭상하는 것입니까. 공자가 말씀하시기를 구는 소인이라 예절을 충분히 알지 못하나이다. 임금이 말하시기를 아니올시다. 우리 선생이 말씀하소서.』


☯ 이 장은 애공(哀公)과 공자가 예절의 큰 뜻을 묻고 대답하는 절차와 주제를 기술하였다.

애공(哀公)은 편명해제에서 설명하였고, 대례(大禮)는 예절의 큰 것이며, 존(尊)은 존숭(尊崇)하는 것이다. 구(丘)는 공자의 이름이요, 소인(小人)은 겸손하게 몸을 낮추는 말이며, 부족이지례(不足以知禮) 도 역시 예절을 말함에 먼저 사양하는 의례적인 말씀이니, 예절을 말함에 먼저 사양하지 않고 말하는 것은 무례한 행동인 것이다. 부(否) 는 사양하지 말라는 뜻이요, 오자(吾子)는 공자를 높여서 호칭함이며, 언지(言之)는 다시 진실로 청하는 말이니, 곧 고청(固請)이다.

27-1-2 —————————— 孔子가 曰丘는 聞之하니 民之所由生은 禮爲大하니 非禮면 無以節事天地之神也며 非禮면 無以辨君臣上下長幼之位也며 非禮면 無以別男女父子兄弟之親과 昏姻疏數之交也니 君子가 以此之爲尊敬然하나이다.

『공자가 말씀하시기를 구는 들으니, 인민이 말미암아 사는 바는 예절이 중대하니, 예절이 아니면 하늘땅의 신명을 철따라 섬김이 없으며, 예절이 아니면 임금과 신하와 위아래와 어른과 어린이의 자리를 분별함이 없으며, 예절이 아니면 남녀와 부자와 형제의 친함과 외척과 종친의 드물고 잦은 교제를 분별함이 없으니, 군자가 이런 까닭으로 그렇게 존경하나이다.』

◑ 이 절은 앞 절에서 애공의 질문에 대하여 공자가 대답한 예절을 존숭(尊崇)하는 이유를 기술하였다.

민지수유생(民之所由生)은 서민대중이 떳떳한 인생을 경영하여 바르게 사는 길이니, 네 철의 변화에 따라 농사를 지어서 가족을 부양하고 나라에 이바지하며 보람 있는 사회생활을 경영하는 것이다. 절(節)은 계절(季節)이니 절사(節事)는 봄, 여름, 가을, 겨울의 계절변화에 따라 제사를 지내서 섬기는 것이요, 혼(昏)은 부당(婦黨)이고, 인(姻)은 서당(壻黨)이며, 소(疏)는 드문 것이고, 삭(數)은 자주 함이니, 동성(同姓)의 종친(宗親)은 자주만나서 교제하고, 이성(異姓)의 외척(外戚)은 드물게 만나서 교제함이 예절이다.

27-1-3 ──────── <sup>연후</sup>然後에 <sup>이 기 소 능</sup>以其所能으로 <sup>교 백 성</sup>敎百姓하야 <sup>불 폐 기 회 절</sup>不廢其會節하며

『그러한 뒤에 그 잘하는 바로써 백성을 가르쳐야 그 모임의 절기를 어기지 아니하며』

◉ 이 절은 앞 절에 이어 인민에게 예절을 교육하여 스스로 보편적 규범을 받들도록 권장하는 것이 임금의 책무임을 밝혔다.

연후(然後)는 앞 절에서 열거한 하늘땅에 감사하는 예절과 국가사회질서를 지키는 예절 및 가정윤리를 밝히는 예절을 존숭(尊崇)한 다음이요, 소능(所能)은 능력에 알맞게 예절을 정함이니 선비의 예절과 대부의 예절과 제후의 예절과 천자의 예절을 제정하여 각각 신분의 능력에 따라 지키게 하였는바 인민은 스스로 선비의 예절을 본받게 하였다. 회(會)는 예절에서 규정한 각종 사회의 모임이고 절(節)은 절기(節期)이다.

『일이 완성함이 있는 다음에 조각하고 금실을 박으며 문채와 무늬를 넣으며 보불을 만들어 대대로 이어 가게 하며』

◉ 이 절은 앞 절에 이어 예절의 내용과 형식이 알맞게 어울려서 대대로 계승토록 해야 됨을 역설하였다.

성사(成事)는 앞 절에서 밝힌 인민의 생활규범을 널리 교육하여 아름다운 생활풍속이 두텁게 이루어진 것이다 조루(雕鏤)는 생활도구와 예절에 사용하는 그릇을 조각하고 금박을 박아서 아름답게 장식함이요, 문장(文章)은 의복에 문채와 무늬를 넣어서 아름답게 꾸민 것이며, 보(黼)는 도끼의 문양이고 불(黻)은 亞의 문양이니 모두 천자(天子)의 결단력과 추진력을 상징하며, 사(嗣)는 대를 이어 계승하는 것이다.

무릇 예절에는 내용과 형식이 있으므로 문채와 실질이 서로 어울려서 엄숙하고도 성대한 정신이 드날리는 것인즉 엄숙하고 성대한 예절정신을 길이 드날리기 위하여 그 도구와 그릇을 후세에 전하여 자손만대에 길이 보전토록 강구하는 것이다.

『그 대대로 이어 차례를 지킨 다음에야 그 상복 입는 기간을 말하며, 그 솥제기와 도마제기를 갖추며, 그 돼지고기와 포를 차리며, 그 종묘를 수리하여 철따라 제사를 받들며, 종족을 차례로 대하고, 곧 그 삶을 편안히 하여 그 의복을 검소하고 질박하게 하며, 그 궁실을 낮게 하며, 수레에 조각하고 근사하게 갖추지 아니하며, 그릇에 새기고 금박을 넣지 아니하며, 음식에 맛을 두 가지로 아니 하여 민중과 더불어 이로움을 같이 하니 옛날의 군자가 예절을 행하는 것이 이와 같았나이다.』

☯ 이 절은 앞 절에 이어 종통(宗統)의 질서를 확립하여 인간의 정체(正體)가 뚜렷이 밝혀진 다음에 상례(喪禮)의 절도와 제례(祭禮)의 절차를 받들어 영원한 안락사회를 보장하는 길을 기술하였다.

순(順)은 장자(長子)로 상속(相續)하는 종통(宗統)의 질서를 확립하여 정통을 받들고 주체(主體)를 세워서 차례를 지키는 것이니 곧 앞 절의 사(嗣)를 뚜렷이 함이다. 상산(喪算)은 친근하고 소원한 관계를 살펴 각각 5복(五服)에 해당하는 상복을 계산함이고, 정조(鼎俎)는 앞에 11-2-2에서 이미 해설하였고, 절(節)은 절약하여 검소함이며, 추(醜)는 투박하고 질박함이다. 조기(雕幾)는 앞에 11-9-3에서 이미 해설하였고, 기(器)는 기구나 그릇이며, 2미(貳味)는 맛을 여러 가지로 내는 것이다.

무릇 예절은 자연의 질서를 찾아서 두루 화합하는 원리이므로 모름지기 검소 질박한 생활을 원칙으로 하면서 때로 엄숙하고 성대한 예식(禮式)을 거행하는 것이다. 만일 평소의 일상생활까지도 장엄하고 성대하게 경영하면 이것은 호화사치의 방종이고, 혹은 초상 치고 제사 지냄에도 검소하고 질박하게 거행하면 이것은 초라하고 각박한 인색이니 모두 예절을 어긴 것이 아닐 수 없는 것이다.


27-2-1 ──────────── 公<sup>공</sup>이 曰<sup>왈</sup>今<sup>금</sup>之<sup>지</sup>君<sup>군</sup>子<sup>자</sup>는 胡<sup>호</sup>莫<sup>막</sup>之<sup>지</sup>行<sup>행</sup>也<sup>야</sup>이닛고 孔<sup>공</sup>子<sup>자</sup>가
曰<sup>왈</sup>今<sup>금</sup>之<sup>지</sup>君<sup>군</sup>子<sup>자</sup>는 好<sup>호</sup>實<sup>실</sup>無<sup>무</sup>厭<sup>염</sup>하며 淫<sup>음</sup>德<sup>덕</sup>不<sup>불</sup>倦<sup>권</sup>하며 荒<sup>황</sup>怠<sup>태</sup>敖<sup>오</sup>慢<sup>만</sup>하야
固<sup>고</sup>民<sup>민</sup>是<sup>시</sup>盡<sup>진</sup>하며 午<sup>오</sup>其<sup>기</sup>衆<sup>중</sup>하야 以<sup>이</sup>伐<sup>벌</sup>有<sup>유</sup>道<sup>도</sup>하며 求<sup>구</sup>得<sup>득</sup>當<sup>당</sup>欲<sup>욕</sup>하고
不<sup>불</sup>以<sup>이</sup>其<sup>기</sup>所<sup>소</sup>하나니 昔<sup>석</sup>之<sup>지</sup>用<sup>용</sup>民<sup>민</sup>者<sup>자</sup>는 由<sup>유</sup>前<sup>전</sup>하고 今<sup>금</sup>之<sup>지</sup>用<sup>용</sup>民<sup>민</sup>者<sup>자</sup>는
由<sup>유</sup>後<sup>후</sup>라 今<sup>금</sup>之<sup>지</sup>君<sup>군</sup>子<sup>자</sup>가 莫<sup>막</sup>爲<sup>위</sup>禮<sup>례</sup>也<sup>야</sup>이니다.


『공이 말하시기를 오늘의 군자는 어찌하여 예절을 행하지 아니합니까. 공자가 말씀하시기를 오늘의 군자는 재물을 좋아하여 싫어함이 없으며, 음란한 행동을 싫어하지 아니하며, 거칠고 태만하고 오만하여 민중의 것을 이에 모두 취하려고 고집하며, 대중의 뜻을 어기어 도덕이 있는 사람을 공격하며, 이득을 추구함에 욕심을 채우고 그 한계로써 하지 아니하나니, 옛날의 민중을 부리는 사람은 예전의 길을 말미암고, 오늘의 민중을 부리는 사람은 후세의 길을 말미암으므로, 오늘의 군자가 예절을 하지 아니하는 것입니다.』


☯ 이 장은 예절이 무너진 이유가 천리(天理)의 고유한 본성(本性)을 따르지 않고, 인욕(人欲)의 타락한 감성(感性)을 방류(放流)한 결과임을 설파하였다.

실(實)은 재물(財物)이요, 음덕(淫德)은 음란한 생각과 탐욕스러운 마음이며, 고(固)는 억지로 고집을 부리는 것이니, 고민시진(固民是盡)은 민중의 것을 이에 모두 취하려고 고집을 부리는 것이다. 오

(午)는 오(迕)와 같고, 벌(伐)은 공격하여 배척함이며, 당(當)은 합당함이니, 당욕(當欲)은 욕심을 가득히 채우는 것이요, 기소(其所)는 그 한계(限界)이다. 용민자(用民者)는 민중을 부리는 사람이니 곧 벼슬하는 군자(君子)이고, 전(前)은 도의를 추주하는 고지도(古之道)이며 후(後)는 공명과 이익을 추주하는 금지도(今之道)이다.


27-3-1 ─────────── 孔子가 侍坐於哀公하시니 哀公이 曰敢問人道는
誰爲大이니까 孔子가 愀然作色而對하사
曰君之及此言也는 百姓之德이니 固臣은
敢無辭而對하노니 人道는 政이 爲大하나이다.


『공자가 애공을 곁에서 모시고 앉으시니 애공이 말하시기를 감히 묻건대 사람이 지켜야 하는 도리는 무엇이 중대합니까. 공자가 삼가 얼굴빛을 고치고 대답하여 말씀하시기를 임금이 이것을 언급하심은 백성의 덕이니 진실로 신은 감히 사양하지 않고 대답하노니 사람이 지켜야 하는 도리는 정치가 중대합니다.』


☯ 이 장은 사람이 지켜야 하는 도리 가운데 가장 중대한 것은 정치를 바르게 해야 되는 것임을 설파하였다.

초연(愀然)은 삼가 조심하는 모양이고, 작색(作色)은 얼굴빛을 바꾸어 엄숙히 함이며, 백성의 덕[百姓之德]은 백성에게 은덕을 베풀어 주는 행운(幸運)이요, 감무사(敢無辭)는 응당 사양해야 마땅하지만 너무나도 백성에게 행운을 안겨다 주는 중요한 내용이므로 사양하지

않고 대답하겠다는 말이다.

　정치(政治)는 시대의 운명과 지역의 형세와 국민의 역량을 결정하기 때문에 사람이 지켜야 하는 도리 가운데 가장 중대한 것이다.


27-3-2 ─────────── 公이 曰敢聞何謂爲政이니까 孔子가 對하사 曰政者는 正也니 君이 爲正하면 則百姓이 從政矣니다 君之所爲는 百姓之所從也니 君所不爲를 百姓이 何從이리잇까 公이 曰敢問爲政은 如之何잇까 孔子가 對하야 曰夫婦가 別하며 父子가 親하며 君臣이 嚴하야 三者가 正하면 則庶物이 從之矣하니다 公이 曰寡人이 雖無似也나 願聞所以行三言之道하노니 可得聞乎이까.


『공이 말하시기를 감히 묻건대 무엇을 일컬어 정치라고 합니까. 공자가 대답하여 말씀하시기를 정치라는 것은 바르게 하는 것이니 임금이 바르게 하면 백성이 정치를 따르는 것입니다. 임금이 하는 바는 백성이 따르는 바이니 임금이 하지 않는 바를 백성이 어찌 따르리이까. 공이 말하시기를 감히 묻건대 정치를 함은 어떻게 하나이까. 공자가 대답하여 말씀하시기를 부부가 분별하며 부자가 친하며 군신이 엄숙하여 세 가지의 것이 바르면 모든 사물이 따르나이다. 공이 말하시기를 과인은 비록 비슷함이 없지만은 원컨대 세 말씀을 행하는 방법의 길을 듣고자 하노니 얻어 들을 수 있겠습니까?』


　◐ 이 절은 애공(哀公)의 질문에 공자가 정치는 정도(正道)로 해야 됨과 정치사회의 가장 기본적인 사항은 부부 사이에 분별이 있고

부자 사이에 친함이 있고 임금과 신하 사이에 엄정(嚴正)함이 있는 것임을 역설하였다.

살피건대 정치는 인간의 바른 생활을 경영하기 위하여 영토 내의 인민이 국가를 세우고 정부를 조직한 것이므로 먼저 인간의 윤리를 바르게 밝혀서 인간관계를 정상화해야만 만사가 바르게 펼쳐질 수 있는 것이다. 그러므로 공자는 부부(夫婦)와 부자(父子)와 군신(君臣) 3강(三綱)의 도덕을 확립하는 것으로 위정(爲政)의 요체를 설파하였으니 3강5륜(三綱五倫)이 무너지면 세상을 어떻게 바로 잡겠는가? 독자는 여기에서 정치의 목적과 행정의 방법을 깊이 체득할지어다.

27-3-3 ——————— 孔子가 對하야 曰古之爲政은 愛人이 爲大하니 所以治愛人은 禮가 爲大하고 所以治禮는 敬이 爲大하고 敬之至矣에 大昏이 爲大하니이다 大昏이 至矣니 大昏이 旣至라 冕而親迎은 親之也니 親之也者는 親之也라 是故로 君子는 興敬爲親하나니 舍敬이면 是遺親也라 弗愛면 不親하고 弗敬이면 不正하나니 愛與敬은 其政之本與인저.

『공자가 대답하야 말씀하시기를 옛날의 정치를 함에는 사람을 사랑함이 중대하였으니 사람을 사랑하도록 다스리는 원리는 예절이 중대하고, 예절을 다스리는 원리는 공경이 중대하고, 공경이 지극한 것으로는 성대한 혼례가 중대하니이다. 성대한 혼례가 지극한 것이니 성대한 혼례가 이미 지극하므로 면류관을 쓰고 가서 친히 신부를 맞이함은 친하려는 것이니, 친하려는 사람은 몸소 하는 것이라. 이런 까닭으로 군자는 공경심을 일으켜 친히 하나니 공경심을 버리면 이것은 친함을 버리는 것이라. 사랑하지 아니하면 친하지 않고, 공경하지 아니하면 바르지 아니하나니, 사랑과 공경은 그 정치의 근본인저.』

◉ 이 절은 앞 절에 이어 천도(天道)를 받들고 인륜(人倫)을 밝히는 사랑의 정치와 공경의 정치는 혼례(昏禮)의 풍속을 바로잡는 것으로부터 비롯함을 기술하였다.

고(古)는 요순(堯舜)과 하(夏), 은(殷), 주(周)이고, 애인(愛人)은 인권(人權)을 존중하여 평등한 생존권과 재산권을 보장하면서 인간의 자유와 권리와 의무를 고루 누리게 함이다. 그러므로 인민을 사랑하는 정치는 공명정대(公明正大)하여야 되므로 천하의 보편타당한 원리인 예절이 중대하고, 예절은 공경함이 중대하며, 공경의 지극함은 총각과 처녀가 혼인하여 부부(夫婦)가 되는 혼례가 중대한 것이다. 대혼(大昏)은 예절을 갖추는 성대한 혼례(昏禮)라는 뜻인데 두 성씨(姓氏)가 결합하여 만복(萬福)을 창조하는 실마리를 만들기 때문에 자고로 혼례를 대례(大禮) 또는 대사(大事)라고 하였다. 어떤 사람은 대혼(大昏)을 임금의 혼례라고 하였으나 옳지 않다. 사람은 낳으면서부터 귀한 사람이 없기 때문에 주례(周禮)에 관(冠)과 혼(昏)은 사관례(士冠禮)와 사혼례(士昏禮)뿐이요, 천자혼례나 제후혼례나 대부혼례는 없는 것이다. 면(冕)은 면류관으로 주례(周禮)의 사혼례(士昏禮)에 신랑은 작변(爵弁)을 쓰고 훈상(纁裳)을 입는다고 하였으니 이것은 임금의 조복(朝服)이니 곧 면류관과 같은 것이다. 친(親)은 친절하게 몸소 친근히 함이요, 흥경(興敬)은 공경심을 일으켜 아내와 아내의 부모, 형제, 친척을 널리 공경함이고, 위친(爲親)은 신랑과 신부의 양쪽 집안이 친밀하게 지내는 것이다.

대저 주역(周易)에서 말하기를 하늘땅이 있은 다음에 남자와 여자가 있고 남자와 여자가 있은 다음에 아버지와 아들이 있고, 아버지와 아들이 있은 다음에 임금과 신하가 있다고 하였으니 먼저 아내와 남편이 사랑하고 공경하여야 아버지와 아들이 친하고 아버지와 아들이 친해야 임금과 신하가 정의로운 것인즉 남편과 아내가 서로 사랑하고 공경하는 것이 정치사업의 근본이다.

27-3-4 ──────────── 公이 曰寡人이 願有言然하노이다 冕而親迎이
不已重乎이니까 孔子가 愀然作色而對하야
曰合二姓之好以繼先聖之後하야
以爲天地宗廟社稷之主하나니 .
君은 何謂已重乎이니까 公이 曰寡人이
固不固하면 焉得聞此言也이리까 寡人이
欲問하고 不得其辭하나니 請少進하소서

『공이 말하시기를 과인이 원컨대 할 말이 있나이다. 면류관을 쓰고 친히 신부를 맞이함이 너무 중대한 예절이 아닙니까? 공자가 삼가 얼굴빛을 고치고 대답하여 말씀하시기를 두 성씨가 기쁘게 결합하여 옛 성인의 뒤를 이어서 하늘땅과 종묘와 사직의 주체가 되나니 임금은 어찌하여 너무 중대한 예절이라고 하십니까. 공이 말하시기를 과인이 진실로 고루하지 아니하면 어떻게 이러한 말을 들을 수 있겠습니까. 과인이 질문하고 그 사양하지 못하게 하고자 하나니 청컨대 조금 앞으로 나오소서.』

◉ 이 절은 앞 절에 이어 전통예절의 혼례복이 너무 지나치게 높은 신분의 옷을 입히는 이유를 밝혔다.

유언(有言)은 이의를 제기하여 할 말이 있는 것이고, 이중(已重)은 너무 지나치게 중대한 예절이며, 2성(二姓)은 이성혼(異姓昏)에 있어서 신랑과 신부의 두 집안이다. 선성(先聖)은 각 성씨의 시조(始祖)와 훌륭한 조상을 통칭한 것이요, 주(主)는 인간이 근본이라는 인본주의(人本主義)에 있어서 모든 사람은 하늘땅을 경영하는 주체이고, 조상의 제사를 지내는 제주(祭主)이며, 영토를 지키는 주인이다. 따라서 천지(天地)와 종묘(宗廟)와 사직(社稷)을 임금의 소유라고 생각하는 전제군주제도(專制君主制度)로 파악하지 말고, 주권(主權)이 국민에게 있는 공화민주제도를 인식하는 것이 오히려 천하는 천하 사람의 것이라고 하는 왕도정치(王道政治)와 인정(仁政)에 부합한다고 할 것이다. 불고(不固)의 고(固)는 고루(固陋)함이고, 부득기사(不得其辭)는 애공의 질문에 공자의 대답을 사양하지 못하도록 강요하는 것이며, 소진(少進)은 조금 앞으로 가까이 다가오라는 뜻이다.


27-3-5 ─────────────── 孔子가 曰天地不合하면 萬物不生하나니
大昏은 萬世之嗣也니 君은 何謂已重焉하시니까
孔子가 遂言하야 曰內以治宗廟之禮하면
足以配天地之神明이요 出以治直言之禮하면
足以立上下之敬하며 物恥를 足以振之하며
國恥를 足以興之라 爲政先禮니 禮는 其政之本與인저.


『공자가 말씀하시기를 하늘과 땅이 합치지 아니하면 만물이 생기

지 아니하나니, 성대한 혼례는 일만 세대를 이어 가는 것이니, 임금은 어찌하여 너무 중대한 예절이라고 하십니까. 공자가 말을 다하여 말씀하시기를 안에서 종묘의 예절을 다스리면 족히 하늘과 땅의 신명을 짝하고, 나아가 정직하게 말하는 예절을 다스리면 족히 위아래의 공경심을 확립하며, 사물의 부끄러움을 족히 진흥하며 나라의 부끄러움을 족히 일으키는지라. 정치를 함에 예절을 먼저 밝히니 예절은 그 정치의 근본인저.』

◐ 이 절은 앞 절에 이어 성대한 혼례(昏禮)의 인류사(人類史)적 기능과 효과를 설파하였다.

천지불합(天地不合)은 천기(天氣)가 하강하지 않고, 지기(地氣)가 상승하지 아니하여 천지가 폐색(閉塞)한 것이니 만물이 생성할 수 없는 것이다. 만세지사(萬世之嗣)는 혼인을 통하여 자녀를 생산하여 자손만대에 걸쳐 인류가 번창하는 길이다. 수언(遂言)은 앞에 하던 말을 인하여 남은 말을 모두 하는 것이며, 전체 국민이 각각 집안에서 조상님께 제사를 지내는 예절을 거행하려면 반드시 혼인을 하여 부부가 합심 협력해야 되고, 전체 국민이 각각 밖에 나아가 떳떳하게 바른 말을 하는 예절을 실천하려면 반드시 혼인을 하여 부부가 가정 생활을 반듯하게 경영해야 되는 것이다. 물치(物恥)는 물자가 부족하고 물품이 보잘 것이 없는 것인즉 부부가 함께 가정을 경영해야만 가정경제를 진흥하고, 국치(國恥)는 국가의 풍속이 타락하고 국력이 쇠퇴한 것인즉 부부가 함께 떳떳한 가풍을 계승하여야 정직한 국풍을 일으켜 국가를 부흥하는 것이니, 천하의 기본은 국가이고 국가의 기본은 가정이며, 가정의 기본은 부부이니 부부의 도리가 바로 서야 가정을 일으키고, 가정을 바로 세워야 천하국가를 일으키는 것이다.

그러므로 정치를 함에는 예절을 먼저 밝혀야 되기 때문에 예절은 정치의 근본이라고 하였다.

27-3-6 孔子가 遂言하야 曰昔三代明王之政엔 必敬其妻子也가 有道하니 妻也者는 親之主也니 敢不敬與이까 子也者는 親之後也니 敢不敬與이까 君子는 無不敬也나 敬身이 爲大하니 身也者는 親之枝也니 敢不敬與이까 不能敬其身이면 是傷其親이오 傷其親이면 是傷其本이요 傷其本이면 枝從而亡이니 三者는 百姓之象也라 身以及身하며 子以及子하며 妃以及妃하나니 君行此三者하시면 則愷乎天下矣하시니 大王之道也니 如此면 則國家가 順矣리이다.

『공자가 이어서 말을 다하여 말씀하시기를 옛날 3대에 밝은 제왕의 정치에는 반드시 그 처자를 공경하는 것이 도리가 있게 하였으니 아내라는 것은 어버이를 섬기는 주부인 것이니 감히 공경하지 않으리까. 자식이라는 것은 어버이의 후손이니 감히 공경하지 않으리까. 군자는 공경하지 않음이 없으나 자기 자신을 공경함이 중대하니 자기 자신이라는 것은 어버이의 가지이니 감히 공경하지 않으리이까. 자기 자신을 잘 공경하지 않으면 이것은 그 어버이를 아프게 함이요, 그 어버이를 아프게 하면 이것은 그 근본을 해치는 것이요, 그 근본을 해치면 가지도 따라서 망하니 세 가지의 것은 백성이 형상으로 본받으므로 몸으로써 몸에 미치며, 자식으로써 자식에 미치며, 아내로써 아내에 미치나니 임금이 이 세 가지 것을 행하시면 천하에 감격할 것이고, 태왕의 도이니 이와 같이 하시면 국가가 따르리이다.』

　　◑ 이 절은 인간이 지켜야 할 도리 가운데 가장 중대한 것은 경신 (敬身)과 경처(敬妻)와 경자(敬子)임을 설파하였다.

　　유도(有道)는 천리(天理)를 밝히고 사물을 개발 이용하여 가족을 안락하게 부양하는 도리가 있는 것이다. 친지주(親之主)는 어버이를 공양(供養)하는 주부(主婦)이니 곧 어버이가 의지하는 며느리라는 뜻이며, 친지후(親之後)는 어버이의 후손으로 곧 조상에게 제사를 지내는 후예라는 뜻이다. 대저 어버이는 뿌리이고 자식은 지엽(枝葉)이니, 뿌리가 튼튼해야 가지가 무성하고, 가지를 해치면 뿌리가 온전할 수 없으므로 가지를 보호해서 뿌리를 지켜야 한다. 백성지상(百姓之象)은 백성이 구체적인 형상(形象)으로 본받는 것이니 백성의 가족집단을 구성하는 기본단위는 모두 부부(夫婦)와 부자(父子)의 관계로 형성되는 까닭에 자기 자신과 아내와 아들 세 사람이 사는 법도를 본받은 것이다. 신이급신(身以及身)은 자기 자신을 공경하여 다른 사람을 공경함에 미쳐 가는 것이고, 자이급자(子以及子)는 나의 아들을 공경하여 남의 아들을 공경하는 데 미쳐 가는 것이며, 비이급비(妃以及妃)는 자기 아내를 공경하여 남의 아내를 공경하는 데 미쳐 가는 것이니, 모두 공경심을 확대 발전시켜서 공경하지 않는 것이 없는 데 이르는 것이다. 개(愾)는 감격하여 분발시켜서 떨치고 일어나게 함이고, 태왕 (大王)은 이름이 단보(亶父)로 주(周)나라 문왕(文王)의 할아버지인데 일찍이 백성을 사랑하여 영토(領土)를 버린 역사적 사실이 있다.

　　살피건대 성왕(聖王)은 아들딸의 성년(成年)을 공경하여 관계례(冠笄禮)를 제정하고, 남편과 아내를 공경하여 혼례(昏禮)를 제정하며, 어버이를 공경하여 상제례(喪祭禮)를 제정하였으니 성왕의 가족을 사랑하고 공경함이 그 지극한저!


27-4-1 ──────── 公이 曰敢問何謂敬身이니까 孔子가 對하야 曰君子가
過言이라도 則民이 作辭하며 過動이라도 則民이 作則하나니
君子가 言不過辭하며 動不過則하면 百姓이 不命而敬恭하나니
如是면 則能敬其身이요 能敬其身하면 則能成其親矣리이다.


『공이 말하시기를 감히 묻건대 무엇을 일컬어 몸을 공경한다고 합
니까. 공자가 대답하야 말씀하시기를 군자가 말을 지나치게 하여도
곧 민중이 수식하는 말을 지으며, 행동을 지나치게 하여도 곧 민중이
법칙으로 삼나니, 군자가 말은 수식하는 말을 지나치지 않게 하며,
행동은 본받은 법칙을 지나치지 않게 하면 백성이 명령하지 아니하
여도 공경하나니, 이와 같으면 그 몸을 잘 공경한 것이요, 그 몸을
잘 공경하면 능히 그 어버이를 온전히 이룩하리이다.』


◉ 이 장은 자기 자신을 공경하여 어버이의 사업을 완성해야 자기
의 도리를 완성하는 것임을 역설하였다.

군자(君子)는 벼슬하는 고급관리이고, 작사(作辭)는 미사여구(美
辭麗句)로 수식(修飾)함이며, 작칙(作則)은 준칙으로 삼아 따르는 것
이다. 고급관리가 직언(直言)하고 정행(正行)하면 민중이 공경하나
니, 민중으로부터 공경을 받으면 이것은 자기 자신을 공경한 것이며,
자기 자신의 몸을 잘 공경하면 이것은 아버지의 사업을 잘 완성한
것이다. 모름지기 사람의 몸은 어버이가 남기신 것이니 그 몸을 공경

하여 입신행도(立身行道)하여야 어버이를 온전히 완성하는 것이다.


27-4-2 ─────────── 公이 曰敢問何謂成親이니까 孔子가 對하야
曰君子也者는 人之成名也니 百姓이 歸之하야
名謂之君子之子라 하면 是는 使其親으로
爲君子也니 是爲成其親之名也已니다 孔子가
遂言하야 曰古之爲政엔 愛人이 爲大하니 不能愛人이면
不能有其身이요 不能有其身이면 不能安土요 不能安土면
不能樂天이요 不能樂天이면 不能成其身이니다.


『공이 말하시기를 감히 묻건대 무엇을 일컬어 어버이를 이룩한다고 합니까. 공자가 대답하여 말씀하시기를 군자라는 것은 인간을 완성한 이름이니, 백성이 붙좇으면서 이름을 일컬어 군자의 아드님이라 하면 이것은 그 어버이로 하여금 군자가 되게 하는 것이니, 이것이 그 어버이를 이룩하는 이름이 되는 것입니다. 공자가 이어서 말을 다하여 말씀하시기를 옛날의 정치에는 사람을 사랑함이 중대하였으니, 사람을 잘 사랑하지 못하면 그 몸을 잘 간직하지 못하고, 그 몸을 잘 간직하지 못하면 능히 땅에서 편안치 못하고, 능히 땅에서 편안치 못하면 능히 하늘을 즐거워하지 못하고, 능히 하늘을 즐거워하지 못하면 그 몸을 잘 완성하지 못하니이다.』


◉ 이 절은 앞 절에 이어 어버이를 이룩하는 방법은 인간완성을 상징하는 군자(君子)의 소리를 듣게 하는 것이고, 자기 자신을 완성하는 길은 사람을 사랑하여 몸을 보존하면서 현실에 편안하여 낙천

열명(樂天悅命)하는 것임을 기술하였다.

귀(歸)는 붙좇아 가까이함이고, 유(有)는 보유함이며, 안토(安土)는 현재의 삶의 터전에서 편안함이니 곧 현재위치에서 안정(安定)하는 것이다. 락천(樂天)은 천리(天理)에 순응하여 하늘의 뜻을 받들고 즐겁게 사는 것이다.


27-4-3 ──────────────── 公이 曰敢問何謂成身이니까 孔子가
對하야 曰不過乎物이니이다.


『공이 말하시기를 감히 묻건대 무엇을 일컬어 몸을 완성한다고 합니까? 공자가 대답하여 말씀하시기를 서로 헤아림에 넘치지 아니함입니다.』


◑ 이 절은 앞 절에 이어 자기 자신을 완성하는 길을 천명하였다.

과(過)는 넘쳐서 어긋나는 것이고, 물(物)은 서로 비교하여 알맞음을 헤아리는 상탁(相度)이니, 곧 대학(大學)의 혈구지도(絜矩之道)와 같은 뜻으로 물정(物情: 사물의 성질과 모양)을 서로 헤아려서 법도에 맞는 것이니, 물론(物論: 여러 사람의 평판)과 물망(物望: 사람들이 높이 우러러 보아 드러난 이름)이다.

살피건대 자기 자신을 완성하는 성신(成身)은 스스로 헤아린 생각이 여러 사람의 생각과 일치하여 서로 어긋나지 않은 것인즉 곧 물아일체(物我一體), 천인합일(天人合一)의 경지에 도달하여 물리(物理)와 인정(人情)에 어긋남이 없는 것이다.

公이 曰敢問君子는 何貴乎天道也이니까

孔子가 對하야 曰貴其不已니 如日月이

東西相從而不已也가 是天道也이며

不閉其久가 是天道也이며 無爲而物成이

是天道也이며 已成而明이 是天道也이니다.

『공이 말하시기를 감히 묻건대 군자는 어찌하여 하늘의 도를 귀중히 여깁니까? 공자가 대답하여 말씀하시기를 그 그치지 아니함을 귀중히 여기니, 마치 해와 달이 동쪽과 서쪽에서 서로 쫓으며 그치지 아니한 것이 이 하늘의 도이며, 그 끝없이 오래함을 막지 아니함이 이 하늘의 도이며, 함이 없어도 만물이 생성함이 이 하늘의 도이며, 이미 완성하여 밝음이 이 하늘의 도이니다.』

 ◉ 이 장은 군자가 천도(天道)를 귀중히 여기는 까닭은 영원불변한 진리로 만물을 통일 주재하기 때문임을 밝혔다.

천도(天道)는 하늘이 만물의 존재와 생성을 규정하는 형이상학적 진리요, 생명의 원리이니 곧 태극(太極)의 이(理)이다. 동서상종(東西相從)은 해와 달이 동쪽에서 서쪽으로 운행하면서 밤낮으로 교대하여 비추는 천체(天體)의 현상이며, 불폐기구(不閉其久)는 춘하추동(春夏秋冬) 4시변화(四時變化)가 영원히 순환함이고, 무위이물성(無爲而物成)은 천체가 운행하는 계절변화에 따라 자연적으로 만물이 생성하여 꽃피고 열매를 맺어 한 해의 일을 완성하는 것이요, 이성이명(已成而明)은 만물이 이미 완성한 현상을 통해서 그 자연법칙을 명확히 발견하는 것이다.

살피건대 천체의 운행을 통하여 계절변화가 일어나고, 계절변화를 통하여 만물이 완성되고, 만물의 완성을 통하여 자연법칙을 발견하니, 자연법칙은 천리(天理)의 통일원리에서 나누어진 세부적인 조리이다. 이것은 모두 천도(天道)가 영원히 그치지 아니하는 진리체계 위에서 나타난 현상이므로 군자는 영원히 그치지 아니하는 하늘의 도를 높이 받들어 귀중히 여기는 것이다.


27-6-1 ──────── 公이 曰寡人은 惷愚冥煩하니 子가 志之心也하소서.


『공이 말하시기를 과인은 어리석고 어둡고 번거로우니 선생이 그것을 과인의 마음에 기록하여 주소서.』


◑ 이 장은 앞 절에 이어 애공(哀公)이 천도(天道)를 귀중하게 여기는 지극한 방법을 공자에게 물었다.

용우(惷愚)는 기질이 탁박하여 어리석은 것이고, 명(冥)은 이치에 어두운 것이며, 번(煩)은 일에 얽매여 번거로운 것이다. 지(志)는 기록함이고, 지(之)는 천도(天道)를 귀중하게 여기는 지극한 방법이다.


27-6-2 ──────── 孔子가 蹴然避席而對하야 曰仁人은 不過乎物하며
孝子는 不過乎物하나니 是故로 仁人之事親也가
如事天하며 事天이 如事親하니 是故로 孝子가
成身하나다 公이 曰寡人이 旣聞此言也하니

無如後罪에 何이리까 孔子가 對하야
曰君之及此言也가 是臣之福也로이다.

『공자가 삼가 자리를 피하며 대답하야 말씀하시기를 어진 사람은
서로 헤아림에 법도를 넘어가지 아니하며, 효자는 서로 헤아림에 법
도를 넘어가지 아니하나니, 이런 까닭으로 어진 사람이 어버이를 섬
기는 것이 하느님을 섬기듯이 하며, 하느님을 섬김이 어버이를 섬기
듯이 하니, 이런 까닭으로 효자가 몸을 완성합니다. 공이 말하시기를
과인이 이미 이 말씀을 들었으니 어찌하여야 뒤에 죄가 없도록 하리
까. 공자가 대답하여 말씀하시기를 임금이 이 말에 미치심은 이에 신
하의 복이로소이다.』


☯ 이 절은 천도(天道)를 높이 받들어 스스로 헤아려서 법도를 어
기지 아니함으로써 어버이를 하느님과 같이 섬기는지라 마침내 인간
을 완성함을 기술하였다.

축연(蹴然)은 삼간 모양이고, 무여후죄하(無如後罪何)는 후일(後日)
에 법도를 어기는 죄가 없도록 하려면 어떻게 해야 되겠느냐고 걱정
한 말이다. 애공(哀公)이 천도(天道)를 어기지 않으려고 이와 같이
걱정하므로 공자가 이 말씀을 언급한 것은 신하의 복이라고 칭찬하
였다.

살피건대 하느님은 만물의 창조주(創造主)이므로 인인(仁人)이 높
이 받들어 섬기고, 어버이는 자녀를 생산한 부모이므로 효자가 높이
받들어 섬기는 것이니 높이 받드는 것은 지극한 공경심이요, 섬기는
것은 지극한 사랑인즉 하느님을 공경하는 마음으로 어버이를 공경하

고, 어버이를 사랑하는 마음으로 하느님을 사랑하기 때문에 인인(仁
人)과 효자(孝子)는 어버이 섬기기를 하느님처럼 섬기고, 하느님 섬
기를 어버이 섬기듯이 하나니 하느님으로부터 천성(天性)을 받고, 어
버이로부터 혈육(血肉)을 받았으므로 생명의 근원에 보답하는 정신
이다.

# 28. 중니연거(仲尼燕居)

　중니(仲尼)는 공자(孔子)의 자(字)이고, 연거(燕居)는 특별한 일이 없이 한가롭게 집 안에서 휴식하는 것이다.

　이 편의 내용은 자장(子張)과 자공(子貢)과 자유(子游) 등 제자가 공자를 곁에서 모시고, 스승에게 예절에 대하여 질문하니 공자가 대답한 말씀을 기술하였으니, 대개 예절의 본질과 목적의 중요성을 설파하였다.


28-1-1 ─────────────── 仲尼燕居하시거늘 子張과 子貢과 言游가 侍러니 縱言至於禮하야 子가 曰居하라 女三人者여 吾語女禮하야 使女以禮로 周流無不徧也케 하리라 子貢이 越席而對하야 曰敢問何如이니고 子가 曰敬而不中禮를 謂之野요 恭而不中禮를 謂之給이요 勇而不中禮를 謂之逆이니라 子가 曰給奪慈仁하나니라.


『중니가 한가롭게 계시거늘 자장과 자공과 언유가 곁에 모시더니 생각나는 대로 하는 말이 예절에 이르자 공자가 말씀하시기를 머물러라 너희들 세 사람이여, 내가 너희들에게 예절을 말하여 너희로 하여금 예절로써 두루 흘러서 일치하지 아니함이 없게 하리라. 자공이 자리를 넘어 앞으로 나아가 대답하여 말하기를 감히 묻건대 어떻게 하나이까? 공자가 말씀하시기를 공경하되 예절에 맞지 아니함을 일컬어 촌스럽다고 하고, 공손하되 예절에 맞지 아니함을 일컬어 번지

르르하다고 하고, 용감하되 예절에 맞지 아니함을 일컬어 거슬린다고
하니라. 공자가 말씀하시기를 번지르르함은 자애로운 사랑을 가장하
니라.』

　◑ 이 장은 공자가 예절의 본질을 설파하여 제자들에게 예절에 절
도가 있음을 가르쳐서 촌스럽거나 번지르르하거나 거슬림이 있으면
안 되는 것임을 밝혔다.

　자장(子張)과 자공(子貢)과 언유(言游)는 모두 공자의 제자인데
언유(言游)는 자유(子游)이다. 시(侍)는 공자의 앞에 셋이 옆으로 나
란히 공자를 향해서 앉아 있는 것이요, 종언(縱言)은 일정한 화제가
없이 차례로 생각하는 바를 자유롭게 말하는 것이며, 주류무불편(周
流無不偏)은 닥치는 대로 베풀어 일치하지 아니함이 없는 것이니, 모
두 절도에 적중함이다. 월석(越席)은 앉아 있는 방석을 넘어 공자가
계신 앞으로 나아감이고, 야(野)는 촌스러움이니 질박하지만 문채가
없는 것이며, 급(給)은 겉만 번지르르하고 진실성이 없는 것이요, 역
(逆)은 거슬러서 순서가 없는 것이다. 탈(奪)은 허위로 가장(假裝)하
여 진실을 빼앗는 것이니, 번지르르한 아첨으로 자애로운 사랑을 가
장함이다.

　살펴건대 공경심과 용기는 모두 선덕(善德)이지만, 그러나 때와
장소와 사람에 따라서 분수와 절도가 있는 것이니, 마음으로 존경함
에 등급이 없으면 무분별한 존경이고, 행동을 공손히 함에 구별이 없
으면 무의미한 공손이며, 용기를 발휘하되 상황을 파악하지 못하면
인정을 거스르는 것이니, 선덕(善德)이 악덕(惡德)으로 변질할 위험
이 있으므로 예절에 적중하는 것이 중요한저!

 子가 曰師야 爾는 過하고 而商也는 不及하며
子産은 猶衆人之母也하야 能食之하고 不能敎也라
하니라 子貢이 越席而對하야 曰敢問將何以爲此中者也이니까
子가 曰禮乎아 禮니 夫禮는 所以制中也니라.


『공자가 말씀하시기를 사야 너는 지나치고, 저 상은 미치지 못하며, 자산은 서민대중의 어머니처럼 잘 먹이기만 하고, 잘 가르치지는 못한다고 하니라. 자공이 자리를 건너 앞으로 나아가 대답하여 말하기를 감히 묻건대 장차 무엇으로 이것을 적중하게 하리까? 공자가 말씀하시기를 예절인가, 예절이니 대저 예절은 적중하도록 절제하는 원리이니라.』


◉ 이 절은 본질에 어긋나는 지나치고 미치지 못한 사례를 지적하여 예절의 도수(度數)를 지키는 것이 중정공평(中正公平)한 절도에 적중하는 원리임을 기술하였다.

사(師)는 자장(子張)의 이름이요, 상(商)은 자하(子夏)의 이름이며, 자산(子産)은 정(鄭)나라 대부(大夫) 공손교(公孫僑)의 자(字)이다. 과(過)는 중례(中禮)를 넘어가서 지나침이고, 불급(不及)은 중례(中禮)에 미치지 못함이니 한 사람은 지나치고, 한 사람은 미치지 못한 것이며, 자산(子産)은 서민대중의 어머니들처럼 자식들을 잘 먹이기만 잘 가르치지는 못하니 한 가지는 지나치고, 한 가지는 미치지 못한 것이다. 월석(越席)은 앞에서 이미 자리를 넘어 앞으로 나아갔으나 말을 마치고 제자리로 돌아왔기 때문에 다시 앞으로 나아간 것이니, 자공이 자장과 자유보다 나이가 많은 선배이므로 가장 먼저 대답을 하였다. 예호례(禮乎禮)는 공자가 예절을 강조하기 위하여 스스로 묻고 대답하신 말씀이고, 소이제중(所以制中)은 과불급(過不及)이 없는 중정공평(中正公平)한 절도에 적중하도록 재단하는 원리이다.


28-2-1 ——————————— 子貢이 退어늘 言游가 進하야 曰敢問禮也者는
領惡而全好者與잇가 子가 曰然하니라 然則何如이니까
子가 曰郊社之義는 所以仁鬼神也요 嘗禘之禮는
所以仁昭穆也요 饋奠之禮는 所以仁死喪也요 射鄕之禮는
所以仁鄕黨也요 食饗之禮는 所以仁賓客也니라.


『자공이 물러가거늘 언유가 앞으로 나아가 말하기를 감히 묻건대 예절이라는 것은 악을 다스려서 착함을 온전히 하는 것입니까? 공자가 말씀하시기를 그러하니라. 그러면 어떻게 하나이까? 공자가 말씀하시기를 교제와 사직제사의 뜻은 귀신을 사랑하는 원리이고, 종묘의 상제와 체제의 예절은 소목을 사랑하는 원리이고, 궤전의 예절은 죽은 사람을 사랑하는 원리이고, 사례와 향음주례는 고향마을을 사랑하는 원리이고, 사례와 향례는 손님을 사랑하는 원리이니라.』


◑ 이 장은 예절의 목적이 사악함을 다스리고 착한 인간성을 온전히 발휘하여 사랑하는 인(仁)의 세계를 건설하는 것임을 밝혔다.

영(領)은 열솔(領率)이니 거느려 통솔해서 단속함이요, 악(惡)은 사리사욕이며, 전호(全好)는 착한 인간성을 온전히 간직하는 것이다. 소이인(所以仁)은 인간의 순수한 사랑을 표현하는 원리 또는 방법이고, 귀신(鬼神)은 천지신명(天地神明)이며, 소목(昭穆)은 소목으로 배열

한 조상신(祖上神)이요, 궤전(饋奠)은 상례(喪禮)의 조석전(朝夕奠)
이다. 사상(死喪)은 죽어서 초상 치는 망자(亡者)이고, 향당(鄕黨)은
고향마을이며, 사향(食饗)은 사례(食禮)와 향례(饗禮)이다.

살피건대 예절은 모두 그 목적과 대상에 따라 인간의 순수한 사랑
을 잘 표현하기 위하여 여러 가지의 분야로 예절을 제정하였으니 예
절은 곧 사랑을 표현하는 방법이다.


28-2-2 ———————————————————— 子가 曰明乎郊社之義와 嘗禘之禮면
治國은 其如指諸掌而已乎인저.


『공자가 말씀하시기를 교제와 사직제사의 뜻과 종묘의 상제와 체
제의 예절에 밝으면 나라를 잘 다스림은 그 손바닥을 가리키듯이 할
뿐인저.』


◉ 이 절은 앞 절에 이어 천자(天子)가 하늘땅을 제사 지내는 뜻
과 종묘에서 조상신을 제사 지내는 예절에 밝으면 나라를 잘 다스리
는 것은 아주 쉬운 일임을 기술하였다.

기여지저장(其如指諸掌)은 손바닥을 움직이기 쉬움을 가리키는 것
과 같음이니 매우 쉬운 일이라는 뜻이다.

살피건대 지혜와 사랑과 용기를 모두 갖춘 지극한 정성으로 제사
를 지내서 하늘땅이 감동하고 조상신이 감격한다면, 이미 천리(天理)
를 밝히고 인륜(人倫)을 바로잡은 것이니, 지치(至治)는 그 가운데서
이루어지는 것인즉 천명(天命)을 받들고 민심(民心)을 따르는 순천

응인(順天應人)의 정치를 할 수 있는 것이다.


28-3-1 ─────────── 是故로 以之居處하면 有禮故로 長幼를 辨也하며
以之閨門之內하면 有禮故로 三族을 和也하며 以之朝廷하면
有禮故로 官爵을 序也하며 以之田獵하면 有禮故로 戎事를
閑也하며 以之軍旅하면 有禮故로 武功을 成也하나니라.


『이런 까닭으로 절도에 적중하는 사랑으로 거처하면 예절이 있는 까닭으로 어른과 어린이를 구별하며, 절도에 적중하는 사랑으로 집안을 다스리면 예절이 있는 까닭으로 세 겨레를 화합하며, 절도에 적중하는 사랑으로 조정을 다스리면 예절이 있는 까닭으로 벼슬과 작위를 차례하며, 절도에 적중하는 사랑으로 사냥을 하면 예절이 있는 까닭으로 전쟁을 막으며, 절도에 적중하는 사랑으로 군대를 지휘하면 예절이 있는 까닭으로 무공을 성취하느니라.』


　◉ 이 장은 앞 장에서 이미 설파한 예절의 본질인 중절(中節)과 예절의 목적인 소이인(所以仁)을 갖추는 예절은 결국 질서를 밝히고 화합을 이루기 때문에 아름다운 효과를 얻어 안녕(安寧)사회를 건설하게 됨을 기술하였다.

　시고(是故)는 앞장에서 말한 사욕을 절제하고 착한 인간성을 온전히 간직하여 절도에 적중하게 사랑한 결과요, 이지(以之)는 앞 장에서 말한 지나치거나 미치지 못함이 없이 절도에 적중하는 사랑으로써 표현하는 방법이다. 3족(三族)은 본족(本族)과 외족(外族)과 처족(妻

族)이고, 융사(戎事)는 전쟁이며, 한(閑)은 방어하여 막는 것이다.

28-3-2 ─────── 是故로 宮室이 得其度하며 量鼎이 得其象하며
味得其時하며 樂得其節하며 車得其式하며 鬼神이
得其饗하며 喪紀得其哀하며 辨說이 得其黨하며 官得其體하며
政事가 得其施하며 加於身而錯於前에 凡衆之動이 得其宜니라.

『이런 까닭으로 집이 그 도수를 얻으며, 말과 솥이 그 모양을 얻
으며, 맛이 그때를 얻으며, 음악이 그 절도를 얻으며, 수레가 그 법식
을 얻으며, 귀신이 그 제향을 얻으며, 상복 입은 기간에 그 슬픔을
얻으며, 변설이 그 무리를 얻으며, 관리가 그 체통을 얻으며, 정사가
그 베풂을 얻으며, 몸에 더하여 앞에서 조치함에 모든 민중의 행동이
그 마땅함을 얻느니라.』

☯ 이 절은 예절을 통하여 질서와 조화를 찾음으로써 모든 일에
안녕(安寧)을 유지할 수 있음을 기술하였다.

시고(是故)는 예절을 제정하여 천하에 예절을 널리 펴는 예절보급
운동을 전개한 결과요, 궁실(宮室)은 건축물이고 도(度)는 과학적인
건축공법의 도수(度數)니, 건축물이 과학적인 건축공법의 도수를 지키
면 안전하고도 편리한 것이다. 양(量)은 부피를 헤아리는 그릇으로 말
과 같고, 정(鼎)은 세발솥으로 삶은 희생을 담는 제기이며, 상(象)은
모양이니 균형 잡힌 안정감과 아름다운 상징성이 있는 것이다. 미(味)
는 5미(五味)이고, 시(時)는 4시(四時)이니 제철에 나온 음식의 맛을

먹는 것이요, 악(樂)은 음악이고, 절(節)은 높고 낮고, 길고, 짧고, 빠르고 느림이다. 식(式)은 법식(法式)이요, 향(饗)은 향례(饗禮)이며, 상기(喪記)는 상복을 입은 기간이고, 변설(辨說)은 변호하는 학설이니, 일의 잘잘못을 가려서 말함이고, 당(黨)은 무리이다. 체(體)는 체통(體統)이요, 시(施)는 시행(施行)이며, 조(錯)는 조(措)니 조치함이다.

　살피건대 예절은 이치에 알맞게 조절하는 것인즉 만사를 합리적으로 생각하여 과학기술에 철저하면 안전을 보장하는 것이다.


28-3-3 ──────────────── 子가 曰禮者는 何也오 卽事之治也라 君子가
有其事하면 必有其治니 治國而無禮면 譬猶瞽之無相與인저
悵悵乎其何之리오 譬如終夜有求於幽室之中하되 非燭이면
何見이리오 若無禮면 則手足으로 無所錯하며 耳目으로
無所加하며 進退揖讓으로 無所制니 是故로 以之居處엔
長幼가 失其別하며 閨門엔 三族이 失其和하며 朝廷엔
官爵이 失其序하며 田獵엔 戎事가 失其策하며 軍旅엔
武功이 失其制하며 宮室이 失其度하며 量鼎이 失其象하며
味失其時하며 樂失其節하며 車失其式하며 鬼神이
失其饗하며 喪紀가 失其哀하며 辨說이 失其黨하며
官失其體하며 政事가 失其施하며 加於身而錯於前에
凡衆之動이 失其宜하나니 如此면 則無以祖洽於衆也니라.


　『공자가 말씀하시기를 예절이란 것은 무엇 하는 것인가? 눈앞에 닥친 일을 다스리는 것이다. 군자가 그 일이 있으면 반드시 그 잘 다스림이 있으니 나라를 다스림에 예절이 없으면 비유하건대 마치 장

님에게 도우미가 없는 것과 같은진저, 갈 곳을 몰라 방황하리니 그 어디로 가리오? 비유하건대 마치 밤새도록 캄캄한 방 안에서 찾는 것과 같으니 촛불이 아니면 어찌 보이리오. 만약 예절이 없으면 손과 발로 처리할 바가 없으며, 귀와 눈으로 살필 데가 없으며, 나아가고 물러오며 읍하고 사양함으로 절제할 바가 없으니, 이런 까닭으로 그렇게 예절이 없이 거처함에는 어른과 어린이가 그 구별을 잃으며, 집 안에는 세 겨레가 그 화목을 잃으며, 조정에는 벼슬과 작위가 그 차례를 잃으며, 사냥에는 군사작전이 그 책략을 잃으며, 군대에는 무공이 그 제도를 잃으며, 집의 건축물이 그 도수를 잃으며, 말과 솥이 그 모양을 잃으며, 맛이 그때를 잃으며, 음악이 그 절도를 잃으며, 수레가 그 법식을 잃으며, 귀신이 그 제향을 잃으며, 상복을 입는 기간이 그 슬픔을 잃으며, 변설이 그 무리를 잃으며, 관리가 그 체통을 잃으며, 정사가 그 베풂을 잃으며, 몸에 더하여 앞에서 조치함에 모든 서민대중의 행동이 그 마땅함을 잃으나니, 이와 같으면 처음부터 서민대중에게 흡족함이 없는 것이니라.』

◉ 이 절은 천하에 예절이 없으면 보편적인 행동기준이 없을 뿐만 아니라, 또한 모범적인 준칙도 없기 때문에 군자가 눈앞에 닥치는 일도 완벽하게 처리하여 사람을 흡족하게 할 수 없음을 기술하였다.

창창(悵悵)은 갈 곳을 몰라서 방황하는 모양이고, 조(祖)는 시(始)와 같으며, 흡(洽)은 흡족(洽足)이니 만족하게 생각함이다.

28-4-1 ──────────── 子가 曰愼聽之하라 女三人者여 吾語女禮하리니
猶有九焉大饗에 有四焉하니 苟知此矣면

雖在畎畝之中이나 事之면 聖人已니라 兩君이 相見하사
揖讓而入門이어든 入門而縣興하고 揖讓而升堂이어든
升堂而樂闋하며 下管象武하며 夏籥序興하며 陳其薦俎하며
序其禮樂하며 備其百官하니 如此而后에 君子가 知仁焉이니라
行中規하며 還中矩하며 和鸞이 中采齊하며 客出以雍하며
徹以振羽하나니 是故로 君子는 無物而不在禮矣하니 入門而金作은
示情也요 升歌請廟는 示德也요 下而管象은 示事也니 是故로
古之君子가 不必親相與言也요 以禮樂相示而已니라.

『공자가 말씀하시기를 신중히 듣거라, 너희 세 사람이여, 내가 너희들에게 예절을 말하리니, 오히려 아홉 가지 절차가 있는 큰 향례에 네 가지 뜻이 있나니, 진실로 이것을 알면 비록 밭이랑 가운데서 살지라도 그것을 섬기면 성인일 뿐이니라. 두 나라의 임금이 서로 만나 상견례를 거행하사 읍하고 사양하면서 대문에 들어가거든 대문에 들어감에 매달린 악기를 연주하고, 읍하고 사양하며, 당에 오르시거든 당에 오름에 음악을 그치며, 당하에서 쌍피리로 상무의 곡을 불며 대하의 악곡을 피리로 차례로 연주하며, 그 올리는 도마제기를 진열하며, 그 예절과 음악을 차례로 펼치며, 그 일백 관리를 갖추니 이와 같이 한 다음에 군자가 사랑함을 알게 되니라. 행동이 원만한 법도에 적중하고 돌아감에는 기역자에 적중하며, 수레방울과 말방울이 채자 곡조에 적중하며, 손님이 나아감에는 옹시를 연주하며, 철상을 함에는 진로시를 연주하나니, 이런 까닭으로 군자는 서로 비교하여 알맞음을 헤아림에 예절을 살피지 아니함이 없으니 대문에 들어감에 종을 울리는 것은 즐거운 감정을 보이는 것이요, 당에 올라 청묘시를

노래함은 깨끗한 덕을 보이는 것이요, 내려와서 쌍피리로 상무의 곡을 부는 것은 일을 보이는 것이니 이런 까닭으로 옛날의 군자가 친히 더불어 말할 필요가 없는 것이요, 예절과 음악으로 서로 보일 따름이니라.』

　☯ 이 장은 성왕(聖王)의 예절과 음악의 완벽성을 기술하였으니 인간의 감정과 덕성(德性)과 사업과 언어(言語)를 모두 정확히 표현하는 대단히 신성한 기능이 있음을 설파하였다.

　유유구언대향(猶有九焉大饗)은 대향례(大饗禮)에는 오히려 아홉 가지의 절차가 있다는 것이요, 유사언(有四焉)은 네 가지 뜻이 있다는 말이다. 상견(相見)은 상견례(相見禮)를 거행함이고, 현흥(縣興)은 악기 틀에 매단 악기를 연주함이며, 승당이악결(升堂而樂闋)은 주인과 손님이 당에 올라 주인이 손님에게 헌주(獻酒)하여 손님이 그 술을 마시면 음악을 그치는 것이니 이것이 첫 번째 절차이다. 다음에는 손님이 주인에게 작주(酢酒)하여 주인이 그 술을 마시면 음악이 그치나니 이것이 두 번째 절차요, 이어 주인이 수주(酬酒)하여 먼저 술을 마시고 손님에게 술을 권함에 당에 올라 청묘(淸廟)의 시를 노래하는 것이 세 번째 절차이다. 그 다음에 당 아래에서 쌍피리로 무왕의 노래인 상무(象武)의 곡조를 불며 흥취를 돋우다가 이어 하(夏)는 우(禹) 임금의 음악이니 피리로 대하(大夏)의 악곡을 불면서 상무(象武)의 곡과 교대로 연주함이 네 번째 절차이다. 지인(知仁)은 이상의 네 가지 절차를 통하여 주인과 손님이 서로 사랑하고 공경하며, 지극한 인간성을 확인한다는 뜻이다. 행동이 원만한 법도에 적중하는 행중규(行中規)는 다섯 번째의 절차요, 직각보행(直角步行)하여 돌아가는 선중구(還中矩)는 여섯 번째 절차이며, 화(和)는 수레방울이요, 란(鸞)은 말방울이며 채자(采齊)는 악장(樂章)의 이름이니 수레방울과 말방울의 소리가 악장의 가락에 적중함이 일곱 번째 절차이다. 옹(雍)은 시(詩)의 편명이니 손님이 나아감에 옹시를 연주함이 여덟 번째의 절차이고, 진우(振羽)는 시의 진로(振鷺)편이니 예절을 마치고 그릇을 거두어 철거함에 진로시를 연주함이 아홉 번째의 절차이다. 물(物)은 서로 비교하여 헤아림이니 앞에 27-4-3에서 이미 해설하였고, 재(在)는 살피는 것이며 금(金)은 쇠요, 작(作)은 연주함이니 곧 종소리를 울리는 것인즉 밖을 쳐서 속이 울리게 함인즉 정(情)이 외감(外感)하여 내응(內應)하는 것과 같으니 손님을 보고 감동한다는 정(情)을 보임이 첫째 뜻이다. 당에 올라 청묘시(淸廟詩)를 노래함은 내면의 즐거움이 밖으로 울려 퍼지는 것인즉 내면에 갖춘 덕성(德性)이 외모에 나타나서 높이 드날리는 것과 같음이 두 번째의 뜻이다. 그리고 당의 아래로 내려와서 쌍피리로 상무(象武)곡을 연주함은 함께 노래하는 것이니 분업협동(分業協同)하는 사업추진 방법을 보이는 것이니 그 세 번째의 뜻이다. 마지막으로 옛날의 군자가 상견례(相見禮)를 비롯하여 6례를 거행함에 친히 서로 더불어 말을 할 필요가 없이 오로지 예절과 음악만으로 서로 보이는 것이니 이것이 그 네 번째의 뜻이다.

살피건대 대향례(大饗禮)의 아홉 가지 절차를 통하여 네 가지 뜻을 알고 실천한 사람은 그 성인(聖人)이라고 하였으니 지극하도다 그 말씀이여, 지극하도다. 그 말씀이여!

 ———————————— 子가 曰禮也者는 理也요 樂也者는 節也니
君子는 無理이든 不動하며 無節어든 不作하나니
不能詩하면 於禮에 繆하고 不能樂하면 於禮에
素하고 薄於德하면 於禮에 虛하느니라.

『공자가 말씀하시기를 예절이란 것은 이치인 것이요, 음악이라는
것은 절도인 것이니 군자는 이치가 없거든 움직이지 않으며, 절도가
없거든 일어나지 아니하나니 시를 잘하지 못하면 예절에 어긋나고,
음악을 잘하지 못하면 예절에 소박하고, 덕에 얄팍하면 예절에 공허
하느니라.』

 ☯ 이 장은 예(禮)는 이(理)이고, 악(樂)은 절(節)임을 기술하였
으니 예악(禮樂)은 자연과 인간과 사회를 합리적으로 조절하여 대동
화합(大同和合)하는 쾌활한 세계를 창조하는 원리임을 선포하였다.
　이(理)는 형이상(形而上)의 이치(理致)이니 사물에 관한 자연법칙
과 인간의 도리와 사회의 정당한 조리체계이다. 절(節)은 형이하(形
而下)의 절도(節度)이니 음양(陰陽)이 변화하여 네 철이 운행하고
만물이 생성 변화함에 본말(本末), 종시(終始). 선후(先後)의 체계가
있어 동정(動靜), 강약(强弱), 고저(高低), 장단(長短), 취산(聚散)
등 과정에 마디가 있음이다. 무리(無理)하면 질서가 없고 질서가 없
으면 어지러우며, 무절(無節)하면 조화(調和)를 잃고 조화를 잃으면
어그러지나니 군자가 어찌 어지럽고 어그러진 일을 하겠는가? 시
(詩)는 뜻을 말로 표현하는 것인즉 만일 시의 의미를 파악하지 못한
다면 예절에 어긋나는 행동을 할 것이고, 노래는 말을 길게 뽑아 감

흥을 나타내는 것이니 만약 음악을 잘하지 못하면 예절에 소박한 행동으로 일관할 것이며, 덕(德)은 마음의 성실성(誠實性)이니 만약 덕이 얄팍하다면 예절에 공허한 격식만 남게 될 것이다. 그러므로 군자는 합리적인 조절원리를 달통하되 시를 배우고 노래를 익혀 성실한 자세로 행동하여 아름다운 문채를 드날리는 것이다.


28-5-2─────────── 子가 曰制度가 在禮하고 文爲가 在禮하니 行之는 其在人乎인저 子貢이 越席而對하야 曰敢問夔其窮與이니까 子가 曰古之人與인저 古之人也니라 達於禮而不達於樂을 謂之素요 達於樂而不達於禮를 謂之偏이니 夫夔는 達於樂而不達於禮라 是以로 傳於此名也나 古之人也니라.


『공자가 말씀하시기를 제도가 예절에 있고, 문채를 냄이 예절에 있으니 그것을 행함은 그 사람에게 있는진저, 자공이 자리를 건너 앞으로 나아가 대답하여 말하기를 감히 기가 그 예절에 막혔다는 것을 묻나이다. 공자가 말씀하시기를 옛날의 사람인저, 옛날의 사람이니라, 예절에 통달하고 음악에 통달하지 못한 것을 일컬어 소박하다고 하고, 음악에 통달하고 예절에 통달하지 못한 것을 일컬어 편협하다고 하나니 저 기는 음악에 통달하고 예절에 통달하지 못하니라. 이래서 이러한 이름이 전하는 것이나 옛날의 사람이니라.』


◐ 이 절은 자공(子貢)의 질문을 통하여 공자가 음악에 통달하고 예절에 통달하지 못하는 것을 편협이라고 함을 기술하였다.

제도(制度)는 합리적으로 조절한 국가사회의 보편적인 의례의 제
도이고, 문위(文爲)는 문채를 내는 것이며 기(夔)는 순(舜) 임금시대
에 음악부장관인 전악(典樂)을 지낸 사람이니『새 시대를 위한 서경
(書經)』의 순전(舜典) 1-2-24를 참조하기 바란다. 궁(窮)은 막히어
통하지 못함이고, 편(偏)은 편협(偏狹)함이며, 고지인(古之人)은 옛
날의 어진 사람이므로 지나치게 비판하지 말라는 뜻이다.


28-6-1 —————————————— 子張이 問政한대 子가 曰師乎여 前에
吾語女乎인저 君子가 明乎禮樂하면 擧而錯之而已니라.


『자장이 정사를 묻는대 공자가 말씀하시기를 사야 전에 내가 너에게
말했는저, 군자가 예절과 음악에 밝으면 들어서 처리할 따름이니라.』


☯ 이 장은 예악정치(禮樂政治)의 기본정책을 기술하였으니 성왕
(聖王)의 예치(禮治)와 인정(仁政)의 규모를 알았으면 천덕(天德)으
로 왕도(王道)를 시행할 뿐인 것이다.

전(前)은 이미 지난날이고 거이조지(擧而錯之)는 예절과 음악을
높이 받들어 정치사업에 조치하여 시행하는 것이다.


28-6-2 —————————————— 子張이 復問한대 子가 曰師야 爾以爲必鋪几筵하고
升降酌獻酬酢然後라사 謂之禮乎아 爾以爲必行綴兆하며
興羽籥하며 作鍾鼓然後라사 謂之樂乎아 言而履之禮也요
行而樂之樂也니 君子가 力此二者하야 以南面而立이라

　　　夫是以로 天下가 大平也하야 諸侯가 朝하고 萬物이
服體하며 而百官이 莫敢不承事矣니라.

『자장이 다시 묻는대 공자가 말씀하시기를 사야 너는 반드시 안석과 자리를 설치하고 오르내리면서 술을 떠서 헌주하고 수주하고 작주한 다음이라사 일컬어 예절이라고 생각하느냐, 너는 반드시 춤추는 대열에 가서 깃털기와 피리를 들고 춤추며 종치고 북을 친 다음이라사 일컬어 음악이라고 생각하느냐, 말하고 실천함이 예절이고, 행하고 즐거워함이 음악이니 군자가 이 두 가지에 힘을 써서 남쪽을 향하여 서야 하니라. 대저 이러하므로 천하가 태평하여 제후가 조회하고, 만물이 체제를 따르며, 저 일백 관리가 감히 사업을 받들지 아니함이 없는 것이니라.』

　◐ 이 절은 예악정치의 지도자가 먼저 갖추어야 되는 덕목을 기술하였으니 합리적인 말을 실천하고, 인민이 즐거워하는 일을 행하여야 됨을 밝혔다.

　연(筵)은 자리요, 철조(綴兆)는 무열(舞列)이니 춤추는 대열이며, 복체(服體)는 체제(體制)를 따르는 것이다. 남면이립(南面而立)은 임금의 자리에 올라 남쪽의 밝은 세상을 향하여 서서 정치사업을 공명정대하게 경영하는 것이니, 먼저 임금이 예절과 음악의 근본정신을 확립해서 정치의 이념과 목적을 뚜렷이 세워야 예악정치를 성공하여 태평성대를 건설하는 것이다.

禮之所興은 衆之所治也요 禮之所廢는
衆之所亂也니 目巧之室이나
則有奧阼하며 席則有上下하며 車則有左右하며
行則有隨하며 立則有序하니 古之義也니라.

『예절이 일어난 바는 민중이 다듬어진 바요, 예절이 무너진 바는
민중이 어지러운 바이니 눈썰미로 지은 집이라도 곧 아랫목과 섬돌
계단이 있으며, 자리에는 곧 위아래가 있으며, 수레에는 곧 왼편과
오른편이 있으며, 걸어감에는 따름이 있으며, 섬에는 차례가 있으니
옛날의 뜻이니라.』


◉ 이 절은 예악정치의 기본정책은 인민대중에게 먼저 예절을 교
육하여 그 몸을 닦고 그 예의범절을 지키게 하는 예절운동을 일으켜
야 됨을 기술하였다.

예지소흥(禮之所興)은 국가사회에 예절부흥운동이 일어남이고, 중
지소치(衆之所治)는 민중이 몸을 수양하여 예의범절을 지키는 것이
다. 따라서 국가의 예절교육이 폐지되면 민중이 몸을 수양하지 않고,
또한 예의범절도 지키지 않기 때문에 결국 난잡하고 혼란스러운 퇴
폐풍조가 만연하는 것이다. 목교(目巧)는 눈썰미이니 한 번 본 것이
라도 곧 그대로 흉내를 잘 내는 재주요, 오(奧)는 방의 아랫목이니
어른이 앉은 곳이며, 조(阼)는 섬돌계단이니 주인이 오르내리는 동쪽
계단이다. 석(席)은 남향과 동향에는 왼쪽이 상석(上席)이요, 서향과
북향에는 오른쪽이 상석이며, 수레를 타면 왼쪽이 높은 자리이고, 걸
어 다님에는 아버지뻘은 수행(隨行)하고, 형뻘은 안행(雁行)하며, 벗
은 병행(並行)한다. 서서 있을 때에는 나이순이나 벼슬순으로 차례를

정하니 모두 옛날 성왕(聖王)이 제정한 예절의 본의이다.

28-6-4 ─────── 室而無奧阼하면 則亂於堂室也요 席而無上下하면 則亂於席上也요 車而無左右하면 則亂於車也요 行而無隨하면 則亂於塗也요 立而無序하면 則亂於位也니 昔聖帝明王諸侯가 辨貴賤長幼遠近男女外內하사 莫敢相踰越하시니 皆由此塗出也니라 三子者가 旣得聞此言也於夫子하고 昭然若發矇矣하다.

『집에 아랫목과 섬돌계단이 없으면 뜰방과 방 안에서 어지러울 것이요, 자리를 폄에 위아래가 없으면 자리 위에서 어지러울 것이요, 수레에 좌우가 없으면 수레에서 어지러울 것이요, 걸어감에 따름이 없으면 길에서 어지러운 것이요, 섬에 차례가 없으면 대열에서 어지러울 것이니 옛날에 신성한 임금과 밝은 왕과 제후가 귀하고 천함, 어른과 어린이, 멀고 가까움, 남자와 여자, 안과 밖을 분별하사 감히 서로 넘어가지 못하게 하시니 모두 이 길을 말미암아서 나아가니라. 세 제자가 이미 이 말씀을 부자에게 얻어 듣고 밝게 깨달음이 마치 청맹과니가 눈을 뜬 것 같았다.』

◉ 이 절은 자율 자치하는 왕도정치를 구현하기 위해서는 전체 국민이 자기의 도리와 분수를 알아서 떳떳한 인격 주체를 확립하여 스스로 질서를 지키고, 화합을 도모하는 역량을 갖추어야 됨을 설파하였다.

삼자자(三子者) 이하는 기록한 사람이 첨가한 말이니 발몽(發矇)은 청맹과니가 눈을 떠서 시력을 되찾은 것이다.

# 29. 공자한거(孔子閒居)

한거(閒居)는 앞 편의 연거(燕居)와 같다. 이 편은 자하(子夏)의 질문을 통하여 예절의 감화력을 변증하였으니 앞 편에서 이미 밝힌 예악정치(禮樂政治)의 이념과 목적을 성공적으로 구현하는 능력으로 임금의 5지(五至), 3무(三無), 5기(五起)와 참천지(參天地) 등을 설파하였다.


29-1-1 ──────────────────── 孔子가 閒居하시거늘 子夏가 侍러니 子夏가
日敢問詩云凱弟君子여 民之父母라 하니 何如라야
斯可謂民之父母矣니까 孔子가 日夫民之父母乎인저란
必達於禮樂之原하야 以致五至而行三無하야 以橫於天下하야
四方有敗에 必先知之하나니 此之謂民之父母矣니라.


『공자가 한가롭게 집에 계시거늘 자하가 곁에서 모시더니 자하가 말하기를 감히 묻건대 시경에 말하기를 즐겁고 편안한 군자여, 인민의 부모로다 하니 어떻게 하여야 이에 인민의 부모라고 일컬을 수 있습니까? 공자가 말씀하시기를 대저 인민의 부모인저란 반드시 예절과 음악의 원리에 통달하여 다섯 가지 지극함을 이루어서 세 가지 없음을 행하여 천하에 두루 펼쳐서 4방에 무너짐이 있음에 반드시 먼저 아나니 이것을 일컬어 인민의 부모라고 하는 것이니라.』

 이 장은 임금이 예악정치(禮樂政治)를 일으킴에 있어서 반드시 갖추어야 되는 국민감화능력을 기술하였다.

시(詩)는 시경(詩經) 대아(大雅)의 형작(泂酌)편이요, 개(凱)는 즐거운 것이며, 제(弟)는 편안함이니, 개제군자(凱弟君子)는 즐겁고 안락한 시대를 창조한 임금이다. 원(原)은 원리(原理)이고 5지(五至)와 3무(三無)는 다음 절에 있으며, 횡(橫)은 널리 베풀어 입히는 것이요, 패(敗)는 무너지는 것이니 타락하여 사건과 사고가 생기는 것이며, 선지(先知)는 선지(先知), 선각(先覺)의 지혜로 사건과 사고를 미리미리 예방하여 인민의 생명과 재산의 안전을 정부가 확고하게 보장하는 책임정치이다.

살피건대 어버이가 자녀의 생명과 재산의 안전을 길이 보장하듯이 임금이 인민의 생명과 안전을 길이 보장하면 임금이 또한 어버이와 같으므로 인민대중의 부모로 사랑과 존경을 받게 되는 것이다.


29-1-2 ──────────────── 子夏가 曰民之父母란 旣得聞之矣어니와
敢問何謂五至이니까 孔子가 曰志之所至에 詩亦至焉하며
詩之所至에 禮亦至焉하며 禮之所至에 樂亦至焉하며
樂之所至에 哀亦至焉하야 哀樂이 相生하나니 是故로
正明目而視之라도 不可得而見也며 傾耳而聽之라도
不可得而聞也요 志氣塞乎天地하나니 此之謂五至니라.


『자하가 말하기를 인민의 부모란 이미 얻어 들었거니와 감히 묻건대 무엇을 일컬어 다섯 가지의 지극함이라고 하나이까. 공자가 말씀하시기를 뜻이 지극한 곳에 시도 또한 지극할 것이며, 시가 지극한

곳에 예절이 또한 지극할 것이며, 예절이 지극한 곳에 음악이 또한 지극할 것이며, 음악이 지극한 곳에 슬픔이 또한 지극할 것이니 슬픔과 즐거움이 서로 생기게 하나니 이런 까닭으로 눈을 똑바로 밝혀서 볼지라도 얻어 볼 수 없는 것이며, 귀를 기울여서 들을지라도 얻어 들을 수 없는 것이요, 뜻과 기운이 하늘땅에 가득하나니 이것을 일컬어 다섯 가지의 지극함이라고 하니라.』

　☯ 이 절은 예악정치를 일으킴에 있어서 임금에게 다섯 가지 지극함이 있어야 됨을 기술하였으니 임금은 보이지도 들리지도 않은 지극한 뜻과 시와 예절과 음악과 슬픔이 하늘땅에 가득히 충만해야 함을 밝혔다.

　5지(五至)는 다섯 가지 지극함이니 지(志), 시(詩), 례(禮), 악(樂), 애(哀)가 모두 지극한 경지에 도달하여 비록 보이지도 않고 들리지도 않지만 귀신처럼 신령(神靈)하게 감화시키는 능력이 있는 것이다. 지(志)는 천덕왕도(天德王道)를 밝혀 억조 만민을 융성(隆盛)하게 다스리려는 임금의 의지력(意志力)이요, 시(詩)는 선왕(先王)의 공명정대(公明正大)한 인정(仁政)으로 태평성대(太平聖代)를 건설한 훈로(勳勞)를 찬양하는 시와 노랫말이며, 예(禮)는 천자(天子)가 정치의 모범이 되고 교육의 사표(師表)가 되는 그윽하고 자연스러운 예절이고, 악(樂)은 역대 성왕(聖王)이 창작한 우아한 정악(正樂)이며, 애(哀)는 인생의 고통과 자연의 재난에 신음하는 사람들을 동정하여 슬퍼하면서 긴급 구제하려고 서두르는 것이다. 애락(哀樂)은 임금이 인민대중의 슬픔을 슬퍼하고 인민의 즐거움을 즐거워하는 것이며, 상생(相生)은 임금이 인민대중의 슬픔을 슬퍼하면 인민대중도 임금의 슬픔을 슬퍼하고, 또한 임금이 인민대중의 즐거움을 즐거워하면 인민대중도 임금의 즐거움을 즐거워하여 임금과 인민대중이 그 슬픔과 즐거움을 함께하는 것이다. 눈을 똑바로 밝히고 보아도 보이지 않고 귀를 기울여 들어도 들리지 아니함은 임금의 지극한 신통력이 형체도 없고 소리도 없는 까닭이요, 지기(志氣)는 임금의 강인한 결단력과 강력한 추진력이고, 색호천지(塞乎天地)는 하늘과 땅에 가득히 충만함이니 곧 임금의 예악정치가 하늘땅과 더불어 유행하는 것이다.

　살피건대 5지(五至)에 애(哀)를 말함은 대단한 의미가 있는바 앞 절에서 말한 4방유패(四方有敗)에 반드시 먼저 알아야 한다고 하였으니, 만일 사방에 슬픈 사건이 발생하면 그것을 수습하지 않고는 음악을 노래하고 춤출 수 없기 때문이다.


29-1-3 ─────────────── 子夏가 曰五至는 旣得而聞之矣어니와
敢聞何謂三無이니까 孔子가 曰無聲之樂과
無體之禮와 無服之喪이 此之謂三無니라 子夏가 曰三無는
旣得略而聞之矣어니와 敢問何詩近之이리까 孔子가 曰夙夜에
其命宥密은 無聲之樂也요 威儀逮逮不可選也는
無體之禮也요 凡民有喪에 匍匐救之는 無服之喪也니라.


『자하가 말하기를 다섯 가지 지극함은 이미 얻어 들었거니와 감히 묻건대 무엇을 일컬어 세 가지가 없음이라고 합니까? 공자가 말씀하시기를 소리가 없는 음악과 손발이 없는 예절과 상복이 없는 초상이 이것을 일컬어 세 가지가 없음이라고 하니라. 자하가 말하기를 세 가지가 없음은 이미 대략 얻어들었거니와 감히 묻건대 무슨 시를 가까이하리까. 공자가 말씀하시기를 새벽부터 밤까지 천명에 종사하여 넓

고 세밀하게 경영함은 소리가 없는 음악이요, 위엄 있는 거동이 편안
하고 온화하므로 골라서 행동할 수 없다는 것은 손발이 없는 예절이
요, 무릇 서민 집에 초상이 나면 기어가서 도왔다는 것은 상복이 없
는 초상이니라.』

　☯ 이 절은 세 가지가 없는 3무(三無)를 기술하였으니 소리가 없
는 음악과 손발이 없는 예절과 상복이 없는 초상에까지도 임금은 지
극한 정성을 갖추어야 됨을 밝혔다.

　무성지악(無聲之樂)은 노래를 부르고 악기를 연주하지 아니하여도
즐거움이 충만하는 음악이요, 무체지례(無體之禮)는 손으로 읍(揖)하
고 절하며 발로 나아가고 물러오며 예절을 거행하지 아니하여도 공
경하고 사양하는 마음의 충만한 예절이며, 무복지상(無服之喪)은 가
족관계나 인간관계를 초월하여 인간의 죽음을 슬퍼하여 동정하는 초
상이다. 체(體)는 4체(四體)로 두 손과 두 발이요, 숙야기명유밀(夙
夜其命宥密)은 시경 주송(周頌) 호천유성명(昊天有成命)편에 있으니,
기(其)는 기(基)로써 기업(基業)에 종사함이고, 명(命)은 천명(天命)
이며, 유(宥)는 너그럽고 인자하여 도량이 넓은 것이요, 밀(密)은 고
요하고 정밀하여 사업이 주밀한 것이다. 위의체체불가선야(威儀逮逮
不可選也)는 시경 패풍(邶風), 백주(栢舟)편에 있으니 체체(逮逮)는
편안하고 온화한 모양인데 시경에는 태태(棣棣)로 되어 있으며, 불가
선(不可選)은 골라서 행동할 수 없는 것이다. 범민유상포복구지(凡民
有喪匍匐救之)는 시경 패풍(邶風) 곡풍(谷風)편에 있으니 서민 집에
초상이 나면 있는 힘을 다하여 기어가서라도 도왔다는 뜻이다.

　살피건대 천자(天子)가 새벽부터 밤까지 천명(天命)사업에 종사하
면서 소리 없는 노래를 한다면 이에 천인합일(天人合一)의 경지에

들어간 것이요, 위엄 있는 거동이 몸에 배서 항상 공경하고 그윽한
자세로 임한다면 이미 습관이 천성(天性)으로 변화하여 성인(聖人)
의 덕성을 이룩한 것이며, 모든 민중의 초상에 있는 힘을 다하여 돕
는다면 이것은 인정(仁政)이요, 예치(禮治)니 인간의 존엄성을 천
하에 드날리는 것이다. 따라서 세 가지가 없는 임금의 감화력은 온
세상을 감동시켜 예절과 음악을 크게 일으키는 힘이 있다.


29-2-1 ─────────── 子夏가 曰言則大矣美矣盛矣니 言盡於此而已乎이까
孔子가 曰何爲其然也이리오 君子之服之也는
猶有五起焉이니라.


『자하가 말하기를 말씀인즉 크고 아름답고 성대하오니 말씀이 여
기에서 다할 뿐입니까? 공자가 말씀하시기를 어찌하여 그러리오. 군
자가 익힘에는 다섯 가지 일으킴이 있느니라.』

　◉ 이 장에서는 예절운동의 감화력을 일으키는 5단계인 5기(五起)
를 기술하였다.
　복(服)은 습(習)과 같으니 3무(三無)를 익힘에 다섯 단계로 일으
켜 나아가는 절도가 있는 것이다.


29-2-2 ─────────── 子夏가 曰何如이니까 孔子가 曰無聲之樂은
氣志不違하고 無體之禮는 威儀遲遲하고 無服之喪은
內恕孔悲하며 無聲之樂은 氣志旣得하고 無體之禮는

威儀翼翼하고 無服之喪은 施及四國하며 無聲之樂은

氣志旣從이요 無體之禮는 上下和同이요 無服之喪은

以畜萬邦하며 無聲之樂은 日聞四方이요 無體之禮는

日就月將이요 無服之喪은 純德孔明하며 無聲之樂은

氣志旣起요 無體之禮는 施及四海요 無服之喪은 施于孫子니라.

『자하가 말하기를 어떻게 하나이까. 공자가 말씀하시기를 소리가 없는 음악은 기운과 뜻을 어기지 아니하고, 손발이 없는 예절은 위엄 있는 거동이 느릿느릿하고, 상복이 없는 초상은 속으로 동정하여 매우 슬퍼하며, 소리가 없는 음악은 기운과 뜻을 이미 얻었고, 손발이 없는 예절은 위엄 있는 거동이 공경하고, 상복이 없는 초상은 4방의 나라에 미치며, 소리가 없는 음악은 기운과 뜻이 이미 따르고, 손발이 없는 예절은 위아래가 화합하며 협동하고, 상복이 없는 초상은 일만 나라를 기르며, 소리가 없는 음악은 날로 4방에 소문이 나고, 손발이 없는 예절은 날로 달로 나아가고, 상복이 없는 초상은 순수한 덕이 크게 밝혀지며, 소리가 없는 음악은 기운과 뜻이 이미 일어나고, 손발이 없는 예절은 4해에 미치고, 상복이 없는 초상은 손자에게 미치니라.』

☯ 이 절은 세 가지가 없는 3무(三無)가 다섯 단계로 발전하는 5기(五起)를 기술하였으니, 처음 단계에서는 개인의 정서순화로부터 시작해서 종국에는 천하후세를 감화하는 데 미침을 밝혔다.

기지불위(氣志不違)는 정기(正氣)를 기르고 선의지(善意志)를 품었기 때문에 마음과 일에 어긋남이 없는 것이며, 위의지지(威儀遲遲)

는 위엄 있는 거동이 자연스럽고 여유가 있어서 한가롭고 침착함이며, 내서공비(內恕孔悲)는 속으로 동정(同情)하여 매우 슬퍼함이니 이것은 모두 3무(三無)를 수양하는 제1단계로 임금의 개인적인 아름다운 정서를 논증하였다.

기지기득(氣志旣得)은 정기(正氣)와 선의지(善意志)를 이미 얻은 것이고, 위의익익(威儀翼翼)은 위엄 있는 거동이 공경함이며, 이급4국(施及四國)은 이웃나라에 미치는 것이니, 이것은 모두 제2단계로 국가가 성장 발전하는 과정이다.

기지기종(氣志旣從)은 정기(正氣)와 선의지를 이미 사람들이 따르는 것이고, 상하화동(上下和同)은 위아래가 화합하여 협동함이며, 이휵만방(以畜萬邦)은 세계만방의 민중을 기르는 것이니 이것은 모두 제3단계로 세계의 억조 만민이 융성하는 과정이다.

일문4방(日聞四方)은 날로 4방에 명성이 나는 것이고, 날로 달로 나아가며 순수한 덕이 크게 밝아지는 것은 제4단계로 임금이 정치업적이 지극히 성대하여 찬양하여 마지않은 데에 이르는 것이다.

기지기기(氣志旣起)는 정기(正氣)와 선의지(善意志)가 이미 천하에 일어나서 드날리는 것이고, 이급4해(施及四海)는 예절과 음악이 인류 전체 사회에 널리 보급되어 흥행(興行)하는 것이며, 이우손자(施于孫子)는 임금이 인류를 사랑하는 정신이 길이 후손에게 전해지는 것인즉 이것은 모두 제5단계로 임금의 덕화(德化)가 하늘땅과 같은 극치에 도달한 것이다.

子夏가 曰三王之德이 參於天地라 하시니
敢問何如라야 斯可謂參天地이니까 孔子가 曰奉三無私하사
以勞天下하시니라 子夏가 曰敢問何謂三無私이니까 孔子가
曰天無私覆하며 地無私載하며 日月이 無私照하니
奉斯三者하사 以勞天下하시니 此之謂三無私이니
其在詩하되 曰帝命不違하야 至於湯齊하거늘 湯降不遲하사
聖敬日齊하사 昭假遲遲하사 上帝是祗하신대
帝命式于九圍라 하니 是湯之德也니라.

『자하가 말하기를 세 왕의 덕이 하늘땅에 참여했다고 하시니 감히 묻건대 어떻게 해야 이에 하늘과 땅에 참여했다고 일컬을 수 있나이까? 공자가 말씀하시기를 세 가지 사사로움이 없음을 받드시어 천하에 힘써 일해야 하시니라. 자하가 말하기를 감히 묻건대 무엇을 일컬어 세 가지의 사사로움이 없다고 하나이까? 공자가 말씀하시기를 하늘은 사사로이 덮음이 없으며, 땅은 사사로이 실음이 없으며, 해와 달은 사사로이 비춤이 없으니, 그 시에 있되 말하기를 천명이 떠나지 아니하여 탕 임금에 이르러 가지런하거늘 탕 임금의 낮춤이 늦지 아니하사 지극한 공경심이 날로 올라가서 밝게 이르러 오래오래 하느님을 이에 공경하신대 하느님이 명령하여 아홉 주에 본받게 하였도다 하니, 이것이 탕 임금의 덕이니라.』

◉ 이 장은 왕도(王道)에는 사사로움이 없는 것을 기술하였으니 3왕(三王)의 덕이 하늘과 땅에 참여한 까닭은 세 가지의 사사로움이 없는 3무사(三無私)의 도덕을 받들어 실천한 결과임을 변증하였다.

3왕(三王)은 우(禹), 탕(湯), 문무(文武)이고, 참(參)은 참여(參與)

함이며, 로(勞)는 힘써 일하여 훈로(勳勞)가 있음이다. 천무사부(天無私覆)는 하늘은 밖이 없이 우주만물을 덮어서 감싸는 것이오. 지무사재(地無私載)는 땅은 안이 없이 천지만물을 실어서 받치는 것이며, 일월무사조(日月無私照)는 해와 달이 철따라 운행하면서 4방을 고루 비추는 것이다. 시(詩)는 시경(詩經) 상송(商頌) 장발(長發)편에 있고 제명(帝命)은 천명(天命)이요, 위(違)는 떠나가는 것이며, 제(齊)는 가지런하게 하나로 합치는 것이다. 강(降)은 내려서 몸을 낮추는 것이고, 성경(聖敬)은 지극한 공경심이며, 제(齊)는 제(躋)이니 위로 올라감이다. 소격(昭假)은 소격(昭格)이니 밝게 하늘에 이르는 것이요, 지지(遲遲)는 오래오래, 지(祗)는 공경함이며, 식(式)은 행동규범을 본받은 것이고, 9위(九圍)는 9주(九州)이다.

살피건대 세 가지 사사로움이 없음을 받드는 것은 가이없는 인(仁)으로 우주만물을 품어 사랑하고, 막힘이 없는 지(知)로 천지만물을 살펴 받들며, 그침이 없는 용(勇)으로 두루 돌아가며 길러서 삼라만상이 융성하게 발전하도록 천하를 경영하는 것이니, 곧 천덕(天德)으로 왕도(王道)를 구현하는 노력에 사사로움이 없는 것이 중대한 것인저!

29-3-2 ──────────────── 天有四時하니 春秋冬夏와 風雨霜露가 無非敎也며 地載神氣할새 神氣風霆하니 風霆이 流形하야 庶物이 露生하나니 無非敎也니라.

『하늘에는 네 철이 있으니 봄, 가을, 겨울, 여름과 바람, 비, 서리, 이슬이 가르침이 아님이 없는 것이며, 땅은 신령한 기운을 이어받을

새 신령한 기운이 바람 불고 우레 치니 바람과 우레가 널리 퍼지게 하여 꼴을 이루어 여러 사물이 나타나서 생성하나니 가르침이 아님이 없는 것이니라.』


　◐ 이 절은 하늘의 운행과 땅의 변화에 사사로움이 없음을 변증하였다.

　천도(天道)의 운행은 네 철이 각각 3개월씩으로 봄에는 따뜻한 동풍(東風)이요, 여름에는 더운 남풍(南風)이며, 가을에는 서늘한 서풍(西風)이요, 겨울에는 추운 북풍(北風)인데, 봄여름에는 우로(雨露)가 내리고, 가을 겨울에는 상설(霜雪)이 내리는 것이다. 무비교(無非敎)는 가르침이 아님이 없는 것이니 천체가 운행 변화하는 자연법칙은 공명정대하여 사사로움이 없음을 가르치는 것이다.

　재(載)는 이어받음이니, 지재신기(地載神氣)는 땅이 하늘의 신령한 기운을 이어받아 음양5행(陰陽五行)의 기질을 생성하는 것이다. 신기풍정(神氣風霆)은 음양5행의 기질이 상생(相生)하면 바람이 일어나고, 상극(相剋)하면 우레가 일어나는 것이며, 유형(流形)은 세상의 모든 곳에 퍼져 있는 만물의 꼴이니 삼라만상을 지칭한다. 로(露)는 나타남이니 노생(露生)은 자연적으로 나타나서 생겨남이다. 따라서 땅이 만물을 생성함에도 오로지 하늘의 신통한 천기(天氣)를 이어받아 음양5행의 상생(相生)과 상극(相剋)의 원리에 의하여 삼라만상이 자연적으로 생성 변화할 뿐이요, 결코 사사로운 작용이 있지 아니함을 가르치고 있는 것이다.

 ──────────── 淸明在躬하야 氣志如神이라 耆欲將至에 有開必先이니라 天降時雨에 山川出雲이라 하나니 其在詩하되 曰嵩高維嶽이여 峻極于天이로다 維嶽이 降神하야 生甫及申이로다 維申及甫가 爲周之翰하야 四國于蕃하며 四方于宣이라 하니 此는 文武之德也니라.

『맑고 밝음이 몸에 있어 기운과 뜻이 신령과 같은지라 즐겨 하고자 함이 장차 이름에 열림이 반드시 먼저 있느니라. 하늘이 때에 맞는 비를 내림에 산과 내가 구름을 낸다고 하나니, 그 시에 있되 말하기를 높고 웅장한 큰 산악이여, 높이 하늘에 닿았도다. 오직 큰 산악이 신령한 기운을 내려서 보나라 임금과 신나라 임금을 냈도다. 신나라 임금과 보나라 임금은 오직 주나라의 근간이므로 4방의 나라에 울타리이며 4방에 드날리도다 하니, 이것은 문왕과 무왕의 덕이니라.』

◑ 이 절은 사사로움이 없는 덕은 하늘이 돕는 것을 기술하였으니 여기에서는 문왕과 무왕의 덕을 변증하였다.

청명재궁(淸明在躬)은 맑은 기운과 밝은 지혜가 몸속에 충만함이 니 곧 사욕(私欲)이 없음이고, 여신(如神)은 귀신처럼 미리 아는 것 이며, 기욕(耆欲)은 도덕적 희망과 정치적 소원이니 곧 천덕(天德)으 로 왕도(王道)를 실현함이다. 유개필선(有開必先)은 천운(天運)이 열 림에 반드시 먼저 상서로운 조짐(兆朕)이 있는 것이고, 시우(時雨)는 때에 맞추어 비가 내리는 것이다. 시(詩)는 시경(詩經) 대아(大雅) 숭 고(嵩高)편에 있으니 숭고(嵩高)는 높고 웅장한 모양이며, 악(嶽)은 5악(五嶽)의 하나이다. 강신(降神)은 신령한 기운을 내리는 것이요,

보(甫)는 보나라 임금이고, 신(申)은 신나라 임금이며, 한(翰)은 근간이고, 번(蕃)은 울타리이다.

살피건대 문왕과 무왕은 사사로움이 없으므로 하늘과 땅이 신령한 기운을 내려서 어진 인재를 배출하여 주(周)나라를 보필하게 하였으니 그 덕이 후세에까지 미친 것이다.


29-3-4 ——————————— 三代之王也에 必先其令聞하시니 詩에
云明明天子여 令聞不已라 하니 三代之德也요
弛其文德하사 協此四國이라 하니 大王之德也니라 子夏
가 蹶然而起하야 負牆而立하고 曰弟子가 敢不承乎잇까.


『3대의 왕 노릇 함에는 반드시 그 아름다운 명성을 먼저 하시니 시에 이르기를 밝고 밝은 천자여, 아름다운 이름이 그치지 아니하도다 하니 3대의 덕이요, 그 문채 나는 덕을 베푸시어 이 4방의 나라를 돕는다고 하니 태왕의 덕이니라. 자하가 벌떡 일어나 물러가 벽을 지고 서서 말하기를 제자가 감히 받들지 아니하리까.』


☯ 이 절은 태왕(太王)의 아름다운 덕이 오래도록 세상에 전하여 주(周)나라의 예악문화(禮樂文化) 발전에 기여하였음을 기술하였다.

선기영문(先其令聞)은 아직 천자국(天子國)이 되지 전에 그 조상(祖上)이 쌓은 아름다운 덕(德)이 널리 소문이 나서 그 후손이 천자국을 건설하는 데 크게 이바지한 것이다. 시(詩)는 시경(詩經) 대아(大雅) 강한(江漢)편에 있으며, 시(弛)는 시(施)이니 시경에는 시

(矢)로 되어 있고, 협(協)은 시경에 흡(洽)으로 되어 있다. 이 시는 본래 주나라 선왕(宣王)이 소(召)나라 임금 호(虎)를 찬양하는 내용인데 그 뜻을 취하여 태왕(太王)을 비유하였다. 궐연이기(蹶然而起)는 뛸 듯이 기뻐하는 모양이요, 부장이립(負牆而立)은 말을 마쳤기 때문에 뒤로 물러가서 섬이며, 승(乘)은 받들어 지키겠다는 뜻이다.

　살피건대 자하(子夏)는 예악정치를 함에 있어서 임금이 국민을 감화시키는 능력으로 지(志), 시(詩), 예(禮), 악(樂), 애(哀) 다섯 가지가 지극한 5지(五至)를 갖추고, 소리 없는 음악과 몸이 없는 예절과 상복이 없는 초상 3무(三無)를 행함에 다섯 단계를 거치는 5기(五起)에 이르러 마침내 사사로움이 없는 왕도(王道)로 사사로움이 없는 하늘과 땅이 운행조화에 참여해서 하늘과 귀신과 사람이 모두 돕는 문덕(文德)을 밝혀야 됨을 공자로부터 오직 홀로 들었으니 그 기쁨을 어찌 말로 표현하리오. 자하는 행복한진저!

# 30. 방기(坊記)

　방(坊)은 방(防)과 같으니 도덕과 윤리와 예절로 사람의 사욕(私欲)을 막아서 천리(天理)를 회복하도록 인도하는 것이다.


30-1-1 ─────── 子가 言之하시되 君子之道는 辟하면 則坊與인저 坊民之所不足者也니라 大爲之坊하여도 民猶踰之하나니 故로 君子는 禮以坊德하며 刑以坊淫하며 命以坊欲하니라.


『공자가 말씀하시되 군자의 도는 비유하면 막는 것인저! 민중의 넉넉하지 못한 바를 막는 것이니라. 크게 막을지라도 민중은 오히려 그것을 넘어가나니 그러므로 군자는 예절로써 덕을 막으며, 형벌로써 음란함을 막으며, 명령으로써 욕망을 막느니라.』


　◑ 이 장은 군자(君子)가 예절과 형벌과 명령으로 인민대중을 바르게 인도하여 넘치거나 모자람이 없이 제도함을 기술하였다.

　비(辟)는 비(譬)와 같고, 방(坊)은 둑이나 제방을 쌓아서 범람하거나 물이 마르지 않게 함이며, 부족(不足)은 모자람이다. 예절은 사회의 보편적인 자율규범이므로 예절을 지킴으로써 덕을 잃음을 막으며, 형벌은 국가가 제정한 타율규범이므로 형법을 지킴으로써 음란으로 흐름을 막으며, 명령(命令)은 임금과 스승과 아버지의 명령이니 이를 지킴으로써 욕망으로 빠지는 것을 막는 것이다. 선배들은 명

(命)을 천명(天命)이라고 하였으나 옳지 않으니 천명을 어찌 예절과 형벌의 뒤에 거론하겠는가? 임금의 행정명령과 스승의 교육명령 및 아버지의 훈계명령으로 보아야 할 것이다.


30-1-2 ─────── 子가 云小人은 貧斯約하고 富斯驕라 約斯盜하며 驕斯亂하나니 禮者는 因人之情而爲之節文하야 以爲民坊者也라 故로 聖人之制富貴也에 使民으로 富不足以驕하며 貧不至於約하며 貴不慊於上하나니 故로 亂益亡하니라.


『공자가 이르시기를 가난하면 이에 구차하고, 넉넉하면 이에 교만하니라. 구차하면 이에 훔치며, 교만하면 이에 어지럽나니 예절이란 것은 사람의 정서를 말미암아 절도 있게 문채를 갖추게 하여 민중의 제방을 삼은 것이니라. 그러므로 성인이 부하고 귀함을 제정함에 인민으로 하여금 넉넉해도 교만하기에는 모자라게 하며, 가난해도 구차함에는 이르지 않게 하며, 귀해도 윗사람에게 싫지 않게 하나니, 그러므로 혼란이 더욱 없어지느니라.』


☯ 이 절은 도덕과 윤리에 바탕을 두어 국가사회의 예절을 제정한 사실을 기술하였으니 생활경제는 정상적인 삶을 보장하고 국가권력은 조화로운 기능을 발휘해야 함을 밝혔다.

운(云)은 언급(言及)함이니 왈(曰)과 같고 소인(小人)은 의지력이 박약하여 도덕심을 지키지 못하고 감정의 노예로 전락하기 쉬운 사람이며, 인지정(人之情)은 인간의 순수한 정서요, 위지절문(爲之節

文)은 절도 있는 문채를 갖추는 아름다운 예절이다. 겸(慊)은 싫은 것이고, 무(亡)는 없는 것이다.


30-1-3 ——————— 子가 云貧而好樂하고 富而好禮하며 衆而以寧者가 天下에 其幾矣요 詩에 云民之貪亂이라 寧爲荼毒이라 하니 故로 制國하되 不過千乘하며 都城을 不過百雉하며 家富를 不過千乘하나니 以此坊民하여도 諸侯가 猶有畔者니라.


『공자가 이르시기를 가난해도 음악을 좋아하고, 부자라도 예절을 좋아하며, 민중이라도 편안한 사람이 천하에 그 얼마나 되리오. 시에 이르기를 민중이 탐욕하여 어지러운지라, 어찌 씀바귀와 독충이 되었는가 하니 그러므로 국가를 제한하되 1,000승을 넘지 못하게 하며, 도성을 100치를 넘지 못하게 하며, 가정의 부유함을 1,000승을 넘지 못하게 하나니, 이렇게 인민을 막아도 제후가 오히려 반란자가 있느니라.』


☯ 이 절은 비록 예절과 음악으로 인욕(人欲)을 막고, 천리(天理)를 밝혀도 인간의 욕망을 완전히 통제할 수 없는 한계를 기술하여 예절의 기강을 높이 세워야 됨을 역설하였다.

호악(好樂)은 시가(詩歌)와 금슬(琴瑟)을 좋아하고 예술을 사랑함이다. 전배들은 논어의 빈이락(貧而樂)을 연상하여 락(樂)으로 보았으나 그렇다면 호(好) 자가 왜 있겠는가? 반드시 생활의 즐거움을 넘어서 예술의 세계를 좋아하는 것으로 보아야 할 것이다. 중(衆)은 서민대중의 신분으로 사는 것이니 전배들은 식구가 많은 것으로 보았으나 옳지 않다. 대체로 식구가 많은 집은 다복(多福)한 삶이거늘 어찌 편안치 못함이 있을 것인가? 고달픈 민중의 삶 속에서도 안녕을 누리는 사람이 드문 일이다. 기(幾)는 얼마이니 아주 적은 것이요, 도(荼)는 씀바귀이고, 독(毒)은 독충(毒蟲)이다. 천승(千乘)은 제후국의 병거(兵車)수량이요, 치(雉)는 높이가 1장(丈)에 길이가 3장(丈)을 1치(雉)라고 하며, 가부(家富)는 대부가(大夫家)의 채지(采地)에서 받은 수입으로 기르는 병거(兵車)의 수량이다. 반(畔)은 반(叛)과 같으니 제후가 반란을 일으켜 분리 독립하는 것이다.


30-2-1 ───────────────────── 子가 云夫禮者는 所以章疑別微하야
以爲民坊者也니 故로 貴賤이 有等하며 衣服이
有別하며 朝廷이 有位하면 則民有所讓이니라.


『공자가 이르시기를 대저 예절이라는 것은 의혹을 밝히고, 은미함을 분별하여 인민의 제방을 삼는 원리인 것이니, 그러므로 귀하고 천함이 등급이 있으며, 의복이 구별이 있으며, 조정이 위상이 있으면 인민이 사양하는 바가 있느니라.』


◉ 이 장은 사물의 본질과 형태가 서로 같고 다름을 종합적으로 세밀하게 비교 분석하여 가장 정확하게 체계를 세운 것이 예절의 절도임을 기술하였다.

장의(章疑)는 의혹(疑惑)을 분명하게 밝히는 것이고, 별미(別微)는 은미(隱微)한 차이를 확실히 분별하는 것이다. 유등(有等)은 등급을 나눔이 있는 것이요, 유별(有別)은 모양을 구별하여 다르게 함이

있는 것이며, 유위(有位)는 좌석이 위치와 방향을 정함이 있는 것이다. 민유소양(民有所讓)은 조정의 관료들이 예절을 숭상하여 질서를 지키면 인민대중도 그것을 본받아 사회질서를 지켜서 어른에게 양보하는 풍속이 일어나는 것이다.


30-2-2 ——————— 子가 云天無二日하며 土無二王하며 家無二主하고
尊無二上은 示民有君臣之別也라 春秋는
不稱楚越之王喪하고 禮에 君不稱天하며 大夫를
不稱君은 恐民之惑也니 詩에 云相彼盍旦하고 尙猶患之라
하니라 子가 云君은 不與同姓으로 同車하며 與異姓으로
同車하되 不同服은 示民不嫌也니 以此坊民이라도
民猶得同姓以弑其君하나니라.


『공자가 이르시기를 하늘은 두 태양이 없고, 땅은 두 왕이 없으며, 가정은 두 주인이 없고, 높음은 두 위가 없음은 인민에게 임금과 신하의 분별이 있음을 보이는 것이다. 춘추는 초나라와 월나라의 왕이 죽었다고 일컫지 아니하고, 예절에 임금은 하늘이라고 일컫지 아니하며, 대부를 임금이라고 일컫지 아니함은 인민의 의혹을 두려워한 것이니 시에 이르기를 저 갈단새를 보건대 오히려 또한 분별없음을 미워한다고 하니라. 공자가 이르시기를 임금은 같은 성씨와 더불어 수레를 함께 타지 아니하고, 다른 성씨와 더불어 수레를 함께 타되 의복을 똑같이 입지 아니함은 인민이 혼동하지 않도록 보이는 것이니, 이렇게 인민을 막을지라도 인민은 오히려 같은 성씨를 얻어서 그 임금을 시해하느니라.』

◉ 이 절은 예절에 있어서 사랑과 공경의 극치는 오직 하나뿐임을 기술하였으니 사랑과 공경의 뿌리는 오직 하나이기 때문이다.

춘추(春秋)는 공자가 엮은 춘추이고, 왕상(王喪)은 천자(天子)가 죽은 붕(崩)이니, 초(楚)나라와 월(越)나라는 춘추 말기에 각각 분리 독립하여 왕국(王國)임을 자처하였으나, 춘추는 그들의 죽음에 천자로 인정하지 않고 제후로 인정하여 졸(卒)이라고 썼던 것이다. 군(君)은 제후이기 때문에 천자(天子)나 천왕(天王)처럼 천군(天君)이라고 일컫지 아니하며, 대부(大夫)는 군(君)이라고 일컫지 아니하고, 주(主) 또는 주군(主君)이라고 호칭한다. 시(詩)는 일시(逸詩)로 상(相)은 보는 것이요, 갈단(鶡旦)은 갈단조(鶡旦鳥)인데 밤중에 새벽을 갈구(渴求)하여 목마르게 우는 새이고, 환지(患之)는 그 밤과 낮을 분별하지 못함을 미워하는 것이며, 혐(嫌)은 착각하여 혼동함이다.


30-3-1 ──────────── 子가 云君子가 辭貴不辭賤하며 辭富不辭貧하면
則亂益亡하나니 故로 君子는 與其使食浮於人也론
寧使人浮於食이니라.


『공자가 이르시기를 군자가 귀한 벼슬을 사양하고, 천한 벼슬을 사양하지 아니하며, 부유함을 사양하고, 가난함을 사양하지 아니하면 혼란이 더욱 없어지나니, 그러므로 군자는 그 식록으로 하여금 사람보다 지나가는 것으론 차라리 사람으로 하여금 식록보다 지나가는 것이 나으니라.』

☯ 이 장은 사양(辭讓)하는 마음이 예절의 본질임을 기술하였다.

식(食)은 식록(食祿)이고, 인(人)은 인물(人物)의 됨됨이며, 부(浮)는 넘쳐서 지나간 것이니, 식록이 그 인물의 됨됨이보다 지나치게 많은 것보다는 차라리 식록보다 그 인물의 됨됨이가 넘쳐서 지치게 뛰어난 것이 나은 것이다.

30-3-2 ──────────── 子가 云觴酒豆肉에 讓而受惡라도 民猶犯齒하며 袵席之上에 讓而坐下라도 民猶犯貴하며 朝廷之位에 讓而就賤이라도 民猶犯君하나니 詩에 云民之無良이 相怨一方하나니 受爵不讓이라 至于已斯亡이라 하니라 子가 云君子가 貴人而賤己하며 先人而後己하면 則民이 作讓하나니 故로 稱人之君曰君이요 自稱其君曰寡君이니라.

『공자가 이르시기를 술잔에 따른 술과 제기에 담은 고기에 사양하고, 나쁜 것을 받을지라도 인민은 오히려 나이순을 범하며, 자리와 방석 위에 사양하고, 아랫자리에 앉을지라도 인민은 오히려 벼슬순을 범하며, 조정의 벼슬자리에 사양하고, 천한 벼슬자리에 나아갈지라도 인민은 오히려 임금을 범하나니, 시에 이르기를 인민이 양식이 없는 이는 서로 한쪽만 원망하므로 벼슬을 받음에 사양하지 않으니, 이에 멸망에 이르리라고 하니라. 공자가 이르시기를 군자가 남을 귀하게 하고 자기를 천하게 하며, 남을 먼저 하고 자기를 뒤로 하면 인민이 사양심을 일으키나니, 그러므로 남의 나라 임금을 일컬어 말하기를 임금이라 하고, 스스로 자기의 나라 임금을 일컬어 말하기를 과군이라 하니라.』

◉ 이 절은 군자(君子)가 먼저 사양하여야 서민대중이 본받아 사양하는 국풍이 일어남을 기술하였다.

악(惡)은 악식(惡食)이니 나쁜 음식이요, 범(犯)은 어기어 침범함이며, 시(詩)는 시경(詩經) 소아(小雅) 상호지십(桑扈之什) 각궁(角弓)편이다. 무량(無良)은 량식(良識)이 없는 것이고, 작(爵)은 벼슬이다. 전배들은 작(爵)을 술잔이라고 하였으나 옳지 않다. 왜냐하면 술잔을 사양하지 않고 받았다 해서 어찌 멸망에까지 이른다는 말인가? 고금에 벼슬을 사양하지 않고 받았다가 멸망한 사람은 있어도 술잔을 사양하지 않고 받아서 멸망한 사람이 있으리오?


30-3-3 ─────────────── 子가 云利祿을 先死者하고 而後生者하면
則民不偝하며 先亡者하고 而後存者면 則民可以託하니
詩에 云先君之思로 以畜寡人이라 하니 以此坊民이라도
民이 猶偝死而號無告하느니라.


『공자가 이르시기를 이권과 녹봉을 죽은 사람을 앞에 하고, 산 사람을 뒤에 하면 인민이 배반하지 아니하며, 없는 사람을 앞에 하고, 있는 사람을 뒤에 하면 인민이 의탁할 것이니, 시에 이르기를 돌아가신 아버지를 생각하며 과부 어미를 봉양하리라고 하니, 이렇게 인민을 막아도 인민이 오히려 죽은 사람을 배반하여 하소연할 데 없음을 외치느니라.』


◉ 이 절은 국가의 포상하는 예절이 사망(死亡)한 사람을 먼저 위

하고, 생존(生存)한 사람을 뒤에 하여야 인민이 믿고 배반하지 않음을 기술하였다.

이록(利祿)은 이권(利權)과 녹봉(祿俸)이요, 생사(生死)는 공덕을 세운 사람의 죽고 사는 것으로 분류함이고, 존망(存亡)은 그 조상과 자손으로 분류한 것이니, 망자(亡者)는 조상이고, 존자(存者)는 자손인즉 그 조상을 먼저 포상하고, 그 자손은 뒤에 포상하는 것이 예절이다. 배(偝)는 배(背)와 같고, 탁(託)은 의탁하여 믿음이며, 시(詩)는 시경(詩經) 패풍(邶風) 연연(燕燕)편이요, 선군(先君)은 돌아가신 아버지이며, 휵(畜)은 기르는 것이니, 시경에는 욱(勗)으로 되어 있으니, 힘써 돕는다는 뜻이다. 과인(寡人)은 과부가 된 어머니를 지칭하고, 호(號)는 탄식하여 외침이며, 무고(無告)는 호소할 데가 없음이니, 시집간 딸이 아버지가 죽은 뒤에 어머니를 돌보지 않으면 과부 어미는 호소할 데 없는 탄식만 하게 된다는 뜻이다.

30-3-4 ──────────────── 子가 云有國家者가 貴人而賤祿하면 則民이
興讓하고 尙技而賤車하면 則民이 興藝하나니
故로 君子는 約言하고 小人은 先言하니라.

『공자가 이르시기를 국가를 경영하는 사람은 사람을 귀하게 여기고 녹봉을 천하게 여기면 인민이 양보심을 일으키고, 기능을 숭상하고, 수레를 천하게 여기면 재능을 일으키나니, 그러므로 군자는 말을 절약하고, 소인은 말을 앞세우느니라.』

◐ 이 절은 국가에 있어서 학덕(學德)을 귀중히 여기고, 재능(才能)을 숭상하여야 도덕문화와 과학기술이 발전함을 기술하였다.

　유국가자(有國家者)는 국가를 경영하는 정부(政府)이고, 인(人)은 인격이니 학문의 조예가 깊고 도덕이 높은 인격자요, 기(技)는 과학기술을 연마한 전문기능인이다. 만일 정부가 사람의 인격보다도 녹봉(祿俸)과 거마(車馬)만을 숭상하여 고귀하게 여긴다면 나라에 교만심과 사치풍조가 일어나서 혼란이 벌어질 것이다. 약언(約言)은 말을 절약함이니 언행일치(言行一致)의 인격을 기르기 위함이요, 선언(先言)은 말을 먼저 함이니 뒤에 실천할 책임을 느끼지 못한 까닭이다.


30-3-5 ──────────── 子가 云上이 酌民言하면 則下가 天上施하고
上이 不酌民言하면 則犯也하며 不天上施하면
則亂也하나니 故로 君子가 信讓하야
以泣百姓하면 則民之報禮가 重하나니 詩에
云先民有言하되 詢于芻蕘라 하시니라.


　『공자가 이르시기를 임금이 민중의 말을 참작하면 하층민중이 황천상제가 베풀듯이 하고, 임금이 민중의 말을 참작하지 아니하면 범하여 어기는 것이며, 황천상제가 베풀듯이 아니 하면 어지러운 것이라고 하나니, 그러므로 군자가 믿고 양보하여 백성을 임하면 민중의 보답하는 예절이 무겁게 하나니 시에 이르기를 옛사람의 말이 있되 꼴을 베는 목동과 나무꾼에게도 자문한다고 하시니라.』

◉ 이 절은 민중의 소리를 듣는 예절을 기술하였으니 민심(民心)은 천심(天心)이므로 왕도정치(王道政治)는 공론(公論)을 따르는 정치이기 때문이다.

상(上)은 임금이요, 작(酌)은 참작(參酌)함이니, 서로 비교하고 참고하여 알맞은 방법을 가림이다. 민언(民言)은 민중의 소리이니 곧 공론(公論)이 있는 바이며, 하(下)는 하층민중이니 사회적으로 비교적 빈천(貧賤)한 공민(公民)이다. 천상(天上)은 황천상제(皇天上帝)요, 시(施)는 시정명령(施政命令)이며, 신양(信讓)은 민중을 신임하고 민중의 소리에 양보함이고, 보례(報禮)는 보답하는 예절이다. 시(詩)는 시경(詩經) 대아(大雅) 생민지십(生民之什) 판(板) 편에 있으며, 선민(先民)은 옛날의 어진 사람이고, 순(詢)은 자문(咨問)함이며, 추(芻)는 꼴을 베는 목동이요, 요(蕘)는 나무꾼이다.

30-3-6 ──────────────── 子가 云善則稱人하고 過則稱己하면 則民
不爭하고 善則稱人하고 過則稱己하면 則怨益亡하나니
詩에 云爾卜爾筮에 履無咎言이라 하니라.

『공자가 이르시기를 착함이면 남을 일컫고, 허물이면 자기를 일컬으면 인민이 다투지 아니하고, 착함이면 남을 일컫고, 허물이면 자기를 일컬으면 원망이 더욱 없어지나니, 시에 이르기를 그대의 거북점과 그대의 산가지점에 실천하여도 허물이 없다고 하니라.』

◉ 이 절은 선행(善行)은 남의 공덕(功德)으로 돌리고, 과실(過失)

은 자기의 책임으로 말하는 예절을 기술하였다.

시(詩)는 시경(詩經) 위풍(衛風) 맹(氓) 편이며, 복(卜)은 거북점서(筮)는 산가지 점이요, 이(履)는 이행(履行)이니 실천함인데 시경에는 체(體)로 되어 있는바 괘상(卦象)의 본체이며, 언(言)은 어조사이다.

살펴건대 선행을 남이 덕으로 말하고, 허물을 자기의 책임으로 말함은 군자의 덕이니, 점(占)을 치지 아니하여도 길하지 않음이 없는 것이다.

30-3-7 ──────────────── 子<sub>자</sub>가 云善則稱人<sup>운선즉칭인</sup>하고 過則稱己<sup>과즉칭기</sup>하면 民<sup>민</sup>이
讓善<sup>양선</sup>하나니 詩<sup>시</sup>에 云考卜惟王<sup>운고복유왕</sup>이 度是鎬京<sup>탁시호경</sup>하사
惟龜正之<sup>유귀정지</sup>하니 武王<sup>무왕</sup>이 成之<sup>성지</sup>라 하니라.

『공자가 이르시기를 착함이면 남을 일컫고, 허물이면 자기를 일컫으면 인민이 착함을 양보하나니, 시에 이르기를 살피고 고르신 왕이 이 호경을 헤아리시어 오직 거북점이 결정하니 무왕이 이룬다고 하니라.』

☯ 이 절은 천자가 착함을 천지신명(天地神明)께 양보하면 인민대중도 양보심을 일으키게 됨을 기술하였다.

시(詩)는 시경(詩經) 대아(大雅) 문왕유성(文王有聲)편이요, 고(考)는 헤아려 살핌이며, 복(卜)은 선택하여 고르는 것이요, 왕(王)은 무왕(武王)이고, 탁(度)은 헤아려 생각함이다. 호경(鎬京)은 무왕이 혁

명하여 천자(天子)가 되어서 옮긴 도읍이름이니, 풍읍(豐邑)으로부터 동쪽으로 25리(里)쯤 떨어진 곳이다. 귀(龜)는 거북을 태워서 그 균열로 점을 치는 거북점이요, 정(正)은 질정(質正)이니 물어서 결정함이다.

　살피건대 무왕이 혁명을 성공하고 풍읍(豐邑)에서 호경(鎬京)으로 천도(遷都)할 뜻을 가지고 있었으나, 자의적인 결정을 피하기 위하여 점(占)을 치게 해서 천지신명(天地神明)의 뜻을 받들었으니, 이것은 무왕이 도읍을 옮긴 공덕(功德)을 천지신명께 양보하기 위한 방편으로 복서(卜筮)를 활용한 것이다.


30-3-8 ──────────────── 子가 云善則稱君하고 過則稱己하면 則民이
　　　　　　　　　作忠하나니 君陳에 曰爾有嘉謀嘉猷어든
　　　　　　　入告君于內하고 女乃順之外하야 曰此謀此猷는
　　　　惟我君之德이라 하라 於乎라 是惟良顯哉인저 하니라.


『공자가 이르시기를 착함이면 임금을 일컫고, 허물이면 자기를 일컬으면 인민이 충성심을 일으키나니, 군진에 말하시기를 그대에게 아름다운 모책과 아름다운 도모가 있거든 중앙정부에 들어와 대궐 안에서 임금에게 보고하고, 그대는 이에 지방에 순행하여 말하기를 이 모책과 이 도모는 오직 우리 임금의 은덕이라고 하라. 오호라, 이와 같아야 오직 어질고 밝을진저.』


　☯ 이 절은 신하가 착함을 임금에게 양보하면 인민대중이 충성심

을 일으키게 됨을 기술하였다.

　군진(君陳)은 서경(書經) 주서(周書)의 군진(君陳)편이니, 오늘날 서경의 문장과는 조금 다른바『새 시대를 위한 서경(書經)』4−23−6을 참조하라. 순(順)은 순행(順行)이니 차례로 돌아다니는 것이고, 양현(良顯)은 어질고 밝음이다.


30−3−9 ———————————————— 子가 云善則稱親하고 過則稱己하면 則民이 作孝하나니 大誓에 曰予克紂는 非予武요 惟朕文考가 無罪시며 紂克予면 非朕文考가 有罪라 惟予小子가 無良이라 하시니라.


『공자가 이르시기를 착함이면 어버이를 일컫고, 허물이면 자기를 일컬으면 인민이 효심을 일으키나니, 태서에 말씀하시기를 내가 주를 이기는 것은 나의 무력이 아니고, 오직 나의 돌아가신 문왕 아버지께서 죄가 없으심이며, 주가 나를 이기면 나의 돌아가신 문왕 아버지께서 죄가 있는 것이 아니라. 오직 나 소자가 어짊이 없음이라고 하시니라.』


　◑ 이 절은 아들이 착함을 어버이께 양보하면 인민대중이 효심(孝心)을 일으키게 됨을 기술하였다.

　태서(大誓)는 서경(書經) 주서(周書)의 태서하(大誓下)편이니,『새 시대를 위한 서경(書經)』4−3−6을 참조하라. 극(克)은 힘이 강해서 이기는 것이고, 무(武)는 무력(武力)이며, 문고(文考)는 돌아가신 문

왕(文王) 아버지니 태서(大誓)는 무왕(武王)이 폭군 주(紂)를 정벌
할 당시에 군사들에게 맹세한 내용이다.


30-4-1 ──────────── 子가 云君子는 弛其親之過하고 而敬其美하나니
論語에 曰三年을 無改於父之道라야
可謂孝矣라 하니 高宗을 云하되 三年을
其惟不言하시나 言乃讙이라 하니라.


『공자가 이르시기를 그 어버이의 허물을 잊어버리고 그 아름다움
을 공경하나니, 논어에 말하기를 3년을 아버지의 도에서 바꿈이 없어
야 일컬어 효자라고 할 수 있다고 하니, 고종을 일컫되 3년을 그 오
직 말씀을 아니 하시나 말씀을 하심에 이에 기뻐하니라 하니라.』


◉ 이 장은 효도(孝道)의 예절을 기술하였으니, 여기에서는 어버
이가 돌아가심에 거상(居喪)의 범절(凡節)을 밝혔다.

이(弛)는 용서하여 잊어버리는 것이고, 3년(三年)은 3년복(三年服)
을 입고 거상(居喪)하는 기간이며, 고종3년불언(高宗三年不言)은 서경
(書經) 상서(商書)의 열명상(說命上)편에 있고, 환(讙)은 주서(周書)
의 무일(無逸)편에 옹(雍)으로 되어 있으니, 환(讙)은 환(歡)과 같다.

살피건대 논어(論語)는 공자가 돌아가신 뒤에 제자들이 엮은 책이
거늘 공자가 인용하였으니 아마도 기록의 착오이거나 후인(後人)이
기술하였음을 알 수 있으니, 그 문체의 형식을 의심하여 내용까지 버
리지 말기 바란다.

30-4-2 ───────── 子가 云從命不忿하며 微諫不倦하며 勞而不怨하면
可謂孝矣니 詩에 云孝子不匱라 하니라.

『공자가 이르시기를 명령을 따름에 분노하지 아니하며, 은미하게
간함에 게으르지 아니하며, 수고로워도 원망하지 아니하면 일컬어 효
자라고 할 것이니, 시에 이르기를 효자는 감추지 않는다고 하니라.』

◉ 이 절은 효도(孝道)의 착한 마음을 기술하였다.

분노심(忿怒心)과 권태심(倦怠心)과 원망하는 마음이 없는 것은
모두 마음이 착한 까닭이다. 시(詩)는 시경(詩經) 대아(大雅)의 기취
(旣醉)편이요, 궤(匱)는 상자에 감추는 것이니, 곧 숨기고 말을 하지
아니함이다.


30-4-3 ───────── 子가 云睦於父母之黨하면 可謂孝矣니 故로
君子는 因睦以合族하나니 詩에 云此令兄弟는
綽綽有裕어늘 不令兄弟는 交相爲瘉로다 하니라.

『공자가 이르시기를 아버지와 어머니의 친척에 친목하면 효자라고
일컬을 수 있다고 하니, 그러므로 군자는 친목을 통하여 겨레를 화합
하나니, 시에 이르기를 이 착한 형제는 든든하여 여유가 있거늘 착하
지 못한 형제는 돌아가며 서로 헐뜯는다고 하니라.』

◉ 이 절은 본족(本族)과 외족(外族)과 처족(妻族)이 친목(親睦)

해야 효자(孝子)임을 기술하였다.

당(黨)은 친척이요, 시(詩)는 시경(詩經) 소아(小雅)의 상호지십(桑扈之什) 각궁(角弓)편이며, 령(令)은 착함이고, 작작(綽綽)은 든든한 모양이며, 유(裕)는 여유이며, 유(瘉)는 헐뜯어 상처를 냄이다.


30-4-4 ——————— 子가 云於父之執에 可以乘其車나 不可以衣其衣니
君子가 以廣孝也니라 子가 云小人이 皆能養其親하나니
君子가 不敬하면 何以辨이리오 子가 云父子가 不同位함은
以厚敬也니 書에 云厥辟이 不辟이면 忝厥祖라 하니라.


『공자가 이르시기를 아버지의 나이뻘에 그 수레를 탈 수 있으나 그 옷을 입을 수는 없으니, 군자가 효심을 넓히기 때문이니라. 공자가 이르시기를 아버지와 아들이 자리를 똑같이 하지 아니함은 공경심을 두텁게 하는 까닭이니, 서에 이르기를 그 임금이 임금답지 아니하면 그 할아버지를 욕되게 한다고 하니라.』


◉ 이 절은 효심(孝心)을 넓고 두텁고 무겁게 펼쳐야 됨을 기술하였다.

부지집(父之執)은 아버지와 더불어 벗하는 아버지의 나이뻘이요, 수레는 같이 사용할 수 있으나 옷은 같이 입을 수 없는 것이다. 이광효(以廣孝)는 효심을 넓혀서 아버지의 나이뻘을 공경하기 위함이요, 이후경(以厚敬)은 어버이를 두텁게 공경하기 위하여 감히 아버지의 자리와 똑같이 할 수 없는 것이다. 서(書) 서경(書經) 상서(商書) 태

갑상(太甲上)편이요, 벽(辟)은 임금인데 서경의 원문에는 앞에 궐(厥) 자가 없으니 『새 시대를 위한 서경(書經)』 3-5-3을 참조하라. 첨(忝)은 욕됨이고, 조(祖)는 할아버지이니, 자손이 소중한 책무를 완수하지 못하면 그 조상을 욕되게 하는 것이다.


30-4-5 ──────────── 子가 云父母가 在어시든 不稱老하며 言孝하되 不言慈하며 閨門之內에 戱而不歎이니 君子가 以此坊民이라도 民猶薄於孝하고 而厚於慈하니라.


『공자가 이르시기를 부모가 살아 계시거든 늙음을 일컫지 아니하며, 어버이에 대한 효도를 말하되 자녀에 대한 사랑은 말하지 아니하며, 집안에서 희롱은 하되 탄식은 아니 하니, 군자가 이렇게 인민대중을 막을지라도 인민대중은 오히려 효도에는 얄팍하고, 자녀사랑에는 두터우니라.』


☯ 이 절은 어버이가 살아 있을 때에 집안에서 행동요령을 기술하였다.

자녀가 늙음을 일컬으면 부모는 죽어야 됨을 생각하는 까닭이니 불칭로(不稱老)는 앞에 1-7-5에서 이미 해설하였다. 효(孝)는 어버이를 잘 섬기는 것이고, 자(慈)는 자녀를 양육함이니 본래 인간본성의 인(仁)한 마음이지만 편벽되고, 사심(私心)을 가지면 불인(不仁)으로 전락한다. 희(戱)는 희롱함이니 농담을 하고 장난질을 하여 어버이를 기쁘게 함이요, 탄(歎)은 근심과 걱정을 탄식함이니 어버이가 자식의 짐이 되는 것을 괴로워하게 된다.


30-4-6 ─────────────── 子가 云長民者가 朝廷에서 敬老하면 則民이
作孝하나니라 子가 云祭祀之有尸也와 宗廟之有主也는
示民有事也요 脩宗廟하며 敬祀事는 敎民追孝也니
以此坊民이라도 民이 猶忘其親하니라.


『공자가 이르시기를 인민을 기르는 사람이 조정에서 노인을 공경하면 인민이 효심을 일으키니라. 공자가 이르시기를 제사에 시동이 있는 것과 종묘에 신주가 있는 것은 인민에게 섬김이 있음을 보이는 것이요, 종묘를 수리하며 제사 지내는 일을 공경함은 인민에게 추가로 효도함을 가르치는 것이니, 이렇게 인민을 막아도 인민이 오히려 그 어버이를 잊느니라.』


☯ 이 절은 생전에 못 다한 효도는 어버이가 죽은 뒤에라도 추가(追加)로 효도해야 됨을 기술하였다.

장민(長民)은 인민을 교화하여 성장(成長)케 해서 민도(民度)를 높이는 것이요, 시(尸)는 시동(尸童)이니 신령(神靈)을 상징적으로 대신하는 사람이며, 주(主)는 신주(神主)이니 신령이 의지하여 계시는 자리를 뜻한다. 추효(追孝)는 추가(追加)로 효도함이다. 어버이에 대한 무한한 사랑과 공경심을 억제할 수 없어서 부득이 사당을 수리하여 제사를 지내는 것이니, 죽은 사람 섬기기를 산 사람 섬기듯이 하고, 없는 사람 섬기기를 있는 사람 섬기듯이 하는 것이다.

子가 云敬則用祭器하시나니 故로 君子는 不以菲로 廢禮하며 不以美로 沒禮하나니 故로 食禮에 主人이 親饋어든 則客이 祭하고 主人이 不親饋어든 則客이 不祭하나니 故로 君子는 苟無禮면 雖美나 不食焉하나니 易에 曰東鄰殺牛가 不如西鄰之禴祭에 寔受其福이라 하며 詩에 云旣醉以酒하며 旣飽以德이라 하니 以此示民이라도 民이 猶爭利而忘義하느니라.

『공자가 이르시기를 공경하면 제기를 쓰나니, 그러므로 군자는 변변하지 못한 음식이라고 해서 예절을 폐지하지 않으며, 아름다운 음식이라고 해서 예절을 없애지 아니하나니, 그러므로 밥을 대접하는 예절에 주인이 몸소 음식을 드리거든, 곧 손님이 음식을 제사 지내고 주인이 몸소 음식을 드리지 아니하거든, 곧 손님이 음식을 제사 지내지 아니하나니, 그러므로 군자는 진실로 예절이 없으면 비록 음식이 아름다워도 먹지 아니하나니, 주역에 말하기를 동쪽 이웃의 소를 잡음이 서쪽 이웃의 간소한 제사에 실로 그 복을 받음만 같지 못하다고 하며, 시에 이르기를 이미 술로써 취하고 이미 덕으로써 배부르다고 하니, 이렇게 인민대중에게 보일지라도 인민은 오히려 이익을 다투면서 의리를 잊느니라.』

◉ 이 장은 공경(恭敬)하고 사양(辭讓)하는 예절의 아름다움을 기술하였는데 여기에서는 사례(食禮)의 공경절도를 밝혔다.

제기(祭器)는 작(爵)과 변두(籩豆) 등이요, 비(菲)는 비박(菲薄)한 음식이며, 미(美)는 아름다운 음식이니, 예절은 공경심(恭敬心)이 바탕이므로 음식이 변변치 못하다고 해서 예절을 폐지해도 안 되고,

음식이 아름답다고 해서 예절을 없애도 안 되는 것이다. 주인이 손님에게 친히 음식을 드리는 것은 주인이 손님을 공경하는 예절이다. 그러므로 손님이 그 음식을 제사 지내서 주인에게 공경함을 표하는 것이요, 주인이 직접 음식을 드리지 아니하면 손님도 그 음식을 제사 지내지 않는 것이다. 역(易)은 주역(周易) 기제(旣濟) 95(九五)의 효사(爻辭)이고, 식(寔)은 원문에 실(實)로 되어 있으니, 그 내용을 요약하면 소를 잡아 향연을 베푸는 것이 간소한 제사로 조상을 기리는 것만 못하다는 것이다. 시(詩)는 시경(詩經) 대아(大雅) 기취(旣醉)편이니, 그 내용을 요약하면 제사를 지내고 이미 음복주(飮福酒)를 마시고, 이미 조상의 덕을 많이 입었다는 것이다. 쟁리(爭利)는 사리사욕(私利私慾)을 다툼이고, 망의(妄義)는 가족관계와 인간관계를 잊어버림이다.

30-5-2 —————— 子가 云七日戒하고 三日齊하야 承一人焉하야 以爲尸하야 過之者가 趨走함은 以敎敬也요 醴酒가 在室하고 醍酒가 在堂하고 澄酒가 在下함은 示民不淫也요 尸飮三하고 衆賓이 一飮은 示民有上下也요 因其酒肉하야 聚其宗族은 以敎民睦也니 故로 堂上은 觀乎室하고 堂下는 觀乎上하나니 詩에 云禮儀가 卒度하며 笑語가 卒獲이라 하니라.

『공자가 이르시기를 7일을 경계하고, 3일을 가지런히 하여 한 사람을 받들어 시동을 삼아 지나가는 사람이 추창하여 빨리 걸음은 공경을 가르치기 위함이요, 단술이 사당방에 있고, 불그레한 술이 뜰방에 있고, 맑은 술이 마당에 있게 함은 인민에게 음란하지 않음을 보이는 것이요, 시동이 세 잔의 술을 마시고, 여러 손님이 한 잔의 술을 마심은 인민에게 위아래가 있음을 보이는 것이요, 그 술과 고기를 인연하여 그 종족을 모여서 먹게 함은 인민에게 화목을 가르치는 것이니, 그러므로 당상에 있는 사람은 사당방에 보이고, 당하에 있는 사람은 당상에 보이나니, 시에 이르기를 예절과 의식이 법도를 다하며, 웃음과 말함이 마음에 흐뭇함을 다한다고 하니라.』

　◑ 이 절은 제례(祭禮)의 공경절도를 기술하였다.

　승(承)은 이어서 받드는 것이고, 예주(醴酒)는 단술로 초헌(初獻)에 올리고, 제주(醍酒)는 막걸리로 아헌(亞獻)에 올리며, 징주(澄酒)는 청주로 종헌(終獻)에 올리니, 술의 원조(元祖)를 높여서 사당방에 두고, 청주(淸酒)는 후대에 나왔기 때문에 당하(堂下)에 두는 것인즉 옛것을 공경하고 후대의 것을 천하게 여기는 예절정신이다. 음(淫)은 음란함이니 법도를 어기고 거칠게 행동하는 것이며, 시음3(尸飮三)은 시동(尸童)이 초헌(初獻), 아헌(亞獻), 종헌(終獻) 세 잔 술을 마심이고, 1음(一飮)은 한 잔의 음복주(飮福酒)를 마시는 것이며, 시민유상하(示民有上下)는 인민에게 하늘에 계시는 신명(神明)에게는 술을 많이 드리고, 땅에 있는 사람에게는 술을 적게 권하는 것을 보이는 것이다. 관(觀)은 보이는 것이니 당상(堂上)은 사당방에 보이고, 당하(堂下)는 당상(堂上)에 보이는 것이다. 전배들은 관(觀)을 보는 것으로 해석하여 당상은 사당방을 보고, 당하는 당상을 본다고 하였으나 옳지 않다. 제사는 먼저 정성과 예절을 보여서 신령이 강림케 하는 의식이다. 시(詩)는 시경(詩經) 소아(小雅) 초자(楚茨)편에 있고, 도(度)는 절도(節度)요, 획(獲)은 마음이 흐뭇함이니 『새 시대를 위한 시경(詩經)』2-6-5를 참조하라.


30-6-1 ──────────────── 子가 云賓禮엔 每進以讓하고 喪禮엔
每加以遠나니 浴於中霤하고 飯於牖上하고
小斂於戶內하고 大斂於阼하고 殯於客位하고
祖於庭하고 葬於墓는 所以示遠也요 殷人은
吊於壙하고 周人은 吊於家하니 示民不偝也니라
子가 云死는 民之卒事也니 吾從周라 하시니
以此坊民이라도 諸侯가 猶有薨而不葬者하니라.

『공자가 이르시기를 빈례에는 나아갈 때마다 사양하고, 상례에는
더할 때마다 멀어지나니, 가운데 낙수 떨어지는 곳에 목욕하고, 창문
위에서 반함하고, 방문 안에서 소렴하고, 섬돌 위에서 대렴하고, 손님
의 자리에 빈소를 설치하고, 마당에서 길제사 지내고, 묘지에서 장사
지내는 것은 멀어짐을 보이는 원리요, 은나라 사람은 무덤에서 조문
하고, 주나라 사람은 집에서 조문하니, 인민에게 배반하지 아니함을
보이는 것이니라. 공자가 이르시기를 죽음은 사람이 일을 끝내는 것
이니 나는 주나라의 예법을 따르리라 하시니, 이렇게 인민을 막아도
제후가 오히려 제후의 죽음에 장사 지내지 않는 이가 있느니라.』


☯ 이 장은 예절의 사회적 기능에 있어서 가장 중요한 것은 충
(忠)과 효(孝)임을 기술하였으니, 여기에서는 인간사의 끝은 장사 지
내는 것으로 종결하기 때문에 모든 인간관계는 빈례(賓禮)로 만나서
상례(喪禮)로 끝나는 것임을 밝혔다.

빈례(賓禮)는 주인이 손님을 맞이하는 예절이니, 인간관계에 있어서 교제를 트는 절차요, 매진(每進)은 대문에서 마당으로 나아가고 마당에 당(堂)에 오르며, 당에서 방 안으로 들어가는 절차마다인데 점점 가까워지는 절차이고, 양(讓)은 서로 먼저 나아가도록 권하고 사양함이니, 지극한 공경심의 발로이다. 상례(喪禮)는 사람이 죽어서 초상 치고 장사 지내는 예절이니, 인간관계에 있어서 이별하여 헤어지는 절차이며, 매가(每加)는 시신을 목욕시키고, 수의(壽衣)를 입히고, 반함(飯含)하고, 소렴, 대렴, 발인(發靷)하여 장사 지내는 절차를 더할 때마다이다. 중류(中霤)는 처마의 중앙에 있는 낙수받이요, 빈(殯)은 빈소(殯所)이며, 조(祖)는 길제사이고, 조어가(吊於家)는 장사 지내고 집에 돌아와서 위로함이다. 졸사(卒事)는 일을 끝내서 마치는 것이니 졸업(卒業)과 같으며, 훙(薨)은 제후의 죽음이요, 부장자(不葬者)는 회장(會葬)하지 아니하는 사람이니 생전에 빈례(賓禮)로 교제하였으면서도 그 죽음에 모여서 장사 지내지 않은 것이므로 곧 생전에 사귄 의리를 저버리고 그 죽은 뒤에는 배반하는 사람이다.

30-6-2 ─────── 子가 云升自客階하며 受吊於賓位는 敎民追孝也요
未沒喪이어든 不稱君은 示民不爭也니 故로 魯春秋에
記晉喪하되 曰殺其君之子奚齊와 及其君卓이라 하니
以此坊民이라도 子가 猶有弑其父者하니라.

『공자가 이르시기를 서쪽 계단을 말미암아 오르며 손님의 자리에서 조문을 받음은 인민에게 추가로 효도함을 가르치는 것이요, 상기

를 마치지 아니했거든 임금이라고 일컫지 아니함은 인민에게 다투지
아니함을 보이는 것이니, 그러므로 노나라의 춘추에 진나라의 초상을
기록하되 말하기를 그 임금의 아들 해제를 죽였다. 및 그 임금 탁을
시해하였다고 하니, 이렇게 인민을 막아도 아들이 오히려 그 아버지
를 시해한 사람이 있느니라.』


　● 이 절은 예절이 무너진 춘추시대에 불효(不孝), 불충(不忠)한
무리들이 나타났음을 기술하였다.

　객계(客階)는 서쪽 계단이요, 빈위(賓位)는 서쪽 자리이니 비록
아버지가 돌아가셨지만 감히 주인으로 처신하지 않는 것이니, 지극한
효심(孝心)이다. 추효(追孝)는 추가로 효도를 하는 것이고, 몰상(沒
喪)은 상기(喪期)를 마치는 것이며, 불칭군(不稱君)은 3년복을 입으
면 정사를 보지 않고, 거상(居喪)의 절도만 지키는 것이다. 춘추(春
秋)는 노(魯)나라 희공(僖公) 9년 겨울에 진(晉)나라 이극(里克)이
헌공(獻公)의 아들 해제(奚齊)를 죽이고, 이어 다음 해에 또다시 그
임금 탁(卓)을 시해한 것이니 『새 시대를 위한 춘추(春秋)』 5−9−6
과 5−10−3을 참조하라.



30−6−3 ——————————————— 子가 云孝以事君하며 弟以事長은
示民不貳也니 故로 君子가 有君이어든
不謀仕하며 唯卜之日에 稱二君하느니라.


『공자가 이르시기를 효심으로써 임금을 섬기며, 공경심으로써 어

른을 섬김은 인민에게 두 마음이 아님을 보이는 것이니, 그러므로 군
자는 섬기는 임금이 있거든 다른 나라에 벼슬할 것을 꾀하지 아니하
며, 오직 점을 치는 날에 두 임금을 일컫느니라.』

　☯ 이 절은 충효(忠孝)의 예절이 비록 다르지만 그 마음과 정신은
오직 하나임을 기술하였다.
　충성심(忠誠心)은 효심(孝心)의 연장이요, 형을 공경하는 마음으
로 어른을 공경하는 것이니, 이것은 모두 두 마음이 아니다. 유군(有
君)은 현재 벼슬하여 임금을 섬기고 있는 것이고, 불모사(不謀仕)는
다른 나라에 벼슬을 구하지 아니함이며, 복지일(卜之日)은 벼슬이 없
는 사람이 두 나라 가운데서 한나라를 선택하려고 점을 치는 것이요,
2군(二君)은 두 나라의 임금이다. 군자는 벼슬을 선택할 때에는 좋은
나라를 고르지만 일단 벼슬을 하면 오직 한마음으로 충성을 하는 것
이 예절이다.


30-6-4 ─────────────────── 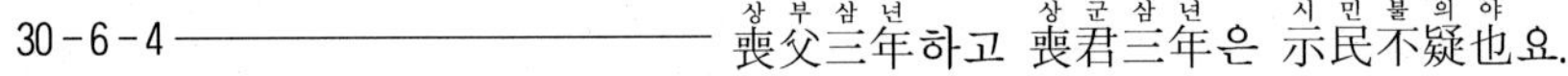

　　　　　　　　　　　　　　상부삼년　　　　상군삼년　　시민불의야
　　　　　　　　　　　　　　喪父三年하고 喪君三年은 示民不疑也요.

『아버지의 죽음에 3년의 상복을 입고, 임금의 죽음에 3년의 상복
을 입음은 인민에게 의심치 않음을 보이는 것이오.』

　☯ 이 절은 효심(孝心)과 충성심(忠誠心)은 한결같이 변함이 없어
서 살거나 죽거나 오직 한마음임을 기술하였다.
　불의(不疑)는 의심치 아니함이니, 곧 죽어도 의심하지 않고 서로

믿는다는 뜻이다.


 ──────────────────── 父母가 在어든 不敢有其身하며
不敢私其財也는 示民有上下也니라.


『부모가 살아 계시거든 감히 그 몸을 두지 아니하며, 감히 그 재물을 사사로이 하지 아니함은 인민에게 위아래가 있음을 보이는 것이니라.』


☯ 이 절은 어버이와 함께 살면서 몸과 재물을 다하여 효도하는 예절을 기술하였다.

유기신(有其身)은 자기 자신의 주의 주장이 있는 것이고, 사기재(私其財)는 그 재물을 마음대로 하는 것이니, 모두 어버이의 뜻을 받들지 않은 것이다.


 ──────────────────── 故로 天子는 四海之內에 無客禮하사
莫敢爲主焉이니 故로 君이 適其臣하사
升自阼階하시며 卽位於堂은 示民不敢有其室也요
父母가 在어든 饋獻이 不及車馬는 示民不敢專也니
以此坊民이라도 民이 猶忘其親而貳其君하느니라.


『그러므로 천자는 사해의 안에 손님 노릇 하는 예절이 없으시어

누구도 감히 주인이 되지 못하나니, 그러므로 임금이 그 신하의 집에 가서 섬돌계단을 말미암아 오르시며, 당상에 자리로 나아가심은 인민에게 감히 그 집을 두지 아니함을 보이는 것이요, 부모가 살아 계시거든 먹이고 드림이 수레와 말에 미치지 아니함은 인민에게 감히 오로지 하지 아니함을 보이는 것이니, 이렇게 인민을 막아도 인민이 오히려 그 어버이를 잊고, 그 임금을 배신하느니라.』

☯ 이 절은 충효(忠孝)의 극치는 정성(精誠)을 모두 바치는 것임을 기술하였다.

객례(客禮)는 손님이 주인에게 사양하는 예절이요, 실(室)은 개인 소유의 가택(家宅)이며 불급거마(不及車馬)는 앞에 1−7−2에서 이미 해설하였으니, 아버지의 허락 없이 수레와 말을 남에게 주지 아니함이다. 2(貳)는 의심하고 배신함이다.

30−7−1 ——————————— 子가 云禮之先幣帛也는 欲民之先事而後祿也니 先財而後禮면 則民이 利하고 無辭而行情하면 則民이 爭하나니 故로 君子가 於有饋者에 弗能見하면 則不視其饋하나니 易에 曰不耕하고 穫하며 不菑하고 畬라 凶이라 하니 以此坊民이라도 民이 猶貴祿而賤行하느니라.

『공자가 이르시기를 예절이 폐백을 먼저 하는 것은 인민이 일을 먼저 하고 봉록을 뒤로 하고자 함이니, 재물을 먼저 하고 예절을 뒤로 하면 인민이 이익을 탐하고, 사양함이 없이 감정을 행하면 인민이

다투나니, 그러므로 군자가 음식을 드림이 있는 사람에게 볼 수가 없으면 그 음식을 받지 아니하나니, 주역에 말하기를 밭갈이를 아니 하고 수확하며, 1년 밭을 개간하지 아니하고 3년 밭이 되므로 흉하다고 하니, 이렇게 인민을 막을지라도 인민은 오히려 봉록을 귀중히 여기고 행실을 천하게 여기느니라.』

◑ 이 장은 예절의 고상한 정신을 기술하였으니 여기에서는 이기심(利己心)과 경쟁심(競爭心)을 막는 예절정신을 밝혔다.

예지선폐백(禮之先幣帛)은 상견례(相見禮)를 거행함에 있어서 먼저 신분을 상징하는 폐백(幣帛)을 가지고 예절을 거행하는 것이니 사상견례(士相見禮)에 꿩을 폐백으로 쓰는 것과 같은 것이다. 선사(先事)는 신분에 맞는 일을 먼저 맡아서 함이요, 후록(後祿)은 일을 처리한 뒤에 봉록을 받음이니 일을 먼저 하고, 봉록은 뒤에 받는 것이 예절정신이다. 재(財)는 재화(財貨)이니 재화를 먼저 추구하면 인민이 이익을 탐하게 되고, 예(禮)는 사양(辭讓)이니 사양을 뒤로 하면 인민이 경쟁하게 되는 것이다. 무사(無辭)는 사양함이 없는 것이고, 행정(行情)은 욕정(欲情)을 쓰는 것이므로 반드시 다투게 되는 것이다. 불능견(弗能見)은 주인의 대접하는 정성을 찾아볼 수 없는 것이고, 불시기궤(不視其饋)는 그 대접하는 음식을 받지 않고 물리치는 것이다. 역(易)은 주역(周易) 무망괘(无妄卦)요, 불경확(不耕穫)은 봄에 밭 갈고 심지 아니하여도 가을에 수확하는 것이니 불로소득이고, 불치여(不菑畬)는 1년 밭을 개간하지 아니하여도 비옥한 3년 밭이 되는 것이니 역시 불로소득이며, 흉(凶)은 주역의 원문에는 없으니 그 뜻은 부당하게 얻은 것이므로 뒤에 횡액이 있을 것임을 예단한 것이다. 치(菑)는 개간한 지 1년이 된 척박한 밭이요, 여(畬)는 개간한 지 3년 된 비옥한 밭이다. 이로써 보면 예절정신은 주제를 파악하여 분수를 지키는 것이요, 분수에 넘치는 뜻밖의 결과를 탐하는 것이 아님을 알 것이다.


30-7-2 ──────────── 子가 云君子는 不盡利하야 以遺民하나니 詩에
云彼有遺秉하고 此有不斂穧하니 伊寡婦之利라 하니
故로 君子가 仕則不稼하며 田則不漁하며 食時하고
不力珍하며 大夫가 不坐羊하며 士가 不坐犬하나니 詩에
云采葑采菲를 無以下體하며 德音莫違라야 及爾同死라 하나니
以此坊民이라도 民이 猶忘義而爭利하야 以亡其身하니라.


『공자가 이르시기를 군자는 이익을 다 취하지 아니하여 민중에게 남겨 주나니, 시에 이르기를 저기에 버려 둔 볏단이 있고, 여기에 묶지 않은 벼 움큼이 있으니 저 과부의 이익이라고 하니, 그러므로 군자가 벼슬하면 농사를 짓지 아니하며, 사냥을 하면 물고기를 잡지 아니하며, 제철 음식을 먹고 진귀한 음식에 힘쓰지 아니하며, 대부가 양의 가죽방석을 앉지 아니하며, 선비가 개의 가죽방석을 앉지 아니하나니, 시에 이르기를 순무를 캐고 총각무를 캠을 뿌리까지 씀이 없으며 위대한 도덕을 찬양하는 노래를 어기지 말아야 그대와 함께 죽도록 살리라 하나니 이렇게 인민을 막아도 인민이 오히려 의리를 망각하고 이익을 다투어 그 몸을 망치느니라.』


◉ 이 절은 관료(官僚)가 인민대중의 이익을 모두 취하지 않는 예절을 기술하였다.

시(詩)는 시경(詩經) 소아(小雅) 대전(大田)편이요, 병(秉)은 볏단이며 제(穧)는 벼 움큼이니, 시경의 원문과는 순서가 뒤바뀌고 빠진 구절이 있다. 식시(食時)는 제철에 나온 음식을 먹는 것이고, 진(珍)은 진미(珍味)이며, 불좌양(不坐羊)은 양의 고기를 먹고 또 그 가죽으로 방석을 만들어 앉는 것이니, 그 이익을 모두 취함인데 불좌견(不坐犬)도 같은 뜻이다. 시(詩)는 시경(詩經) 패풍(邶風) 곡풍(谷風)편이요, 봉(葑)은 순무이며 비(菲)는 총각무고 하체(下體)는 뿌리인데 그 연한 잎으로 무청김치를 담고 그 뿌리는 작으므로 버려두어야 이익을 모두 취하지 않게 되는 것이다. 덕음(德音)은 위대한 도덕을 찬양하는 노래요, 동사(同死)는 함께 늙어서 같이 죽는 것이니, 곧 부부(夫婦)가 해로(偕老)하는 것이다.


30-7-3 ─────────── 子가 云夫禮는 坊民所淫하며 章民之別하야 使民無嫌하야 以爲民紀者也니 故로 男女가 無媒어든 不交하며 無幣어든 不相見은 恐男女之無別也니 詩에 云伐柯如之何요 匪斧면 不克이요 取妻如之何오 匪媒면 不得이라 하며 蓺麻如之何오 橫從其畝하며 取妻如之何오 必告父母라 하니 以此坊民이라도 民이 猶有自獻其身하느니라.


『공자가 이르시기를 무릇 예절은 인민의 음란한 바를 막으며, 인민의 분별을 뚜렷이 밝혀 인민으로 하여금 혐의가 없게 하여 인민의 기강을 삼은 것이니, 그러므로 남자와 여자가 중매쟁이가 없거든 사귀지 아니하며, 폐백이 없거든 서로 만나지 아니함은 남자와 여자가 분별이 없을까를 두려워함이니, 시에 이르기를 도끼자루를 벰은 어떻

게 하나 도끼가 아니면 자르지 못하네, 아내를 얻음은 어떻게 하나
중매인이 아니면 얻지 못하네 하며, 삼을 심으려면 어떻게 하나 그
이랑을 가로세로 고른다네, 아내를 얻으려면 어떻게 하나 반드시 부
모에게 청한다네 하니, 이렇게 인민을 막아도 인민이 오히려 스스로
그 몸을 바치느니라.』

　☯ 이 절은 예절을 통하여 사회기강을 바로잡는 분별의 기능이 있
음을 기술하였다.

　장(章)은 뚜렷하게 밝히는 것이요, 무혐(無嫌)은 혐의(嫌疑)가 없
는 것이며 기(紀)는 기강(紀綱)이다. 시(詩)는 시경의 빈풍(豳風) 벌
가(伐柯)편과 제풍(齊風) 남산(南山)편이니, 극(克)은 능(能)과 같
다. 자헌기신(自獻其身)은 남자와 여자가 부모의 허락도 없이 동거하
는 것이다.


30-7-4 ──────────────── 子가 云取妻하되 不取同姓은 以厚別也니
故로 買妾하되 不知其姓이면 則卜之하나니
以此坊民이라도 魯春秋에 猶去夫人之姓曰吳라
하고 其死에 曰孟子가 卒이라 하니라.


『공자가 이르시기를 아내를 얻되 같은 성을 취하지 아니함은 분별
을 두텁게 하기 위함이니, 그러므로 첩을 얻음에 그 성을 알지 못하
면 점을 치나니, 이렇게 인민을 막을지라도 노나라의 춘추에 오히려
부인의 성을 버리고 말하기를 오라고 하고, 그 죽음에 말하기를 맹자
가 졸하다고 하니라.』

☯ 이 절은 예절로 동성혼(同姓婚)을 금지시킨 이유를 기술하였다.

후별(厚別)은 분별을 확실하게 함이고, 복지(卜之)는 그 길흉(吉凶)을 점쳐서 동성혼의 흉측함을 막고자 함이며, 오(吳)는 나라 이름으로 노(魯)나라와 동성국(同姓國)임에도 노나라 소공(昭公)이 오(吳)나라에 장가들었으니 동성혼인지라. 이를 피하기 위하여 오맹자(吳孟子)라고 하였는데 논어(論語)에 보인다. 맹(孟)은 맏이라는 뜻으로 맹자(孟子)는 장녀(長女)라는 말이다.


30-7-5 ────────────── 子가 云禮에 非祭어든 男女가 不交爵하나니
以此坊民이라도 陽侯가 猶殺繆侯而竊其夫人하니
故로 大饗에 廢夫人之禮하니라.


『공자가 이르시기를 예절에 제사가 아니거든 남자와 여자가 술잔을 서로 주고받지 아니하나니, 이렇게 인민을 막을지라도 양후가 오히려 목후를 죽이고 그 부인을 훔쳤나니, 그러므로 제후의 향례에 부인의 예절을 폐지하니라.』


☯ 이 절은 제사가 아니면 남자와 여자가 술잔을 서로 주고받지 아니하는 예절을 기술하였다.

교작(交爵)은 술잔을 서로 주고받음이고, 양후(陽侯)와 목후(繆侯)는 어느 나라의 임금인지 알 수 없으며, 대향(大饗)은 제후(諸侯)의 향례(饗禮)요, 부인지례(夫人之禮)는 제후의 부인이 대향(大饗)에서 거행하는 예절인데 본래 있었는지 아니면 임시로 삽입한 것인지 알

수 없다.


30-7-6 ──────────────── 子가 云寡婦之子가 不有見焉이어든 則不友也는

君子가 以避遠也라 故로 朋友之交에 主人이
不在어든 不有大故면 則不入其門하나니
以此坊民이라도 民이 猶以色厚於德하나니라.


『공자가 이르시기를 과부의 아들이 나타남이 있지 아니하거든 곧 벗하지 아니함은 군자가 피하여 멀리하기 위함이다. 그러므로 붕우의 사귐에 주인이 있지 않거든 큰 연고가 있지 않으면 그 대문 안에 들어가지 아니하나니, 이렇게 인민을 막아도 인민이 오히려 색을 밝힘이 덕보다도 더욱 두터우니라.』


◑ 이 절은 호색(好色)의 혐의를 피하는 예절을 기술하였으니 앞에 1-18-5를 참고하라.

대고(大故)는 큰 연고로 긴급한 상황이 발생한 것이고, 이색후어덕(以色厚於德)은 여색을 좋아함이 덕을 좋아함보다도 더욱 많은 것이다.


30-7-7 ──────────────── 子가 云好德이 如好色이니라.


『공자가 이르시기를 덕을 좋아함이 색을 좋아함처럼 할지니라.』

30-7-8 ──────────────── 諸侯는 不下漁色하나니 故로 君子가 遠色은
以爲民紀니 故로 男女가 授受에 不親하며
御婦人則進左手하며 姑姊妹女子子가 已嫁而反이어든
男子가 不與同席而坐하며 寡婦는 不夜哭하며 婦人이
疾이어든 問之하되 不問其疾하나니 以此坊民이라도
民이 猶淫泆而亂於族하느니라.

『제후는 아래로 여색을 탐하지 아니하나니, 그러므로 군자가 여색을 멀리함은 인민의 기강을 생각함이니, 그러므로 남자와 여자가 주고받음에 친히 하지 아니하며, 부인을 맞음에 친히 하지 아니하며, 부인을 맞이하면 왼손을 나아가게 하며, 고모와 누이와 여동생 그리고 딸이 이미 시집을 갔다가 이혼하고 돌아오거든 남자가 더불어 자리를 같이하여 앉지 아니하며, 과부는 밤중에 곡하지 아니하며, 부인이 질병을 앓거든 문병하되 그 질병을 묻지 아니하나니, 이렇게 인민을 막아도 인민이 오히려 음란하여 겨레에게 하느니라.』

◑ 이 절은 여색(女色)을 멀리하는 여러 가지 예절을 기술하였다.
하어색(下漁色)은 아래로 여색을 탐하는 것이니, 제후가 아래로 자기 나라의 경(卿), 대부(大夫), 사(士)의 딸을 간택하여 혼인하는 것이다. 이것은 어부(漁父)가 물고기를 잡는 것과 같은 탐욕이므로

예절에서 제후는 반드시 다른 나라의 제후의 딸을 배필로 맞이하도록 국내에서 하혼(下婚)을 금지하였다. 반(反)은 이혼(離婚)하고 친정집으로 돌아온 것이고, 문지(問之)는 문병(問病)을 하는 것이다.


30-7-9 ──────────────── 子가 云昏禮에 壻가 親迎하야 見於舅姑어든
承子하야 以授壻는 恐事之違也니 以此坊民이라도
婦가 猶有不至者하니라.


『공자가 이르시기를 혼례에 사위가 친영하여 장인과 장모를 뵈거든 딸을 나아가게 하여 사위에게 줌은 섬기는 도리를 어길까 두려워하는 것이니, 이렇게 인민을 막을지라도 며느리가 오히려 이르지 아니한 사람이 있느니라.』


☯ 이 절은 혼인의 예절을 원만하게 거행하여야 됨을 기술하였다.
구고(舅姑)는 장인과 장모를 지칭하니 곧 외구고(外舅姑)이며, 승(承)은 진(進)과 같고, 사지위(事之違)는 시부모(媤父母)를 섬기고, 남편을 섬기는 도리를 어기는 것이다. 유부지자(有不至者)는 친영(親迎)에 신부가 남편을 따라서 시집에 가지 않은 것이니, 딸이 부모의 말을 듣지 않고 자기의 고집대로 행동하는 것이다.

# 31. 중용(中庸)

　중용(中庸)은 정현(鄭玄)이 말하기를 공자의 손자(孫子)인 자사(子思: 이름이 伋)가 공자의 덕을 밝히기 위하여 지은 것으로 중화(中和)의 작용에 대하여 기술하였다고 하였다.

　그리고 정이천(程伊川) 선생은 말하기를 치우치지 않음을 중(中)이라 하고, 바꾸지 않음을 용(庸)이라고 하니 중(中)은 천하의 정도(正道)요 용(庸)은 천하의 정리(定理)라고 하였으며, 주자(朱子)는 말하기를 중(中)은 치우치지 않고, 의지하지 않으며, 지나침과 미치지 못함이 없는 것을 일컬으며, 용(庸)은 평범하고 상식적인 것이라고 하였는데 이미 분리 독립하여 4서(四書)의 하나로 편집하였고, 또한 내가 『새 시대를 위한 大學·中庸·禮運』을 역주하여 5서(五書)로 편집하였기에 여기에서는 생략한다.

# 32. 표기(表記)

　표(表)는 의표(儀表)이니 군자의 덕(德)이 겉으로 나타나서 그 몸 가짐이 씩씩하고 공경스러워 믿음직함을 기술한 것이다.

　무릇 인덕(仁德)을 길러야 관후장자(寬厚長者)의 아름다운 풍모가 나타나는 것이니 학자는 여기에서 인격을 수양하는 구체적인 행실을 익힐지어다.


32-1-1 ───────────── 子가 言之하시되 歸乎인저 君子는 隱而顯며
　　　　　　　　　　　不矜而壯하며 不厲而威하며 不言而信하니라.


　『공자가 말씀하시되 돌아갈진저, 군자는 숨어도 뚜렷이 나타나며, 꾸미지 아니하여도 장중하며, 성내지 아니하여도 두렵게 하며, 말하지 아니하여도 믿도록 하니라.』


　◉ 이 장은 내면의 인간성을 함양(涵養)하여 인간을 완성한 군자는 밖으로 아롱지는 문채가 나타나서 사람으로 하여금 저절로 감동하여 우러러 보는 감화력이 있음을 기술하였다.

　이 편에 자언지(子言之)가 8번이요, 자왈(子曰)이 45번이니 자언지(子言之)는 큰 주제(主題)에 사용하였고, 자왈(子曰)은 작은 조목(條目)에 사용하였다. 귀호(歸乎)는 천하유세(天下遊說)를 중지하고 노(魯)나라로 돌아가겠다는 탄식이요, 군자(君子)는 도덕군자이며,

긍(矜)은 꾸며서 장식함이고 려(癘)는 사납게 성내는 것이다.

　살피건대 공자가 춘추난세에 천하의 도덕을 다시 일으키기 위하여 14년간 천하를 돌면서 유세(遊說)하였으나, 뜻을 얻지 못하자 고향으로 돌아가서 군자의 도덕적 감화력으로 도덕을 일으키려고 하였으니 차선책을 선택한 것이다.


32-1-2 ──────── 子가 曰君子는 不失足於人하며 不失色於人하며 不失口於人하나니 是故로 君子는 貌足畏也며 色足憚也며 言足信也니 甫刑에 曰敬忌하야 而罔有擇言在躬이라 하니라.


『공자가 말씀하시기를 군자는 사람에게 발을 실수하지 아니하며, 사람에게 낯빛을 실수하지 아니하며, 사람에게 입을 실수하지 아니하나니, 이런 까닭으로 군자는 용모가 족히 두려운 것이며, 낯빛이 족히 두려운 것이며, 말이 족히 믿게 되는 것이니, 보형에 말하기를 공경하고 경계하여 말이 자신에게 있는 것을 선택함이 있지 아니한다고 하니라.』


　☯ 이 절은 앞 절에 이어 내면에 공경하여 조심함이 있으면 밖으로 나타난 행실에 실수가 없는 것임을 기술하였다.

　실(失)은 방심하거나 착각하여 실수를 함이요, 족(足)은 출처진퇴(出處進退)이며, 색(色)은 희로애락(喜怒哀樂)이고, 구(口)는 어묵음식(語默飮食)이며, 탄(憚)은 두려움이다. 보형(甫刑)은 주(周)나라 목왕(穆王)이 여후(呂侯)를 대사구(大司寇)로 임명하고, 형법(刑法)

을 다듬고 보충해서 발표한 형법으로 서경(書痙) 주서(周書)의 여형 (呂刑)편에 있는데 사마천(司馬遷)은 사기(史記)의 주본기(周本紀) 에서 보후(甫侯)가 보형(甫刑)을 제정하여 목왕이 발표했다고 하였 으니, 살피건대 보형(甫刑)은 곧 여형(呂刑)이니 『새 시대를 위한 서 경(書痙)』 4-29-11을 참조하라. 경기(敬忌)는 경건하게 살펴서 착 각이나 오해의 소지가 없도록 경계하여 조심함이요, 망유택언재신(罔 有擇言在躬)은 자기 자신에게 있는 선입관이나 편견 또는 주관적 사 상으로 판결의 논리를 선택하지 말라는 뜻이다.


32-1-3 ───────────── 子가 曰裼襲之不相因也는 欲民之毌相瀆也니라.


『공자가 말씀하시기를 등거리와 덧입는 옷이 서로 인연하지 아니 함은 인민이 서로 모독함이 없게 하고자 함이니라.』


◑ 이 절은 겉에 입는 옷은 각각 용도에 따라 입고 현재의 하는 일을 나타내는 것이므로 두 가지 옷을 입어서 보는 사람으로 하여금 혼동하게 해서는 안 되는 절도를 기술하였다.

석(裼)과 습(襲)은 앞에 2-1-5에서 이미 해설하였고, 상인(相因) 은 서로 인연함이니 겹쳐서 입는 것이며, 독(瀆)은 더럽혀서 모독함 이니, 그 본질을 흐리게 하고 그 문채를 어지럽히는 것이다.

살피건대 예절은 문채(文彩)와 본질(本質)을 잘 갖추어 빈빈(彬 彬)하는 것이므로 때와 장소와 신분과 하는 일에 합당한 옷을 입어 야 된다.

 子가 曰祭極敬하고 不繼之以樂하며
朝極辨하고 不繼之以倦이니라.

『공자가 말씀하시기를 제사는 공경을 극진히 하고, 이어서 즐기지
아니하며, 조정은 변별을 극진히 하고, 이어서 게을리하지 아니하니라.』

☯ 이 절은 행사의 목적에 따라서 중심이 되는 가치가 있음을 기
술하였다.

극(極)은 극진히 함이니 정성을 다함이요, 락(樂)은 즐겁게 놀며
공경하지 않음이며, 변(辨)은 조리 질서를 밝히고 사물을 분석하여
사실을 확인하는 것이며, 권(倦)은 게을리하며 변별하지 않음이다.


 子가 曰君子는 愼以避禍하며
篤以不揜하며 恭以遠恥하니라.

『공자가 말씀하시기를 군자는 신중히 하여 재앙을 피하며, 돈독히
하여 가리지 아니하며, 공손히 하여 치욕을 멀리하니라.』

☯ 이 절은 군자(君子)의 생각과 마음과 행실이 아름다움을 기술
하였다.

신(愼)은 신사(愼思)이고, 독(篤)은 독실(篤實)이며, 불엄(不揜)은
감추어 숨기지 아니함이니 아름다운 광채가 저절로 나타나기 때문에
숨길 수 없는 것이다. 공(恭)은 공손하게 사양함이니 행실이 존경스

러운 것이다.


32-1-6 ──────────────── 子가 曰君子가 莊敬하면 日强하고 安肆하면
日偸하나니 君子는 不以一日을 使其躬으로
儳焉하여 如不終日하니라.


『공자가 말씀하시기를 군자가 씩씩하고 공경하면 날로 굳세어지고, 안일하고 방종하면 날로 경박해지나니, 군자는 하루라도 그 몸으로 하여금 어긋나지 않게 하여 마치 하루를 마치지 못할 듯이 하니라.』


◉ 이 절은 군자가 날마다 씩씩하고 공경한 자세를 잃지 아니함을 기술하였다.

장(莊)은 씩씩한 정신이요, 경(敬)은 공경하는 마음이며, 안(安)은 안일(安逸)한 생각이고, 사(肆)는 방종함이며, 투(偸)는 경박(輕薄)함이니 변덕스러움이다. 씩씩한 정신과 공경하는 마음은 맑은 기운을 생기게 하여 날로 힘이 솟아 굳세어지는 것이요, 안일한 생각으로 방종하면 흐린 기운을 생기게 하여 날로 힘이 떨어져 투박해지는 것이다. 참(儳)은 어긋나서 가지런하지 못함이고, 부종일(不終日)은 하루도 잘 끝내지 못함이다.


32-1-7 ──────────────── 子가 曰齊戒하야 以事鬼神하며 擇日月하여
以見君은 恐民之不敬也니라.

『공자가 말씀하시기를 가지런히 경계하여 귀신을 섬기며, 날과 달을 가려서 임금을 뵘은 인민이 공경하지 않을까를 두려워함이다.』

◉ 이 절은 군자가 귀신을 섬기고 임금을 뵈는 절도를 기술하였다.
　재계(齊戒)는 목욕하여 깨끗한 몸과 마음을 간직함이니, 공경을 몸으로 나타냄이고, 택일월(擇日月)은 좋은 날과 좋은 달을 골라서 선택함이니, 날과 달로 공경을 나타내기 위함이다.


32-1-8 ──────────────────────── 子가 曰狎侮할새 死焉而不畏也하니라.

『공자가 말씀하시기를 가볍게 여기며 업신여길 때에는 죽어도 두려워하지 아니하니라.』

◉ 이 절은 군자(君子)의 인격을 모독할 수 없음을 기술하였다.
　압(狎)은 가볍게 여기어 함부로 대함이고, 모(侮)는 모독(侮瀆)하여 업신여김이니, 사람의 인격을 모독함이다. 사(死)는 결사(決死)적으로 항의(抗議)함이요, 불외(不畏)는 자기의 명예를 깨끗하게 지키려고 끝까지 두려움 없이 싸운다는 뜻이니, 자고로 군자는 죽일 수는 있을지언정 모독할 수는 없는 것이다.


32-1-9 ──────────────────────── 子가 曰無辭어든 不相接也하며 無禮어든
不相見也는 欲民之毋相褻也니 易에 曰初筮어든
告하고 再三이면 瀆이라 瀆則不告하느니라.

『공자가 말씀하시기를 말씀이 없거든 서로 사귀지 아니하며, 예절이 없거든 서로 만나 보지 아니함은 인민이 서로 만만하게 다루지 못하게 하고자 하는 것이니, 주역에 말하기를 처음 묻거든 정확하게 가르쳐 주고, 두 번 세 번 반복하면 모독함이라, 모독하면 가르쳐 주지 아니하니라.』

◐ 이 절은 앞 절에 이어 군자는 사람으로부터 모독을 당하지 않고 또한 사람을 모독하지도 아니함을 기술하였다.

사(辭)는 초청하는 말씀이고, 접(接)은 교제(交際)하여 사귀는 것이며, 예(禮)는 상견례(相見禮)요, 설(褻)은 만만하게 보고 함부로 다루는 것이다. 역(易)은 주역(周易) 몽괘(蒙卦)의 괘사(卦辭)이다. 서(筮)는 산가지점을 쳐서 신(神)에게 길(吉)하고 흉(凶)함을 묻는 것이요, 곡(告)은 정곡을 찔러서 핵심내용을 꿰뚫어 알게 함이며, 재(再)는 의심함이고 삼(三)은 소홀히 하여 번거로움이며, 독(瀆)은 모독하여 욕된 치욕이다. 『새 시대를 위한 주역(周易)』 4-1-1을 참조하라.

32-2-1 ──────────────── 子가 言之하시되 仁者는 天下之表也요 義者는 天下之制也요 報者는 天下之利也라.

『공자가 말씀하시되 인애라는 것은 천하의 뛰어난 표상이요, 정의라는 것은 천하의 굳센 절제력이요, 보답이라는 것은 천하의 가장 이로운 것이니라.』

◑ 이 장은 사랑과 정의와 보답하는 예절이 크게 나타나야만 아름다운 세계를 건설할 수 있음을 기술하였다.

인(仁)은 인간의 본성으로 사랑의 원리이니 인정(人情)사회를 건설하는 기본이요, 천하지표(天下之表)는 천하에서 가장 뛰어난 인간의 표상(表象)이니, 곧 인류의 사표(師表)이다. 의(義)는 인간의 본성으로 마음의 절제력이니, 정의(正義)사회를 건설하는 기초요, 천하지제(天下之制)는 천하에서 가장 굳센 절제력이다. 보(報)는 보답(報答)하여 갚은 것이니, 곧 청(請)하고 사양(辭讓)하면서 오고 가는 예절(禮節)을 지키는 것이요, 천하지리(天下之利)는 천하에서 가장 이로운 것이다. 이것은 예절이 단순한 일회용의 소모품이 아니고, 경건한 연속선상에서 재생산하여 그 가치가 점점 증가함으로써 보람 있고 풍요로운 사회를 건설하는 바탕이라는 뜻이다.


32-2-2 ─────── 子가 曰以德報德하면 則民有所勸하고 以怨報怨하면 則民有所懲하나니 詩에 曰無言不讐하며 無德不報라 하며 太甲에 曰民이 非后면 無能胥以寧하고 后가 非民이면 無以辟四方이라 하니 子가 曰以德報怨은 則寬身之仁也요 以怨報德은 則刑戮之民也라.


『공자가 말씀하시기를 덕으로 덕을 갚으면 인민이 권하는 바가 있고, 원수로 원수를 갚으면 인민이 징계하는 바가 있나니, 시에 말하기를 말은 대거리하지 않음이 없으며, 은덕은 갚지 않음이 없다고 하며, 태갑에 말하기를 인민은 임금이 아니면 능히 서로 편안히 할 수 없으며, 임금은 인민이 아니면 사방에 임금 노릇을 할 수 없다고 하니, 공자가 말씀하시기를 덕으로 원수를 갚음은 곧 몸을 너그럽게 하는 사랑이요, 원수로 덕을 갚음은 곧 형벌로 처단할 인민이니라.』

◐ 이 절은 인(仁)과 의(義)에는 보답(報答)하는 예절이 있음을 기술하였다.

이덕보덕(以德報德)은 사랑을 베풀고 보답하는 인(仁)이므로 인민이 서로 권장하고, 이원보원(以怨報怨)은 불인(不仁)을 제재(制裁)하는 의(義)이므로 인민이 서로 징계하는 것이다. 시(詩)는 시경 대아(大雅)의 억(抑)편이며, 수(讐)는 대거리함이니 상대하여 바로잡는 교수(校讐)이고, 벽(辟)은 임금 노릇 함이며, 이덕보원(以德報怨)은 덕으로 원수를 갚음이요, 관신지인(寬身之仁)은 사회적 규범에는 어긋나지만 개인적인 신상문제를 너그럽게 해결하려는 사랑이다. 태갑(太甲)은 서경 상서(尙書)의 태갑(太甲) 중편(中篇)이며, 이원보덕(以怨報德)은 원수로 덕을 갚음이니 부도덕한 배은망덕(背恩忘德)이요, 형륙(刑戮)은 형벌로 단죄하는 것이니 반드시 엄단해야 마땅하다.

살피건대 논어(論語)에서 공자가 말씀하신 이덕보원(以德報怨)을 부정하신 것은 일반적인 정론(正論)이니 이덕보덕(以德報德)을 주장하기 위함이요, 여기에서 이덕보원(以德報怨)을 인정하신 것은 개인의 특수적 상황에서 몸을 보살피기 위함이므로 서로 배치되는 논리가 아님을 살피기 바란다.

32-2-3 ——————————————— 子가 曰無欲而好仁者와 無畏而惡不仁者는
天下에 一人而已矣니 是故로 君子는

議道自己하고 而置法以民하느니라.

『하고자 함이 없이 인애를 좋아하는 것과 두려움이 없이 불인을 미워하는 것은 천하에 한 사람일 뿐이니, 이런 까닭으로 군자는 도덕을 자기로부터 꾀하고, 법을 설치하여 인민을 인도하니라.』

☯ 이 절은 인(仁)의 극치로서 순수한 인간의 본성에서 말미암은 공명정대(公明正大)한 도덕심으로 호인(好仁)과 오불인(惡不仁)을 판단하여 사회규범으로 삼아야 됨을 기술하였다.

무욕(無欲)은 인욕(人欲)이 없는 것이니 순수한 천심(天心)을 가진 것이요, 무외(無畏)는 두려움이 없는 것이니 천명(天命)을 받은 것이며, 천하일인(天下一人)은 천자(天子)이다. 순수한 천덕(天德)으로 왕도(王道)정치를 하는 천자(天子)는 지선(至善)의 표상(表象)이다. 의도(議道)는 도덕적 가치를 꾀하여 추구함이고, 자기(自己)는 자기 자신으로부터 말미암은 것이니, 의(議)는 모(謀)와 같고, 자(自)는 유(由)와 같으며, 치(置)는 설치함이요, 이(以)는 용(用)의 뜻이다.

32-2-4 ——————————— 子가 曰仁이 有三하니 與仁同功而異情이라 與仁同功하면 其仁을 未可知也요 與仁同過然後에야 其仁을 可知也니라 仁者는 安仁하고 知者는 利仁하며 畏罪者는 强仁하나니 仁者는 右也요 道者는 左也며 仁者는 人也요 道者는 義也라 厚於仁者는 薄於義하야 親而不尊하고

厚<sup>후</sup>於<sup>어</sup>義<sup>의</sup>者<sup>자</sup>는 薄<sup>박</sup>於<sup>어</sup>仁<sup>인</sup>하야 尊<sup>존</sup>而<sup>이</sup>不<sup>불</sup>親<sup>친</sup>하나니라.

『공자가 말씀하시기를 인애는 세 가지가 있으니 더불어 인애하는 공로를 한가지로 하였어도 심정을 달리하는 것이다. 더불어 인애하는 공로를 한가지로 하면 그 인애를 아직 구별하여 알지 못하는 것이요, 더불어 인애하는 허물이 같은 다음에야 그 인애를 구별하여 알 수 있는 것이니라. 어진 사람은 인애에 편안하고, 지혜로운 사람은 인애를 이롭게 하며, 죄를 두려워하는 사람은 인애를 힘써 하나니 인애라는 것은 높이는 것이요, 도리라는 것은 낮추는 것이며, 인애라는 것은 인간됨이요, 도리라는 것은 정의인 것이다. 인애에 두터운 사람은 정의에 얄팍하여 친근하면서 존경하지 아니하고, 정의에 두터운 사람은 인애에 얄팍하여 존경하면서 친근하지 아니하니라.』

◐ 이 절은 인애(仁愛)에 세 가지 등급이 있음을 기술하였으니 그 허물을 통하여 구별할 수 있음을 밝혔다.

3(三)은 안인(安仁)과 리인(利仁)과 강인(强仁)이요, 여인(與仁)은 더불어 인애(仁愛)함이며, 동공(同功)은 사업에 힘써 노력한 공로(功勞)를 똑같이 하는 것이고, 이정(異情)은 사업의 동기와 목적에 대한 심정(心情)을 달리하는 것이니, 곧 더불어 사랑함에 겉으로 나타난 형태는 동일하여도, 속에 간직한 내용은 서로 다른 것이다. 동과(同過)는 지나치고 모자라는 허물을 한가지로 하는 것이다. 인(仁)을 베풀고, 의(義)를 지키고, 예(禮)를 갚고, 지(智)를 실행하고 신(信)을 성취하는 것으로 지나치거나 미치지 못함이 있는 것을 똑같이 함이니 곧 같은 형태의 허물이 있는 것이다. 인자(仁者)는 인간의 순수본성을 완성

한 성인(聖人)이요, 지자(知者)는 사물의 이치를 달관한 철인(哲人)이며, 외죄자(畏罪者)는 형벌을 두려워하는 인민대중이다. 안인(安仁)은 천명(天命)의 본성(本性)을 편안하게 따르는 것이니 성인(聖人)의 덕(德)이요, 이인(利仁)은 천리(天理)의 본성을 이롭게 따르는 것이니 철인(哲人)의 지혜이며, 강인(强仁)은 천성(天性)의 본심을 힘써 지키는 것이니 인민대중의 신념이다. 우(右)는 높이는 것이니 사랑하면 반드시 몸을 존중하며, 좌(左)는 낮추는 것이니 도리를 하면 반드시 몸을 낮추는 것이다. 인(人)은 인간을 완성한 인격체(人格體)이고, 의(義)는 사회정의이니 성인(聖人)은 인간을 완성한 인격체로 사회정의를 구현하는 데, 철인(哲人)은 인격체는 충실하지만 사회정의를 구현하지 못하는 경우가 있고, 또한 사회정의에 충실하면서도 인격체를 완비하지 못하는 경우가 잇는 것이며, 인민대중은 인격체도 부족하고 사회정의도 불비하므로 두려워하고 조심해야 되는 것이다.


32-2-5 —————————————— 道엔 有至하며 有義하며 有考하니 至道는 以王하고 義道는 以覇하고 考道는 以爲無失이니라.


『도에는 지극함이 있으며, 의로움이 있으며, 상고함이 있으니, 지극한 도는 왕도를 말미암고, 의로운 도는 패도를 말미암고, 자세히 살피는 도는 실수가 없는 정책을 생각하니라.』


◐ 이 절은 도(道)에도 세 가지 등급이 있음을 기술하였으니 그 말미암은 바를 살피면 구별할 수 있음을 밝혔다.

도(道)는 천리(天理)의 진실무망(眞實無妄)함을 성실하게 따르고, 물리(物理)의 자연법칙을 충실하게 이용(利用)하면서 사리(事理)의 변화방법을 다양하게 응용하여 소득(所得)을 많이 거두는 길이다. 지도(至道)는 도체(道體)가 지극히 성실하므로 혼연천성(渾然天成)하여 그 자취가 없는 덕(德)으로 다스림이요, 이(以)는 인(因)과 같으니 말미암은 것이며, 왕(王)은 왕도(王道)로 곧 천하의 공명정대(公明正大)한 대도(大道)를 말미암은 것이다. 의도(義道)는 비록 도체(道體)가 확립되지 못하였으나 그래도 도(道)의 외형적 모양새를 갖추어서 사회정의를 구현하려고 의식적으로 노력하는 것이고, 이패(以覇)는 강력한 힘을 통하여 국제질서를 확립하는 것이다. 고도(考道)는 자상하게 고찰하여 역사 속에서 전례(前例)를 찾고 민중의 여론(與論)을 모아 임기응변(臨機應變)으로 사건을 해결하는 고식책(姑息策)이요, 이위무실(以爲無失)은 실수가 없는 것으로 삼는 것이니 차선(次先)의 안전책으로 여긴다는 말이다.

살피건대 앞 절에서의 3등급의 인(仁)과 이 절에서의 3등급의 도(道)는 서로 연관이 있으니 안인(安仁)은 지도(至道)요, 리인(利仁)은 의도(義道)요, 외죄(畏罪)는 고도(考道)임을 서로 비교하여 연구하기 바란다.

32-3-1 ──────────── 子가 言之하시되 仁엔 有數하고 義엔 有長短小大하니 中心憯怛은 愛人之仁也요 率法而强之는 資仁者也라 詩에 云豐水有芑하니 武王이 豈不仕리오 詒厥孫謀하사 以燕翼子라 하시니 數世之仁也요 國風에 曰我今不閱皇恤我後아하니 終身之仁也라.

『인애에는 헤아림이 있고, 정의에는 길고 짧음과 크고 작음이 있으니 마음속이 슬프고, 아픔은 사람을 사랑하는 인애심이요, 법을 따라서 힘써 노력함은 인애에 바탕을 둔 것이니라. 시에 이르기를 풍강의 물에는 시화가 있으니, 무왕이 어찌 살피지 않으리오. 그 후손에게 도모할 일을 남겨서 아들을 편안하게 도우니라고 하니 세대를 헤아리는 사랑이요, 국풍에 말하기를 나는 이제 용납해 주지 않거늘 어느 겨를에 나의 뒤를 근심하랴고 하니 몸이 죽을 때까지의 인애인 것이니라.』

◉ 이 장은 인(仁)과 의(義)의 분별하는 절도를 기술하였으니 여기에서는 인의(仁義)가 세대를 초월하여 영원한 것과 현실적 제약으로 당대에 한정되는 것이 있음을 밝혔다.

수(數)는 헤아려 셈하는 것이요, 참달(憯怛)은 슬프고 아픈 것이며, 시(詩)는 시경(詩經) 대아(大雅)의 문왕유성(文王有聲)편이고, 풍수(豊水)는 풍읍(豊邑)의 동쪽으로 흐르는 강이며, 기(芑)는 시화이다. 사(仕)는 살펴서 대비함이고, 이(詒)는 남기는 것이며, 연익(燕翼)은 조상이 자손들의 안락을 위해 도와서 편안케 함이요, 자(子)는 무왕이 아들 성왕(成王)을 지칭한다. 국풍(國風)은 시경 패풍(邶風)의 곡풍(谷風)편인데 금(今)이 궁(躬)으로 되어 있고, 열(閱)은 용납하는 것이며, 황(皇)은 황(遑)으로 되어 있다. 휼(恤)은 근심함이요, 후(後)는 자손을 지칭하다.

32-3-2 ──────── 子가 曰仁之爲器가 重하며 其爲道가 遠하야
擧者가 莫能勝也하며 行者가 莫能致也하나니
取數多者가 仁也니 夫勉於仁者가 不亦難乎아

시 고　　군 자　　이 의 탁 인　　　즉 난 위 인
是故로 君子가 以義度人하면 則難爲人하고

이 인 망 인　　　즉 현 자　　가 지 이 의
以人望人하면 則賢者를 可知已矣니라.

『공자가 말씀하시기를 인의 그릇됨이 무거우며, 그 길 됨이 멀어서 드는 사람이 감당할 수 없으며, 가는 사람이 이를 수 없는 것이니, 헤아림을 취함이 많은 것이 인이니, 대저 인에 힘쓰는 것이 또한 어렵지 아니하랴. 이런 까닭으로 군자가 정의로써 사람을 헤아리면 사람이 되기 어렵고, 사람으로써 사람을 기대하면 어진 사람을 알 수 있는 것이니라.』

◉ 이 절은 인(仁)의 극치(極致)가 천하를 영원히 사랑하는 성인(聖人)이 되는 것임을 기술하여 최선만을 평가하지 말고, 차선(次善)의 경지도 인정해야 됨을 밝혔다.

기(器)는 기족(器局)이요, 도(道)는 도로(道路)이며, 원(遠)은 영원(永遠)이고, 승(勝)은 감당함이며, 치(致)는 이르는 것이다. 이의탁인(以義度人)은 정의로써 사람을 평가함이니 인간성과 사회성을 아울러 종합적으로 최고의 성인(聖人)을 찾는 것이고, 이인망인(以人望人)은 인간성으로써 인간됨됨이만을 기대함이니 부분적으로 당대의 어진 이를 찾는 것이다. 무릇 성인(聖人)은 도덕을 완비한 까닭에 항상 나오는 것이 아니고, 현인(賢人)은 당시의 사람들 가운데 뛰어난 인간이므로 없는 때가 없는 것이다. 가지(可知)는 대현(大賢)과 중현(中賢)과 소현(小賢)의 등급을 구별하여 서로 비교하면서 그 분야별로 위상을 살피기가 쉽다는 말이다.

子가 曰中心安仁者는 天下에 一人而已矣니라
大雅에 曰德輶如毛나 民鮮克舉之라 하나니 我儀圖之한대
惟仲山甫가 舉之하니 愛莫助之로다 하고 小雅에
曰高山仰止하며 景行行止라 하거늘 子가 曰詩之好仁이
如此로다 鄉道而行하야 中道而廢하나니 忘身之老也하고
不知年數之不足也하며 俛焉日有孶孶하야 斃而后已니라.

『공자가 말씀하시기를 마음속이 인애를 편안히 하는 사람은 천하에 한 사람일 뿐이니라. 대아에 말하기를 덕의 가벼움이 털과 같으나 인민이 잘 받드는 이가 드물다고 하나니, 내가 헤아려 살피건대 오직 중산보가 받들도다 하니, 사랑하여도 돕지 못하도다 하고, 소아에 말하기를 높은 산을 우러러보며 큰 행실을 행하누나 하거늘, 공자가 말씀하시기를 시의 인애를 좋아함이 이와 같구나. 도를 향하여 가다가 중간 길에서 그만두나니, 몸이 늙음을 잊고, 살 나이수가 모자람도 알지 못하며, 힘써 날로 부지런함이 있다가 죽은 뒤에야 그치는 것이니라.』

☯ 이 절은 인(仁)을 완성하여 성인(聖人)이 되려고 노력하는 어진 이의 자세를 기술하였다.

중심안인자(中心安仁者)는 마음속이 인간의 본성인 인(仁)을 온전히 갖추어 편안하게 하는 성인(聖人)의 덕(德)이요, 천하일인(天下一人)은 천자(天子)의 덕(德)이다. 대아(大雅)는 시경(詩經) 대아(大雅)의 증민(烝民)편이고, 유(輶)는 가벼운 것이며, 의도(儀圖)는 헤아려 살피는 것이요, 중산보(仲山甫)는 주(周)나라 선왕(宣王) 시대에 경사(卿士)로 임금을 보필하여 인민을 사랑한 명신(名臣)이니, 『새 시대를 위한 시경(詩經)』 3-3-6을 참조하라. 애막조지(愛莫助

之)는 이 시의 작자인 윤길보(尹吉甫)가 사랑하여 중산보를 도우려 하여도 그가 완벽하기 때문에 도울 일이 없다는 말이다. 소아(小雅)는 시경(詩經) 소아(小雅)의 거할(車舝)편이요, 앙(仰)은 흠모하여 고개를 들고 우러러보는 것이며, 경행(景行)은 효제충신(孝悌忠信)의 대도(大道)를 실천하는 행실이니 『새 시대를 위한 시경(詩經)』2-7-4를 참조하라. 향(鄉)은 향(向)이요, 연수(年數)는 앞으로 살 수 있는 나이 수이며, 면(俛)은 부지런히 오로지 한 길로만 힘쓰는 것이고, 자자(孳孳)는 부지런한 모양이며, 폐(斃)는 쓰러져서 죽는 것이다.

　살피건대 중심안인자(中心安仁者)는 성공하면 성인(聖人)이 되고, 중간에 힘이 모자라서 쓰러져 죽을지라도 반드시 현인(賢人)은 되는 것이니, 그 노력은 사람에게 있고 그 성공은 하늘에 있는 것이다. 또한 성인(聖人)과 현인(賢人)의 차이는 기국(器局)과 역량(力量)으로 갈리는 것임을 잊어서는 안 된다.


32-3-4 ──────── 子가 曰仁之難成이 久矣라 人人이 失其所好하나니 故로 仁者之過는 易辭也니라 子가 曰恭은 近禮하고 儉은 近仁하고 信은 近情하니 敬讓以行此면 雖有過나 其不甚矣니라 夫恭은 寡過하고 情은 可信하고 儉은 易容也니 以此로 失之者가 不亦鮮乎아 詩에 云溫溫恭人은 維德之基라 하니라.


　『공자가 말씀하시기를 인의 이루기 어려움이 오래니라. 사람 사람이 그 좋아하는 바를 잃었나니, 그러므로 어진 사람의 허물은 변명하기 쉬운 것이니라. 공자가 말씀하시기를 공손함은 예절에 가깝고, 검

소함은 인애에 가깝고, 믿음은 진정에 가까우니, 공경하고 겸양으로
이것을 행하면 비록 허물이 있으나 그 심하지 않은 것이니라. 대저
공손함은 허물이 적고, 진정은 믿을 수 있고, 검소함은 포용하기 쉬
운 것이니, 이것으로 잃어버리는 사람이 또한 드물지 않으리오. 시에
이르기를 온화하고 공손한 사람은 오직 덕의 기초라고 하니라.』


　◉ 이 절은 인(仁)에 접근하는 일반적 방법은 공손함과 검소함과
믿음임을 기술하였다.

　인지난성(仁之難成)은 인욕(人欲)이 천리(天理)를 가리기 때문에
공명정대(公明正大)한 분별력을 상실한 까닭이요, 실기소호(失其所
好)는 인(仁)을 좋아하는 마음을 잃어버리는 것이며, 이사(易辭)는
변명하기가 쉽다는 말이다. 공(恭)과 검(儉)과 신(信) 세 가지는 인
간사회의 보편적인 미덕(美德)이므로 예(禮)와 인(仁)과 정(情)에
가까이 다가갈 수 있고 또한 실수가 적은 것이다.

　시(詩)는 대아(大雅)의 억(抑)편이요, 온온(溫溫)은 온화(溫和)한
모양이며, 공인(恭人)은 공손한 사람이니 『새 시대를 위한 시경(詩
經)』3-3-2를 보라.


32-3-5 ──────────────── 子가 曰仁之難成이 久矣나 君子는 能之하나니

是故로 君子는 不以其所能者로 病人하며

不以人之所不能者로 愧人하나니 是故로

聖人之制行也는 不制以已하야 使民으로

有所勸勉愧恥하야 以行其言하고 禮以節之하며

信以結之하며 容貌以文之하며 衣服以移之하며
朋友以極之하나니 欲民之有壹也니 小雅에
曰不愧于人이어니와 不畏于天가 하니라.

『공자가 말씀하시기를 인의 이루기가 어려움이 오래나 군자는 잘
하나니, 이런 까닭으로 군자는 그 잘하는 바로써 사람을 아프게 아니
하며, 사람이 잘하지 못하는 바로써 사람을 부끄럽게 아니 하나니,
이런 까닭으로 성인이 행실을 제정함에는 그만두도록 제정하지 아니
하여, 인민으로 하여금 권하여 힘쓰면서 부끄러워하는 바가 있게 하
여, 그 말을 실천하고, 예법으로 조절하며, 신의로 맺으며, 용모로 문
채 내며, 의복으로 어울리게 하며, 붕우로 지극하게 하나니, 인민이
동일함이 있게 하고자 하는 것이니 소아에 말하기를 사람에게 부끄
러워하지 않으려니와 하늘에 부끄럽지 않은가 하니라.』

◉ 이 절은 성인(聖人)이 인민으로 하여금 인(仁)에 접근하도록
권장(勸獎)하는 방법을 기술하였다.

군자능지(君子能之)는 인간을 완성한 군자는 본성(本性)을 간직하
므로 인(仁)을 잘하는 것이다. 소능(所能)은 인간성을 잘 함양(涵養)
한 바요, 병(病)은 아프게 질책함이며, 제행(制行)은 행실을 제정함
이고, 부제이이(不制以已)는 포기하여 그만두는 것으로 제정하지 아
니함이니 항상 가능성을 열어 두는 것이다. 칭(移)은 칭(稱)이고, 극
(極)은 지극이며, 일(壹)은 동일(同一)함이다. 소아(小雅)는 시경(詩
經) 소아(小雅)의 하인사(何人斯)편이니 『새 시대를 위한 시경』2−
5−5를 보라.

是故로 君子가 服其服이면 則文以君子之容하고
有其容이면 則文以君子之辭하고 遂其辭면
則實以君子之德하나니 是故로 君子는
恥服其服而無其容하며 恥有其容而無其辭하며
恥有其辭而無其德하며 恥有其德而無其行하니라
是故로 君子는 衰経則有哀色하고 端冕則有敬色하고
甲胄則有不可辱之色하나니 詩에 云維鵜在梁하니
不濡其翼이로다 彼記之子여 不稱其服이로다 하니라.

『이런 까닭으로 군자가 그 옷을 입으면 군자의 용모로써 문채를 내고, 그 용모가 있으면 군자의 말로써 문채를 내고, 그 말을 했으면 군자의 덕으로써 실천하나니, 이런 까닭으로 군자는 그 옷을 입고도 그 용모가 없음을 부끄러워하며, 그 용모가 있으면서도 그 말이 없음을 부끄러워하며, 그 말을 마치고도 그 덕이 없음을 부끄러워하며, 그 덕이 있고도 그 행실이 없음을 부끄러워하니라. 이런 까닭으로 군자는 상복 입고 수질을 쓰면 슬픈 얼굴빛이 있고, 현단복 입고 면류관을 쓰면 공경하는 얼굴빛이 있고, 갑옷 입고 투구를 쓰면 욕될 수 없는 얼굴빛이 있나니, 시에 이르기를 사다새가 징검다리에 있으니 그 날개를 적시지 않는구나. 저기 그 집 아들이여, 그 옷이 어울리지 않네 하니라.』

◑ 이 절은 앞 절에 이어 군자(君子)가 인(仁)에 접근하는 절차를 구체적으로 기술하였다.

수(遂)는 이미 마친 것이고, 실(實)은 갖추어 실천함이며, 시(詩)는 시경(詩經) 조풍(曹風)의 후인(侯人)편이요, 제(鵜)는 사다새로

물고기를 잡아먹는다. 량(梁)은 발담이요, 유(濡)는 물에 젖는 것이며, 기(記)는 시경에 기(其)로 되어 있다. 사다새가 물속에 들어가지 않고, 사람이 쳐 놓은 빌담에서 물고기를 잡는 것으로 대부(大夫)가 일을 하지 않고 국록만 먹는 불로소득(不勞所得)을 비유하였다.

32-4-1 ——————— 子가 言之하시되 君子之所謂義者는 貴賤이 皆有事於天下하니 天子가 親耕하사 粢盛秬鬯으로 以事上帝하나니 故로 諸侯가 勤以輔事於天子하나니라.

『공자가 말씀하시되 군자가 이른바 정의라는 것은 귀하거나 천하거나 모두 천하에 섬김이 있나니 천자가 몸소 밭을 가시어 젯밥과 울창주로 하느님을 섬기나니 그러므로 제후가 부지런히 천자에게 보필하여 섬기느니라.』

◉ 이 장은 자유롭고 평등한 복지사회를 건설하는 예절제도를 기술하였으니 여기에서는 귀하거나 천하거나 모두 천하에 봉사해야 됨을 밝혔다.

사(事)는 봉사(奉仕)하여 섬김이요, 자성(粢盛)은 기장과 피로 젯밥이며, 거창(秬鬯)은 검은 기장으로 빚은 울창주로 강신주(降神酒)로 쓴다. 상제(上帝)는 황천상제(皇天上帝)이니 조물주(造物主)이며, 보사(輔事)는 보필하여 섬기는 것이다.

살피건대 천자(天子)는 귀(貴)하고, 제후(諸侯)는 천(賤)하니, 천자는 하느님을 섬기고, 제후는 천자를 보필하여 섬기는 것이다.

子가 曰下之事上也에 雖有庇民之大德이나

不敢有君民之心은 仁之厚也니 是故로 君子는

恭儉以求役仁하며 信讓以求役禮하며 不自高其事하며

不自尊其身하며 儉於位而寡於欲하며 讓於賢하며

卑己而尊人하며 小心而畏義하며 求以事君하되

得之自是하며 不得自是하야 以聽天命하나니 詩에

云莫莫葛藟여 施于條枚로다 凱弟君子여 求福不回라

하니 其舜禹文王周公之謂與인저 有君民之大德하고

有事君之小心하시니라 詩에 云惟此文王이 小心翼翼하사

昭事上帝하사 聿懷多福하시니 厥德不回라

以受方國이라 하니라.

『공자가 말씀하시기를 아래가 위를 섬김에 비록 인민을 비호하는 큰 덕이 있으나 감히 인민에게 군림하려는 마음을 두지 아니함은 인애가 두터운 것이니, 이런 까닭으로 군자는 공손함과 검소로써 인애에 복무하기를 추구하며, 믿음과 사양으로써 예절에 복무하기를 추구하며, 그 일을 스스로 높이지 아니하며, 그 몸을 스스로 높이지 아니하며, 자리에 검소하면서도 욕심에 적게 하며, 어진 이에게 양보하며, 자기를 낮추고 남을 높이며, 마음을 작게 하고 정의를 두려워하며, 벼슬을 구하여 임금을 섬기되 얻어도 이것을 말미암고, 얻지 못해도 이것을 말미암으며, 하늘의 명령을 듣나니 시에 이르기를 무성하고 무성한 칡넝쿨이여, 곁가지로 줄기줄기 뻗어나가누나. 편안하게 즐기는 군자여, 복을 구함이 돌리지 않도다 하니라.』

◉ 이 절은 인(仁)으로 봉사하는 사람은 반드시 의(義)를 지키는

절도를 기술하였다.

　비민(庇民)은 인민의 생명과 재산을 비호(庇護)하여 안전을 보장함이고, 군민지심(君民之心)은 인민에게 군림(君臨)하는 마음이니 혁명(革命)이나 반정(反正)을 도모하거나 또는 분리 독립하여 자립국가를 세우려는 마음이다. 역(役)은 노역(勞役)이니 곧 노력 봉사함이고, 구이사군(求以事君)은 벼슬을 구하여 임금을 섬기는 것이며, 자시(自是)는 이상에서 말한 인애(仁愛)와 정의(正義)를 말미암은 것이다. 시(詩)는 대아(大雅)의 한록(旱麓)편이요, 막막(莫莫)은 무성한 모양이며, 회(回)는 돌림이니 사술(邪術)을 쓰는 것이고 방국(方國)은 사방의 나라이다.


32-4-3 ──────────────── 子가 曰先王이 諡以尊名하시며 節以壹惠는
恥名之浮於行也니 是故로 君子는 不自大其事하며
不自尙其功하야 以求處情하며 過行弗率하야 以求處厚하며
彰人之善하고 而美人之功하야 以求下賢하나니
是故로 君子가 雖自卑라도 而民이 敬尊之하나니라 子가
曰后稷의 天下之爲烈也엔 豈一手一足哉리오만
唯欲行之浮於名也하실새니 故로 自謂便人이라 하니라.


　『공자가 말씀하시기를 시호는 이름을 높이기 위함이시며, 알맞게 한정하여 착함을 오로지 함은 명성이 행실보다 넘치는 것을 부끄러워함이니, 이런 까닭으로 군자는 스스로 그 일을 잘한 체하지 않으며, 스스로 그 공로를 자랑하지 아니하여 진정함에 처하기를 추구하며, 지나친 행위를 따르지 아니하여 돈후함에 처하기를 추구하며, 남의

착함을 현창하고 남의 공로를 아름답게 하여 어진 이보다 낮은 자리를 추구하나니, 이런 까닭으로 군자가 비록 스스로 낮출지라도 그 인민이 공경하여 높이니라. 공자가 말씀하시기를 후직의 천하에 공열을 세움에 어찌 한 손과 한 발로 했으리오만 오직 행실이 명성보다 넘치고자 하실새니, 그러므로 스스로 일컬어 편안한 사람이라고 하니라.』

◐ 이 절은 천하국가에 봉사한 사람에게 시호(諡號)를 내려서 기리는 제도를 기술하였다.

시(諡)는 천하국가에 봉사(奉仕)한 사람이 죽은 뒤에 그 공덕(功德)을 평가해서 국가가 내리는 시호(諡號)이다. 절(節)은 절제(節制)이니 알맞게 한정함이요, 일(壹)은 전일(專一)이며, 혜(惠)는 인혜(仁惠)니 어질고 착함이다. 부(浮)는 넘치는 것이요, 자대(自大)는 스스로 잘한 체함이며, 자상(自尙)은 스스로 자랑함이다. 처정(處情)은 진정(眞情)한 평가이고, 과행(過行)은 과대 포장한 행실이니 곧 허위공적이며, 처후(處厚)는 후덕(厚德)하게 사양하는 위치이다. 하현(下賢)은 어진 이보다 자기를 낮추는 것이요, 후직(后稷)은 인민에게 농사법을 가르치신 주(周)나라의 시조(始祖)이며, 열(烈)은 공렬(功烈)이고, 일수일족(一手一足)은 한 사람의 손이나 한 사람의 발이며, 편(便)은 습(習)이니 편안하게 익힌 것이나 편인(便人)이란 농사법을 창안한 사람이 아니고 배워서 저절로 익힌 사람이란 뜻이니 겸손한 말이다.

32-5-1 ───────── 子가 言之하시되 君子之所謂仁者는 其難乎인저

詩에 云凱弟君子여 民之父母라 하니 凱以强敎之하고

弟以說安之하야 樂而毋荒하며 有禮而親하며 威莊而安하고
孝慈而敬하야 使民有父之尊하며 有母之親하나니 如此而后에
可以爲民父母矣니 非至德이면 其孰能如此乎이리오.

『공자가 말씀하시되 군자가 일컬은바 어진 사람은 그 어려운저,
시에 이르기를 평온하고, 즐거운 군자여 인민의 부모로다 하니, 평온
하게 보충하여 가르치고 즐겁게 기쁨으로 편안케 하여 즐거우면서도
빠지지 아니하며, 예절을 지키면서 친하며 위의를 갖추어 장중하면서
도 편안하고, 효도하고 자애하면서도 공경하여 인민으로 하여금 아버
지의 존엄함이 있으며 어머니의 친함이 있게 하나니, 이렇게 한 뒤에
인민의 부모가 될 수 있는 것이니 지극한 덕이 아니면 그 누가 능히
이와 같으리오.』


◑ 이 장은 제왕(帝王)의 도(道)를 밝혔으니 인자(仁者)가 천하국
가에 효도(孝道)를 일으키는 사명을 기술하였다.

시(詩)는 시경(詩經) 대아(大雅)의 형작(泂酌)편이요, 개(凱)는 평
온(平溫)함이니 평화롭고 온화한 모양이며, 제(弟)는 즐거운 모양이고,
군자(君子)는 왕(王)을 지칭하며, 강(强)은 여유롭게 보강(補强)함이
니, 강교(强教)는 보충수업의 뜻이다. 열(說)은 열(悅)이니, 열안(說
安)은 기쁨으로 편안함이요, 황(荒)은 황유(荒游)로 주색잡기(酒色雜
技)에 빠져서 함부로 노는 것이다.

살피건대 인자(仁者)는 인민으로 하여금 아버지의 존엄성과 어머
니의 친근함을 깨닫도록 은근히 가르치고, 기쁨으로 편안케 하여 인
애(仁愛)를 널리 베푸니, 그 덕화(德化)가 인민의 부모처럼 크도다.

今父之親子也엔 親賢而下無能하고 母之親子也엔
賢則親之하고 無能則憐之하나니 母는
親而不尊하고 父는 尊而不親하며 水之於民也에
親而不尊하고 火는 尊而不親하며 土之於民也에
親而不尊하고 天은 尊而不親하며 命之於民也에
親而不尊하고 鬼는 尊而不親하니라.

『이제 아버지가 아들을 친애함에는 어진 아들을 친애하며 무능한 아들을 천하게 여기고, 어머니가 아들을 친애함에는 어질면 친애하고 무능하면 불쌍히 여기나니, 어머니는 친하되 높이지 아니하고, 아버지는 높이되 친하지 아니하며, 물은 인민에 대하여 친근하되 높이지 아니하고, 불은 높이되 친근하지 아니하며, 흙은 인민에 대하여 친근하되 높이지 아니하며, 하늘은 높이되 친근하지 아니하고, 목숨은 인민에 대하여 친근하되 높이지 아니하고, 귀신은 높이되 친근하지 아니하니라.』

☯ 이 절은 아버지와 어머니에게 효도(孝道)하는 방법이 다름을 기술하였다.

하무능(下無能)은 무능한 아들을 천(賤)하게 여김이요, 련지(憐之)는 불쌍하게 여김이니, 아버지는 가문(家門)을 수호하는 책무가 있으므로 무능한 자식을 천하게 여기고, 어머니는 자녀를 보호하는 책임이 있으므로 무능한 자식을 불쌍히 여기는 것이다. 대저 친(親)하면 가까이하고, 존(尊)하면 멀리하나니 아버지와 불과 하늘과 귀신은 경원(敬遠)의 대상이고, 어머니와 물과 땅과 목숨은 친근(親近)의 대상이다. 명(命)은 성명(性命)이니 생명의 속성인 살아 있는 목숨이다.

　　살피건대 전체적 통일원리는 높이 받들어야 되고 부분적인 화합원리는 가까이 친하는 것이 예절이다.


32-5-3 ――――――――――― 子가 曰夏道는 尊命하야 事鬼敬神而遠之하고 近人而忠焉하야 先祿而後威하며 先賞而後罰하며 親而不尊하니 其民之敝가 惷而愚하며 喬而野하며 朴而不文하니라 殷人은 尊神하야 率民而事神하고 先鬼而後禮하며 先罰而後賞하야 尊而不親하니 其民之敝가 蕩而不靜하며 勝而無恥하니라 周人은 尊禮尙施하야 事鬼敬神而遠之하고 近人而忠焉하며 其賞罰이 用爵列하야 親而不尊하니 其民之敝가 利而巧하며 文而不慚하며 賊而蔽하니라.


　　『공자가 말씀하시기를 하나라의 도덕은 목숨을 존중하여 인귀를 섬기고 천신을 공경하되 멀리하고, 사람을 가까이하되 진실하게 하여 녹봉을 앞으로 하고 위엄을 뒤로 하며, 상을 앞으로 하고 벌을 뒤로 하며 친애하여 높이지 아니하니, 그 인민의 폐단이 굼뜨고 어리석으며 교만하고 촌스러우며, 질박하고 문채를 내지 아니하니라. 은나라 사람은 천신을 높이어 인민을 통솔하여 천신을 섬기고, 인귀를 앞으로 하고 예절을 뒤로 하며, 벌을 앞으로 하고 상을 뒤로 하여 높이되 친하지 아니하니, 그 인민의 폐단이 어지럽게 흔들리고 고요하지 아니하며, 즐겁게 놀면서 부끄러움이 없느니라. 주나라 사람은 예절을 높이고 베풂을 숭상하여 인귀를 섬기고 천신을 공경하되 멀리하고, 사람을 가까이하여 진실하게 하며, 그 상과 벌이 벼슬의 반열로써 하여 친근하되 높이지 아니하니, 그 인민의 폐단이 날래고 교묘하며 문채를 내면서 부끄러워하지 않으니 해치고 가리느니라.』

　◉ 이 절은 인자(仁者)의 지덕(至德)으로 인민을 자연스럽게 감화(感化)할 능력이 없으므로 부득이 국가의 도덕률로 인민에게 효도사상을 고취한 역사적 사례를 기술하였다.

　도(道)는 도덕률(道德律)이요, 귀(鬼)는 사람이 죽은 영혼이니 곧 인귀(人鬼)이며, 신(神)은 하느님을 돕는 천신(天神)이고, 충(忠)은 진실하고 정직함이다. 선록(先祿)과 선상(先賞)은 벼슬과 명예로 먼저 친근한 길을 여는 것이고, 후위(後威)와 후벌(後罰)은 권위와 형벌로 뒤에 경원(敬遠)하는 길을 갖추는 것이다. 폐(敝)는 폐단이요, 준(惷)은 느려서 굼뜬 것이며, 교(喬)는 교(驕)와 같고 솔(率)은 통솔함이며, 탕(蕩)은 판탕(板蕩)이니 어지럽게 흔들림이요, 승(勝)은 승유(勝遊)니 즐겁게 노는 것이다. 이(利)는 날래고 약삭빠른 것이며, 교(巧)는 교묘하게 기교를 부린 것이요, 적(賊)은 해치는 것이며, 폐(蔽)는 가리고 숨기는 것이다.

　살피건대 인자(仁者)의 지덕(至德)으로 인민을 교화(教化)하면 원만하게 효도를 하므로 그 폐단이 나타나지 않는 것이나, 덕(德)이 부족한 임금이 차선책으로 인민을 나라의 도덕률로 이끌면 한편으로 치우치게 되어 반드시 말폐(末敝)가 생기는 것이니, 하(夏)나라는 충직(忠直)을 숭상하므로 그 말폐가 굼뜨고 어리석음이요, 은(殷)나라는 질박(質朴)을 숭상하므로 그 말폐가 어지럽게 흔들리고 고요하지 아니함이며, 주(周)나라는 문채(文彩)를 숭상하므로 그 말폐가 날래고 교묘함이다.

子가 曰夏道는 未瀆辭하야 不求備하며
不大望於民하야 民未厭其親하고 殷人은
未瀆禮하야 而求備於民하고 周人은 强民하야
未瀆神이요 而賞爵刑罰이 窮矣니라.

『공자가 말씀하시기를 하나라의 도덕률은 말을 더럽히지 아니하여 갖추기를 요구하지 아니하며, 인민에게 크게 바라지 아니하므로 인민이 그 친근함을 싫어하지 아니하고, 은나라 사람은 예절을 더럽히지 아니하여 인민에게 갖추기를 요구하고, 주나라 사람은 인민을 힘쓰게 하여 귀신을 더럽히지 아니하고, 그 상과 벼슬과 형벌이 다하니라.』

☯ 이 절은 국가도덕률의 중심가치가 시대에 따라 변천하면서 나라의 기풍을 쇄신한 역사적 사실을 기술하였다.

미독사(未瀆辭)는 말을 더럽히지 않는 것이니 곧 말을 존중하여 반드시 실천하는 것이요, 미독례(未瀆禮)는 예절을 더럽히지 않는 것이니 곧 예절을 존중하여 엄숙히 받드는 것이며, 미독신(未瀆神)은 귀신을 모독하지 않는 것이니 곧 공경하여 받들되 멀리함이다. 궁(窮)은 이치를 끝까지 연구하여 바르게 갖추는 것이다.

살피건대 하(夏)나라는 충직(忠直)을 숭상하므로 말을 반드시 실천하는 기풍이 일어나고, 은(殷)나라는 질박(質朴)을 숭상하므로 예절을 반드시 갖추며, 주(周)나라는 문채(文彩)를 숭상하므로 귀신을 반드시 공경하여 받들었으니 시대의 발전과 더불어 인지(人智)가 발달하고 물질이 개발되므로 도덕률의 중심가치도 변천하였으니 그 말폐(末敝)를 다스리는 방책이었다.

子가 曰虞夏之道는 寡怨於民하고 殷周之道는
不勝其敝하니라 子가 曰虞夏之質과 殷周之文이 至矣니
虞夏之文은 不勝其質하고 殷周之質은 不勝其文이니라.

『공자가 말씀하시기를 우나라와 하나라의 도덕률은 인민에게 원망
이 적고, 은나라와 주나라의 도덕률은 그 폐단을 감당하지 못하니라.
공자가 말씀하시기를 우나라와 하나라의 질박함과 은나라와 주나라
의 문채가 지극하니, 우나라와 하나라의 문채는 그 본질을 이기지 못
하고, 은나라와 주나라의 본질은 그 문채를 이기지 못하느니라.』

☯ 이 절은 도덕률에 있어서 외형적인 문채보다는 내용적인 본질
에 충실한 것이 말폐(末敝)가 적음을 기술하였다.

우(虞)는 순(舜) 임금의 정부이다. 국가의 도덕률은 형식과 내용
이 일치하여 문질(文質)이 빈빈(彬彬)해야 되지만 시대에 따라서 중
심가치가 이동하였으니 순환발전의 법칙이다.




子가 言之하시되 曰後世에 雖有作者나 虞帝는
不可及也已矣니라 君天下하사 生無私하시며
死不厚其子하시며 子民如父母하시되 有憯怛之愛하시며
有忠利之敎하사 親而尊하시며 安而敬하시며 威而愛하시며
富而有禮하시며 惠而能散하시니 其君子가 尊仁畏義하며
恥費輕實하며 忠而不犯하며 義而順하며 文而靜하며
寬而有辨하니 甫刑에 曰德威하신대 惟威하고
德明하신대 惟明이라 하니 非虞帝면 其孰能如此乎리오.

『공자가 말씀하시되 말씀하시기를 후세에 비록 떨치고 일어나는 사람이 있을지나 순 임금은 미치지 못할 것이니라. 천하에 임금 노릇을 하사 살아서는 사사로움이 없으시며, 죽어서는 그 아들에게 두텁게 아니 하시며, 민중을 양육하기를 부모와 같이 하시되 슬퍼하여 마음이 쓰라린 사랑이 있으시며, 진실로 이롭게 가르침이 있으시어 친근하여도 존경하시며, 편안하여도 공경하시며, 으르면서도 사랑하시며 부유하여도 예절의 있으시며, 은혜로우면서도 잘 흩어서 펼치시니, 그 군자가 인애를 높이고 정의를 두려워하며, 소비를 부끄러워하고 실리를 가볍게 하며, 충직하면서도 범하지 아니하며, 정의로우면서도 유순하며, 문채가 있으면서도 고요하며, 너그러우면서도 분별이 있으니, 보형에 말하기를 덕으로 으르신대 오직 두려워하고, 덕으로 밝히신대 오직 밝으니라고 하시니 순 임금이 아니면 그 누가 능히 이와 같으리오.』

◉ 이 장은 순(舜) 임금의 덕치(德治)는 후세에 미칠 수 없는 지치(至治)임을 구체적으로 기술하였다.

유작자(有作者)는 떨치고 일어나서 도덕률을 밝히는 임금이 나오는 것이요, 불가급(不可及)은 도저히 이르지 못함이며, 우제(虞帝)는 순(舜) 임금의 시호(諡號)이다. 무사(無私)는 권력은 사유화함이 없는 것이고, 불후기자(不厚其子)는 왕위(王位)를 세습(世襲)하지 않고 어진 이에게 전함이며, 자민(子民)은 민중을 양육(養育)함이요, 참달(慘怛)은 앞에 32-3-1에서 이미 해설하였다. 충리(忠利)는 진실로 이롭게 함이고, 기군자(其君子)는 순 임금의 조정에 벼슬하는 고위관료이니 우(禹), 직(稷), 설(契), 고요(皋陶) 등을 지칭한다. 치비(恥費)는 경비를 소모적으로 쓰는 것을 부끄러워함이니 곧 절약하여 떳

떳하게 사용하는 것이며 경실(輕實)은 실리(實利)를 가볍게 여김이
니 정책의 목표를 소중히 여겨서 원칙에 충실함이다. 보형(甫刑)은
앞에 32-1-2에서 해설하였고, 덕위(德威)는 도덕적으로 문책함이며
덕명(德明)은 도덕적으로 밝게 타이르는 것이다. 여형(呂刑)에서의
이 글은 순 임금이 묘(苗)나라 정부를 도덕적으로 감화하여 하층민
중을 위하여 봉사하는 정책을 펴게 하였으니 바로 사랑의 도덕정치
인바 『새 시대를 위한 서경(書經)』 4-29-7을 참조하라.

　　살피건대 순 임금은 덕치인정(德治仁政)을 베풀어 태평성대를 건
설하여 봉황이 노래하는 지치(至治)를 이루었으니 후세에 성왕(聖
王)이 미치기 어려운 경지이다.


32-7-1 ──────────────── 子가 言之하시되 事君엔 先資其言하고
拜하거든 自獻其身하야 以成其信하나니
是故로 君有責於其臣하며 臣有死於其言하나니
故로 其受祿이 不誣하며 其受罪가 益寡하니라.


『공자가 말씀하시되 임금을 섬김에는 먼저 그 말을 바탕으로 하고
벼슬을 내리거든 스스로 그 몸을 바쳐서 그 맡은 일을 완성하나니
이런 까닭으로 임금이 그 신하에게 책임을 맡김이 있으며, 신하는 그
말에 죽음이 있나니, 그러므로 그 봉록을 받음이 속이지 아니하며,
그 죄를 받음이 더욱 적으니라.』


　　◉ 이 장은 임금을 섬기는 신하(臣下)의 도(道)를 기술하였으니

여기에서는 정직하게 있는 힘을 다하여 헌신봉사(獻身奉仕)해서 책임을 완수하는 공직자의 윤리를 밝혔다.

자(資)는 바탕으로 함이니 자기언(資其言)은 임금이 당부하는 시정방침과 신하가 건의하는 행정요강 및 국가의 법률과 민중의 공론 등을 총체적으로 바탕으로 삼은 것이다. 배(拜)는 처음으로 벼슬을 내림이고, 헌(獻)은 봉사(奉仕)함이며, 신(信)은 임무(任務)를 맡은 직책(職責)이다. 책(責)은 위임(委任)하여 오로지 맡김이요, 사(死)는 생명을 바쳐 죽는 것이며, 불무(不誣)는 정직하여 속이지 아니함이니 대기발령을 받으면 사표를 내고 물러나는 것이다.


32-7-2 ──────────────── 子가 曰事君엔 大言을 入則望大利하고 小言을 入則望小利니 故로 君子는 不以小言으로 受大祿하며 不以大言으로 受小祿하나니 易에 曰不家食이라 吉이라 하니라.


『공자가 말씀하시기를 임금을 섬김에는 큰 말을 받으면 크게 이로움을 기약하고, 작은 말을 받으면 작은 이로움을 기약하니, 그러므로 군자는 작은 말로써 큰 봉록을 받지 아니하며, 큰 말로써 작은 봉록을 받지 아니하나니 역에 말하기를 집에서 밥을 먹지 아니하므로 길하다고 하니라.』


◐ 이 절은 앞 절에 이어 신하가 임금을 섬기는 도리는 임금의 명령에 복종하는 것임을 기술하였다.

대언(大言)은 정치적 이념과 목표에 대한 중대한 말이고, 입(入)은 받은 것이며, 망(望)은 기약하는 소망이요, 대리(大利)는 천하국가와 억조 만민의 복리를 이룩함이다. 소언(小言)은 행정적 직책과 사업에 대한 구체적인 말이고, 소리(小利)는 부분적·계층적 생활안정을 도모하여 성공함이며, 역(易)은 주역(周易) 대축(大畜)의 괘사(卦辭)요, 불가식(不家食)은 사가(私家)에서 밥 먹고 사는 사인(私人)이 아니라, 공가(公家)에서 밥 먹는 공인(公人)이니 지혜와 사랑과 용기를 갈고닦아 도덕학술을 크게 쌓아 천하국가에 이바지하는 까닭에 길(吉)한 것이다.


32-7-3 ——————————— 子가 曰事君엔 不下達하며 不尙辭하며 非其人이어든 弗自하나니 小雅에 曰靖共爾位하야 定直是與면 神之聽之하야 式穀以女라 하니라.


『공자가 말씀하시기를 임금을 섬김에는 아래에서 결단하지 아니하며, 변명을 숭상하지 아니하며, 그 사람이 아니거든 저절로 되게 하지 아니하나니, 소아에 말하기를 너의 직위에 화합하며 함께 하여, 정직하게 이에 더불어 하면 신명이 들어서 관록으로써 너희들에게 따르게 한다네 하니라.』


☯ 이 절은 신하가 직무를 수행하는 기본자세를 기술하였으니 정직한 윤리를 지켜서 월권하거나 변명하거나 직무유기를 해서는 안 됨을 밝혔다.

달(達)은 결단(決斷)함이니 불하달(不下達)은 아래에서 전결(專決)하여 사무를 처리하고 위에 품의(稟議)하지 않는 것이니 곧 월권(越權)하는 것이요, 사(辭)는 변명(辨明)이니 불상사(不尙辭)는 변명을 숭상하지 않고 책임을 지는 것이며, 비기인(非其人)은 학문과 재능이 특출하여 인민을 감화하는 능력을 가지지 못한 사람이고, 자(自)는 저절로 자연스럽게 이루어지는 것이니 불자(弗自)는 특출한 감화력도 없으면서 일을 방치하여 직무를 유기(遺棄)하는 데 이르는 것이다. 소아(小雅)는 시경(詩經) 소아(小雅)의 소명(小明)편이니『새 시대를 위한 시경(詩經)』2-6-3을 보라. 정(靖)은 화합함이고 공(共)은 공동으로 함께함이며, 식곡(式穀)은 관록(官祿)이요, 이(以)는 따르는 것이다.


32-7-4 ──────────────────────── 子가 曰事君에 遠而諫하면 則諂也요
近而不諫하면 則尸利也니라 子가 曰邇臣은
守和하고 宰는 正百官하고 大臣은 慮四方이니라.


『공자가 말씀하시기를 임금을 섬김에 먼 데도 간하면 아첨하는 것이요, 가까운 데도 간하지 아니하면 이익만을 추구하는 것이니라. 공자가 말씀하시기를 가까운 신하는 중화를 지키고, 재상은 일백 관료를 바르게 하고, 대신은 사방을 생각하니라.』


◉ 이 절은 신하(臣下)가 임금을 간(諫)하는 도리와 본분을 기술하였다.

원(遠)은 소원(疏遠)함이요, 첨(讇)은 첨(詔)과 같으며, 시(尸)는 주관(主管)하여 경영함이니 곧 추구함이며, 화(和)는 중화(中和)이니 지나침이나 모자람이 없이 알맞게 하여 절도(節度)에 적중함이다. 재(宰)는 행정의 총책임자이고, 대신(大臣)은 정치를 논의하는 3공(三公)이다.


32-7-5 ─────────────────── 子가 曰事君엔 欲諫而不欲陳이니 詩에
云心乎愛矣어니 瑕不謂矣리오마는
中心藏之어니 何日忘之리오 하니라.


『공자가 말씀하시기를 임금을 섬김에는 간하고자 하고, 까닭을 말하여 깨우치게 하고자 아니 하니, 시에 이르기를 마음으로 사랑하거니 어찌 말하지 아니하리오만 마음속에 감추었거니 어느 날인들 잊으리오 하니라.』


☯ 이 절은 앞 절에 이어 신하가 간(諫)하되 임금의 허물을 폭로하려는 마음이 없어야 됨을 기술하였다.

간(諫)은 그릇된 길로 가지 못하도록 방지(防止)하는 것이요, 진(陳)은 시비(是非)와 선악(善惡)을 열거하여 그 까닭을 밝혀서 깨우치게 하는 진유(陳喩)이다. 따라서 신하의 간하는 말을 임금이 들으면 임금의 허물이 전혀 없지만 만일 신하가 진유(陳喩)하면 비록 임금이 들어도 또한 임금의 허물이 이미 남게 되는 것이다. 시(詩)는 시경(詩經) 소아(小雅)의 습상(隰桑)편인데 하(瑕)가 하(遐)로 되어

있으니 어찌의 뜻이고, 위(謂)는 간(諫)하여 말함이다. 『새 시대를
위한 시경(詩經)』2-8-4를 참조하라.


32-7-6 ──────────────── 子가 曰事君하되 難進而易退하면 則位有序하고
易進而難退하면 則亂也니 故로 君子는
三揖而進하고 一辭而退하야 以遠亂也니라.


『공자가 말씀하시를 임금을 섬기되 나아가기가 어렵고 물러나기가
쉬우면 벼슬에 질서가 있고, 나아가기가 쉽고 물러나기가 어려우면
어지러운 것이니, 그러므로 군자는 세 번 읍을 하고 나아가고, 한 번
사양하고 물러나서 혼란을 멀리하니라.』


◉ 이 절은 군자가 벼슬길에 나아가고 물러나는 절도를 기술하였다.
난진(難進)은 어진 이에게 양보하기 때문에 관직(官職)에 나아가
기를 어려워하는 것이요, 이퇴(易退)는 책임을 스스로 지는 까닭에
물러나기를 쉽게 하는 것이며, 위유서(位有序)는 어질고 유능한 관료
사회에는 화합질서가 있는 것이다. 이진(易進)은 권력을 출세의 도구
로 생각하기 때문에 나아가기를 쉽게 하는 것이고, 난퇴(難退)는 책
임을 떠넘기고 변명한 하는 까닭에 물러나기가 어려운 것이며, 란
(亂)은 어리석고, 무책임한 관료사회는 기강이 무너지고 분열하여 싸
우기 때문에 혼란스러운 것이다. 3읍(三揖)은 세 번 청(請)하고 세 번
사양(辭讓)하면서 나아가는 예절이고, 1사(一辭)는 한 번 사양하고 물
어가는 예절이니 천천히 나아가서 빨리 물러나는 자연의 절도이다.

子가 曰事君하되 三違而不出竟하면
則利祿也니 人雖曰不要나 吾不信也로다.

『공자가 말씀하시기를 임금을 섬기되 세 번 물러나서도 경계를 나아가지 아니하면 봉록을 이롭게 여긴 것이니 사람이 비록 노림이 아니라고 말하나 나는 믿지 아니하도다.』

☯ 이 절은 신하(臣下)가 세 번 사양하고 벼슬자리를 물러났으면 임지(任地)에서 떠나야 되는 절도를 기술하였다.

3위(三違)는 3거(三去)와 같으니 세 번 벼슬에서 물러나는 것이요, 경(竟)은 경계(境界)로 곧 벼슬을 하던 영역이며, 이록(利祿)은 봉록을 이롭게 생각하여 다시 복직(復職)하려는 생각이고, 요(要)는 노리는 것이니 강요(强要)하는 역신(逆臣)의 생태이다.



子가 曰事君엔 愼始而敬終이니라 子가
曰事君엔 可貴可賤하며 可富可貧하며
可生可殺이언정 而不可使爲亂이니라.

『공자가 말씀하시기를 임금을 섬김에는 시작을 신중히 하고 끝을 공경하니라. 공자가 말씀하시기를 임금을 섬김에는 귀하게 할 수 있고 천하게 할 수 있으며, 부유하게 할 수 있고 가난하게 할 수 있으며, 살릴 수도 있고 죽일 수도 있을지언정 어지럽게 할 수는 없느니라.』

◐ 이 절은 신하(臣下)는 임금의 명령에 순순히 복종하는 자세를 기술하였다.

신시(愼始)는 임금의 신임과 자기의 능력을 헤아리는 자세이고, 경종(敬終)은 책임을 완수하여 유종(有終)의 미(美)를 거둠이며, 귀(貴)와 부(富)와 생(生)은 책임을 완수하고 공을 세워 승진함이요, 천(賤)과 빈(貧)과 살(殺)은 능력이 없어서 사업을 실패하고 죄를 지어서 견책이나 처벌을 받는 것이다. 란(亂)은 혼란을 일으켜 반항하는 것이니 난신적자(亂臣賊子)가 되는 것이다.

32-7-9 ──────────

子가 曰事君하되 軍旅에 不辟難하며 朝廷에
不辭賤하니 處其位而不履其事하면 則亂也니라
故로 君이 使其臣에 得志則愼處而從之하고
否則孰慮而從之하야 終事而退가 臣之厚也니
易에 曰不事王侯하고 高尙其事라 하니라.

『공자가 말씀하시기를 임금을 섬기되 군대에 어려운 일을 피하지 아니하며, 조정에 천한 일을 사양하지 아니하니 그 벼슬자리에 처하여 그 일을 수행하지 아니하면 어지러운 것이니라. 그러므로 임금이 그 신하를 부림에 뜻을 얻으면 신중히 처리하여 따르고, 아니면 깊이 생각하여 따르다가 일을 마치고 물러남이 신하의 두터움이니 역에 말하기를 왕과 제후를 섬기지 아니하고, 그 일을 고상하게 한다고 하니라.』

◐ 이 절은 신하(臣下)의 직분(職分)과 사퇴(辭退)의 방법을 기술

하였다.

피(辟)는 피(避)이고 이(履)는 이행(履行)이며 난(亂)은 직무유기(職務遺棄)로 생긴 혼란이다. 숙(孰)은 숙(熟)이요, 숙려(熟廬)는 깊이 생각하여 선공후사(先公後私)의 길을 선택함이며, 퇴(退)는 벼슬을 반납하고 물러나는 것이다. 역(易)은 주역(周易) 고(蠱)괘의 상구(上九) 효사(爻辭)이며, 불사왕후(不事王侯)는 천자와 제후를 섬기지 아니하는 것이니 벼슬이 없는 것이며, 고상기사(高尙其事)는 초연히 세상 밖에서 그 인생을 고상하게 사는 것이다.


32-7-10 ———————— 子가 曰唯天子라야 受命于天하고 士는 受命于君하나니 故로 君命이 順하면 則臣有順命하고 君命이 逆하면 則臣有逆命하니니 詩에 曰鵲之姜姜이며 鶉之賁賁이로다 人之無良을 我以爲君가 하니라.


『공자가 말씀하시기를 오직 천자라야 하늘에서 명을 받고, 선비는 임에게 명을 받으니 그러므로 임금의 명이 순하면 신하에게 순종하는 사명이 있고, 임금의 명이 거스르면 신하에게 거스르는 사명이 있나니 시에 말하기를 까치는 빠드득빠드득하며, 메추리는 후다닥후다닥하도다, 사람이 착한 데가 없는 것을 내가 임금이라도 하겠는가 하니라.』


◉ 이 절은 오직 천자(天子)라야 천명(天命)을 받기 때문에 천자가 봉(封)한 제후(諸侯)에게는 정체성(正體性)이 있으나 만약 천자를 거역하는 제후에게는 정체성이 없으므로 절대로 순종해서는 안

되고 반정(反正)하여 축출해야 됨을 기술하였다.

　군(君)은 제후(諸侯)요, 순(順)은 정체성(正體性)이 있는 것이며 순명(順命)은 순종하는 사명(使命)이고, 역(逆)은 정체성이 없는 반역이며 역명(逆命)은 거역하는 사명이다. 모름지기 천자를 받드는 제후의 신하는 임금에게 순종하는 의무가 있으나 만일 천자를 거역하는 제후의 신하는 또한 임금의 명을 거역할 사명이 있는 것이다. 시(詩)는 시경(詩經) 용풍(庸風)의 순지분분(鶉之奔奔)편이니 작(鵲)은 까치인데 텃세가 심한 새이고, 강강(姜姜)은 시경에 강강(彊彊)으로 되어 있으니 이기려고 기를 쓰는 모양이요, 순(鶉)은 메추리로 성질이 급한 새이며, 분분(賁賁)은 시에 분분(奔奔)으로 되어 있으니 분주하게 날뛰는 모양이다. 양(良)은 도덕적 양심(良心)이고, 이위(以爲)는 삼는 것이다. 『새 시대를 위한 시경(詩經)』1-4-5를 참조하라.


32-8-1 ──────────── 子가 曰君子는 不以辭로 盡人하니 故로 天下에 有道하면 則行有枝葉하고 天下에 無道하면 則辭有枝葉하니라.


　『공자가 말씀하시기를 군자는 말로써 사람을 극진히 하지 않으니 그러므로 천하에 도덕이 있으면 행실이 지엽에 있고, 천하에 도덕이 없으면 말이 지엽에 있느니라.』


　☯ 이 장은 겉으로 나타난 표현이나 표정보다는 내면에 갖춘 충실성의 중요함을 기술하였는데 여기에서는 말보다는 행동의 중요성을 밝혔다.

진인(盡人)은 사람을 극진히 함이고, 지엽(枝葉)은 나무의 가지와 잎이니 미세한 말단이다. 행유지엽(行有枝葉)은 행실이 충실하여 근본은 물론 미세한 말단까지 모두 완벽하게 갖추는 것이고, 사유지엽(辭有枝葉)은 변명조의 말로만 자질구레한 세부사항까지 언급하는 것이니 공언무실(空言無實)함이다.


32-8-2 ——— 是故로 君子는 於有喪者之側에 不能賻焉이어든
則不問其所費하며 於有病者之側에 不能饋焉이어든
則不問其所欲하며 有客不能館이어든 則不問其所舍하나니
故로 君子之接은 如水하고 小人之接은 如醴하니 君子는
淡以成하고 小人은 甘以壞하나니 小雅에 曰盜言孔甘이라
亂是用餤이라 하니라.


『이런 까닭으로 군자는 상복을 입은 사람의 곁에서 부의할 수 없거든 곧 그 비용이 드는 바를 묻지 아니하며, 질병을 앓은 사람의 곁에서 음식을 마련할 수 없거든 곧 그 먹고 싶은 바를 묻지 아니하며, 나그네에게 여관을 잡아 줄 수 없거든 그 머물 곳을 묻지 아니하나니, 그러므로 군자의 사귐은 물과 같고, 소인의 사귐은 단술과 같으니 군자는 담박하게 이루고, 소인은 달콤하게 무너지나니 소아에 말하기를 도적의 말을 매우 달게 여기므로 혼란이 이로써 나아가니라고 하니라.』


◑ 이 절은 앞 절에 이어 군자(君子)는 변명하는 말로써 사람을 극진히 하지 않으므로 빈말을 하지 않고, 소인(小人)은 헛소리를 달콤하게 하는 생태를 기술하였다.

부(賻)는 부의금(賻儀金)이고, 비(費)는 비용(費用)이며, 소욕(所欲)은 먹고 싶은 음식이다. 관(館)은 여관(旅館)이요, 소사(所舍)는 머무를 곳이니 모두 앞에 1-25-6에서 이미 해설하였으며, 접(接)은 교접(交接)이며, 소아(小雅)는 시경(詩經) 소아(小雅)의 교언(巧言)편인데 도(盜)는 사리사욕을 추구하는 정상모리배이고, 담(餤)은 나아가기는 것이다. 『새 시대를 위한 시경(詩經)』2-5-4를 참조하라.


32-8-3 ──────────────── 子가 曰君子가 不以口로 譽人하면 則民이 作忠하나니 故로 君子가 問人之寒하면 則衣之하고 問人之飢하면 則食之하고 稱人之善하면 則爵之하나니 國風에 曰心之憂矣어니 於我歸說이라 하니라.


『공자가 말씀하시기를 입으로 사람을 칭찬하지 아니하면 인민이 충직하게 되나니 그러므로 군자가 사람의 추움을 물으면 옷을 입히고, 사람의 주림을 물으면 밥을 먹이고, 사람의 착함을 칭찬하면 벼슬을 주나니 국풍에 말하기를 마음에 근심하노니 나에게 돌아와 휴식하소서라고 하니라.』


◐ 이 절은 군자(君子)가 언행일치(言行一致)하여야 인민이 충직(忠直)하게 됨을 기술하였다.

작충(作忠)은 충직(忠直)하게 됨이고, 국풍(國風)은 시경(詩經) 조풍(曹風)의 부유(蜉蝣)편이며, 세(說)는 휴식(休息)함이니 『새 시대를 위한 시경(詩經)』1-14-1을 참조하라.

子가 曰口惠而實不至하면 怨菑及其身하나니
是故로 君子는 與其有諾責也론 寧有己怨이니
國風에 曰言唉晏安하며 信誓旦旦일새
不思其反하고 反是不思하니 亦已焉哉로다 하니라.

『공자가 말씀하시기를 말로만 은례를 베풀고 실질이 이르지 아니하면 원망과 재앙이 그 몸에 미치나니 이런 까닭으로 군자는 그 승낙하여 책망을 받기보다는 차라리 자기에게 원망이 있게 함이 나으니, 국풍에 말하기를 말과 웃음이 도란도란하며 믿자던 맹세가 역력한데 그 돌이킬 것을 생각하지 않고, 돌이킬 것을 이에 생각하지 않으니 또한 그만둘지어다 하니라.』

☯ 이 절은 말로만 은혜를 베푸는 구혜(口惠)의 재앙을 기술하였다. 구혜(口惠)는 한갓 말로만 은혜를 베푸는 것이고, 실(實)은 실질(實質) 또는 실행(實行)이니 실불지(實不至)는 말과 행동이 다르고 이름과 실질이 서로 어긋나서 사람을 실망시킨 것이다. 약(諾)은 승낙함이고, 책(責)은 책망(責望)이니 선뜻 승낙을 하고는 실질이 없으므로 뒤에 책망을 당하는 것이다. 기원(己怨)은 처음부터 거절하였기 때문에 원망을 듣는 것이니 신의(信義)를 저버린 책망은 크고, 청탁을 거절한 원망은 작은 것이다. 국풍(國風)은 시경(詩經) 위풍(衛風)의 맹(氓)편이요, 소(唉)는 소(笑)의 고자(古字)이며 안안(晏晏)은 온화하고 부드러운 것이고, 단단(旦旦)은 뚜렷하여 밝은 것이며, 반(反)은 돌이켜 뉘우치고 원상태로 돌아감이다. 『새 시대를 위한 시경(詩經)』 1-5-4를 참조하라.

32-8-5 ──────────────── <sup>자</sup>子가 <sup>왈군자</sup>曰君子는 <sup>불이색</sup>不以色으로 <sup>친인</sup>親人하나니
<sup>정소이모친</sup>情疏而貌親이 <sup>재소인</sup>在小人하니 <sup>즉천유지도야여</sup>則穿窬之盜也與인저
<sup>자</sup>子가 <sup>왈정욕신</sup>曰情欲信이요 <sup>사욕교</sup>辭欲巧니라.


『공자가 말씀하시기를 군자는 얼굴빛으로 사람을 친하지 아니하나니 정분이 소원하면서 모양만 친근함이 소인에게 있으니 곧 벽을 뚫고 담을 넘은 도적인저, 공자가 말씀하시기를 정분은 믿고자 하고, 변명하는 말은 교묘하고자 하니라.』


☯ 이 절은 말과 안색(顔色)에 모두 진정성(眞情性)이 있어야 됨을 기술하여 군자(君子)의 표정(表情)은 믿을 수 있으나 소인(小人)의 변명하는 말은 매우 교묘함을 경고하였다.

천(穿)은 벽을 뚫는 것이고 유(窬)는 담을 넘는 것이며, 정욕신(情欲信)은 군자(君子)의 진실한 정(情)을 나타냄이니 믿게 하고자 하는 것이요, 사욕교(辭欲巧)는 소인(小人)의 변명조의 말을 거짓으로 꾸며서 속이고자 함이다. 전배들은 이 구절을 억지로 해석하였기에 내가 바로잡았으니 살피기 바란다.


32-9-1 ──────────────── <sup>자</sup>子가 <sup>언지</sup>言之하시되 <sup>석삼대명왕</sup>昔三代明王이
<sup>개사천지지신명</sup>皆事天地之神明하시고 <sup>무비복서지용</sup>無非卜筮之用하사
<sup>부감이기사</sup>不敢以其私로 <sup>설사상제</sup>褻事上帝하시니 <sup>시이</sup>是以로 <sup>불범일월</sup>不犯日月하며
<sup>불위복서</sup>不違卜筮하며 <sup>복서</sup>卜筮가 <sup>불상습야</sup>不相襲也하니라.

『공자가 말씀하시되 옛날 3대에 밝은 왕이 모두 하늘땅의 신명을 섬기시고 거북점과 산가지점을 쓰지 아니함이 없으시어 감히 그 사 사로움으로 하느님을 친근히 섬기지 아니하시니, 이래서 해와 달을 범하지 아니하며, 거북점과 산가지점을 어기지 아니하며, 거북점과 산가지점이 서로 거듭하지 아니하니라.』

☯ 이 장은 3대(三代)의 명왕(明王)이 천지신명(天地神明)을 받들 어 그 뜻을 따르되 자의적으로 사사롭게 함이 없는 것을 기술하였으 니, 여기에서는 상제(上帝)를 임금이 홀로 친근히 하지 않고 반드시 조정(朝廷)의 공식적인 복서(卜筮)를 통하여 하느님의 뜻을 확인한 공명성(公明性)을 밝혔다.

복서(卜筮)는 앞에 1-30-2에서 이미 해설하였고, 기사(其私)는 임금의 개인적인 감정이며, 설사(褻事)는 친근하게 섬김이요, 불상습 (不相襲)은 앞에 1-30-3에서 해설하였다. 불범일월(不犯日月)은 다 음 장을 보라.

살피건대 후세의 전제군주(專制君主)가 하늘을 독점한 것은 자의적 인 방종이요, 사악한 술수로 하늘을 가리고, 인민을 속이는 역천패륜 (逆天悖倫)임을 여기에서 확인하여야 되리라. 모름지기 복서(卜筮)는 겸손하게 자기의 뜻을 낮추고, 천지신명(天地神明)의 뜻을 물은 것이니 그 길(吉)함은 하늘의 덕(德)일 뿐이요, 자기의 공(功)이 아님을 천명 한 것이므로 임금은 하느님의 대행자(代行者)에 지나지 않는 것이다.

32-9-2 ─────── 大事엔 有時日이요 小事엔 無時日하고 有筮하니
外事는 用剛日하고 內事는 用柔日이니라

不違龜筮러니 子가 曰牲牷과 禮樂과 齊盛이
是以로 無害乎鬼神하며 無怨乎百姓이니라.

『큰일에는 시일이 있고, 작은 일에는 시일이 없고, 산가지점을 쳐서 날을 잡으니 바깥일은 강일을 쓰고, 집안일은 유일을 쓰니라. 거북점과 산가지점을 어기지 않더니 공자가 말씀하시기를 희생과 예악과 제삿밥이 이래서 귀신에게 해가 없고, 백성에게 원한이 없느니라.』

☯ 이 절은 앞 절에서 말한 불범일월(不犯日月)과 불위복서(不違卜筮)의 뜻을 구체적으로 기술하였다.

대사(大事)는 큰 제사(祭祀)이고, 유시일(有時日)은 예절로 정한 시일이 있는 것이며, 소사(小事)는 작은 제사이고, 무시일(無時日)은 예법에 정한 날이 없는 것이며, 유서(有筮)는 산가지점을 쳐서 날을 잡은 것이다. 외사(外事)로부터 용유일(用柔日)까지는 앞에 1-30-1에서 이미 해설하였고, 불위귀서(不違龜筮)의 네 글자는 마땅히 자성(齊盛)의 아래에 있어야 옳다. 임금이 천지신명(天地神明)의 뜻을 공명정대하게 공개적으로 확인하여 따르기 때문에 자연에 순종하므로 귀신에게 해가 없고 민심에 순응하므로 백성에게 원한이 없는 것이다.

32-9-3 ──────────── 子가 曰后稷之祀는 易富也니 其辭가 恭하며
其欲이 儉하여 其祿이 及子孫하나니 詩에 曰后稷이
兆祀하니 庶無罪悔하야 以迄于今이라 하니라.

『공자가 말씀하시기를 후직의 제사는 만족시키기가 쉬우니 그 말씀이 공손하며 그 하고자 함이 검소하여 그 봉록이 자손에게 미치나니 시에 말하기를 후직이 처음으로 제사를 지내니 거의 죄와 뉘우침이 없어서 오늘날에 이르렀도다고 하니라.』


☯ 이 절은 후직(后稷)이 제철에 생산한 음식으로 천지신명(天地神明)께 감사하는 제사를 지내게 한 공덕을 기술하였다.

부(富)는 만족(滿足)시킴이고, 기사(其辭)는 축문(祝文)이며, 기욕(其欲)은 보답하는 마음이다. 시(詩)는 시경(詩經) 대아(大雅)의 생민(生民)편이요, 조(兆)는 시경에 조(肇)로 되어 있으니 처음에 비롯함이다. 서(庶)는 거의, 흘(迄)은 이르는 것이요 금(今)은 주(周)나라 시대이다. 후직(后稷)이 농사를 지어 제철의 음식으로 공개적인 감사의 제사를 지내도록 국민을 교육하였으니 진실로 귀신을 만족시키기가 아주 쉬운 제사법이다.


32-9-4 ──────── 子가 曰大人之器는 威敬하니 天子는 無筮하시고 諸侯는 有守筮하며 天子가 道以筮하시고 諸侯는 非其國이면 不以筮하며 卜宅寢室하고 天子는 不卜處大廟하시느니라.


『공자가 말씀하시기를 대인의 그릇은 존엄하고 공경하니 천자는 산가지가 없으시고, 제후는 산가지를 지킴이 있으며, 천자가 길에서는 산가지점을 치시고, 제후는 그 나라가 아니면 산가지점을 치지 아니하며, 침실을 정하여 거북점을 치고, 천자는 제후의 종묘에 거처하심에는 거북점을 치지 아니하시느니라.』

◑ 이 절은 천자(天子)와 제후(諸侯)가 점(占)치는 절도를 기술하였다.

대인(大人)은 천덕(天德)을 밝혀 왕도(王道)를 받드는 천자(天子)와 제후(諸侯)이고, 위(威)는 존엄(尊嚴)이며, 무서(無筮)는 산가지가 없는 것이니 천자는 거북점인 복점(卜占)만 치고 산가지점인 서점(筮占)은 치지 않는 것이다. 수서(守筮)는 산가지를 간직하여 지키는 것이니 제후는 거북점을 치지 않고 산가지점만 친다는 뜻이다. 도(道)는 길이니 천자도 길에서 점을 칠 때에는 산가지점을 치는 것이요, 제후는 다른 나라의 길에서 산가지점을 치지 아니하고 오직 다른 나라 종묘(宗廟)의 침실(寢室)에서 머물며 거북점을 칠 수 있고, 천자는 제후국의 종묘에 거처함에 거북점을 치지 아니하나니 태묘(大廟)는 제후국의 종묘(宗廟)이다.

대저 거북점은 원대(遠大)한 일을 점치고, 산가지점은 근소(近少)한 일을 점치는 까닭에 천자는 산가지점을 치지 않고, 제후는 거북점을 치지 않는 것이니 천자의 직무는 원대하고, 제후의 직무는 근소하기 때문이다. 그러나 천자가 길을 가다가 근소한 사항이 생기면 산가지점을 치는 것이요, 제후는 남의 영토에서 산가지점을 치지 않으며 다만 다른 나라의 종묘에 있는 침실(寢室)을 정하여 머물 때에는 거북점을 치나니 그 종묘의 신령으로부터 가호(加護)를 받고자 함이요, 천자는 제후국의 종묘로부터 가호(加護)를 받을 위치에 있지 않으므로 거북점을 치지 않는 것이다.

 ──────────────── 子가 曰君子가 敬則用祭器니 是以로
不廢日月하며 不違龜筮하야 以敬事其君長하나니
是以로 上이 不瀆於民하며 下가 不褻於上하니라.

『공자가 말씀하시기를 공경하면 제기를 사용하니 이래서 해와 말을 폐지하지 아니하며, 거북점과 산가지점을 어기지 아니하여 그 임금이 민중을 모독하지 아니하며, 아래 신하가 임금에게 친근하지 아니하나라.』

☯ 이 절은 귀신을 공경하듯이 사람을 공경하는 까닭에 제기(祭器)로 공경하는 사람에게 향례(饗禮)를 거행하는 예절이 있음을 기술하였다.

상(上)은 임금이요, 민(民)은 민중이니 임금이 노인을 공경하여 향음주례(鄕飮酒禮)를 주최하니 임금이 인민대중을 지극히 공경함이고, 하(下)는 하신(下臣)이니 제후가 천자에게 향례(饗禮)를 베푸니 하신(下臣)이 임금을 지극히 공경함인즉 향음주례(鄕飮酒禮)와 향례(饗禮)에는 모두 제기(祭器)를 사용한다.

살펴건대 제기(祭器)를 사용하는 뜻이 크도다. 우리나라는 관혼상제(冠昏喪祭)를 거행할 때에 마을에 제기를 모두 거두어다가 그 제기에 음식을 차려서 오신 손님에게 독상(獨床)을 올렸으니 사람을 귀신처럼 공경함으로써 동방예의지국(東方禮義之國)을 건설하였는바 아름답기 그지없는 미풍양속(美風良俗)이라고 할 것이다.

# 33. 치의(緇衣)

　치의(緇衣)는 검정으로 만든 관복(官服)으로 검소 질박하여 대개 무인(武人)이 입었는데 이것을 편명(篇名)으로 쓴 것은 첫 장에 호현여치의(好賢如緇衣)란 말이 있는 까닭이다.

　여기에서 말한 치의(緇衣)는 시경(詩經) 정풍(鄭風)의 치의(緇衣)편의 뜻을 취하였는바 정풍(鄭風)의 치의편은 관료의 아내가 남편에게 검정 관복을 만들어 입히고, 그 멋진 자태를 칭찬하면서 일찍 퇴근하여 귀가하면 맛있는 저녁상을 차리겠다고 정답게 이야기하는 상황을 묘사하였으니 이 편은 그 아내가 남편을 좋아하는 마음으로 임금이 어진 이를 좋아하는 간절한 뜻을 비유한 것이다.

　이 치의(緇衣)편도 앞에 방기(坊記)와 표기(表記)와 같은 문체(文體)로 입신행도(立身行道)하여 화민성속(化民成俗)하는 예악(禮樂) 정치의 본령을 설파하였으니 나라의 정치지도자는 반드시 더불어 연구해야 한다.

33-1-1 ──────────── 子가 言之하시되 曰爲上에 易事也하며 爲下에 易知也하면 則刑不煩矣니라.

『공자가 말씀하시되 말하시기를 윗사람이 됨에 일하기가 쉽게 하며, 아랫사람이 됨에 알기가 쉽게 하면 형벌이 번거롭지 아니하니라.』

◉ 이 장은 정부조직을 합리적으로 편성하여 각 기관이 능률적으로 일을 할 수 있도록 기구를 완비해서 독재(獨裁)와 월권행위 및 권력겸병이 없어야만 범죄율이 낮아짐을 기술하였다.

위상(爲上)은 상관(上官)이 되는 것이고, 이사(易事)는 일하기가 쉬운 것이니 법률과 제도에 따라 직무의 한계가 있기 때문이며, 위하(爲下)는 하리(下吏)가 되는 것이요, 이지(易知)는 알기가 쉬운 것이니 명령과 규칙에 따라 업무의 지침이 있는 까닭이다. 형(刑)은 범법자(犯法者)에게 형벌을 주는 것이고, 불번(不煩)은 번거롭지 아니함이니 법률과 제도와 명령과 규칙에 의거하여 처벌하기 때문이다.

33-1-2 ──────────── 子가 曰好賢을 如緇衣하며 惡惡을 如巷伯하면
則爵不瀆이라도 而民이 作愿하며 刑不試라도 而民이
咸服하나니 大雅에 曰儀刑文王하면 萬國作孚하리라 하니라

『공자가 말씀하시기를 어진 이를 좋아하기를 치의처럼 하며, 악을 미워하기를 항백같이 하면 벼슬을 더럽히지 아니하여도 그 인민이 성실성을 일으키며, 형벌을 시험하지 아니하여도 그 인민이 모두 복종하나니 대아에 말하기를 문왕을 본받으면 일만 나라가 믿음을 일으키리라고 하니라.』

◉ 이 절은 앞 절에 이어 국가조직 체계를 완비한 다음에 인재를 발굴하여 적재적소(適材適所)에 배치하여야 원만한 자치행정의 성공을 기약할 수 있음을 기술하였다.

치의(緇衣)는 편명(篇名)의 해제(解題)에서 이미 해설하였고, 항백(巷伯)은 시경(詩經) 소아(小雅)의 항백(巷伯)편인데 궁중(宮中)의 내시로 있는 맹자(孟子)가 아첨하는 소인배의 형태를 낱낱이 고발하여 관기(官紀)를 숙청(肅淸)하고 이도(吏道)를 쇄신(刷新)할 것을 촉구한 내용이다. 독(瀆)은 더럽히는 것이니 많고 넘치고 자주 주어서 그 권위가 떨어진 것이며, 원(愿)은 삼가고 성실함이요, 시(試)는 일벌백계(一罰百戒)로 시험하는 것이다. 대아(大雅)는 시경(詩經) 대아(大雅)의 문왕(文王)편이고, 의형(儀刑)은 본받은 것이며, 국(國)은 시경에 방(邦)으로 되어 있으니 문왕(文王)이 나타내지 않은 민주행정(民主行政)을 사방의 나라가 본받아 믿고 따라서 천하가 신임(信任)한 덕을 노래하였다.


33-1-3 ——————————— 子가 曰夫民을 敎之以德하며 齊之以禮면
則民有格心하고 敎之以政하고 齊之以刑하면
則民有遯心하나니 故로 君民者가 子以愛之하면
則民이 親之하고 信以結之하면 則民이 不倍하고
恭以涖之하면 則民이 孫心하니라 甫刑에 曰苗民이
匪用命하고 制以刑하되 惟作五虐之刑曰法이라 하니
是以로 民有惡德하야 而遂絶其世也하니라.


『공자가 말씀하시기를 저 인민을 덕으로 가르치며 예절로써 가지런히 하면 인민에게 바른 마음이 있고, 정치로 가르치고 형벌로 가지런히 하면 인민에게 법망을 피하려는 마음이 있나니 그러므로 인민에게 임금 노릇을 하는 사람은 양육으로써 사랑하면 인민이 친근하

게 따르고, 신의로써 결합하면 인민이 배반하지 아니하고, 공손으로 써 임하면 인민이 마음을 공손히 하니라. 보형에 말하기를 묘나라 민 족이 천명의 본성을 쓰지 않고, 형벌로써 단속하되 오직 다섯 가지 포학한 형벌을 만들어 말하기를 법이라고 하니 이래서 인민에게 악 덕이 있어서 드디어 그 세대를 끊었다고 하니라.』

☯ 이 절은 덕치(德治)와 예치(禮治)의 아름다움과 인치(人治)와 법치(法治)의 아름답지 못한 점을 비교하여 기술하였다.

교(敎)는 교육(敎育)하여 인재를 양성함이고, 덕(德)은 도덕정치이며 제(齊)는 풍속(風俗)을 고르게 일으킴이요, 예(禮)는 예절문화정치이다. 격심(格心)은 바른 마음이니 정심(正心)과 같고, 정(政)은 인위적(人爲 的)인 정치행정이니 곧 인치(人治)요, 형(刑)은 형법(刑法)으로 다스리 는 것이니 곧 법치(法治)이며, 돈심(遯心)은 법망(法網)을 피하려는 마 음이니 곧 사특한 마음이다. 군민자(君民者)는 인민에 임금 노릇을 하 는 사람이니 인민의 통치자이고, 자(子)는 양육(養育)함이며, 손심(孫 心)은 공손한 마음이요, 보형(甫刑)은 서경(書經) 주서(周書)의 여형 (呂刑)인데 명(命)이 서경에는 령(靈)으로 되어 있으니 명(命)은 천명 (天命)의 본성(本性)이고, 령(靈)은 사람의 허령(虛靈)한 지각(知覺)이 니 결국 천부적인 착한 양지양능(良知良能)이다. 묘(苗)나라 민족이 포 악한 실정법(實定法)으로 다스렸기 때문에 순(舜) 임금이 정벌하여 추 방한 것이니 『새 시대를 위한 서경(書經)』 4-29-3~12를 참조하라.

33-2-1 ───────────────── 子가 曰下之事上也에 不從其所令하고
從其所行하나니 上이 好是物하면 下에 必有甚者矣니

故로 上之所好惡는 不可不愼也니 是民之表也니라.

『공자가 말씀하시기를 아랫사람이 윗사람을 섬김에 그 명령을 좇지 않고, 그 행하는 바를 따르나니 윗사람이 이 물건을 좋아하면 아래에 반드시 더욱 심한 사람이 있는 것이니, 그러므로 윗사람의 좋아하고 싫어하는 바는 신중하지 않을 수 없는 것이니 이 인민의 표적이니라.』

◉ 이 장은 통치권자의 지도역량을 기술하여 임금은 정치의 모범이요, 교육의 사표(師表)가 되어야 함을 밝혔다.

소령(所令)은 말이요, 소행(所行)은 행실이니 아래에서 말을 버리고, 그 행동을 따르는 것이며, 윗사람이 좋아하는 것을 아랫사람이 더욱 좋아함을 어찌 말리겠는가? 표(表)는 표적(表的)이니 목표로 삼은 모범적인 표준이다.

33-2-2 ─────────── 子가 曰禹가 立三年에 百姓이 以仁遂焉이라 하니 豈必盡仁이리오 詩에 云赫赫師尹이여 民具爾瞻이라 하며 甫刑에 曰一人有慶하며 兆民賴之라 하고 大雅에 曰成王之孚에 下土之式이라 하니라.

『공자가 말씀하시기를 우 임금이 즉위한 지 3년에 백성이 인간성을 이루었다고 하니 어찌 반드시 모두 어진 사람이리오. 시에 이르기를 빛나고 빛나는 태사 윤씨여, 인민이 모두 그대를 쳐다보도다 하며

보형에 말하기를 한 사람에게 경사스러움이 있으며, 억조 만민이 의
지하도다 하고, 대아에 말하기를 왕의 믿음이 되니 이 땅의 백성들의
본보기로다 하니라.』

　❂ 이 절은 임금이 인정(仁政)을 베풀어 인민을 교화(敎化)하는
방법을 기술하였다.

　입(立)은 즉위(卽位)함이요, 인수(仁遂)는 인간성을 완성하여 착
한 사람이 되는 것이며, 진인(盡仁)은 모든 사람이 전부 어질도록 빠
짐없이 가르치는 것이다. 시(詩)는 시경(詩經) 소아(小雅)의 절남산
(節南山)편이요, 사윤(師尹)은 태사(太師) 윤씨(尹氏)이며, 구(具)는
구(俱)이다. 보형(甫刑)은 서경(書經) 주서(周書) 여형(呂刑)인데 일
인(一人)은 주(周)나라의 목왕(穆王)을 지칭하며, 뢰(賴)는 의뢰(依
賴)함이다. 대아(大雅)는 시경(詩經) 대아(大雅)의 하무(下武)편인데
부(孚)는 확신함이고, 하토(下土)는 이 땅의 백성이며, 식(式)은 본
보기이다.

　살피건대 인정(仁政)의 시행방법은 임금이 소신을 가지고 애써 노
력하면 신하와 인민이 저절로 감화하여 본받게 되는 것인즉 먼저 지
도자가 모범을 보여서 본보기가 되어야 하는 것이다.


33-2-3───────── 子가 曰上이 好仁하면 則下之爲仁이 爭先人하나니
故로 長民者는 章志貞敎하야 尊仁하야 以子愛百姓하면
民致行己하야 以說其上矣니라 詩에 云有梏德行하면
四國이 順之라 하니라.

『공자가 말씀하시기를 윗사람이 인을 좋아하면 아랫사람이 인함이
앞에 사람을 다투나니 그러므로 인민을 기르는 사람은 뜻을 뚜렷이
밝혀 가르침을 바르게 지켜서 인을 높여 백성을 사랑하고 양육하면
인민이 몸에 행실을 이루어 그 윗사람을 기쁘게 하니라. 시에 이르기
를 꼿꼿함이 있는 덕행이어야 사방의 나라가 순종하도다 하니라.』


◉ 이 절은 임금이 시종일관 한결같이 인(仁)을 좋아하는 뜻을 분
명히 하고, 인덕(仁德)을 높이 평가해야만 인민의 처신(處身)이 어질
게 됨을 기술하였다.

쟁선인(爭先人)은 훌륭한 옛사람을 본받으려고 경쟁함이며, 장민자
(長民者)는 인민의 교양(敎養)을 높이는 사람이요, 장지(章志)는 뜻
을 뚜렷이 밝힘이며, 정교(貞敎)는 교육을 바르게 지킴이다. 존인(尊
仁)은 인(仁)을 높이 평가함이요, 자애(子愛)는 사랑으로 양육(養育)
함이며, 치(致)는 이루는 것이고, 행기(行己)는 처신(處身)함이다. 시
(詩)는 시경(詩經) 억(抑)편인데 곡(梏)이 시경에는 각(覺)으로 되어
있으니 꼿꼿하다는 뜻이다. 『새 시대를 위한 시경』3-3-2를 보라.


33-2-4 ───────── 子가 曰王言이 如絲라도 其出은 如綸하고 王言이
如綸하면 其出이 如綍하나니 故로 大人이 不倡游言하시고
可言也나 不可行을 君子가 弗言也하며 可行也나
不可言을 君子가 弗行也하면 則民이 言不危行하고
而行不危言矣니 詩에 云淑愼爾止하야 不愆于儀라 하니라.

『공자가 말씀하시기를 왕의 말이 실처럼 가늘어도 그 밖으로 나아
감은 인끈처럼 굵고, 왕의 말이 인끈과 같으면 그 밖으로 나아감이
동아줄처럼 커지나니 그러므로 대인이 떠도는 말을 일으키지 아니하
시고, 말할 수 있으나 행할 수 없는 것을 군자가 말하지 아니하며,
행할 수 있으나 말할 수 없는 것을 군자가 행하지 아니하면 인민이
말을 행실보다 높게 아니 하고, 행실을 말보다 높게 아니 하는 것이
니 시에 이르기를 그대의 행실을 맑고 신중하게 하여 의례에 어그러
지지 않을지어다 하니라.』


☯ 이 절은 임금이 통치권을 확립하기 위해서는 언행일치(言行一
致)가 매우 중요함을 기술하였다.

왕언(王言)은 왕이 하신 말씀이요, 여사(如絲)는 명주실처럼 가는
것이며, 기출(其出)은 그 밖으로 나아감이고, 윤(綸)은 인(印)의 끈
이니 실보다 더욱 굵은 것이며, 발(綍)은 동아줄이니 매우 큰 것인데
왕의 말은 언제나 확대 재생산된다는 뜻이다. 대인(大人)은 왕(王)과
공(公)이요, 창(倡)은 처음 일으키는 것이며 유언(游言)은 근거도 없
이 떠도는 말이다. 말할 수 있으나 행할 수 없는 것은 말은 쉽고 행
하기는 어려운 착한 일이요, 행할 수 있으나 말할 수 없는 것은 행하
기는 쉽고 공표하기는 어려운 사악한 일이다. 군자(君子)는 경대부
(卿大夫)요, 위(危)는 높은 것이니 불위(不危)는 높지 않도록 알맞게
일치시킨다는 뜻이다. 시(詩)는 시경(詩經) 대아(大雅)의 억(抑)편인
데 지(止)는 행동거지(行動擧止)이고, 건(諐)은 시경에 건(愆)으로
되어 있으니 허물이란 뜻이다.

살피건대 임금의 통치력은 말과 행실이 일치하는 데서 인민이 정
부를 믿고 따르는 것이니 임금이 언행일치(言行一致)를 하여야 경대

부(卿大夫)가 말과 행동을 가지런히 하고, 경대부가 떳떳하게 말하고 행동하여야 인민대중이 말과 행동을 착실하게 하여 믿음의 사회로 명랑한 기풍을 일으키게 되는 것이다.


33-2-5 ─────────── 子가 曰君子는 道人以言하고 而禁人以行하나니
故로 言必慮其所終하고 而行必稽其敝하면 則民이
謹於言而愼於行하나니 詩에 云愼爾出話하며 敬爾威儀라
하고 大雅에 曰穆穆文王이여 於緝熙敬止라 하니라.


『공자가 말씀하시기를 군자는 사람을 말로써 유도하고, 사람을 행실로써 단속하나니 그러므로 말은 반드시 그 마칠 바를 고려하고, 행동은 반드시 그 폐단을 살피면 인민이 말함에 삼가고 행동함에 신중하나니 시에 이르기를 그대가 말을 냄에 신중히 하며, 그대의 위엄 있는 거동을 경건히 하라 하고, 대아에 말하기를 그윽하고 그윽하신 문왕이여 아, 계속하여 환하시어 공경에 멈추시도다 하니라.』

☯ 이 절은 정치지도자가 인민을 언행일치(言行一致)로 교화(敎化)하는 절도를 기술하였다.

도(道)는 교화(敎化)하여 유도(誘導)함이고, 금(禁)은 제지(制止)하여 단속함이며, 소종(所終)은 행동으로 끝냄이요, 폐(敝)는 치우치는 폐단이다. 시(詩)는 시경(詩經) 대아(大雅)의 억(抑)편이요 대아(大雅)는 시경(詩經) 대아(大雅)의 문왕(文王)편이니 목목(穆穆)은 그윽하여 거룩한 모양이며, 오(於)는 감탄사이고, 집(緝)은 계속함이

며, 희(熙)는 빛남이다.


33-3-1 ─────────── 子가 曰長民者는 衣服이 不貳하며 從容有常하야
以齊其民하면 則民德이 壹하나니 詩에
云彼都人士여 狐裘黃黃이로다 其容不改하며
出言有章하며 行歸于周하니 萬民所望이로다 하니라.


『공자가 말씀하시기를 인민을 기르는 사람은 의복이 둘이 아니며
조용히 항상 됨이 있어서 그 인민을 가지런히 하면 인민의 덕성이
하나로 하나니, 시에 이르기를 저 도시의 고귀한 분이여, 여우가죽옷
이 누릇누릇 그 용모를 바꾸지 아니하며, 말을 함에 뚜렷하고 밝으
며, 주나라 도읍으로 돌아가니 만민이 바라는 바로다 하니라.』


　☯ 이 장은 인민의 도덕심을 통일하는 방법을 기술하였으니 여기
에서는 학문과 도덕이 있는 교육자(敎育者)의 의복(衣服)은 위로 왕
(王)으로부터 아래로 선비에 이르기까지 모두 똑같은 옷을 입게 하
여야 인민의 도덕심을 통일할 수 있음을 밝혔다.
　장민자(長民者)는 앞에 33-2-3에서 이미 해설하였고, 의복(衣服)
은 관복(官服)이 아니고 예복(禮服)이니 곧 제복(祭服)과 상복(喪
服)및 심의(深衣) 등이며, 불이(不貳)는 두 가지로 하지 않는 것이니
위로 왕공(王公)으로부터 아래로 사서인(士庶人)에 이르기까지 모두
동일한 것이다. 종용(從容)은 조용히 따름이니 아무도 이의(異議)를
하지 못함이고, 유상(有常)은 천하국가의 보편적 제도로 정착함이며,

민덕(民德)은 인민대중의 도덕심이요, 일(壹)은 착한 본성을 말미암 아 한가지로 통일함이다. 시(詩)는 시경(詩經) 소아(小雅)의 도인사 (都人士)편이니 도인사(都人士)는 도읍에서 고위관료로 있다가 시골 로 내려온 고귀한 사람이요, 호구(狐裘)는 여우가죽옷으로 대부(大 夫)급이 입는 방한복이며, 기용불개(其容不改)는 그 처신(處身)을 고 결하게 지켜서 고치지 아니함이고, 출언유장(出言有章)은 말을 고상 하게 하여 밝고 뚜렷함이 있는 것이다. 행귀우주(行歸于周)는 임금이 다시 벼슬을 내리므로 주(周)나라의 도읍으로 돌아감이다. 이것은 나라 에서 학자(學者)의 신분을 보장하여, 조정(朝廷)에 벼슬을 하거나 물러 나서 초야에 머물거나 그 말과 행실을 똑같이 하여 인민을 교육하는 기능을 쉬지 아니하도록 배려하여야 인민대중의 도덕심을 통일할 수 있음을 노래한 것이니 『새 시대를 위한 시경』2-8-1을 참조하라.


33-3-2 ──────────────── 子가 曰爲上하야 可望而知也하고 爲下하야 可述而志也면 則君이 不疑於其臣하며 而臣이 不惑於其君矣니 尹吉에 曰惟尹躬及湯으로 咸有壹德이라 하고 詩에 云淑人君子여 其儀不忒이라 하니라.


　『공자가 말씀하시기를 윗사람이 되어 가능한 희망사항으로 아래에 알리고, 아랫사람이 되어 가능한 보고사항으로 기록하게 하면 임금이 그 신하를 의심하지 아니하며, 그 신하가 그 임금에 대하여 의혹하지 아니하는 것이니 이윤의 알림에 말하기를 오직 윤이 몸소 탕 임금과 다 같이 한결같은 덕이 있다고 하였고 시에 이르기를 착한 사람 군 자여, 그 거동을 의심하지 않도다 하니라.』

◉ 이 절은 국민의 도덕심을 통일하기 위해서는 먼저 조정(朝廷)의 군신상하(君臣上下)가 희망사항과 보고사항을 명확히 하여 의심과 의혹(疑惑)이 없는 믿음의 정치로 확신의 행정체계를 갖추어야 됨을 기술하였다.

가망(可望)은 가능한 희망사항이니 합리적인 지시(指示)를 함이고, 가술(可述)은 직무에 대하여 가능한 보고사항이니 책임을 완수할 수 있는 역량이며, 지(志)는 책에 기록함이다. 윤(尹)은 이윤(伊尹)이요 고(吉)는 고(告)이니 윤고(尹告)는 서경(書經) 상서(商書)의 함유일덕(咸有一德)편인데 급(及)이 서경에는 기(曁)로 되어 있으니 더불어의 뜻인바 『새 시대를 위한 서경』 3-8-3을 보라. 시(詩)는 시경(詩經) 조풍(曹風)의 시구(鳲鳩)편이요, 특(忒)은 의심하는 것이니 『새 시대를 위한 시경』 1-14-3을 보라.

살피건대 국민을 도덕심으로 통일하려면 먼저 임금과 신하가 표리여일(表裏如一)하고, 시종일관(始終一貫)하는 신뢰사회를 개척해야 되나니 임금은 조야(朝野)를 고루 다스려 인재를 발탁하고, 신하는 조정에 있거나 초야에 있거나 한결같은 지조를 지켜야 하는 것이다.


33-3-3 ──────────────── 子가 曰有國家者는 章善癉惡하야 以示民厚면 則民情이 不貳하나니 詩에 云靖共爾位하야 好是正直하니라.


『공자가 말씀하시기를 국가를 경영하는 사람은 착한 사람을 표창하고, 악한 사람을 고통스럽게 하여 인민에게 두터움을 보이면 인민의 뜻이 두 가지로 아니 하나니, 시에 이르기를 너의 직위에 화합하며 함께 하여, 이 정직을 좋아한다고 하니라.』

◑ 이 절은 국민에게 도덕심을 일으키기 위해서는 권선징악(勸善懲惡)하는 사회기강을 세워야 됨을 기술하였다.

　장(章)은 뚜렷이 밝힘이니 곧 표창(表彰)함이요, 단(癉)은 고통스러운 것이니 징계(懲戒)함이며, 민정(民情)은 인민의 뜻이고, 불이(不貳)는 의심하여 이랬다저랬다 하지 아니함이다. 시(詩)는 시경(詩經) 소아(小雅)의 소명(小明)편이니 정(靖)은 화합하여 안정함이고, 공(共)은 함께함이다. 정직(正直)은 정심(正心)으로 감정을 곧게 나타냄이니 사악한 마음을 멀리하고 감정을 굽혀서 속이지 아니함이다. 『새 시대를 위한 시경』2-6-3을 보라.


33-3-4 ──────────── 子가 曰上人이 疑하면 則百姓이 惑하고 下가 難知하면 則君長이 勞하니 故로 君民者는 章好하야 以示民俗하고 愼惡하야 以御民之淫하면 則民이 不惑矣하며 臣이 儀行하고 不重辭하며 不援其所不及하며 不煩其所不知하면 則君이 不勞矣니 詩에 云上帝板板이라 下民이 卒癉이라 하며 小雅에 曰匪其止共이라 維王之邛이로다 하니라.


　『공자가 말씀하시기를 윗사람이 의심하면 백성이 의혹하고, 아랫사람이 알기가 어려우면 임금과 어른이 수고로우니 그러므로 인민에게 임금 노릇 하는 사람은 좋아함을 뚜렷이 밝혀 민간사회에 보이고, 악을 신중히 하여 인민의 음란함을 통제하면 인민이 의혹하지 않을 것이며, 신하가 행실을 본받고 변명을 중요하게 여기지 아니하며, 그 미치지 못한 바를 끌어 잡지 아니하며, 그 알지 못한 바를 괴로워하지 아니하면 임금이 수고롭지 아니하니 시에 이르기를 하느님이 엎

치락덮치락하므로 아래 민중이 모두 몸이 밭아서 마른다고 하며, 소
아에 말하기를 그 함께 하기를 그치지 않으므로 왕이 고달프도다 하
니라.』

　● 이 절은 시행착오(施行錯誤)가 없도록 군신상하(君臣上下)가
의사소통(意思疏通)을 원활히 해야만 국민의 도덕심을 통일하는 풍
속을 일으킬 수 있음을 기술하였다.

　로(勞)는 피로하여 수고로운 것이고, 어(御)는 통제함이며, 의(儀)
는 본받음이요, 중(重)은 중요하게 여김이다. 원(援)은 끌어 잡아 매
달리는 것이고, 번(煩)은 번민하여 괴로워함이며, 시(詩)는 시경(詩
經) 대아(大雅)의 판(板)편이로 판판(板板)은 안정(安定)하지 못하
여 엎치락덮치락함이며, 졸(卒)은 모두이고 단(癉)은 시경에 단(癉)
으로 되어 있으니 고민으로 몸이 밭아서 마르는 병이다. 소아(小雅)
는 시경(詩經) 소아(小雅)의 교언(巧言)편이니 공(邛)은 고달픈 것
이다.


33-3-5 ───────────── 子가 曰政之不行也와 敎之不成也는 爵祿이
不足勸也며 刑罰이 不足恥也니 故로
上不可以褻刑而輕爵이니 康誥에 曰敬明乃罰이라
하며 甫刑에 曰播刑之不迪이라 하니라.


『공자가 말씀하시기를 정치가 행해지지 아니함과 교육이 이루어지
지 아니한 것은 벼슬과 봉록이 족히 권하게 못 하며, 형벌이 족히 부

끄럽게 못 함이니 그러므로 임금은 형벌을 가까이하고, 벼슬을 가볍게 해서는 아니 되니 강고에 말하기를 너의 형벌을 공경하여 밝히라고 하였으며, 보형에 말하기를 가벼운 형벌을 베풀었던 것을 따르지 아니하리오 하니라.』

◑ 이 절은 국민의 도덕심을 통일하기 위해서는 작록(爵祿)과 형벌(刑罰)을 바르게 시행하여 정부에 대한 신임을 두텁게 해야 됨을 기술하였다.

설형(褻刑)은 형벌을 가까이하여 함부로 처벌하는 것이요, 경작(輕爵)은 작록(爵祿)을 가볍게 주었다가 빼앗는 것이며, 강고(康誥)는 서경(書經) 주서(周書)의 강고(康誥)편이고, 내(乃)는 대명사로 그대이니 『새 시대를 위한 서경』 4-11-7을 보라. 보형(甫刑)은 서경 주서의 여형(呂刑)편인데 적(迪)은 따르는 것이니 『새 시대를 위한 서경』 4-29-12를 보라.


33-4-1 ───────────────── 子가 曰大臣이 不親하며 百姓이 不寧함은 則忠敬이 不足하고 而富貴가 已過也라 大臣이 不治하고 而邇臣이 比矣니 故로 大臣은 不可不敬也니 是民之表也요 邇臣은 不可不愼也니 是民之道也라 君이 毋以小로 謀大하며 毋以遠으로 言近하며 毋以內로 圖外하면 則大臣이 不怨하며 邇臣이 不疾하며 而遠臣이 不蔽矣라 葉公之顧命에 曰毋以小謀로 敗大作하며 毋以嬖御人으로 疾莊后하며 毋以嬖御士로 疾莊士大夫卿士라 하니라.

『공자가 말씀하시기를 대신이 친하지 아니하며, 백성이 편안치 아니 함은 곧 충성심과 공경심이 부족하고, 그 부유하고 고귀함이 너무 지나친 것이므로 대신이 다스리지 아니하고, 그 가까운 신하가 어울려 당파를 만든 것이니 그러므로 대신은 공경하지 않을 수 없는 것이니 이는 인민의 표적이기 때문이요, 가까운 신하는 신중하지 아니할 수 없나니 이는 인민의 좇는 길이기 때문이다. 임금이 작은 신하로 큰일을 도모하지 아니하며, 먼 신하로 가까운 것을 말하지 아니하며, 안에 신하로밖에 일을 도모하지 아니하면 대신이 원망하지 아니하고, 가까운 신하가 미워하지 아니하며, 그 먼 신하가 가리지 아니하니라. 섭공의 고명에 말하기를 작은 꾀로 큰일을 무너뜨리지 말며, 사랑하는 궁녀로 정실부인을 질투하지 못하게 하며, 사랑하는 내시로 바른 선비와 대부와 공경을 질투하지 못하게 하라고 하니라.』


◯ 이 장은 임금이 대신(大臣)을 공경하여 정치의 기강과 행정의 체계를 확립하고, 공명정대(公明正大)한 공화정체(共和政體)를 수립하는 절도를 기술하였다.

대신불친(大臣不親)은 임금이 대신(大臣)을 멀리하여 신임하지 않으므로 대신도 임금을 멀리하여 친근히 하지 않음이요, 백성불녕(百姓不寧)은 정치의 공도(公道)가 막히고 사문(私門)이 열려서 비밀정치를 하므로 앞날을 전혀 예측할 수 없기 때문에 인민이 편안치 못함이다. 충(忠)은 대신의 충성심이요, 경(敬)은 임금이 대신을 공경하는 마음이며, 이과(已過)는 너무 지나친 것이며, 비(比)는 비당(比黨)은 어울려서 도당(徒黨)을 결성함이다. 표(表)는 표적(表的)이니 관심의 대상이요, 도(道)는 따라가는 길이니 대신(大臣)은 행정의 책임자이므로 관심의 대상이고, 가까운 신하는 임금의 명령을 전하기 때문에 좇는 길이 되는 것이다. 섭공(葉公)은 초(楚)나라 섭현(葉縣)을 다스리는 심제량(沈諸梁)이니 자(字)가 자고(子高)인데 춘추시대에 임금을 참칭(僭稱)하였으며, 고명(顧命)은 임금이 죽을 때에 뒷일을 부탁하는 명령서이다. 작(作)은 사(事)이고, 어인(御人)은 궁녀(宮女)이며, 장(莊)은 정(正)이요, 어사(御士)는 내시(內侍)이다.

33-4-2 ──────────────── 子가 曰大人이 不親其所賢하고 而信其所賤이라
民이 是以親失하며 而敎가 是以煩하나니 詩에
云彼求我則일젠 如不我得이러니 執我仇仇이어늘
亦不我力이로다 하며 君陳에 曰未見聖하얀
若己弗克見하다가 旣見聖하얀 亦不克由聖이라 하니라.

『공자가 말씀하시기를 대인이 그 어진 바를 친하지 아니하고, 그 천한 바를 믿은지라 인민이 이래서 친함을 잃으며, 교령이 이래서 번거롭나니 시에 이르기를 저들이 나에게서 법칙을 찾을 때에는 나를 얻지 못할 듯이 하더니 나를 대함이 오만하거늘 또한 나를 힘쓰지 않도다 하며, 군진에 말하기를 성인을 보지 못해서는 마치 자기가 볼 수 없는 듯이 하다가 이미 성인을 보고서는 또한 능히 성인을 말미암지 아니하도다 하니라.』

☯ 이 절은 임금의 어진 이를 공경하는 마음이 점점 식어 가는 폐단을 기술하였다.

대인(大人)은 왕공(王公)을 지칭하고, 현(賢)은 대신(大臣)을 말하며, 천(賤)은 가까운 하급관료이다. 교(敎)는 교령(敎令)이요, 번

(煩)은 번거로움이니 임금이 가까운 신하들과 도당정치(徒黨政治)를 하므로 인민이 정부를 멀리하여 따르지 않는 까닭에 부질없이 교령 (敎令)만 자주 내리게 된 것이다. 시(詩)는 시경(詩經) 소아(小雅)의 정월(正月)편이요, 즉(則)은 법칙이며, 집(執)은 같은 조직원으로 대함이고, 구구(仇仇)는 오만한 모양이며, 력(力)은 힘쓰는 것이다. 『새 시대를 위한 시경』 2—4—8을 보라. 군진(君陳)은 서경(書經) 주서 (周書)의 군진(君陳)편이니 『새 시대를 위한 서경』 4—23—4를 보라.


33-5-1 ──────────── 子가 曰小人은 溺於水하고 君子는 溺於口하고
大人은 溺於民하나니 皆在其所藝也니라 夫水는
近於人而溺人하니 德이 易狎而難親也라 易以溺人하고
口는 費而煩하며 易出難悔라 易以溺人하고 夫民은
閉於人而有鄙心하니 可敬이요 不可慢이라 易以溺人하나니
故로 君子는 不可以不愼也니라.


『공자가 말씀하시기를 소인은 물에 빠지고, 군자는 입에 빠지고, 대인은 인민에 빠지나니 모두 그 가까이하는 바에 있느니라. 대저 물은 사람에게 가까이하지만 사람을 빠지게 하니 성질이 가까이하기는 쉬우나 친하기는 어려우므로 쉽게 사람을 빠지게 하고, 입은 함부로 지껄이어 사람을 번거롭게 하며, 말하기는 쉬워도 뉘우치기는 어려우므로 쉽게 사람을 빠지게 하고, 저 인민은 사람에게 가리면 비루한 마음이 있으니 공경해야 되고, 업신여길 수 없으므로 쉽게 사람을 빠지게 하나니 그러므로 군자는 신중하지 않을 수 없는 것이니라.』

◐ 이 장은 임금이 인민대중을 공경하여야 천명(天命)을 받들어 아름다운 정치를 이룩할 수 있음을 기술하였다.

소인(小人)은 인민대중이요, 군자(君子)는 사대부(士大夫)이며, 대인(大人)은 왕(王)과 제후(諸侯)이다. 덕(德)은 성질이고, 압(狎)은 가까이 이무럽게 함이니 물의 성질은 부드러워서 가까이하기는 쉬워도 친하기는 어려우니 그 형세가 깊고 넓고 질펀하여 제압하지 못하기 때문이다. 구(口)는 말이요, 비(費)는 낭비(浪費)이니 말을 함부로 하면 사람을 번거롭게 하며, 이출(易出)은 말하기가 쉬움이고, 난회(難悔)는 한 번 한 말은 거두어 취소하기가 어려운 것이다. 폐(閉)는 가려서 막히는 것이요, 비심(鄙心)은 비루(鄙陋)한 마음이니 좁고 천한 생각으로 실망해서 반발하는 마음이다. 가경(可敬)은 인민대중을 나라의 근본(根本)으로 공경해야 되는 것이니 곧 민본사상(民本思想)에 철저하고 천명(天命)을 받드는 것이다.

살피건대 모든 일의 사단은 가깝고 쉬운 데서 비롯하나니 인민대중이 물에서 모험을 하면 안 되듯이 사대부(士大夫)는 입을 함부로 놀려서는 안 되고, 임금은 인민대중을 함부로 다스려서는 안 되는 것이다.

33-5-2 ——————————————— 太甲에 曰毋越厥命하야 以自覆也하시고 若虞機張이어든 往省括于度則釋이라 하며 兌命에 曰惟口는 起羞하며 惟甲冑는 起兵하나니 惟衣裳은 在笥하며 惟干戈는 省厥躬이라 하며 太甲에 曰天作孽은 可違也어니와 自作孽은 不可逭이라 하며 尹吉에 曰惟尹이 躬先見于西邑夏하니 自周有終한대 相亦有終이라 하니라.

『태갑에 말하기를 그 천명을 멀리하여 스스로 뒤엎지 마시고, 사냥터지기가 쇠뇌의 시위를 걸어 매는 곳에 활시위를 얹었거든 가서 오늬를 법도에 살피고 곧 발사함과 같이 하라고 하며, 열명에 말하기를 오직 입에서 부끄러움이 생기고, 오직 갑옷과 투구에서 전쟁이 일어나나니 오직 화려한 의상은 상자 속에 두시며, 오직 방패와 창은 그 몸에서 치워 버리라고 하며, 태갑에 말하기를 하늘이 지은 재앙은 오히려 어길 수도 있으려니와 스스로 지은 재앙은 도피할 수 없다고 하며, 이윤의 아룀에 말하기를 오직 윤이 몸소 먼저 서쪽 도읍의 하나라를 보니 두루 헤아려 꼼꼼함을 말미암아 끝냄이 있는데 돕는 사람도 또한 끝냄이 있다고 하니라.』

○ 이 절은 앞 절에 이어 임금이 주도면밀(周到綿密)하게 민생문제를 해결하여야 실수를 막을 수 있음을 기술하였다.

태갑(太甲)은 서경(書經) 상서(商書)의 태갑(太甲) 상편이고, 월(越)은 멀리함이요, 명(命)은 사명이며, 우(虞)는 우인(虞人)으로 사냥터지기이다. 기(機)는 쇠뇌의 시위를 걸어 매는 곳이며, 장(張)은 활시위를 당겨서 기(機)에 얹은 것이고, 괄(括)은 오늬인데 화살의 머리를 시위에 끼도록 에어 낸 부분으로 대개 광대싸리를 짧게 동강을 내어 화살머리에 붙이고 복숭아 껍질로 싼다. 도(度)는 법도이며 석(釋)은 발사함이니 『새 시대를 위한 서경』 3-5-5~6을 보라. 열명(兌命)은 서경 상서의 열명(說命)중편인데 수(羞)는 수치(羞恥)요, 생(省)은 치워 버리는 것이니 『새 시대를 위한 서경』 3-13-4를 보라. 얼(孼)은 재앙이요, 위(違)는 어김이며 환(逭)은 도망하여 피함이니 『새 시대를 위한 서경』 3-6-3을 보라. 윤고(尹告)는 윤고(尹誥)니 이윤(伊尹)의 훈고(訓告)이고 서읍하(西邑夏)는 하(夏)나

라의 도읍이 상(商)나라의 도읍인 박(亳)의 서쪽에 있기 때문에 이
렇게 일컬었으며 자(自)는 말미암음이고, 주(周)는 꼼꼼하고 찬찬해
서 빠짐이 없는 것이요, 유종(有終)은 일을 성공적으로 끝냄이 있는
것이며, 상(相)은 상공(相公)이니 임금을 보필하는 신하인데『새 시
대를 위한 서경』3-5-3을 보라.

33-6-1 ──────────── 子가 曰民은 以君爲心하고 君은 以民爲體하나니
心莊則體舒하고 心肅則容敬하며 心好之면 身必安之하고
君好之면 民必欲之하나니 心以體全하며 亦以體傷하고
君以民存하며 亦以民亡하나니 詩에 云昔吾有先正하야
其言明且淸이라 國家以寧하며 都邑以成하며
庶民以生하거늘 誰能秉國成하고 不自爲正하야
卒勞百姓고 하며 君雅에 曰夏日暑雨에 小民이
惟曰怨資하며 冬祈寒에 小民이 亦惟曰怨이라 하니라.

『공자가 말씀하시기를 인민은 임금으로 마음을 삼고, 임금은 인민
으로 몸을 삼나니 마음이 씩씩하면 몸이 한가롭고, 마음이 정숙하면
모양이 공경스러우며, 마음이 좋아지면 몸이 반드시 편안하고, 임금
이 좋아하면 인민이 반드시 하고자 하나니 마음은 몸으로써 온전하
며 또한 몸으로써 상하고, 임금은 인민으로써 보존하고 또한 인민으
로써 멸망하나니, 시에 이르기를 옛날 우리에게 선정이 있어 그 말이
밝고 깨끗한지라. 국가가 편안하며, 도읍이 안녕하며, 서민이 살게 되
었거늘 그 누가 능히 나라의 안녕을 쥐고 있으면서 스스로 바르게
하지 아니하여 마침내 백성을 수고롭게 하는가 하며, 군아에 말하기

를 여름의 더위와 비에 약소한 민중이 오직 말하기를 원망하고 탄식하며, 겨울의 매서운 추위에 약소한 민중이 또한 오직 말하기를 원망한다고 하니라.』

　☯ 이 장은 임금과 인민의 관계는 마치 마음과 몸처럼 유기적(有機的)인 공존관계임을 기술하였다.

　민이군위심(民以君爲心)과 군이민위체(君以民爲體)는 마음이 한 몸을 주재(主宰)하고, 몸이 마음을 따르듯이 인민은 임금을 지도자로 삼고, 임금은 인민을 보호하는 것이니 많은 부분이 모여서 한 개의 물체를 만들고, 그 각 부분 사이에 긴밀한 통일을 이루어 전체가 필연적인 관계를 가지고 있는 상태의 유기적(有機的)인 조직체임을 말한다. 그러므로 마음은 육체가 건강함으로써 건전하고 또한 육체가 고통스러움으로써 손상하듯이 임금도 인민이 건강함으로써 보존하고 인민이 고통스러움으로써 멸망하는 공동운명체인 것이다. 시(詩)는 석오유선정(昔吾有先正)으로부터 서민이생(庶民以生)까지의 다섯 구절은 일시(逸詩)이고, 아래 3구절은 시경(詩經) 소아(小雅)의 절남산(節南山)편이니 국성(國成)은 나라를 평화롭게 다스려 안녕함이며 정(正)은 시경에 정(政)으로 되어 있으니 바르게 정사를 봄이다. 군아(君雅)는 군아(君牙)로 서경(書經) 주서(周書)의 군아(君牙)편이며, 자(資)는 서경에 자(咨)로 되어 있으니 탄식함이요, 기(祈)는 서경에 기(祁)로 되어 있으니 기한(祁寒)은 매서운 추위이며, 역유왈원(亦惟曰怨)의 다음에도 서경에는 자(咨)가 있으니 『새 시대를 위한 서경』 4-27-5를 보라.

　살피건대 국가를 호위하고 국민의 생명과 재산을 보호할 나라의 지도자가 정치를 그르치면 인민이 원망하는 것이 당연하고, 너무 덥거나 추위에 약소한 민중이 날씨를 원망하는 것도 또한 당연한 것이다.


 子가 曰下之事上也에 身不正하며 言不信하면
則義不壹하며 行無類也하나니 子가 曰言有物而行有格也라
是以로 生則不可奪志요 死則不可奪名이니 故로 君子는
多聞하야 質而守之하며 多志하야 質而親之하고 精知하야
略而行之하나니 君陳에 曰出入을 自爾師로 虞하야 庶言이
同이라 하며 詩에 云淑人君子여 其儀一也라 하니라.


『공자가 말씀하시기를 아랫사람이 윗사람을 섬김에 몸이 바르지 못하여 말이 믿지 못하면 의리가 한결같지 않으며, 행실이 같음이 없는 것이니 공자가 말씀하시기를 말에 헤아림이 있고, 행동에 격식이 있는 것이라. 이래서 살아서는 곧 뜻을 빼앗을 수 없고, 죽어서는 곧 이름을 빼앗을 수 없으니 그러므로 군자는 많이 들어서 바로잡아 지키며, 많이 기록하여 바로잡아 가까이 따르고, 정밀하게 알아서 집약하여 행하나니 군진에 말하기를 나아가고 들어옴을 그대의 무리로부터 헤아리게 하여, 여러 말이 같게 하라고 하였으며, 시에 이르기를 착한 사람 군자여, 그 거동이 한결같다고 하니라.』


◐ 이 절은 아랫사람이 윗사람을 섬기는 절도를 기술하였으니 말과 행동을 정직(正直)하고 성실(誠實)하게 하여야 됨을 밝혔다.

류(類)는 같은 것이니 곧 초사(肖似)요, 무류(無類)는 같잖은 것이며, 물(物)은 헤아림이니 유물(有物)은 법도(法度)를 헤아려 사실에 부합함이 있는 것이고, 격(格)은 격식(格式)이니 유격(有格)은 법

식(法式)과 규범(規範)이 있는 것이다. 살아서는 지조(志操)가 있으
므로 뜻을 빼앗지 못하고, 죽어서는 행적(行蹟)이 있으므로 이름을
빼앗지 못하는 것이다. 질(質)은 질정(質正)함이고, 다지(多志)는 많
이 기록하여 기억함이며, 친(親)은 친근히 따르는 것이요, 략(略)은
약(約)과 같으니 집약(集約)함이다. 군진(君陳)은 서경(書經) 주서
(周書)의 군진(君陳)편이고, 출입(出入)은 전체적으로 조절하여 균형
을 맞춤이고, 사(師)는 무리이며, 우(虞)는 헤아리는 것이요, 서언(庶
言)은 여러 사람들의 말이다. 『새 시대를 위한 서경』 4-23-5를 보
라. 시(詩)는 시경(詩經) 조풍(曹風) 시구(鳲鳩)편이요 의(儀)는 거
동이다. 『새 시대를 위한 시경』 1-14-3을 보라.


33-6-3 ──────────────── 子가 曰唯君子이어야 能好其正하고 小人은
毒其正하나니 故로 君子之朋友엔 有鄕하며 其惡엔
有方하니 是故로 邇者가 不惑하고 而遠者가 不疑也니
詩에 云君子의 好仇라 하니라.


『공자가 말씀하시기를 오직 군자이어야 그 반듯함을 좋아하고, 소
인은 그 반듯함을 미워하나니 그러므로 군자의 붕우에는 착하게 인
도함이 있으며, 그 악함에는 일정한 방식이 있나니 이런 까닭으로 가
까운 사람이 의혹하지 아니하고, 그 먼 사람이 의심하지 않는 것이니
시에 이르기를 군자의 좋은 짝이라고 하니라.』


◉ 이 절은 앞 절에 이어 오직 군자(君子)이어야 아랫사람의 정직

윤리(正直倫理)를 좋아하여 권장하고, 소인배(小人輩)는 아랫사람의 정직윤리를 싫어하면서 관기(官紀)를 문란(紊亂)시킴을 기술하였다.

기정(其正)은 신하(臣下)의 정직윤리(正直倫理)이고, 독(毒)은 미워하여 해치는 것이며, 유향(有鄉)은 착하게 인도(引導)함이 있음이니 향(鄉)은 향도(鄉導)이고, 유방(有方)은 처벌하는 방식(方式)이 있음이니 곧 견책하여 처벌하는 법률이 있는 것이다. 시(詩)는 시경(詩經) 주남(周南)의 관저(關雎)편이요, 구(仇)는 시경에 구(逑)로 되어 있으니 짝이다.

살피건대 군자(君子)는 덕(德)을 숭상하고 정의(正義)를 좋아하므로 그 신하(臣下)를 정직하게 만들고, 소인(小人)은 이익을 숭상하고 변명을 즐기므로 그 부하(部下)를 부정부패하게 만드는 것이니 나라를 군자당(君子黨)이 다스리면 예절이 일어나니 청렴 강직한 기풍이 일어나서 명랑사회를 만들고, 나라에 소인당(小人黨)이 득세하면 기강이 무너지고 부정부패한 무리들이 횡행하여 혼돈사회로 전락하는 것이니 예의도 염치도 없는 소인배는 경계할진저!

33-6-4 ──────────── 子가 曰輕絶貧賤하고 而重絶富貴하면 則好賢이
不堅하고 而惡惡이 不著也니 人雖曰不利나 吾不信也로다
詩에 云朋友攸攝하니 攝以威儀로다 하니라.

『공자가 말씀하기를 가난하고 천한 사람을 가볍게 끊어 버리고, 그 부유하고 고귀한 사람을 무겁게 끊어 버리면 어진 이를 좋아함이 굳지 아니하고, 그 악을 미워함이 뚜렷하게 나타나지 아니하는 것이

니 사람이 비록 말하기를 이익을 노림이 아니라고 하지만 나는 믿지 않으리로다. 시에 이르기를 붕우는 돕는 바이니 위엄 있는 거동으로 돕도다 하니라.』


  ☯ 이 절은 윗사람이 아랫사람의 빈부귀천(貧富貴賤)을 가려서 처벌하면 진정으로 정직한 어진 이를 좋아함이 아님을 기술하였다.
  경절(輕絶)은 가볍게 끊음이니 엄격하게 처벌함이고, 중절(重絶)은 무겁게 끊음이니 너그럽게 처벌함이며, 불리(不利)는 이익을 노리지 아니함이다. 시(詩)는 시경(詩經)대아 (大雅)의 기취(旣醉)편이니 섭(攝)은 돕는 것이다. 『새 시대를 위한 시경』3-2-3을 보라.


33-6-5 ──────── 子가 曰私惠요 不歸德하면 君子가 不自留焉하나니
　　　　　　　　　詩에 云人之好我토록 示我周行이어다 하니라.


『공자가 말씀하시기를 사사로운 혜택을 베풀고, 덕으로 돌아가지 아니하면 군자가 스스로 머물지 아니하나니 시에 이르기를 사람이 우리를 좋아하도록 우리에게 큰 도리를 보여 주소서 하니라.』


  ☯ 이 절은 군자(君子)가 사혜(私惠)를 멀리하고, 공덕(公德)을 주장하는 절도를 기술하였다.
  사혜(私惠)는 일방적인 불공평한 혜택(惠澤)이요, 덕(德)은 공평무사(公平無私)한 덕택(德澤)이며, 류(留)는 벼슬자리에 유임(留任)함이니 만일 임금이 사혜(私惠)를 베풀고, 공덕(公德)으로 돌아가지 아니하면

군자(君子)는 벼슬을 버리고 떠나야지 깨끗한 지조를 지킬 수 있는 것이다. 시(詩)는 시경(詩經) 소아(小雅)의 녹명(鹿鳴)편이요 주행(周行)은 큰 도리(道理)이니 『새 시대를 위한 시경』 2-1-1을 보라.


33-7-1 ——————————— 子가 曰苟有車하면 必見其軾하고 苟有衣하면 必見其敝하나니 人이 苟或言之면 必聞其聲하고 苟或行之면 必見其成이니 葛覃에 曰服之無射이로다 하니라.


『공자가 말씀하시기를 진실로 수레가 있으면 반드시 수레 앞 가로막대를 보고, 진실로 옷이 있으면 반드시 그 헤진 데를 보나니 사람이 진실로 혹시 말하면 반드시 그 명성을 듣고, 진실로 혹시 행동하면 반드시 그 성공을 보나니 갈담에 말하기를 옷을 만들어 입어도 싫지 않도다 하니라.』


　☯ 이 장은 군자(君子)가 행정(行政)을 함에는 그 말과 행실에 반드시 성공적인 결실이 있어야 됨을 기술하였다.

　식(軾)은 수레 앞에 가로막대로 잡고 일어서서 공경을 표하는 것이요, 폐(敝)는 낡고 헐어서 떨어진 것으로 옷을 오래 입었다는 뜻인바 무릇 군자(君子)가 수레를 탈진대 반드시 공경할 줄을 알아야 되고, 옷을 입었을진대 반드시 낡고 해질 때까지 입어야 되듯이 무릇 벼슬을 했으면 그 직무를 공경하여 끝까지 노력해서 완성해야 된다는 말이다. 언(言)은 직무에 관한 말이요, 성(聲)은 아름다운 명성(名聲)이며, 행(行)은 직무상의 행위이고, 성(成)은 성공적으로 완성함이다. 갈담(葛覃)은 시경(詩經) 주남(周南)의 갈담(葛覃)편이요 역

(射)은 싫어함이다. 『새 시대를 위한 시경』 1-1-2를 보라.


33-7-2 ──────────────────────── 子가 曰言從而行之면 則言不可飾也요
行從而言之면 則行不可飾也니 故로 君子가
寡言而行하야 以成其信하면 則民이 不得大其美하고
而小其惡하나니 詩에 云白圭之玷은
尙可磨야어니와 斯言之玷은 不可爲也라
하며 小雅에 曰允也君子여 展也大成이라 하며
君奭에 曰在昔上帝가 周하사 田觀文王之德하사
其集大命于厥躬하시니라 하니라.


『공자가 말씀하시기를 말을 좇아서 행하면 말을 꾸미지 못하고, 행동을 좇아서 말하면 행동을 꾸미지 못하는 것이니 그러므로 군자가 말을 적게 하여 행해서 그 믿음을 이루면 인민이 그 아름다움을 크게 늘이고 그 악을 작게 줄이지 아니하나니 시에 이르기를 하얀 옥구슬의 흠은 오히려 갈아서 없앨 수 있거니와 이 말의 흠은 할 수가 없느니라고 하며, 소아에 말하기를 어여쁜 군자여 진실로 크게 이루도다 하며, 군석에 말하기를 옛날에 있어서 하느님이 베시어 거듭 문왕의 덕을 권하시어 그 대명을 그 몸에 모으게 하시니라고 하니라.』


☯ 이 절은 군자(君子)가 언행일치(言行一致)하여야 국가사회를 신뢰하는 정직한 기풍이 일어나는 것을 기술하였다.

말을 좇아 행동하면 행동이 없는 말을 꾸미지 못하고, 행동을 좇아 말하면 말이 없는 행동을 꾸미지 못하는 것이다. 대기미(大其美)

는 그 아름다움을 과대 포장함이요, 소기악(小其惡)은 그 악함을 축소 포장함이며, 시(詩)는 대아(大雅)의 억(抑)편이요, 백규(白圭)는 하얀 옥구슬이며, 점(玷)은 흠이고, 상(尙)은 오히려이다. 『새 시대를 위한 시경』 3-3-2를 보라. 소아(小雅)는 시경(詩經) 소아(小雅)의 거공(車攻)편이요, 전(展)은 진실로이니 『새 시대를 위한 시경』 2-3-5를 보라. 군석(君奭)은 서경(書經) 주서(周書)의 군석(君奭)편인데 주(周)는 서경에 할(割)로 되어 있고, 전(田)은 신(申)으로 되어 있으니 거듭함이다. 문왕(文王)은 서경에 녕왕(寧王)으로 되어 있으니 무왕(武王)을 지칭하는바 『새 시대를 위한 서경』 4-18-5와 10을 보라. 대명(大命)은 천명(天命)을 받고 민심(民心)을 얻어 천자(天子)가 되는 것이다.

33-7-3 ──────────── 子가 曰南人이 有言하되 曰人而無恒이면 不可以爲卜筮라 하니 古之遺言與인저 龜筮가 猶不能知也어늘 而況於人乎리오 詩에 云我龜旣厭이라 不我告猶라 하며 兌命에 曰爵無及惡德하면 民立而正事하고 純而祭祀면 是爲不敬이니 事煩則亂하며 事神則難하니이다 하며 易에 曰不恒其德이라 或承之羞라 하고 恒其德이니 偵이나 婦人은 吉코 夫子는 凶이라 하니라.

『공자가 말씀하시기를 남인이 말하되 말하기를 사람으로 항상 됨이 없으면 거북점과 산가지점도 칠 수 없다고 하니 옛사람의 남긴 말인저, 거북점과 산가지점이 오히려 알 수 없거늘 하물며 사람에게 이리요, 시에 이르기를 나의 거북점이 이미 싫어하므로 나에게 꾀를 알려 주지 않도다고 하며, 열명에 말하기를 작위는 흉악한 사람에게 주지 않으면 인민이 일어나서 일을 바로잡고, 소홀하게 제사 지내면 이에 불경이 되나니 예절이 번거로우면 어지러우며, 일이 신비로우면 어렵나이다 하며, 역에 말하기를 그 덕을 한결같이 아니 하는지라 혹시 부끄러움을 이어받으리라 하고, 그 덕을 한결같이 하니 바르게 지킴이나 부인은 길하고, 사나이는 흉하리라고 하니라.』

　☯ 이 절은 정책(政策)의 일관성을 강조함과 동시에 시대변화에 슬기롭게 대처하여 정치의 대의(大義)를 따라야만 성공할 수 있음을 기술하였다.

　남인(南人)은 남쪽에 사는 사람이고, 항(恒)은 항상 됨이며, 사람이 변덕(變德)이 심하여 무상(無常)하면 귀신도 헤아리지 못하는 것이다. 시(詩)는 시경(詩經) 소아(小雅)의 소민(小旻)편이요, 유(猶)는 꾀이니 『새 시대를 위한 시경』 2-5-1을 보라. 태명(兌命) 서경(書經) 주서(周書)의 열명(說命)편이요, 악덕(惡德)은 흉악한 심술(心術)이니 부정부패한 인간이고 민립이정사(民立而正事)는 추가한 말이니 인민이 떨치고 일어나 국가사업을 바로잡아서 자율 자치함이다. 순(純)은 서경에 독(黷)으로 되어 있으니 소홀하게 함이요, 사번(事煩)은 시경에 예번(禮煩)으로 되어 있으며, 신(神)은 신비(神秘)로워서 알기 어려움이니 『새 시대를 위한 서경』 3-13-5와 10을 보라. 역(易)은 주역(周易) 항(恒)괘인데 불항기덕(不恒其德)이라 혹승지수(或承之羞)는 93효사(九三爻辭)요, 항기덕(恒其德) 이하는 65효사(六五爻辭)니 정(偵)은 주역에 정(貞)으로 되어 있으며, 부자(夫子)는 사나이 대장부를 지칭하는바 『새 시대를 위한 주역(周易)』 32-4-3과 5 및 32-5-3과 5를 아울러 보라.

# 34. 분상(奔喪)

  분(奔)은 달려감이요, 상(喪)은 초상집이니 문득 타향에 있는 사람이 집에 초상이 나면 즉각 달려가는 예절이다.

  이 편은 선비의 예절을 바탕으로 해서 어버이의 초상에 달려가는 예절과 자최(齊衰) 이하의 상복에 해당하는 초상집에 달려가는 예절 및 부인의 초상에 달려가는 예절을 엮었는데 빈소(殯所)를 설치하기 전과 후 그리고 초상집으로 달려가지 못한 경우를 나누어 서술하였다.

  사람이 죽어서 초상을 치는 일은 아주 크고 엄중한 일이므로 가족이나 친척과 친지 및 이웃사람은 달려가는 것이 예절이니 인정을 두텁게 하는 가장 아름다운 예절이다.


34-1-1 ──────────────── 奔喪之禮는 始聞親喪하면 以哭으로 答使者하되
盡哀하고 問故하고 又哭盡哀하고 遂行하야 日行百里하고
不以夜行이니 唯父母之喪엔 見星而行하고 見星而舍하니
若未得行이어든 則成服而后에 行하나니 過國至竟하얀
哭盡哀而止하며 哭辟市朝하고 望其國竟인댄 哭하니라.


  『초상집에 달려가는 예절은 처음 친척의 초상을 듣거든 소리 내어 슬피 울음으로 심부름꾼에게 답하되 슬프게 다 울고 죽은 연고를 묻고, 또다시 곡하여 슬픔을 다하고, 마침내 길을 떠나서 하루에 100리를 가고 밤으로는 가지 아니하니 오직 부모의 초상에는 새벽 별을

보고 길을 나서고, 저녁별을 보고 멈추어 쉬니 만약 떠날 수 없거든 상복을 완성한 다음에 떠나나니 다른 나라를 지나고 자기 나라의 경계에 이르러서는 곡하여 슬픔을 다하고 그치며, 시장과 조정에서는 곡을 피하고, 그 나라의 경계가 바라보일진댄 곡하니라.』

☯ 이 장은 다른 나라에 있다가 친척의 초상에 달려가는 예절을 기술하였으니 여기에서는 처음 친척이 죽었다는 부음(訃音)을 듣고 사자(使者)에게 답하는 예절과 분상(奔喪)하는 절도를 밝혔다.

친상(親喪)은 5복(五服)에 해당하는 친척의 초상(初喪)이고, 시자(使者)는 부고(訃告)를 전하는 심부름꾼이며, 문고(問故)는 무슨 연고로 어떻게 죽었는지를 묻는 것이요, 일행백리(日行百里)는 하루에 도보로 걸어가는 거리로 매우 빨리 달리는 것이니 대개 군대의 행군은 70리요, 걸어서는 50리를 간다. 불이야행(不以夜行)은 밤길을 위험하므로 가지 않는 것이고, 사(舍)는 머물러 쉬는 것이며, 과국(過國)은 외국을 통과함이요, 지경(至竟)은 자기 나라의 국경에 이른 것이다. 피(辟)는 피(避)이니 놀라지 않도록 소리 내어 울지 않는 것이요, 국경(國竟)은 초상집이 있는 도시의 경계이다.

34-2-1 ──────────── 至於家하야 入門左하야 升自西階하야 殯東에 西面坐하야 哭盡哀하고 括髮袒하고 降堂東卽位하야 西鄕哭成踊하고 襲絰于序東하야 絞帶反位하고 拜賓成踊하고 送賓反位하니라.

『집에 이르러 대문의 왼쪽으로 들어가서 서쪽 계단을 말미암아 올라 빈소의 동쪽에 서쪽을 향하여 앉아 통곡하여 슬픔을 다하고, 머리를 묶고 왼쪽 소매를 벗고, 뜰밭의 동쪽으로 내려와 자리로 나아가 서쪽을 향하여 통곡하고 벽용을 이루고, 동쪽 복도에서 옷을 덧입고 수질을 하여 요질을 매고 자리로 돌아와서 손님에게 절하며 벽용을 이루고 손님을 보내고 자리로 돌아오니라.』

☯ 이 장은 부상(父喪)에 상주(喪主)가 되는 사람이 멀리서 분상(奔喪)하여 상주의 자리에 오르는 절도를 기술하였다.

입문좌(入門左)와 승자서계(升自西階)는 돌아가신 아버지를 차마 죽었다고 인정할 수 없기 때문에 아직 집안의 주인으로 섬기는 까닭에 감히 대문의 동쪽과 동쪽 계단을 이용할 수 없는 것이다. 괄발(括髮)은 앞에 22-6-1에서 이미 해설하였고, 성용(成踊)은 앞에 7-1-3와 15-15-2, 20-11-10에서 해설하였으며, 습(襲)과 질(経)은 앞에 22-7-2에서 해설하였다. 교대(絞帶)는 요질(要経)을 매는 것이다. 용(踊)은 벽용(擗踊)이다.

34-2-2 ──────────────── 有賓이 後至者어든 則拜之成踊하고 送賓은 皆如初하되 衆主人兄弟가 皆出門하나니 出門하얀 哭止하고 闔門하며 相者가 告就次하니라 於又哭에 括髮하며 袒成踊하고 於三哭에 猶括髮袒成踊하고 三日에 成服하나니 拜賓送賓은 皆如初하니라.

『손님이 뒤에 이르는 사람이 있거든 절하고 벽용을 이루고, 손님을 보냄은 모두 처음과 같이 하되 여러 상제와 형제가 모두 빈소의 문을 나오나니 문을 나와서는 곡을 그치고 빈소의 문을 닫으며, 도우미가 상차로 나아가라고 알리느니라. 다음 날 또 곡함에 머리를 묶으며 왼쪽 소매를 벗고 벽용을 이루고, 3일째 날에 곡함에 똑같이 머리를 묶으며 왼쪽 소매를 벗고 벽용을 이루고, 3일에 성복하나니 손님에게 절하고 손님을 보냄을 모두 처음과 같이 하니라.』

● 이 절은 상주(喪主)가 분상(奔喪)하여 집에 이르러 와서 곡(哭)하고 조문(弔問)을 받으며, 성복(成服)할 때까지의 절도를 기술하였다.

개여초(皆如初)는 먼저 조문 오신 손님에게 절하고 벽용(擗踊)하며, 손님을 보낸 다음에 자리로 돌아오는 절차를 똑같이 하는 것이다. 중주인형제(衆主人兄弟)는 차자(次子) 이하의 여러 아들과 돌아가신 아버지의 형제들이고, 개출문(皆出門)은 빈소(殯所)의 문을 나오는 것이며, 합문(闔門)은 빈소의 문을 닫음이요, 상자(相者)는 상가(喪家)의 예절을 돕는 사람이다. 취차(就次)는 상차(喪次)에 가는 것이니 곧 중문(中門) 밖에 담장에 나무를 기대어 만든 의려(倚廬)로 감이고, 우곡(又哭)은 다음 날의 아침에 빈소에서 곡함이며, 3곡(三哭)은 우곡(又哭)의 다음 날 아침에 곡함이다. 3일(三日)은 3곡(三哭)의 다음 날이니 분상(奔喪)하여 집에 이른 지 제4일인데 3일에 성복(成服)이라고 하는 것은 죽은 사람은 가는 날로 계산하고, 살아 있는 사람은 오는 날로 계산하기 때문이니 앞에 1-25-4를 보라.


34-2-3 —————— 奔喪者가 非主人이어든 則主人이 爲之拜賓送賓하고

奔喪者가 自齊衰以下는 入門左하야 中庭에 北面하야
哭盡哀하며 免麻于序東하고 卽位하여 袒하고 與主人으로
哭成踊하니 於又哭과 三哭에 皆免袒하며 有賓이어든
則主人이 拜賓送賓하며 丈夫와 婦人之待之也에
皆如朝夕哭位하야 無變也하니라.


『초상집에 달려가는 사람이 상주가 아니거든 상주가 그를 위하여 손님에게 절하며 손님을 보내고 초상집에 달려온 사람이 자최 이하는 대문의 왼쪽으로 들어와서 마당 가운데에 북쪽을 향하여 곡하여 슬픔을 다하며, 동쪽 복도에서 통관을 쓰며 허리에 요질을 매고, 자리에 나아가 왼쪽 소매를 벗고, 주인과 더불어 곡하고 벽용을 이루나니 다음 날의 곡함과 3일째 날의 곡함에 모두 통관을 쓰고 왼쪽 소매를 벗으며, 손님이 있거든 곧 주인이 손님에게 절하고 손님을 보내며, 사나이와 부인이 초상집에 달려온 이를 대우함에도 모두 아침과 저녁으로 곡하는 자리와 같게 하여 변함이 없는 것이니라.』


◐ 이 절은 상주(喪主)가 아닌 자제와 친척이 초상집에 달려와서 곡하고 벽용(擗踊)하는 절차를 기술하였다.

비주인(非主人)은 앞 절에서 말한 중주인형제(衆主人兄弟)를 일컫고, 주인(主人)은 상주(喪主)이며, 자최이하(齊衰以下)는 참최(斬衰)를 입지 않은 친척이요, 장부(丈夫)와 부인(婦人)은 비록 상복(喪服)은 없으나 부음(訃音)을 듣고 달려온 친척으로 손님이 아닌 사나이와 부인들이다. 조석곡위(朝夕哭位)는 조석전(朝夕奠)에 곡하는 위치인데 남자는 동쪽에 남상주(男喪主)를 중심으로 상복의 차례로 서며,

여자는 서쪽에 여상주(女喪主)를 중심으로 상복의 차례로 선다.


34-3-1 ─────────── 奔母之喪엔 西面하야 哭盡哀하고 括髮袒하고
降堂東卽位하야 西鄉哭成踊하고 襲免絰于序東하고
拜賓送賓을 皆如奔父之禮하며 於又哭에 不括髮하니라.


『어머니의 초상에 달려옴에는 빈소의 동쪽에서 서쪽을 향하여 앉아 곡하며 슬픔을 다하고, 머리를 묶고 왼쪽 소매를 벗고, 뜰방의 동쪽으로 내려와 자리로 나아가 서쪽을 향하여 곡하고 벽용을 이루고, 동쪽 복도에서 옷을 덧입고 통관을 쓰고 수질과 요질을 하고, 손님에게 절하고 손님을 보냄을 모두 아버지의 초상에 달려온 예절과 같이 하며, 다음 날의 곡함에 머리를 묶지 아니하니라.』


◑ 이 장은 모상(母喪)에 상주(喪主)가 되는 사람이 멀리서 분상(奔喪)하여 상주의 자리에 나아가는 절도를 기술하였다. 앞에 15-15-2를 보라.


문(免)은 통관이니 상관(喪冠)이다. 대저 모든 절차가 아버지의 초상과 같으나 다만 문(免)을 더하고, 우곡(又哭)에 머리를 묶지 않은 불괄발(不括髮)만 다르니 아버지보다는 조금 가볍게 한 것이다. 그러므로 아버지가 돌아가시면 통곡(痛哭)을 하고, 어머니가 돌아가시면 애곡(哀哭)을 하는 것이다.

34-3-2 ━━━━━━━━━━ 婦人은 奔喪에 升自東階하야 殯東에 西面坐하야
哭盡哀하고 東髽하고 卽位하여 與主人으로 拾踊하니라.


『부인은 초상집에 달려감에 동쪽 계단으로 올라가서 빈소의 동쪽
에 서쪽을 향하여 앉아 곡하여 슬픔을 다하고, 동쪽 복도에서 북상투
를 하고, 자리에 나아가 상주와 더불어 거듭 벽용하니라.』


◑ 이 절은 부인(婦人)이 분상(奔喪)하는 절도를 기술하였다.

부인(婦人)은 고모(姑母)와 자매(姉妹)와 시집간 딸과 손녀요, 동
계(東階)는 주인이 오르내리는 조계(阼階)가 아니라 그 측면에 있는
작은 계단이다. 대저 부인들은 대문을 사용하지 않고, 대문의 동쪽에
있는 위문(闈門) 즉 옆문이나 샛문으로 출입하였던 것이다. 동좌(東
髽)는 동서(東序)에서 북상투를 트는 것이니 좌(髽)는 앞에 15-1-
3에서 이미 해설하였다. 겹(拾)은 다시이니 겹용(拾踊)은 두어 번만
벽용(擗踊)하는 것이니 여자는 체력이 나약하므로 남자처럼 격식을
갖추어 성용(成踊)할 수 없으므로 줄여서 생략하도록 하였다.



34-4-1 ━━━━━━━━━━ 奔喪者가 不及殯이어든 先之墓하야
北面坐하고 哭盡哀하니 主人之待之也에 卽位於墓左하고
婦人은 墓右하야 成踊하고 盡哀括髮하고 東卽主人位하야
経絞帶하고 哭成踊하니 拜賓反位成踊이어든 相者가 告事畢하니라.


『초상집에 달려온 사람이 빈소에 미치지 못하거든 먼저 묘소로 가

서 북쪽으로 향하여 앉아 곡하고 슬픔을 다하니 여러 상주가 기다림
에 묘소의 왼쪽에 자리로 나아가고, 부인은 묘소의 오른쪽에서 벽용
을 이루고 슬픔을 다하고 머리를 묶고, 동쪽으로 주인의 자리로 나아
가서 수질을 하고 요대를 매고, 곡하고 벽용을 이루니 손님에게 절하
고 자리에 돌아와 벽용을 이루거든 도우미가 행사를 마쳤다고 알리
느니라.』

◐ 이 장은 상주(喪主)가 부상(父喪)에 장사 지낸 뒤에야 집으로
달려온 경우에는 먼저 묘소로 가서 행사하는 절차를 기술하였다.
불급빈(不及殯)은 집에 빈소(殯所)가 있을 때에 오지 못하고 장사
지낸 뒤에 이르는 것이요, 선지묘(先之墓)는 분상(奔喪)한 사람이 적
자(適子)이면 먼저 아버지의 묘소(墓所)로 가는 것이며, 주인지대지
야(主人之待之也)의 주인(主人)은 중주인(衆主人)으로 큰 상주인 적
자(適子)를 기다리는 것이다. 즉위어묘좌(卽位於墓左)는 적자(適子)
가 묘소의 동쪽에 큰 상주의 자리로 나아감이요, 묘우(墓右)는 묘소
의 서쪽이다.

34-4-2 ──────────────── 遂冠歸하야 入門左하야 北面哭盡哀하고
括髮袒成踊하고 東卽位하야 拜賓成踊하며 賓出이어든
主人이 拜送하니라 有賓이 後至者이든 則拜之成踊하고
送賓如初하되 衆主人兄弟가 皆出門하며 出門哭止하며
相者가 告就次하나니 於又哭에 括髮成踊하며 於三哭에
猶括髮成踊하며 三日成服하며 於五哭에 相者가 告事畢이니라.

『드디어 관을 쓰고 집으로 돌아와 대문의 왼쪽으로 들어가 북쪽을 향하여 곡하고 슬픔을 다하고 머리를 묶고 왼쪽 소매를 벗고 벽용을 이루고, 영위의 동쪽 자리로 나아가 손님에게 절하고 벽용을 이루며, 손님이 나아가거든 주인이 절하여 보내니라. 손님이 뒤에 이르는 사람이 있거든 절하여 벽용을 이루고, 손님을 보냄에는 처음과 같이 하되 여러 상주와 형제가 모두 영위의 문을 나오며, 영위의 문을 나오면 곡을 그치며, 도우미가 상차로 나아가라고 알리나니 또 곡함에 머리를 묶고 벽용을 이루며, 세 번 곡함에 똑같이 머리를 묶고 벽용을 이루고, 다섯 번 곡함에 도우미가 행사를 마쳤다고 알리느니라.』

◐ 이 절은 앞 절에 이어 묘소로부터 집으로 돌아와서의 행사절차를 기술하였다.

관(冠)은 머리를 묶은 채로 길을 갈 수 없으므로 다시 관(冠)을 쓰는 것이고, 동즉위(東卽位)는 영위(靈位)의 궤연(几筵)을 설치한 곳의 동쪽에 있는 상주(喪主)의 자리로 나아감이며, 나머지의 절차는 앞에 34-2-2와 같으며, 다만 성복(成服)한 날에 4곡(四哭)하고, 그 다음 날에 5곡(五哭)하는 것이다.

34-4-3 ──────────────────── 爲母에 所以異於父者는 壹括髮하고 其餘는 免以終事하니 他는 如奔父之禮하느니라.

『어머니를 위함에 아버지에게 다른 바는 한 번 머리를 묶고, 그 나머지는 통관을 쓰고 행사를 마치니, 다른 것은 아버지의 초상에 달려오는 예절과 같이 하느니라.』

　◐ 이 절은 분부상(奔父喪)과 분모상(奔母喪)의 절차에 있어서 다른 점과 같은 점을 기술하였다.
　일괄발(壹括髮)은 앞 절의 귀입문(歸入門)하여 곡할 때이다.

34-5-1 ──────────────── 齊衰以下가 不及殯이어든 先之墓하야
西面哭盡哀하고 免麻于東方하고 卽位하여 與主人으로
哭成踊襲하고 有賓이어든 則主人이 拜賓送賓하고
賓有後至者어든 拜之如初하고 相者가 告事畢하면
遂冠歸하야 入門左하야 北面哭盡哀하고 免袒成踊하고
東卽位하여 拜賓成踊하며 賓出이어든 主人이 拜送하며
於又哭에 免袒成踊하며 於三哭에 猶免袒成踊하고
三日成服하며 於五哭에 相者가 告事畢하느니라.

『자최 이하가 빈소에 미치지 못하거든 먼저 산소로 가서 서쪽을 향하여 곡하여 슬픔을 다하고, 동쪽에서 통관을 쓰고 요대를 매고 자리에 나아가 상주와 더불어 곡하고 벽용을 이루며 덧옷을 입고, 손님이 있거든 곧 주인이 손님에게 절하고 손님을 보내며, 손님이 뒤에 이르는 사람이 있거든 절하되 처음과 같이 하며, 도우미가 행사를 마쳤다고 알리면 드디어 관을 쓰고 돌아가 대문의 왼쪽으로 들어가 북쪽을 향하여 곡하고 슬픔을 다하고, 통관을 쓰고 왼쪽 소매를 벗고 벽용을 이루고, 동쪽으로 자리에 나아가 손님에게 절하고 벽용을 이루며, 손님이 나아가거든 주인이 절하고 보내며, 다음 날 또 곡함에

통관을 쓰고 왼쪽 소매를 벗고 벽용을 이루며, 세 번 곡함에 똑같이
통관을 쓰고 왼쪽 소매를 벗고 벽용을 이루며, 3일에 상복을 입고 다
섯 번째 곡함에 도우미가 행사를 마쳤다고 알리느니라.』

◑ 이 장은 자최(齊衰) 이하의 상복(喪服)이 있는 사람이 장사 지
낸 뒤에 분상(奔喪)하거나 또는 분상하지 못하는 절도를 기술하였다.
  자최이하(齊衰以下)는 대공(大功)과 소공(小功) 및 시마(緦麻) 등
의 상복(喪服)이 있는 사람이고, 3일성복(三日成服)은 죽은 지 3개월
이전에 분상(奔喪)할 때이고, 만일 3개월이나 5개월이 지났을 경우에
는 소공(小功)과 시마(緦麻)는 추복(追服)하지 않으므로 상복을 않
으니 앞에 3-31-1, 15-6-1, 2, 3, 4를 보라.


34-5-2 ─────────────── 聞喪에 不得奔喪이어든 哭盡哀하고 問故하고
又哭盡哀하니 乃爲位하야 括髮袒成踊하며
襲絰絞帶하고 卽位하여 拜賓反位成踊하며
賓出이어든 主人이 拜送于門外하고 反位하며 若有賓이
後至者이든 拜之成踊하고 送賓如初하며 於又哭에
括髮袒成踊하며 於三哭에 猶括髮袒成踊하고
三日成服하며 於五哭에 拜賓送賓을 如初하니라.


『죽었다는 소식을 들음에 초상집으로 달려갈 수 없거든 곡하여 슬
픔을 다하고, 죽은 연고를 묻고 또 곡하여 슬픔을 다하니 이에 분향
소를 만들어 머리를 묶고 왼쪽 소매를 벗고 벽용을 이루며, 옷을 덧
입고 수질을 하고 요대를 매고 자리에 나아가 손님에게 절하고 자리

로 돌아와서 벽용을 이루며, 손님이 나아가거든 주인이 대문 밖에서
절하여 보내고 자리로 돌아오며, 만약 손님이 있어 뒤에 이르거든 절
하고 벽용을 이루고, 손님을 보냄은 처음과 같이 하며, 다음 날 또
곡함에 머리를 묶고 왼쪽 소매를 벗고 벽용을 이루며, 세 번째 곡함
에 똑같이 머리를 묶고 왼쪽 소매를 벗고 벽용을 이루고, 3일에 상복
을 입으며, 다섯 번째 곡함에 손님에게 절하고 손님을 보냄을 처음처
럼 하니라.』

◐ 이 절은 친척의 죽음에 초상집으로 달려갈 수 없는 경우의 절
도를 기술하였다.

내위위(乃爲位)는 분향소(焚香所)를 설치하는 것이요, 나머지는
앞에 34-1-1, 35-5-1을 보라.

34-6-1 ──────────────── 若除喪而后에 歸어든 則之墓하야 哭成踊하며
東括髮袒絰하야 拜賓成踊하여 送賓反位하야
又哭盡哀하며 遂除니 於家에 不哭하며 主人之待之也가
無變於服이요 與之哭하되 不踊이니라.

『만약 상복을 벗은 다음에 돌아오거든 곧 묘소로 가서 곡하고 벽
용을 이루며, 동쪽에서 머리를 묶고 왼쪽 소매를 벗고 수질과 요질을
하여 손님에게 절하고 벽용을 이루며, 손님을 보내고 자리로 돌아와
서 또 곡하여 슬픔을 다하며, 드디어 상복을 벗나니 집에서는 곡하지
아니하며, 주인이 맞이함에도 평상복을 바꿈이 없고, 더불어 곡하되
벽용은 아니 하니라.』

◐ 이 장은 5복(五服)에 해당하는 친척이 탈상(脫喪)한 뒤에야 돌아온 경우에 거행하는 절도를 기술하였다.

수제(邃除)는 묘소에서 제상(除喪)함이요, 대지(待之)는 친척을 맞이함이며, 무변어복(無變於服)은 평상복(平常服)을 바꾸지 아니함이다. 불용(不踊)은 이미 주인과 친척이 모두 상복을 벗었으므로 곡만 하고 벽용(擗踊)은 하지 않는 것이다.


34-6-2 ——————————————— 自齊衰以下가 所以異者는 免麻이니라.


『자최로부터 이하가 다르게 하는 바는 통관과 삼띠이니라.』


◐ 이 절은 자최(齊衰)로부터 대공(大功), 소공(小功), 시마(緦麻)의 상복에 해당한 사람이 제복(除服)한 뒤에 분상(奔喪)하면 오직 통관을 쓰고 삼띠를 하고 묘소에서 곡하고, 곡을 마치면 곧 상복을 벗는 것을 기술하였으니 머리를 묶는 괄발(括髮)의 예가 없음을 밝혔다.


34-7-1 —————————— 凡爲位는 非親喪이니 齊衰以下는 皆卽位하야 哭盡哀하고 而東免絰卽位하야 袒成踊하며 襲하고 拜賓反位하야 哭成踊하며 送賓反位어든 相者가 告就次하며 三日에 五哭卒하며 主人이 出送賓이어든 衆主人兄弟가 皆出門하면 哭止하나니 相者가 告事畢하며 成服拜賓이니 若所爲位家가 遠이어든 則成服而往하나니라.

『무릇 곡하는 자리를 설치함은 어버이의 초상이 아니니 자최 이하는 모두 분향소에 나아가 곡하여 슬픔을 다하고, 동쪽에서 통관을 쓰고 수질과 요대를 하고 자리에 나아가 왼쪽 소매를 벗고 벽용을 이루며, 겉옷을 덧입고 손님에게 절하고 자리로 돌아와서 곡하고 벽용을 이루며, 손님을 보내고 자리로 돌아오거든 도우미가 상차로 나아가라고 알리며, 3일에 다섯 번 곡하고 마치며, 주인이 나아가 손님을 보내거든 여러 주인과 형제가 모두 분향소의 문을 나오면 곡을 그치나니 도우미가 행사를 마쳤다고 알리며, 상복을 입고 손님에게 절하니 만약 분향소를 설치하는 집이 멀거든 곧 상복을 입고 가느니라.』


☯ 이 장은 친상(親喪)이 아닌 자최(齊衰)로부터 이하의 초상에 부득이 분상(奔喪)을 못 할 경우에는 임시로 분향소(焚香所)를 설치하여 곡(哭)하고, 상복을 입는 절차를 기술하였다.

위위(爲位)는 임시로 분향소(焚香所)를 설치함이요, 비친상(非親喪)은 어버이의 초상이 아닌 경우이니 만일 어버이의 초상을 당하면 반드시 분상(奔喪)해야 되므로 임시분향소를 설치하지 못하는 것이다. 3일5곡(三日五哭)은 처음 부음(訃音)을 들은 날에 한 번 곡하고, 그 다음 날의 아침과 저녁에 두 번 곡하며, 또 그 다음 날의 아침과 저녁에 두 번을 곡하니 모두 3일간에 5곡(五哭)을 한 것인즉 앞에서는 아침에 곡한 것만을 계산하여 5일에 5곡한 것이요, 여기에서는 조석곡(朝夕哭)을 두 번으로 셈하였으니 임시분향소이기 때문에 간소화한 것이다.

齊衰는 望鄕而哭하고 大功은 望門而哭하며
小功은 至門而哭하고 緦麻는 卽位而哭이니라.

『자최는 초상집의 고을을 바라보면서 곡하고, 대공은 초상집대문을 바라보면서 곡하며, 소공은 초상집대문에 이르러 곡하고, 시마는 자리에 나아가 곡하니라.』

☯ 이 장은 상복의 등급과 관계에 따라 곡(哭)하는 위치가 다름을 기술였는데 여기에서는 분상(奔喪)에 곡하기 시작하는 지점을 밝혔다. 상복의 가볍고 무거움에 따라 곡하는 곳이 가깝고 먼 데가 있으니 자최(齊衰)가 고을을 바라보고 울면 참최(斬衰)는 나라를 바라보고 우는 것임을 알 수 있으니 모두 인정의 자연스러운 발로요 억지로 함이 아니다.



哭父之黨하되 於廟하고 母妻之黨은 於寢하고
師는 於廟門外하고 朋友는 於寢門外하고
所識은 於野張帷니 凡爲位는 不奠이니라.

『아버지의 일가를 곡하되 사당에서 하고, 어머니와 아내의 일가는 침실에서 곡하고, 스승은 사당의 문밖에서 곡하고, 붕우는 침실문 밖에서 곡하고, 아는 바의 사람은 야외의 장막에서 곡하니 무릇 분향소에는 음식과 술을 올리지 아니하니라.』

◑ 이 절은 부고(訃告)를 받고 분상(奔喪)하지 못할 때에 관계에 따라 곡(哭)하는 위치가 다름을 기술하였다.

당(黨)은 일가(一家)이니 아버지의 일가는 조상과 직접 관계하므로 사당에서 곡하고, 어머니의 일가와 아내의 일가는 조상과 간접 관계하므로 침실에서 곡한다. 스승은 조상의 손님이니 사당문 밖에서 곡하고, 붕우는 가족의 손님이니 침실문 밖에서 곡하며, 아는 사람은 집안과는 관계가 없으므로 야외에서 곡하는 것이다.


34-8-3 ———————————— 哭을 天子엔 九요 諸侯엔 七이요 卿大夫엔 五요 士엔 三이니 大夫가 哭諸侯어든 不敢拜賓하며 諸臣이 在他國하야 爲位而哭하되 不敢拜賓하며 與諸侯로 爲兄弟어든 亦爲位而哭이니 凡爲位者는 壹袒하느니라.


『곡함을 천자에게는 아홉 번이요, 제후에게는 일곱 번이요, 경대부에게는 다섯 번이요, 선비에게는 세 번이니 대부가 제후의 죽음에 곡하거든 감히 손님에게 절하지 못하며, 여러 신하가 타국에 있어 분향소를 설치하여 곡하되 감히 손님에게 절하지 못하며, 제후로 더불어 형제가 되거든 또한 분향소를 설치하여 곡하나니 무릇 분향소를 설치하여 곡함에는 한 번 왼쪽 소매를 벗느니라.』


◑ 이 절은 죽은 사람의 신분에 따라 곡하는 수가 다름을 기술하였다.

9(九)는 구곡(九哭)이니 9일간 아홉 번 곡함이요, 7(七)은 칠곡(七哭)이니 7일간 일곱 번 곡함이고 5(五)는 5일간 다섯 번 곡함이고,

3(三)은 3일간 세 번 곡함이다. 불감배빈(不敢拜賓)은 감히 주인행세를 하지 못함이고, 일단(壹袒)은 한 번만 왼쪽 소매를 벗는 것이다.


34-8-4 ─────────── 所識者에 吊하되 先哭于家하고 而後에 之墓하야 皆爲之成踊이니 從主人하야 北面而踊하니라.


『아는 바의 사람에게 조문하되 먼저 집으로 찾아가 곡하고, 그 다음에 묘소에 가서 모두 그를 위하여 벽용을 이루나니, 주인을 따라 북쪽을 향하여 벽용하니라.』


◑ 이 절은 아는 사람이 죽어서 장사 지낸 뒤에 찾아가 조문하는 절차를 기술하였다.

먼저 상주(喪主)의 집으로 찾아가서 곡(哭)하는 것은 가족관계가 아니고 인간관계인 까닭이니 대체로 가족관계는 친근한 정분을 앞세우고, 인간관계는 공경하는 예절을 앞세우는 것이다. 종주인(從主人)은 주인이 먼저 곡용(哭踊)하면 손님이 뒤에 따라서 곡용함이요, 북면(北面)은 주인이 묘의 동쪽에서 서향하면 손님은 묘의 남쪽에서 북향하는 것이다.


34-9-1 ─────────── 凡喪에 父가 在어든 父가 爲主하고 父가 沒이어든 兄弟가 同居라도 各主其喪하야 親同이어든 長者가 主之하고 不同이어든 親者가 主之하니라.

『무릇 초상에 아버지가 계시거든 아버지가 상주가 되고, 아버지가 죽었거든 형제가 함께 살더라도 각각 그 초상을 주관하여, 친근함이 같거든 나이가 많은 사람이 주관하고, 같지 않거든 친근한 사람이 주관하니라.』


☯ 이 장은 초상에 상주를 정하는 예절을 기술하였다.

각주기상(各主其喪)은 그 아버지와 아들 그리고 남편과 아내가 각각 그 초상을 주관하는 상주가 되는 것이다. 친동장자주지(親同長者主之)는 아들딸이 많을 때에는 장남(長男)이 상주가 되고, 아들이 없으면 장녀(長女)가 주관하는 것이다. 부동친자주지(不同親者主之)는 종부(從父)와 형제(兄弟)의 초상에 자녀가 없으면 그와 가장 친근한 사람이 상주가 되어 초상을 주관하는 것이다.


34-10-1 ——————————— 聞遠兄弟之喪할새 旣除喪而后에 聞喪이어든 免袒成踊하고 拜賓하되 則尙左手하니라.


『먼 형제의 초상을 들을 때에 이미 상복을 벗은 다음에 죽었다는 소식을 들었거든 통관을 쓰고 왼쪽 소매를 벗고 벽용을 이루고, 손님에게 절하되 곧 왼손을 위로 하니라.』


☯ 이 장은 소공(小功)과 시마(緦麻)에 해당하는 먼 형제의 죽음에 이미 3월 또는 5월이 지난 다음에야 부음(訃音)을 들었으나 분상(奔喪)하지 못할 때의 절도를 기술하였다.

이미 상복 입는 기간이 지났지만 그래도 통관을 쓰고 왼쪽 소매를 벗고 벽용을 하는 것은 혈연의 정이 있는 까닭이요, 손님에게 절하되 왼손을 위로 올리는 것은 이미 상복을 입는 기간이 지났으므로 길배(吉拜)를 하는 예절을 지킴이다.


34-11-1 ─────────────────── 無服而爲位者는 唯嫂叔과 及婦人이

降而無服者니 麻하니라.


『상복이 없는데도 분향소를 설치하는 사람은 오직 형수와 아재비 및 부인이 상복을 낮추어서 상복이 없는 사람이니 삼베를 머리에 쓰니라.』


◯ 이 장은 상복(喪服)이 없어도 부고(訃告)를 받고 분상(奔喪)하지 못할 때에 분향소를 설치하는 가족관계를 기술하였다.

수(嫂)는 형수요, 숙(叔)은 시아재이며, 부인강이무복자(婦人降而無服者)는 부인이 시집을 갔기 때문에 상복을 낮추어 상복이 없는 사람이니 곧 친정집의 시집간 자매(姊妹)와 시집의 시집간 큰고모 등이다. 마(麻)는 삼베조각으로 머리를 덮는 것이니 곧 조문(弔問)하는 복식이다.


34-12-1 ─────────────────── 凡奔喪에 有大夫가 至어든 袒拜之成踊而后에

襲하고 士어든 襲而后에 拜之니라.

『무릇 초상집에 달려감에 대부가 있어 이르거든 왼쪽 소매를 벗고 절하고 벽용을 이룬 다음에 겉옷을 덧입고, 선비거든 겉옷을 덧입은 다음에 절하니라.』

◑ 이 장은 대부(大夫)와 선비가 와서 분상(奔喪)한 사람에게 조문(弔問)할 때에 분상한 사람이 절하는 절차를 기술하였다.

대부(大夫)는 존귀한 신분이므로 왼쪽 소매를 벗고 절부터 드리고, 선비는 낮은 신분이므로 겉옷을 덧입고 절하는 것이니 높고 낮음이 다르므로 예절에 차등이 있는 것이다.

# 35. 문상(問喪)

문(問)은 위문(慰問)함이고 상(喪)은 초상을 당한 사람이니 문상(問喪)은 곧 초상집에 위문을 가서 그 유가족을 위로하여 슬픔을 이기고 정신을 차리게 하는 예절이다.

이 편은 어버이의 초상에 애통(哀痛)한 마음이 지극한 상황을 기술하고, 주변 사람이 찾아가서 위문하고 보살펴 상사(喪事)를 돕는 것이 당연한 예절임을 설파하였으니, 인정(人情)사회를 건설하는 지극히 아름다운 미풍양속(美風良俗)이요, 인간의 존엄성을 밝히는 예절이다.

옛말에 이르기를 "혼인식에는 초청을 받아야만 가는 것이요, 초상은 바람결에 들어도 문상을 가라"고 하였으니 황망하고 어려운 사람을 동정하고, 직접 돕는 것은 인간성의 자연적인 발로이기 때문이다.


35-1-1 ──────────────── 親이 始死어든 雞斯徒跣하며 扱上衽하고
交手哭하며 惻怛之心과 痛疾之意로 傷腎乾肝焦肺하야
水漿을 不入口하며 三日을 不擧火라 故로 隣里爲之糜粥하야
以飮食之하나니 夫悲哀在中이라 故로 形變於外也하며
痛疾이 在心이라 故로 口不甘味하며 身不安美也니라.


『어버이가 처음 죽거든 비녀와 치포건에 맨발을 하며, 저고리의 옷깃을 허리띠에 꽂고, 양쪽 손을 가슴에 포개고 곡하며, 가엾게 여

기어 슬퍼하는 마음과 몹시 아프게 여기는 생각으로 콩밭을 상하고 간을 말리고 폐를 태우게 하여, 물과 간장을 입에 넣지 않으며, 3일을 아궁이에 불을 때지 아니하니라. 그러므로 이웃과 마을에서 그를 위하여 미음과 죽을 쑤어다가 마시고 먹게 하나니 대저 슬픔이 속에 있는지라. 그러므로 형체가 밖에서 변하는 것이며, 몹시 아픔이 마음에 있는지라 그러므로 입이 맛있는 음식도 달게 느끼지 아니하며, 몸이 아름다운 옷에 편안치 아니하니라.』

　◑ 이 장은 초상집에 문상(問喪)을 가서 위로해야 되는 당위적 필연성을 기술하였다.

　계사(雞斯)는 계사(筓纚)이니 계(筓)는 뿔이나 대나무로 만든 비녀이고 사(纚)는 검은 천으로 만든 치포건(緇布巾)으로 머리칼을 감싸는 것이다. 도선(徒跣)은 보선을 벗은 맨발이며, 삽(扱)은 거두어 당겨서 꽂은 것이요, 상임(上袵)은 저고리의 옷깃이며, 교수(交手)는 양쪽의 손을 가슴에 포개는 것이다. 상신(傷腎)은 콩밭을 상하는 것이니 정력(精力)이 쇠약함이고, 간간(乾肝)은 간장을 말리는 것이니 식욕이 떨어지고 소화가 안 됨이며, 초폐(焦肺)는 폐를 태우는 것이니 허파가 메말라 기침이 나오고 호흡이 곤란하여 답답한 것이다. 불거화(不擧火)는 시신(屍身)이 있는 방에는 불을 때지 않을 뿐만 아니라 어버이가 돌아가심에 그 자녀는 3일간 굶기 때문에 부엌에 불을 피우지 않는 것이다. 인리(隣里)는 이웃과 마을이요, 미죽(糜粥)은 미음과 죽이니 미음은 마시게 하고 죽은 먹게 한다.

 ——————— 三日而斂하나니 在牀曰尸요 在棺曰柩라 動尸擧柩어든
哭踊無數니 惻怛之心과 痛疾之意로 悲哀志懣氣盛하나니라
故로 袒而踊之하나니 所以動體安心下氣也니라.

『3일에 렴하나니 침상에 있음을 말하여 시신이라 하고, 널에 있음을 말하여 영구라 하니라. 시신을 음직이고 영구를 들거든 곡하고 뛰기를 수없이 하니 가엾게 여기여 슬퍼하는 마음과 몹시 아프게 여기는 생각으로 슬프고 답답하고 기가 차니라. 그러므로 왼쪽 소매를 벗고 뛰게 하나니 몸을 음직이고, 마음을 안정토록 하며, 기운을 내리게 하는 방법이라.』

◉ 이 절은 문상(問喪)을 가서 반드시 슬퍼하는 상주(喪主)에게 곡하고 왼쪽 소매를 벗고 벽용(擗踊)을 하도록 시켜서 몸을 움직이고, 마음을 안정케 하고, 기운을 내리도록 보살펴야 됨을 기술하였다.

시(尸)는 시신(屍身)이고, 구(柩)는 영구(靈柩)이며, 곡용무수(哭踊無數)는 본래 곡하고 뛰는 것은 예절의 수(數)가 있음에도 여기에서는 없다고 하였으니 어버이를 잃은 슬픔이 무한하기 때문이다. 만(懣)은 답답함이고, 성(盛)은 막힘이며, 동체(動體)는 곡하고 벽용(擗踊)하고 절하게 함이요, 안심(安心)은 위로하여 마음을 안정시킴이며, 하기(下氣)는 흥분을 가라앉혀서 이성(理性)을 찾게 함이니 사람이 너무나 큰 충격을 받고 풀지 못하면 실신(失神)하고 기절하여 큰일이 날 수 있으므로 문상(問喪)하는 사람은 비상한 일이 생기지 않도록 보살펴서 예방할 책무가 있는 것이다.

婦人은 不宜袒이라 故로 發胸擊心爵踊하야 殷殷田田하야 如壞牆然하나니 悲哀痛疾之至也라 故로 辟踊哭泣하야 哀以送之하나니 送形而往하고 迎精而反也니라.

『부인은 왼쪽 소매를 벗는 것이 마땅치 아니한지라, 그러므로 가슴을 열고 심장을 치며, 참새처럼 뛰어 쿵쿵꽝꽝하야 마치 담장이 무너지듯이 하나니, 슬프고 아픔이 지극한지라, 그러므로 가슴을 치고 뛰면서 곡하고 흐느끼어 슬프게 보내나니 형체를 보내려고 따라가고, 영혼을 맞이하며 돌아오는 것이니라.』

◉ 이 절은 부인이 시부모와 남편의 초상에 슬퍼하는 정경을 서술하여 여자들도 문상(問喪)을 가서 부인을 위로하고 보살펴야 되는 의무가 있음을 기술하였다.

발흉(發胸)은 저고리의 앞가슴을 풀고 옷깃을 열어서 뜨거운 열기를 발산함이요, 격심(擊心)은 가슴과 배의 사이를 손으로 두드리는 것이니 숨이 막히기 때문이며, 작(爵)은 참새이니 작용(爵踊)은 참새처럼 발을 땅에 대고 뛰는 것이다. 여자는 기운이 약하므로 남자처럼 높이 뛸 수 없는 것이다. 은은(殷殷)과 전전(田田)은 쿵쿵꽝꽝하는 소리이니 치고 뛰는 소리이며, 벽(辟)은 벽(擗)이니 가슴을 치는 것이요, 형(形)은 형체요, 정(精)은 혼백(魂魄)이다.

예절에 남상주(男喪主)는 남자가 문상(問喪)하여 위로하고, 여상주(女喪主)는 여자가 문상하여 위로하는 것이니 가깝게 사는 친척과 이웃은 남자와 여자가 함께 문상하는 것이다.

其往送也에 望望然汲汲然하야 如有追而弗及也하며
其反哭也에 皇皇然하야 若有求而弗得也하나니 故로
其往送也엔 如慕하고 其反也엔 如疑하야
求而無所得之也하며 入門而弗見也하며
上堂又弗見也하며 入室又不見也하야 亡矣喪矣라
不可復見已矣이니 故로 哭泣辟踊하야 盡哀而止矣니라.

『그 보내려고 감에 부르는 듯이 급한 듯이 하여 마치 쫓아가도 미치지 못함이 있는 것같이 하며, 마치 찾아도 얻지 못함이 있는 것같이 하나니, 그러므로 그 보내려고 감에는 사모하는 것처럼 하고, 그 돌아옴에는 방황하여 의심하는 것처럼 하여, 찾아도 얻은 바가 없으며, 대문을 들어가도 보이지 아니하며, 뜰방에 올라가도 또한 보이지 아니하며, 방에 들어가도 또한 보이지 아니하여, 장사 지내고 초상 쳐서 다시 볼 수 없을 따름이니 그러므로 곡하고 흐느끼고 가슴 치고 뛰어서 슬픔을 다하고 그치니라.』

☯ 이 절은 문상(問喪)하는 사람은 초상이 난 때로부터 장사 지내고, 반곡(反哭)할 때까지 상주(喪主)의 슬픔을 동정하고 보살펴서 위로해야 됨을 기술하였다.

망망(望望)은 부르는 것처럼 빨리 감이고, 급급(汲汲)은 급한 모양이며, 황황(皇皇)은 머뭇머뭇하여 방황(彷徨)함이다. 여모(如慕)는 살아 있는 것처럼 사모함이요, 여의(如疑)는 살아 있을 것이라고 의심함이며, 입실(入室)은 시부모가 거처하던 방에 큰며느리가 들어가는 것이다. 망(亡)은 장사 지낸 것이요, 상(喪)은 죽은 것이니 죽어서 장사 지내면 다시 볼 수 없으므로 지극한 슬픔이 밀려오는 까닭에 이때에 문상(問喪)하는 사람은 잘 보살펴야 되는 것이다.


35-1-5 ───── 心이 悵焉愴焉하고 惚焉愾焉하야 心絶志悲而已矣라
祭之宗廟하야 以鬼享之하나니 徼幸復反也요 成壙而歸하야
不敢入處室하야 居於倚廬하나니 哀親之在外也요
寢苫枕塊하나니 哀親之在土也니 故로 哭泣無時하야
服勤三年하나니 思慕之心은 孝子之志也요 人情之實也니라.


『마음이 쓸쓸하고 서러우며, 설레고 북받쳐서 정이 떨어지고, 생각이 슬플 따름이라, 사당에 제사 지내어 귀신이 잡수게 하나니 뜻밖에 돌아오시는 행을 바라는 것이요, 광분을 완성하면 돌아와서 감히 거처하는 방으로 들어가지 아니하고, 움막에 거처하나니 어버이가 밖에 있음을 슬퍼하는 것이요, 거적자리를 깔고 흙덩이를 베나니 어버이가 흙 속에 있는 것을 슬퍼함이니 그러므로 곡하고 흐느낌을 때가 없이 하여, 부지런히 3년간 상복을 입나니 어버이를 사모하는 마음은 효자의 생각이요, 인정의 진실이니라.』


　⊙ 이 절은 장사를 지내고도 계속 3년복을 입은 효자와 효부에게는 수시로 문상(問喪)을 가서 그 건강을 보살피고 위로하여야 되는 당위성을 기술하였다.

　창(悵)은 쓸쓸함이고, 창(愴)은 서러움이며, 홀(惚)은 설렘이요, 개(愾)는 북받치는 것이다. 심절(心絶)은 정(情)이 떨어지는 것이고, 지비(志悲)는 생각이 슬픈 것이니 이러한 상주(喪主)를 동정하여 문

상(問喪)하는 것은 당연한 일이다. 요행(徼幸)은 뜻밖에 행운을 바라는 것이고, 복반(復反)은 혼령이 돌아오는 것이며, 거어의려(居於倚廬)는 상차(喪次)에 거처함이요, 복근(服勤)은 부지런히 복무함이며, 실(實)은 진실이다.

모름지기 효자의 뜻을 가지고 인정의 진실을 실천하는 사람을 찾아가서 보살피는 것은 아름다운 풍속이다.


35-2-1 ──────── 或이 問하되 曰死커시든 三日而后에 斂者는 何也오
曰孝子는 親死어든 悲哀志懣하나니 故로 匍匐而哭之하야
若將復生然하나니 安可得奪而斂之也리오 故로 曰三日而后에
斂者는 以俟其生也니 三日而不生이면 亦不生矣니라
孝子之心이 亦益衰矣며 家室之計와 衣服之具가
亦可以成矣며 親戚之遠者가 亦可以至矣니 是故로 聖人이
爲之斷決하사 以三日로 爲之禮制也하시니라.


『어떤 사람이 묻되 말하기를 죽거시든 3일 이후에 염을 하는 것은 무슨 까닭인가요? 말하기를 효자는 어버이가 죽거든 슬프고 생각이 답답하나니 그러므로 엎드려 기면서 곡하여 마치 장차 다시 살아날 듯이 하나니 어찌 시신을 빼앗아 염을 할 수 있으리오. 그러므로 말하기를 3일 이후에 염을 하는 것은 그 소생하기를 기다리는 것이니 3일이 되어도 소생하지 아니하면 또한 소생하지 않는 것이라. 효자의 마음이 또한 더욱 쇠진하는 것이며, 가족의 장례계획과 의복의 갖춤이 또한 완성할 수 있으며, 친척의 멀리 사는 사람이 또한 이를 수 있으니 이런 까닭으로 성인이 염하는 시기를 결단 하사 3일로 예법

제도를 만드시니라.』

◐ 이 장은 문상(問喪)하는 사람은 죽은 지 3일 이후에 염(歛)을
하여 상사(喪事)를 돕는 것이 예절임을 기술하였다.

　혹문(或問)은 가상적으로 설문(設問)함이니 아래도 같다. 부생(復
生)은 부활(復活)하여 소생(蘇生)함인데 자고로 3일 이전에 소생하
는 사람은 있었지만 3일이 지나면 소생하는 사람이 없었으니 죽음을
인정하지 않을 수 없는 것이다. 모름지기 죽은 사람을 죽자마자 즉시
죽었다고 인정하는 것은 불인(不仁)하므로 3일을 기다리고, 죽은 사
람을 3일 이후에도 살았다고 인식하는 것은 지혜롭지 못하므로 3일
이후에 시신을 거두는 것이다.

35-3-1 ─────── 或이 問하되 曰冠者가 不肉袒은 何也오 曰冠은
至尊也니 不居肉袒之體也라 故로 爲之免하야 以代之也니
然則禿者가 不免하며 傴者가 不袒하며 跛者가 不踊은
非不悲也로되 身有錮疾이라 不可以備禮也니라 故로 曰喪禮는
唯哀爲主矣하나니 女子는 哭泣悲哀하야 擊胸傷心하고 男子는
哭泣悲哀하야 稽顙觸地無容하나니 哀之至也니라.

『어떤 사람이 묻되 말하기를 관을 쓴 사람이 윗도리를 벗고 육체
를 나타내지 아니함은 어떤 까닭인가요? 말하기를 관은 지극히 높은
것이니 윗도리를 벗고 육체를 나타낸 몸에 쓰는 물건이 아니다. 그러
므로 통건을 만들어 대신 쓰는 것이니 그러나 곧 대머리인 사람은
통건을 쓰지 않고, 꼽추는 왼쪽 소매를 벗지 아니하며, 절뚝발이는

뛰지 아니함은 슬프지 않음이 아니로되 몸에 고질병이 있기 때문에
예절을 갖출 수 없는 것이니라. 그러므로 말하기를 상례는 오직 슬픔
을 위주로 하나니 여자는 곡하고 흐느끼고 슬퍼하여 가슴을 치고 마
음을 아파하고, 남자는 곡하고 흐느끼고 슬퍼하여 머리를 조아려 이
마를 땅에 대고 모양새 없이 하나니 슬픔이 지극한 것이니라.』


　☯ 이 장은 신체적 불구자에게는 형편에 따라서 예절을 면제하여
주는 것이 문상(問喪)하는 사람의 아량임을 기술하였다.
　무릇 여자가 뛸 수 없으면 가슴을 치고 마음을 아파하고, 남자가
뛸 수 없으면 머리를 조아리고 이마를 땅에 대고 엎드려 있음은 신
체적 조건에 따른 것이니 너그럽게 동정해야지 예절을 갖추지 못한
다고 비난하거나 무시해서는 안 되는 것이다.


35-4-1 ─────────────────── 或이 問하되 曰免者는 以何爲也오
曰不冠者之所服也라 禮에 曰童子는 不緦로되
唯當室이어든 緦라 하니 緦者는 其免也이니
當室이면 則免而杖矣니라.


『어떤 사람이 묻되 말하기를 통건이라는 것은 무엇 때문에 쓰는가
요? 말하기를 관을 쓰지 않은 사람이 쓰는 것이니라. 예법에 말하기
를 어린이는 시마복을 입지 아니하되 오직 집안일을 주관하거든 시
마복을 입는다고 하니 시마복을 입는 사람은 그 통건을 쓰는 것이니
집안일을 주관하면 통건을 쓰고 지팡이를 짚는 것이니라.』

　　◉ 이 장은 초상집에 문상(問喪)을 가서 어른 상주(喪主)가 없을 때에는 그 집의 일을 주관하는 어린이를 상주(喪主)로 세우고, 상사(喪事)를 돕는 것이 예절임을 기술하였다.

　　동자불시(童子不緦)는 어린이에게 먼 친척의 상복은 입히지 아니함이니 어려서 슬픔을 느끼지 못하기 때문이다. 당실(當室)은 그 집안의 일을 담당하여 주관함이니 어른이 없는 까닭이다. 따라서 집안에 어른이 없으면 비록 어린이라도 시마(緦麻)의 먼 친척 상복을 입혀서 일가친척의 일체감을 느끼게 해야 되는 것이다. 그러므로 초상집에 어른 상주(喪主)가 없으면 그 집의 일을 주관하는 어린이에게 통건을 씌우고, 지팡이를 짚게 하여서 상주 노릇을 하도록 보살펴야 하는 것이다.


35-5-1 ─────────── 或이 問하되 曰杖者는 何也오 曰竹과 桐이 一也니

故로 爲父苴杖하나니 苴杖은 竹也요 爲母削杖하나니

削杖은 桐也니라 或이 問하되 曰杖者는 以何爲也오

曰孝子가 喪親하야 哭泣無數하며 服勤三年하야 身病體羸라

以杖扶病也하나니 則父가 在어든 不敢杖矣하나니

尊者가 在故也요 堂上不杖은 辟尊者之處也요 堂上不趨는

示不遽也니 此는 孝子之志也며 人情之實也며 禮義之經也니

非從天降也며 非從地出也라 人情而已矣니라.


　　『어떤 사람이 묻되 말하기를 지팡이라는 것은 무엇인가요? 말하기를 대나무지팡이와 오동나무지팡이가 한가지이니 그러므로 아버지를 위하여 대나무지팡이를 짚나니 대나무지팡이는 대나무로 만들고, 어머니를 위하여 깎은 지팡이를 짚나니 깎은 지팡이는 오동나무로 만

드니라. 어떤 사람이 묻되 말하기를 지팡이라는 것은 무엇 때문에 하는가요? 말하기를 효자가 어버이를 잃고 곡하고 흐느끼기를 수없이 하며, 부지런히 3년복에 종사하여 몸이 병들고 손발이 파리하므로 지팡이로써 병든 몸을 지탱하나니 곧 아버지가 살아 계시거든 감히 지팡이를 짚지 않는 것이니 어른이 계신 까닭이요, 당 위에서는 지팡이를 짚지 않으니 어른이 계신 곳을 피함이요, 당 위에서는 빨리 걷지 않으니 급박하지 않음을 보이는 것이니, 이것은 효자의 뜻이며, 인정의 진실이며, 예의의 원칙이니 하늘에서 내려온 몸이 아니며, 땅에서 솟아난 몸이 아니라 인정일 따름이니라.』

◑ 이 장은 문상(問喪)한 사람은 상주(喪主)에게 지팡이를 짚게 하되 그 아버지가 살아 있으면 지팡이를 짚지 않고, 슬픔을 덜게 해서 그 아버지를 배려하도록 깨우쳐야 됨을 기술하였다.

저장(苴杖)은 둥글게 원통을 사용하니 하늘을 상징하고, 삭장(削杖)은 모나게 깎아 4각형을 사용하니 땅을 상징한다. 존자(尊者)는 아버지를 지칭하고 아버지가 살아 있으면 아버지의 마음을 헤아려서 슬픔을 덜어야 하나니 효자의 마음이다. 그러므로 문상(問喪)한 사람은 상주(喪主)에게 그 아버지를 생각하여 너무 슬퍼하지 않도록 깨우쳐야 하나니 사람이 하늘에서 내려온 것도 아니고, 땅에 솟아나온 것도 아니므로 아버지를 가장 공경하는 것이 인간의 도리이기 때문이다.

# 36. 복문(服問)

복(服)은 상복(喪服)이요, 문(問)은 질문사항인데 이 편은 질문은 없고 답변만 있으니 복잡함을 피하기 위하여 질문사항은 생략하고 답변만 기술하였다.

이 편은 대체로 상복소기(喪服小記)와 비슷한 내용이니 아울러 살피기 바란다.

36-1-1 ──────────── 傳에 曰有從輕而重하니 公子之妻가 爲其皇姑요.

『전에 말하기를 가벼운 상복을 쫓아서 무거운 상복을 입음이 있나니 공자의 아내가 그 죽은 시어머니를 위함이오.』

◐ 이 장은 종복(從服)에 대하여 보충한 내용을 기술하였으니 종복(從服)은 앞에 15-4-2, 16-3-2~3에서 이미 해설하였다.

전(傳)은 앞에 대전(大傳)편이요, 공자(公子)는 제후(諸侯)의 첩자(妾子)를 지칭하고, 황고(皇姑)는 죽은 시어머니인데 여기에서는 공자(公子)의 생모(生母)를 지칭한다. 제후(諸侯)가 살아 있을 때에 첩자(妾子)는 그 생모(生母)의 죽음에 연관(練冠)만 쓰고, 제후가 죽었을 때에는 첩자(妾子)가 그 생모의 죽음에 대공(大功)을 입는 것이다. 그러나 첩자(妾子)의 아내는 제후의 존몰(存沒)에 상관없이 남편의 생모(生母)가 죽으면 자최(齊衰) 1년의 상복을 입으니, 공자(公

子)는 제후를 높여서 상복을 가볍게 입고, 그 아비는 시어머니를 높여서 상복을 무겁게 입는 것이다.


36-1-2 ──────────────────────────── 有從重而輕하니 爲妻之父母요.


『무거운 상복을 쫓아서 가벼운 상복을 입음이 있으니 아내의 부모를 위함이오.』


◑ 이 절은 무거운 상복(喪服)을 쫓아서 가볍게 입는 상복을 기술하였다.

아내는 친정 부모를 위하여 자최(齊衰)의 상복을 입는데 남편은 아내를 쫓아서 장인과 장모의 상복을 입되 시마(緦麻) 3월을 입으니 가볍게 입는 것이다.


36-1-3 ──────────── 有從無服而有服하니 公子之妻가 爲公子之外兄弟요.


『상복이 없는 사람을 쫓아서 상복을 입음이 있으니 공자의 아내가 공자의 외형제를 위함이오.』


◑ 이 절은 공자(公子)는 생모(生母)의 친정조카들에 대한 상복을 입지 않으나 공자의 아내는 시마(緦麻) 3월을 입은 것을 기술하였다.

공자(公子)는 앞에 36-1-1에서 말한 제후의 첩자(妾子)이니 제후를 높이기 위하여 그 생모의 친정에 대한 상복을 입지 않으나 그 아내는 시어머니의 상복을 쫓아서 상복을 입는 것이다. 외형제(外兄弟)는 본래 고모(姑母)의 아들인데 여기에서는 어머니의 친정조카로 썼으니 실은 내형제(內兄弟)인 외4촌이다.


36-1-4 ──────────────────── 有從有服而無服하니 公子가 爲其妻之父母니라.


『상복이 있는 사람을 쫓아서 상복이 없음이 있으니 공자가 그 아내의 부모를 위함이니라.』


◉ 이 절은 공자(公子)가 처가(妻家)에 대한 상복을 입지 않음을 기술하였다.

제후의 첩자(妾子)는 제후를 높이어 그 장인과 장모의 상복을 입지 않으나 그 아내는 친정부모에 대하여 자최(齊衰) 1년의 상복을 입는 것이다.


36-1-5 ──────────────────── 傳에 曰母가 出하면 則爲繼母之黨하여 服하고 母가 死하면 則爲其母之黨하야 服하나니 爲其母之黨하야 服하면 則不爲繼母之黨하야 服하니라.


『전에 말하기를 어머니가 이혼하여 쫓겨났으면 계모의 겨레를 위하여 상복을 입고, 어머니가 죽었으면 그 어머니의 겨레를 위하여 상

복을 입나니 그 어머니의 겨레를 위하여 상복을 입으면 계모의 겨레
를 위하여 상복을 입지 아니하니라.』

◉ 이 절은 어머니가 이혼하여 쫓겨났으면 아버지를 높이어 이혼
한 어머니의 친정겨레에 대한 상복을 입지 않으나, 어머니가 죽었으
면 외가(外家)의 상복을 입으며, 또한 죽은 어머니의 겨레에 대한 상
복을 입으면 계모의 겨레에 대한 상복을 입지 않음을 기술하였으니
비록 외가라고 하여도 2통(二統)이 없음을 밝힌 것이다.

36-2-1 ──────── 三年之喪에 旣練矣일세 有期之喪이 旣葬矣어든
則帶其故葛帶하고 絰期之絰하고 服其功衰하느니라.

『3년의 상복을 입음에 이미 소상이 지났을 때 1년의 상복이 있어
이미 장사 지냈거든 곧 그 3년상의 칡띠를 허리에 매고, 1년 상의 수
질을 머리에 쓰고, 그 1년의 상복을 입느니라.』

◉ 이 장은 상복(喪服)을 겹쳐 입을 경우에 무겁고 가벼운 절도를
기술하였으니 앞에 15-7-8를 참조하라.

고갈대(故葛帶)는 3년복에 소상(小祥)이 지나면 남자는 마대(麻
帶)를 갈대(葛帶)로 바꾸고, 여자는 마질(麻絰)을 갈질(葛絰)로 바꾸
는 것이니 여기에서는 남자의 칡띠이다. 기지질(期之絰)은 1년상이
장사 지내면 수질(首絰)을 갈질(葛絰)로 바꾸는바 3년복은 소상이
지나면 수질(首絰)을 제거하므로 1년복의 칡띠를 다시 머리에 쓰는
것이다. 공최(功衰)는 아버지의 3년상에 소상을 지내고 입는 보통 굵

기의 삼베옷이니 대개 대공(大功)의 베와 비슷하다.

　대저 상복과 허리띠는 3년의 상복을 입고, 머리띠는 1년의 상복을 입으니 몸으로는 3년의 상복을 입으면서 머리로는 1년의 상복도 갖추었음을 표시하여 상복을 겹쳐서 입었음을 나타낸 것이다.


36-2-2 ─────── 有大功之喪이어든 亦如之하고 小功이어든 無變也니라.


『대공의 상복을 입거든 또한 그와 같이 하고, 소공의 상복에는 바꿈이 없는 것이니라.』


　◑ 이 절은 앞 절에 이어 3년복을 입고, 소상(小祥)이 지나서 대공(大功)의 상복을 입고 장사 지냈으면 역시 앞에서처럼 머리에 칡띠만 매고, 만일 소공(小功)의 상복을 입고 장사 지냈으면 머리에 칡띠도 매지 않음을 기술하였다.

　무변(無變)은 3년의 상복에 아무런 변화가 없는 것이니 작은 상복으로 큰 상복에 누를 끼치지 않으려는 뜻이다.


36-2-3 ───────────────────── 麻之有本者가 變三年之葛하느니라.


『삼의 뿌리가 있는 것이 3년복의 칡을 바꾸느니라.』


　◑ 이 절은 수질(首絰)과 요대(要帶)에 삼을 뿌리째 꽂은 것은 칡

띠보다 무거운 것임을 기술하였다.

마지유본자(麻之有本者)는 삼의 뿌리를 자르지 않고 통째로 새끼 띠에 꽂은 것이니 곧 장사 지낼 때까지 입는 대공(大功) 이상의 상복이요, 소공(小功) 이하는 뿌리를 잘라 버린 삼을 꽂는다.

따라서 3년의 상복을 입고 소상(小祥)이 지났을 때에 대공(大功) 이상의 상복을 입으면 장사 지낼 때까지는 자최(齊衰)와 대공(大功)의 상복을 입는 것이요, 소공(小功) 이하의 상복은 입지 않는다.


36-2-4 ──────────── 旣練하고 遇麻斷本者하여 於免絰之하고
旣免去絰하며 每可以絰이어든 必絰하고 旣絰則去之니라.


『3년의 상복에 이미 소상을 지냈을 때에 삼의 뿌리를 잘라서 허리 띠에 꽂는 초상을 당하여 통건을 쓰고 초상 치는 일을 함에는 수질을 하고, 이미 일을 마치고 통건을 벗음에는 수질을 벗으며, 매양 수질을 해야 옳거든 반드시 수질을 하고, 이미 수질을 쓸 일이 끝났거든 벗어 버리느니라.』


◕ 이 절을 3년복을 입고 소상(小祥)이 지났을 때에 소공(小功) 이하의 상복에는 변함이 없지만 단지 초상 치는 일을 도움에 잠시 수질(首絰)을 해야 됨을 기술하였다.

우마단본자(遇麻斷本者)는 삼의 뿌리를 잘라 버리고 머리띠와 허리띠에 꽂는 것이니 소공(小功) 이하의 상(喪)을 당한 것이요, 어문질지(於免絰之)는 초상 치는 일을 할 때에 통건과 수질을 하는 것이

니 빈장(殯葬)의 행사를 돕는 것이다.

살피건대 3년의 상복이 지극히 무겁지만 그러나 소공(小功) 이하의 가벼운 상례(喪禮)를 거행함에 잠시 애도(哀悼)를 표하는 것은 겨레의 정분에 당연한 절도이다.


36-2-5 ──────────────────── 小功은 不易喪之練冠이니 如免이어든
則絰其緦小功之絰하고 因其初葛帶하며 緦之麻를
不變小功之葛하고 小功之麻를 不變大功之葛하나니
以有本으로 爲稅니라.


『소공은 3년상의 연관을 바꾸지 아니하니 만약 통건을 쓰거든 곧 그 시마나 소공의 수질을 쓰고, 그 3년복의 칡띠를 계속 띠며, 시마의 삼수질은 소공의 칡수질을 바꾸지 못하고, 소공의 삼수질은 대공의 칡수질을 바꾸지 못하나니 뿌리가 있어야만 바꾸게 하니라.』


◉ 이 절은 앞 절에 이어 소공(小功) 이하의 상복은 3년복의 연관(練冠)을 바꾸지 아니하지만 다만 상장(喪葬)의 의식(儀式)을 거행할 때는 소공이나 시마의 수질(首絰)을 두르고 행사가 끝나면 제거함을 기술하였다.

여문(如免)은 만일 빈장(殯葬)의 일에 참여함이 있을 때이니 앞에 15-14-1을 참조하라.

인기초갈(因其初葛)은 3년복의 갈대(葛帶)를 계속 매고 있는 것이고, 퇴(稅)는 바꾸는 것이다.

殤長中은 變三年之葛하되
終殤之月算而反三年之葛하나니 是非重麻라
爲其無卒哭之稅니 下殤則否니라.

『미성년자의 죽음에 장상과 중상은 3년복의 칡머리띠를 바꾸되 상기의 달수를 마치면 3년복의 칡머리띠로 돌아가나니 이것은 삼을 무겁게 여기는 것이 아니라 졸곡까지는 바꾸는 예절이 없기 때문이니 하상에는 곧 아니 하니라.』

☯ 이 절은 미성년자가 죽었을 때의 수질(首絰)에 대한 절도를 기술하였다.

장(長)은 장상(長殤)이니 16세부터 19세까지의 요절한 죽음이요, 중(中)은 중상(中殤)이니 12세부터 15세까지의 요절한 죽음이니, 장상(長殤)과 중상(中殤)은 본래 대공(大功) 9월의 상복을 입고, 하상(下殤)은 8세부터 11세까지의 요절한 죽음이니 소공(小功) 5월의 상복을 입는 것이다. 따라서 그 기간이 짧기 때문에 마질(麻絰)을 바꾸는 예절이 없으므로 상기(殤期)를 마치는 달까지 마질(麻絰)을 쓰는 것이다. 부(否)는 3년복의 갈질(葛絰)을 처음부터 바꿈이 없는 것이니 가벼운 상복으로 무거운 상복에 누(累)를 끼치지 않도록 배려함이다.



君은 爲天子하야 三年하고 夫人은
如外宗之爲君也하며 世子는 不爲天子하여 服하니라.

『제후는 천자를 위하여 참최 3년의 상복을 입고, 제후의 부인은 외종이 부인이 임금 위하여 1년복을 입는 것과 같이 하며, 제후의 세자는 천자를 위하여 상복을 입지 아니하니라.』

☯ 이 장은 제후와 부인(夫人) 그리고 세자(世子)가 천자의 상(喪)에 대한 절도를 기술하였다.

군(君)은 제후(諸侯)요, 3년(三年)은 참최(斬衰) 3년이며, 부인(夫人)은 제후의 부인이고, 외종(外宗)은 앞에(22-4-1)서 이미 해설하였으니 임금을 위하여 1년복을 입으며, 세자(世子)는 제후의 세자인데 혐의를 피하기 위하여 천자의 상복을 입지 않는 것이다.

36-4-1 ─────────── 君이 所主는 夫人妻와 大子와 適婦이니라.

『임금이 그 상례를 주관하는 바는 정실부인과 태자와 맏며느리이니라.』

☯ 이 장은 임금이 상주(喪主)가 되는 경우를 기술하였으니 대부(大夫)도 또한 같다.

부인(夫人)은 제후(諸侯)의 정실(正室)이므로 부인처(夫人妻)라고 하였으며, 태자(大子)는 적자(適子)이고, 적부(適婦)는 태자의 정실이므로 적부(適婦)라고 하였다.

36-5-1 ─────────── 大夫之適子는 爲君夫人과 大子하야 士服하니라.

『대부의 적자는 임금과 부인과 태자를 위하여 선비의 상복을 입느니라.』

◑ 이 장은 대부(大夫)의 맏아들이 임금과 부인(夫人)과 태자(大子)를 위하여 선비의 상복을 입는 절도를 기술하였다.

대부(大夫)의 적자(適子)는 대부의 맏아들인데 선비로 대우하여 상복을 입게 하였으니 선비는 임금을 위하여 참최(斬衰) 3년의 상복을 입고, 소군(小君)을 위하여 자최(齊衰) 1년의 상복을 입으며, 태자를 위하여 역시 자최 1년의 상복을 입는 것이다.


36-6-1 ──────────────── 君之母가 非夫人이어든 則群臣엔 無服하고
唯近臣及僕驂乘이 從服하나니 唯君所服을 服也니라.


『임금의 어머니가 정실부인이 아니거든 뭇 신하들에게는 상복이 없고, 오직 가까운 신하로 후궁에 봉사하는 환관과 마부와 수레를 호위하는 사람이 쫓아서 상복을 입나니 오직 임금이 입는 상복을 입느니라.』

◑ 이 장은 임금의 어머니가 정실부인(夫人)이 아닌 경우에 측근의 신하가 입는 상복을 기술하였다.

임금의 어머니가 정실부인이면 군신(群臣)이 자최(齊衰) 1년의 상복을 입는다. 그러나 정실부인이 아니면 임금이 시마(緦麻) 3월의 상복을 입으므로 군신(群臣)은 상복이 없고, 오직 측근의 신하만 임금을 좇아 시마 3월의 상복을 입는 것이다. 근신(近臣)은 혼시(閻寺)니

후궁(後宮)에 봉사하는 환관(宦官)이요 복(僕)은 마부이며, 참승(驂乘)은 수레의 오른쪽에서 수레를 호위하는 사람이다.


36-7-1 ──────── 公이 爲卿大夫하사 錫衰以居하고 出亦如之하시되
當事則弁絰이니라 大夫가 相爲하야 亦然하니
爲其妻엔 往則服之하고 出則否니라.

『임금이 경대부를 위하여 석최를 입고 거처하고, 외출함에 또한 그와 같이 하시되 행사를 당하면 고깔에 수질을 하니라. 대부가 서로를 위하여 또한 그렇게 하니, 그 아내를 위함에는 조문을 갈 때엔 석최를 입고, 나와서는 석최를 입지 아니하니라.』


☯ 이 장은 임금이 경대부를 위하여 상복을 입는 절도와 대부(大夫)가 서로를 위하여 상복을 입는 절도를 기술하였다.

임금은 경대부가 죽어서 성복(成服)을 하면 석최(錫衰)를 입고 거처하며, 출(出)은 다른 일로 외출함이요, 상소(喪所)에 가는 것이 아니다. 당사(當事)는 대렴(大斂)과 빈장(殯葬) 등의 일이고, 변(弁)은 흰색의 피변(皮弁)을 쓰며, 질(絰)은 수질(首絰)을 함이다. 석최(錫衰)는 시마(緦麻)의 베로 만드는데 회(灰)를 넣어 삶아 곱게 다듬은 상복이다.


36-8-1 ──────── 凡見人하되 無免絰하나니 雖朝於君이라도

無免絰하고 唯公門에 有稅齊衰하니 傳에
曰君子는 不奪人之喪하며 亦不可奪喪也니라.

『무릇 사람을 만나 보되 수질을 벗음이 없나니 비록 임금에게 조
회를 할지라도 수질을 벗음이 없고, 오직 공문을 들어감에 자최상복
을 벗음이 있나니 전에 말하기를 군자는 남의 상복을 빼앗지 아니하
며, 또한 상복을 빼앗을 수 없는 것이라고 하니라.』


☯ 이 장은 수질(首絰)의 중대함을 기술하여 누구도 수질을 벗게
할 수 없는 것임을 밝혔다.

범견인(凡見人)은 모든 사람을 찾아가서 만나 보는 것이고, 면질
(免絰)은 수질(首絰)을 벗는 것이니 상복(喪服)을 벗고 길복(吉服)
으로 갈아입는 것이다. 공문(公門)은 궁문(宮門)이요, 탈자최(稅齊
衰)는 자최(齊衰)의 상복을 벗고 길복(吉服)을 입음이니 자최부장기
(齊衰不杖期) 이하의 상복이다. 만일 자최장기(齊衰杖期) 이상의 상
복은 공문(公門)에도 벗지 않고 들어감을 알 수 있다.

상복(喪服)은 슬픔을 표현하는 상례복(喪禮服)이거늘 군자가 어찌
사람의 상복을 빼앗으며, 또한 그 누가 자기의 소중한 상복을 빼앗길
것인가!


36-9-1 ——————————————— 傳에 曰皐多而刑五요 喪多而服五라
上附下附하나니 列也하니라.

『전에 말하기를 죄가 많아도 형벌은 다섯이요, 초상은 많아도 상복은 다섯이라, 위로 붙이고 아래로 붙이나니 나란히 배열하는 것이니라.』


◑ 이 장은 범죄와 유형이 많아도 5형(五刑)으로 처벌하는 것처럼 초상의 관계가 많아도 5복(五服)으로 상복을 입을 뿐임을 기술하였다.

5형(五刑)은 묵(墨), 의(劓), 비(剕), 궁(宮), 대벽(大辟)이요, 5복(五服)은 참최(斬衰), 자최(齊衰), 대공(大功), 소공(小功), 시마(緦麻)이다. 상부(上附)는 무거우면 위로 붙이는 것이고, 하부(下附)는 가벼우면 아래로 붙이는 것이며, 열(列)은 나열(羅列)하여 무겁고 가벼운 정도에 따라 나란히 배열해서 어그러짐이 없게 함이다.

# 37. 간전(間傳)

간(間)은 사이로 곧 차이점이니 5복(五服)의 대소(大小), 경중(輕重), 장단(長短)의 차이점이요, 전(傳)은 설명하여 뚜렷이 밝히는 것이다.

따라서 이 편을 참최(斬衰)와 자최(齊衰)의 사이와 자최와 대공(大功) 사이 그리고 대공과 소공(小功) 사이 및 소공과 시마(緦麻) 사이에 있는 차별점을 설명하여 5복(五服)의 실질적 내용을 뚜렷이 밝혔으니 상복(喪服)을 연구하는 중요한 자료이다.

37-1-1 ──────────────── 斬衰는 何以服苴오 苴는 惡貌也니 所以首其內而見諸外也라 斬衰는 貌若苴하고 齊衰는 貌若枲하고 大功은 貌若止하고 小功緦麻는 容貌라도 可也니 此는 哀之發於容體者也라.

『참최는 어째서 암삼을 상복으로 하는고? 암삼은 사나운 모습이니 그 속을 자백하여 밖으로 나타내는 방법이다. 참최는 모습이 암삼처럼 새까맣고, 자최는 모습이 수삼처럼 검고, 대공은 모습이 그치는 것처럼 움츠리고, 소공과 시마는 모습대로 두어도 괜찮으니 이것은 슬픔이 용체에 나타난 것이니라.』

◉ 이 장은 5복(五服)은 각각 그 슬픔의 정도를 스스로 나타내는 모습의 차이점이 있음을 기술하였다.

참최(斬衰)에 복저(服苴)는 저질(苴絰)과 저장(苴杖)이니 암삼으로 수질(首絰)과 요대(要帶)를 만들고, 죽장(竹杖)을 짚는데 검은 대나무지팡이라는 뜻으로 저장(苴杖)이라고 한다. 악모(惡貌)는 사나운 일을 당하여 얼굴색이 새까맣게 변한 모습이고, 수(首)는 자백(自白)함이니 스스로 고백(告白)하는 것이며, 내(內)는 속마음이고, 외(外)는 외모(外貌)이다. 약저(若苴)는 암삼의 빛깔처럼 새까맣게 변함이요, 약시(若枲)는 수삼의 빛깔처럼 검게 변한 것이니 자최(齊衰)는 참최(斬衰)보다 조금 덜 검은 것이다. 약지(若止)는 놀라서 모든 행동을 중지하듯이 몸이 저절로 움츠러드는 것이고, 용모(容貌)는 모습대로 두는 것이니 얼굴에 변화가 없는 것이다.

이것은 슬픈 일을 당하여 얼굴색이 변하는 차이점을 설명한 것이니 참최는 새까맣게 변하고, 자최는 검게 변하고, 대공은 움츠러들듯이 변하고, 소공과 시마는 변함이 없어도 괜찮은 것이다.


37-2-1 ──────────────── 斬衰之哭은 若往而不反하고 齊衰之哭은 若往而反하고 大功之喪은 三曲而偯하고 小功緦麻는 哀容이라도 可也니 此는 哀之發於聲音者也라.


『참최의 울음은 마치 가서 돌아오지 않은 듯이 하고, 자최의 울음은 마치 갔다가 돌아오듯이 하고, 대공의 초상에는 세 번 꺾은 다음 울음끝소리를 내고, 소공과 시마는 슬픈 척해도 괜찮으니 이것은 슬픔이 소리가락에 나타난 것이니라.』

◑ 이 장은 5복(五服)에 있어서 곡성(哭聲)의 차이점을 기술하였다.

약(若)은 같은 것이요, 왕이불반(往而不反)은 숨을 모두 내쉴 때까지 한 번에 울어서 중간에 그침이 없는 것이며, 왕이반(往而反)은 숨을 내쉬면서 울고 다시 들이쉬면서 우는 것이다. 3곡이의(三曲而偯)는 울음소리를 세 번 꺾은 다음에 울음끝소리를 내는 것이요, 애용(哀容)은 우는 모양이니 우는 척하는 것이다. 의(偯)는 울음끝소리를 서럽게 내는 것이요, 애용(哀容)은 취음부터 울음끝소리로만 일관하는 것이다.


37-3-1 ────────── 斬衰는 唯而不對하고 齊衰는 對而不言하고 大功은 言而不議하고 小功緦麻는 議而不及樂하니 此는 哀之發於言語者也라.


『참최는 네하되 대답하지 아니하고, 자최는 대답하되 말하지 아니하고, 대공은 말하되 의논하지 아니하고, 소공과 시마는 의논하되 즐거움에는 미치지 아니하니 이것은 슬픔이 언어에서 나타나는 것이니라.』


◑ 이 장은 5복(五服)에 있어서 언어(言語)의 차이점을 기술하였다.

유(唯)는 짧게 '네' 하여 순응함이요, 대(對)는 대답하여 설명함이며, 언(言)은 먼저 말을 함이고, 의(議)는 의논(議論)함이며, 락(樂)은 즐거운 것이다.

살피건대 슬픔이 지극하면 말할 기운이 없으므로 겨우 네 하여 순응할 뿐이요, 슬픔이 경미하면 의논할 기운이 있으나 상복을 입고 즐거워하거나 즐거운 일을 말하는 것은 옳지 않으므로 삼가는 것이다.


37-4-1 —————————— 斬衰는 三日을 不食하고 齊衰는 二日을 不食하고
大功은 三不食하고 小功緦麻는 再不食하고
士가 與斂焉이어든 則壹不食하나니 故로 父母之喪에
旣殯하면 食粥하되 朝一溢米하고 莫一溢米하며
齊衰之喪에 疏食水飮하고 不食菜果하며
大功之喪에 不食醯醬하며 小功緦麻엔 不飮醴酒하나니
此는 哀之發於飮食者也라.


『참최는 3일을 먹지 아니하고, 자최는 2일을 먹지 아니하고, 대공은 세 끼니를 먹지 아니하고, 소공과 시마는 두 끼니를 먹지 아니하고, 선비가 더불어 염을 하거든 곧 한 끼니를 먹지 아니하나니 그러므로 부모의 초상에 이미 빈소를 설치하면 죽을 먹되 아침에 한 줌의 쌀로 끓이고, 저녁에 한 줌의 쌀로 끓이며, 자최의 초상에는 거친 밥에 물을 마시고 채소와 과일을 먹지 아니하며, 대공의 초상에 식초와 된장을 먹지 아니하며, 소공과 시마에는 단술을 먹지 아니하나니 이것은 슬픔이 음식에 나타나는 것이니라.』


◐ 이 장은 5복(五服)에 있어서 음식의 차이점을 기술하였다.

일일(一溢)은 24분의 1승(升)이니 곧 한 줌 정도이며, 소사(疏食)는 거친 밥이요, 혜장(醯醬)은 식초와 된장이다.

37-4-2 ──────────────────── 父母之喪에 旣虞卒哭하면 疏食水飮하되
不食菜果하며 期而小祥이면 食菜果하며 又期而大祥이면
有醯醬하며 中月而禫하고 禫而飮醴酒하나니 始飮酒者는
先飮醴酒하고 始食肉者는 先食乾肉하니라.

『부모의 상에 이미 우제와 졸곡제를 지냈으면 거친 밥에 물을 마
시되 채소와 과일을 먹지 아니하며, 1주기가 되어 소상이면 채소와
과일을 먹으며, 또 1주기가 되어 대상이면 식초와 된장이 있으며, 중
간 달에 담제를 지내고, 담제를 지냄에 단술을 마시나니 처음 술을
마시는 사람은 먼저 단술을 마시고, 처음 고기를 먹는 사람은 먼저
말린 고기를 먹느니라.』

☯ 이 절은 부모의 상(喪)에 음식을 먹는 절도를 기술하였다.

중월(中月)은 한 달의 가운데인데 기(期)가 1주기(一周忌)이고,
우기(又期)가 2주기(二周忌)이니 2주기를 넘긴 달의 가운데이다. 처
음 술을 먹음에 순한 술부터 마시고, 처음 고기를 먹음에 기름기가
적은 것부터 먹음은 건강을 위함이다.


37-5-1 ──────────────────── 父母之喪에 居倚廬하야 寢苫枕塊하여
不稅絰帶하고 齊衰之喪에 居堊室하야 苄翦하고
不納하며 大功之喪에 寢有席하고 小功緦麻는
牀이라도 可也니 此는 哀之發於居處者也라.

『부모의 초상에 의려에 거처하여 거적자리에서 자고, 흙덩이를 베며 수질과 요대를 벗지 아니하고, 자최의 초상에 흰 흙벽칠을 한 방에 거처하여 부들자리의 가장자리를 자르기만 하고 굽혀서 안으로 넣지 아니하며, 대공의 초상에는 잠자리에 자리가 있으며, 소공과 시마는 침상에서 자더라도 괜찮으니 이것은 슬픔이 거처에 나타나는 것이니라.』

◐ 이 장은 5복(五服)에 있어서 거처(居處)의 차이점을 기술하였다. 의려(倚廬)는 앞에 22-12-1에서 이미 해설하였고, 악실(堊室)은 앞에 22-12-5에서 해설하였으며, 하(苄)는 부들로 만든 자리인데 전(翦)은 부들자리의 양쪽 가장자리를 잘라서 가지런히 함이요, 불납(不納)은 그 가장자리를 접어서 속으로 넣지 아니함이니 곧 모양을 내지 않은 것이다.


37-5-2 ──────────────── 父母之喪에 旣虞卒哭하면 柱楣翦屛하고
苄翦하고 不納하며 期而小祥이면 居堊室하야
寢有席하며 又期而大祥이면 居復寢하되
中月而禫하나니 禫而牀이니라.


『부모의 초상에 이미 우제와 졸곡제를 지냈으면 기둥을 인중방까지 세우고, 앞가림문의 양쪽 옆을 자르고 부들자리의 가장자리를 자르기만 하고 굽혀서 안으로 넣지 아니하며, 1주기가 되어 소상이면 흰 흙벽칠을 한 방에 거처하고 잠자리에 자리가 있으며, 또 1주년이

되어 대상이면 침실로 돌아와서 거처하되, 가운데 달이면 담제를 지내나니 담제를 지내면 침상에서 자느리다.』

　◑ 이 절은 부모의 상복을 입고 거처하는 절도를 구체적으로 기술하였다.

　주미(柱楣)는 앞에 22-12-2에서 이미 해설하였고, 전병(翦屏)은 출입문을 대신하는 앞 가림문이니 졸곡이 지나면 그 양쪽 옆을 잘라서 가지런히 함이요, 거복침(居復寢)은 평상시에 사용하던 침실로 돌아와서 거처함이다.


37-6-1 ──────────────── 斬衰는 三升이요 齊衰는 四升五升六升이요
大功은 七升八升九升이요 小功은 十升十一升十二升이요
緦麻는 十五升에 去其半하나니 有事其縷하고
無事其布曰緦니 此는 哀之發於衣服者也라.


『참최는 3승이요, 자최는 4승, 5승, 6승이요, 대공은 7승, 8승, 9승이요, 소공은 10승, 11승, 12승이요, 시마는 15승에 그 반을 버리나니 그 실을 삶음이 있고, 그 베를 삶음이 없는 것을 시라고 하니 이것은 슬픔이 의복에 나타난 것이니라.』

　◑ 이 장은 5복(五服)에 있어서 상복을 만드는 삼베의 굵고 가는 차이점을 기술하였다.

　무릇 삼베의 1승(一升)은 실이 80가닥이니 3승(三升)은 240가닥으

로 짠 가장 굵은 베이다. 참최(斬衰)는 정복(正服)이 3승이요, 의복
(義服)이 3승반이며, 자최(齊衰)는 강복(降服)이 4승이요, 정복(正服)
이 5승이고, 의복(義服)이 6승이며, 대공(大功)은 강복이 7승이요, 정
복이 8승이고, 의복이 9승이며, 소공(小功)은 강복이 10승이요, 정복
이 11승이고, 의복이 12승이며, 시마(緦麻)는 강복과 정복 및 의복을
똑같이 15승의 베에 그 7승 반의 실 가닥을 버린 것을 사용한다. 대
개 15승이라는 것은 조복(朝服)의 베이니 그 폭의 날줄이 1,200가닥
인데 이제 시마의 베는 그 반인 600가닥으로 날줄을 삼나니 이것이
그 반을 버린 것이다. 유사기루(有事其縷)는 그 실을 삶아서 깨끗하
게 빨아 다듬은 다음에 베를 짜는 것이고, 무사기포(無事其布)는 베
를 완성한 다음에는 물에 씻어 다듬지 않고 바로 시마복(緦麻服)을
만드는 것이다. 만약 석최(錫衰)를 지을 때에는 베를 짜서 완성한 것
을 다시 잿물에 삶아 더욱 희게 하여 만드니 이것이 시마(緦麻)와 석
최(錫衰)의 차이점인즉 이로써 시마는 삶은 실로 짠 생포(生布)이고,
소공 이상은 생루(生縷)로 짠 생포(生布)임을 알 수 있는 것이다.


37-6-2 ────────────── 斬衰三升은 旣虞卒哭이어든 受以成布六升하고
冠七升이요 爲母疏衰四升은 受以成布七升하고
冠八升이요 去麻服葛하되 葛帶三重이요 期而小祥이어든
練冠緣緣하고 要絰을 不除하느니라.


『참최에 3승의 상복은 이미 우제와 졸곡이 지났거든 성포 6승으로
이어 입고, 관은 7승이요, 어머니를 위한 거친 상복 4승은 성포 7승

으로 이어 입고, 관은 8승이요, 삼띠를 벗고 칡띠를 하되 칡띠는 세 겹이요, 1주기가 되어 소상이 지나거든 연관에 붉은 선을 두르고, 요질을 제거하지 아니하니라.』

◑ 이 절은 부모의 상복을 입음에 부득이 외출을 할 경우에 입는 상복을 기술하였다.

수(受)는 이어서 입는 것이고, 성포는 완성된 베이니 생포(生布)가 아니라 빨아서 다듬은 베로 뻣뻣하지 않고 약간 부드러운 것인데 이미 졸곡이 지났으므로 새로운 상복이 아님을 보이기 위함이다. 관(冠)은 흰색의 소관(素冠)이요, 거마복갈(去麻服葛)은 장사 지낸 뒤에 남자는 허리의 마대(麻帶)를 갈대(葛帶)로 바꾸고, 부인은 머리의 마질(麻絰)을 갈질(葛絰)로 바꾸는 것이며, 3중(三重)은 새끼를 세 겹으로 꼬아서 만드는 것이요, 전연(縓緣)은 관(冠)의 가장자리에 얇은 붉은 선을 두르는 것이니 소상이 지났음을 나타내기 위함인즉 앞에 3−44−16에서 이미 해설하였다.

37-6-3 ──────────── 男子는 除乎首하고 婦人은 除乎帶하나니 男子는 何爲除乎首也이며 婦人은 何爲除乎帶也오 男子는 重首하고 婦人은 重帶하나니 除服者는 先重者하고 易服者는 先輕者하나니라.

『남자는 수질부터 벗고, 부인은 요대부터 벗게 하나니 남자는 어찌하여 수질부터 벗으며, 부인은 어찌하여 요대부터 벗는가요? 남자는 수질이 무겁고, 부인은 요대가 무겁나니 상복을 벗음에는 무거운 것을 먼저 하고, 상복을 바꿈에는 가벼운 것을 먼저 하느니라.』

◑ 이 절은 소상(小祥)에 남자는 수질(首絰)을 벗고, 부인은 요대(要帶)를 벗는 이유를 기술하였다.

남자는 양(陽)이요, 부인은 음(陰)이며, 머리는 양(陽)이요, 허리는 음(陰)이니 남자는 허리보다 머리가 무겁고, 여자는 머리보다 허리가 무거우며, 소상(小祥)에 무거운 것부터 제거하는 까닭에 남자는 수질(首絰)을 제거하고, 여자는 요대(要帶)를 제거하는 것이다. 역복자(易服者)는 무거운 상복을 입고 있는데 또 가벼운 상복을 입게 될 경우에 상복을 가벼운 상복으로 바꾸어 입는 것이고, 역경자(易輕者)는 가벼운 것부터 바꾸어 입는 것이니 곧 남자는 요질(要絰)을 바꾸고 부인은 수질(首絰)을 바꾸는 것이다.

37-6-4 ────────── 又期而大祥하니 素縞麻衣하고 中月而禫하나니
禫而纖하고 無所不佩하니라.

『또 1주년이 되면 대상을 지내니 흰 관에 흰 비단으로 선을 두르고 삼베로 만든 조복을 입고, 가운데 달에 담제를 지내나니 담제를 지내면 거무스름한 비단옷을 입고, 허리에 장식물을 차지 않음이 없느니라.』

◑ 이 절은 대상(大祥)과 담제(禫祭)를 지내면서 상복을 벗는 과정을 기술하였다.

소(素)는 소관(素冠)이요, 호(縞)는 비단으로 소관(素冠)의 가장
자리에 선을 두루는 것인데 2주기의 대상(大祥)이면 이 관을 쓰고
조복(朝服)을 입고 제사를 지낸 다음에 15승(升)의 삼베로 심의(深
衣)를 만들되 채색한 비단으로 선을 두르지 않은 것을 입으니 곧 마
의(麻衣)이다. 대상을 지낸 다음에 다시 한 달이 지난 중간에 담제
(禫祭)를 지내니 역시 현관(玄冠) 조복(朝服)으로 담제를 지낸 다음
에 머리에는 거무스름한 비단관을 쓰고 몸에는 소단황상(素端黃裳)
을 입는 것이다. 섬(纖)은 검은 날줄에 흰 씨줄로 짠 비단이다.


37-6-5 ─────────── 易服者는 何爲易輕者也오 斬衰之喪에 旣虞卒哭하고
遭齊衰之喪이어든 輕者가 包하고 重者가 特하니라.


『상복을 바꾸어 입는 것은 어찌하여 가벼운 것을 바꾸는가요? 참
최의 상복을 입고 이미 우제와 졸곡이 지나서 자최의 초상을 당했거
든 가벼운 것은 아울러 포용하고 무거운 것을 독특하게 하니라.』


☯ 이 절은 앞 절 37-6-3에서 말한 상복을 바꾸어 입음에 가벼
운 것부터 먼저 하는 이유를 해설하였다.

포(包)는 포함하고 포용함이며, 특(特)은 독특(獨特)이니 오직 한
가지만 표출함이다. 참최(斬衰)의 상복을 입고 이미 우제와 졸곡이
지났을 때에 또 자최(齊衰)의 초상을 당하면 남자는 가벼운 요질(要
経)만 참최와 자최를 아울러 겹쳐 매고, 무거운 수질(首経)은 참최만
하고 자최는 하지 않은 것이요, 부인은 가벼운 수질(首経)만 참최와

자최를 아울러 겹쳐 쓰고, 무거운 요대(要帶)는 참최만 하고 자최는
하지 않는 것이다.


37-6-6 ──────────────── 既練하고 遭大功之喪이어든 麻葛을 重하니라.


『이미 연복을 입고 대공의 초상을 만나거든 대공의 삼띠와 칡띠를
무겁게 하니라.』


☯ 이 절은 참최(斬衰)의 소상(小祥)이 지나서 연복(練服)을 입고
대공(大功)의 초상을 당하면 대공의 삼띠와 칠띠를 해야 됨을 기술
하였다.

　참최(斬衰)에 이미 소상(小祥)이 지났으면 남자는 오직 갈대(葛
帶)만 하고, 부인은 오직 갈질(葛絰)만 하는데 이때에 만약 대공(大
功)의 초상을 당하면 모두 대공의 마질(麻絰)과 마대(麻帶)로 바꾸
고, 대공의 초상에 이미 우제(虞祭)와 졸곡(卒哭)이 지나면 모두 갈
질(葛絰)과 갈대(葛帶)로 바꾼다.


37-6-7 ──────────────────── 齊衰之喪이 既虞卒哭하고
遭大功之喪이어든 麻葛을 兼服之하니라.


『자최의 상복을 입고 이미 우제와 졸곡이 지나고, 대공의 초상을
당하거든 삼띠와 칡띠를 아울러 입느니라.』

◐ 이 절은 자최(濟최)의 상복을 입고, 이미 우제와 졸곡이 지난 뒤에 대공(大功)의 초상을 당하면 남자가 허리에는 대공의 마대(麻帶)를 하고 머리에는 자최의 갈질(葛絰)을 써야 됨을 기술하였다.

마갈겸복지(麻葛兼服之)는 머리에는 칡띠를 하고, 허리에는 삼띠를 하므로 아울러 입는다고 하였다.


37-6-8 ─────────── 斬衰之葛이 與齊衰之麻로 同하고 齊衰之葛이 與大功之麻로 同하고 大功之葛이 與小功之麻로 同하고 小功之葛이 與緦之麻로 同하니 麻同則兼服之하나니 兼服之하되 服重者어든 則易輕者也니라.


『참최의 칡띠가 자최의 삼띠로 더불어 동등하고, 자최의 칡띠가 대공의 삼띠로 더불어 동등하고, 대공의 칡띠가 소공의 삼띠로 더불어 동등하고, 소공의 칡띠가 시마의 삼띠로 더불어 동등하니 삼띠가 같으면 아울러 입나니 아울러 입되 무거운 상복을 입거든 곧 가벼운 상복을 바꾸느니라.』


◐ 이 절은 5복(五服)의 칡띠와 삼띠의 같고 다른 등급을 기술하였다.

동(同)은 전상(前喪)을 이미 장사 지낸 뒤의 칡띠가 후상(後喪)의 초상에 삼띠와 더불어 차이가 없이 동등한 것이요, 겸복(兼服)은 앞에 상복과 뒤에 상복을 아울러 입는 것이며 복중자(服重者)는 앞에 37-6-5에서 말한 중자특(重者特)이고 역경자(易輕者)는 역시 경자포(輕者包)를 뜻한다.

# 38. 3년문(三年問)

　3년(三年)은 3년상(三年喪)이니 어버이가 죽음에 그 자녀는 3년 동안 거상(居喪)하면서 애도(哀悼)하는 기간이다. 문(問)은 질문이니 의심나는 점에 대하여 예절을 아는 사람에게 물어서 확실하게 깨닫는 것이다.

　이 편의 경문(經文)은 순자(荀子)의 예론편(禮論) 가운데도 비슷하게 보이니 참고하기 바란다.

38-1-1 ──────────────────── 三年之喪은 何也오 曰稱情而立文하야

因以飾群하야 別親疏貴賤之節하야 而弗可損益也라

故로 曰無易之道也라 하니라 創鉅者는 其日이 久하고

痛甚者는 其愈가 遲하니 三年者는 稱情而立文이니

所以爲至痛極也요 斬衰苴杖하며 居倚廬하며 食粥하며

寢苫枕塊는 所以爲至痛飾也라 三年之喪이 二十五月而畢하나니

哀痛이 未盡하며 思慕가 未忘이나 然而服을 以是斷之者는

豈不送死에 有已며 復生에 有節也哉리오

　『3년의 상복을 입음은 어째서인가요? 말하기를 심정을 저울질하여 제도를 세워 이어서 무리를 다듬어 친소와 귀천의 절도를 분별하여 덜고 보탤 수 없게 하는 것이다. 그러므로 바꿈이 없는 도리라고 하니라. 상처가 큰 것은 그 치료하는 날이 오래 걸리고 아픔이 심한 것

은 그 병이 나음이 더디니 3년이라는 것은 심정을 저울질하여 제도를 세웠나니 지극히 아픔을 다하는 방법이요, 참최에 대나무지팡이를 짚으며 기울어진 움막에 거처하며 죽을 먹으며 거적자리에 자고 흙덩어리를 베는 것은 지극한 아픔을 표현하는 방법이다. 3년의 상기가 25개월로 마치나니 애통한 마음이 다하지 못하며, 사모하는 그리움을 잊지 못하나 그래도 그 상복 입는 기간을 이로써 끊어 버리는 것은 어찌 죽은 사람을 보냄에 그침이 있으며, 삶을 다시 회복함에 절도가 있지 않으리오.』

◑ 이 장은 3년의 상복(喪服)을 예법으로 정한 뜻을 물으니 슬픈 심정을 헤아려서 예법으로 정한 것임을 기술하였다.

칭(稱)은 저울질하여 가볍고 무거움을 살피는 것이고, 정(情)은 노엽고 슬픈 감정이며, 문(文)은 형식과 제도 및 물질을 갖추는 상례(喪禮)이다. 식(飾)은 다듬어서 장식함이고, 군(群)은 무리이니 전체적인 가족집단이나 국가집단을 모아서 초상 치고 장사 지내게 함이며, 별친소귀천지절(別親疏貴賤之節)은 가족관계와 국가관계의 차례와 등급을 분별하여 체계를 확립하는 것이다. 불가손익(弗可損益)은 천하의 보편적 규범이기 때문에 임의로 변경할 수 없는 것이요, 창거(創鋸)는 상처가 큰 것이요, 유(愈)는 쾌유(快愈)이며, 극(極)은 다하는 것이고, 식(飾)은 표현하는 것이며, 절(斷)은 절(截)이니 끊어서 자른 것이다. 송사(送死)는 죽은 사람을 보내는 상례(喪禮)이고, 복생(復生)은 정상적인 생활로 돌아오는 것이다.

凡生天地之間者有血氣之屬은 必有知하고 有知之屬은
莫不知愛其類하나니 今是大鳥獸가 則失喪其群匹하고
越月踰時焉인댄 則必反巡過其故鄕하야 翔回焉하며
鳴號焉하며 蹢躅焉하며 蜘蹰焉하야 然後에 乃能去之하고
小者는 至於燕雀이라도 猶有啁噍之頃焉하야 然後에
乃能去之하나니 故로 有血氣之屬者는 莫知於人하니 故로
人於其親也에 至死不窮하나니라.

『무릇 하늘땅 사이에 나서 혈기가 있는 족속은 반드시 지능이 있고, 지능이 있는 족속은 그 무리를 사랑할 줄을 알지 못함이 없나니 이제 이러한 큰 새와 짐승이 곧 그 무리의 짝을 잃거나 죽어서 달이 지나고 철이 바뀔진댄 곧 반드시 그 고향으로 돌아와 날아 돌면서 울고 외치며, 펄떡펄떡 뛰며, 머뭇거리다가 연후에 이에 능히 떠나가고, 작은 것은 제비나 참새에 이를지라도 오히려 지저귀며 울기를 한참 하고 있다가 연후에 이에 능히 떠나가나니 그러므로 혈기가 있는 족속은 사람보다 지혜로운 것이 없으니 그러므로 사람은 그 어버이에 대하여 죽을 때까지 다함이 없이 하느니라.』

◑ 이 절은 어버이의 죽음에 3년복을 입는 것은 천성(天性)에서 발로한 지극한 동족애(同族愛)임을 설파하였다.

유지(有知)는 지각(知能)이 있는 것이니 동물이 천부적으로 타고 나서 본유(本有)한 지능(知能)이다. 속(屬)은 족속(族屬)으로 종(種)이고, 류(類)는 종(種)에서 갈라져 나온 동류(同類)인데 모든 동물은 동류애(同類愛)가 있으니 천성(天性)의 발로이다. 척촉(蹢躅)은 펄떡펄떡 뛰면서 주춤거림이고, 지주(蜘蹰)는 머뭇거리는 것이며, 주초

(啁噍)는 지저귀며 우는 것이요, 경(頃)은 잠깐 동안이다.


38-1-3 ——————— 將由夫患邪淫之人與인댄 則彼朝死而夕忘之하나니
然而從之면 則是曾鳥獸之不若也니
夫焉能相與群居而不亂乎리오.


『장차 저 사특하고 음란함에 빠진 사람을 말미암을진댄 곧 저들은 아침에 죽었는데 저녁에 잊어버리나니 그래도 좇는다면 이것은 일찍이 새와 짐승만도 못한 것이니 저들이 어찌 능히 서로 더불어 살면서 어지럽지 않으리오.』


◉ 이 절은 3년복을 입지 않은 사특하고 음란한 부류들의 패륜(悖倫)을 질타하였다.

환(患)은 빠져서 헤어나지 못함이고, 사음(邪淫)은 사특하고 음란함이니 본성(本性)을 잃고 물욕에 사로잡혀 도덕과 윤리와 예절을 배척하는 것이다. 어버이가 아침에 죽었는데 저녁에 잊는다면 어찌 인간이라고 하겠는가? 짐승만도 못한 만고에 패륜아인즉 더불어 살 수 없는 대상이다.


38-1-4 ——————— 裝由夫脩飾之君子與인댄 則三年之喪이
二十五月而畢이어든 若駟之過隙하니 然而遂之면
則是無窮也라 故로 先王이 焉爲之立中制節하사
壹使足以成文理하고 則釋之矣시니라.

『장차 저 인격을 다듬어 예절을 지키는 군자를 말미암을진댄 곧 3년의 상기가 25개월로 마치거든 마치 네 마리의 말이 이끈 수레가 틈새를 지나듯이 빠르지만 그대도 상복을 벗으면 곧 이것은 다함이 없는 것이다. 그러므로 선왕이 이에 그것을 조절하기 위하여 중심에서서 절도를 제정하사 한결같이 하여금 족히 문채와 조리를 이루게 하여 곧 상복을 벗게 하시니라.』

◑ 이 절은 예절을 지켜서 3년복을 입은 사람의 무궁한 효심(孝心)을 찬양하였다.

수식(修飾)은 몸을 닦아 예절을 지켜서 인격을 갖추는 것이고, 수지(遂之)는 완성하여 마치는 것이니 곧 상복(喪服)을 벗는 것이며, 언(焉)은 이에, 위지(爲之)는 무궁(無窮)한 마음을 조절하는 것이다. 입중(立中)은 지나침이나 모자람이 없는 중용(中庸)의 도덕을 세움이고, 제절(制節)은 시작하고 끝내는 절도(節度)를 제정함이며, 일사(壹使)는 위로 천자(天子)로부터 아래로 서민대중에 이르기까지 모두 하여금 3년복을 입게 함이요, 성문리(成文理)는 3년복을 입는 예절의 문채(文彩)와 심정(心情)의 도리(道理)를 완성함이며, 석(釋)은 상복(喪服)을 벗음이다.

38-2-1 ──────────────── 然則何以至期也오 曰至親은 以期로 斷하니라
是何也오 曰天地가 則已易矣하며 四時가 則已變矣하며
其在天地之中者가 莫不更始焉할새 以是로 象之也니라.

『그러면 어찌하여 상복을 입는 기간을 1년에 이르게 하는가요? 말하기를 지극히 친한 사이는 1년으로써 끊도록 하니라. 이것은 무엇 때문인가요? 말하기를 하늘과 땅이 곧 이미 바뀌는 것이며, 네 철이 곧 이미 변화한 것이며, 그 하늘과 땅 사이에 있는 것이 다시 새롭게 시작하지 않음이 없는지라, 이로써 본받은 것이니라.』

◑ 이 장은 5복(五服)을 입는 기간을 제정한 배경을 기술하였으니 여기에서는 지극히 친한 사이에 상복 입는 기간을 1년으로 정한 사유를 해설하였다.

지친(至親)은 지극히 친근한 사이이니 부자(父子), 군신(君臣), 부부(夫婦) 사이를 지칭하며, 경시(更始)는 다시 새롭게 시작함이고, 상(象)은 본받은 것이다.

살피건대 소상(小祥)에 상복을 빨아서 연복(練服)을 입고, 남자는 수질(首絰)을 벗으며, 부인은 요대(要帶)를 벗으니 지극한 슬픔은 1년으로 그치는 것이다.

38-2-2 ─────────────────── 然則何以三年也요 曰加隆焉爾니
焉使倍之라 故로 再期也니라.

『그러면 어째서 3년 동안 상복을 입는가요? 말하기를 더욱 융숭하게 할 따름이니 이에 배로 하는지라 그러므로 1년간을 두 번 하는 것이니라.』

☯ 이 절은 3년의 상복이 출현한 배경을 기술하였으니 3년복은 1년복을 융숭하게 더하여 두 번 입는 것임을 밝혔다. 언이(焉爾)의 언(焉)은 강조사이고, 언사(焉使)의 언(焉)은 이에이다.

38-2-3 ── 由九月以下는 何也오 曰焉使弗及也니라 故로
三年以爲隆하니 緦小功以爲殺하고 期九月以爲間할새
上取象於天하며 下取法於地하며 中取則於人하야
人之所以群居和壹之理가 盡矣니라 故로 三年之喪은
人道之至文者也로 夫是之謂至隆이라 是는
百王之所同하며 古今之所壹也니 未有知其所由來者也라
孔子가 曰子生三年然後에 免於父母之懷니
夫三年之喪은 天下之達喪也라 하시니라.

『9월 이하의 상복을 말미암음은 어째서인가요? 말하기를 이에 하여금 미치지 못하게 하는 것이라. 그러므로 3년복으로 융숭함을 삼고, 시마와 소공으로 감쇄함을 삼고, 1년복과 9월복으로 중간을 삼음에 위로 하늘에서 형상을 취하고, 아래로 땅에서 법을 취하고, 가운데로 사람에게서 규칙을 취하니 사람이 모여 살면서 화합하여 통일하는 도리의 규범을 다하는 것이니라. 그러므로 3년의 상복은 인간의 도리를 지극히 문채 나게 하는 것으로 대저 이것을 일컬어 지극히 융숭함이라고 하나니 이것은 일백 왕이 동일한 바이며, 고금이 한결 같은 바이니 그 말미암아 내려온 바를 알지 못하는 것이다. 공자가 말씀하시기를 자식이 태어나서 3년이 지난 다음에야 부모의 품에서 떠나니 대저 3년의 상복은 천하의 공통적인 최고의 상복이라고 하시

니라.』

  ◑ 이 절은 5복(五服)을 입는 기간은 하늘의 현상과 땅의 법도와
인간의 규칙에서 취한 천연의 질서임을 기술하였다.

  융(隆)은 융숭(隆崇)하게 높임이요, 쇄(殺)는 감쇄(減殺)하여 낮
춤이니, 친근한 관계는 더욱 높여서 지극히 융숭하게 하고, 소원(疏
遠)한 관계는 더욱 낮추어서 부담을 줄여 주는 것이다. 간(間)은 중
간(中間)이니 보통이요, 상(象)은 3년에 윤월(閏月)이 있고, 1년은
12개월이 있고, 9월은 세 철이 있고, 5월은 반년이 있으며, 3월은 한
철이 있는 것이다. 달상(達喪)은 보편적인 최고의 상복(喪服)이니 논
어(論語)에는 통상(通喪)이라고 하였다.

# 39. 심의(深衣)

심의(深衣)는 높은 학자의 겉옷인데 흰 베로 저고리와 치마를 연결하여 소매를 넓게 만들고 검은 비단으로 가장자리에 선을 두른 것이니 저고리는 네 폭으로 하고 치마는 열두 폭이다.

심의(深衣)는 벼슬에 상관이 없이 학자는 누구나 입을 수 있는데 천자(天子)와 제후(諸侯)는 물론이요, 대부(大夫)와 사(士)가 양로(養老)의 향연(饗燕)이나 퇴근하여 연거(燕居)에 입으며, 서민대중은 제복(祭服)으로만 입을 수 있다.

무릇 조복(朝服)과 제복(制服)과 상복(喪服)은 상의(上衣)와 하상(下裳)을 분리하여 만드는데 오직 심의(深衣)는 하나로 이어서 만들어 온몸을 덮으므로 깊숙하다는 뜻으로 심의(深衣)라고 하며, 심의와 제도는 같아도 이름이 다른 것이 있으니 흰 바탕에 검은 선을 두루는 것이 심의(深衣)요, 흰 바탕에 흰 선을 두르면 장의(長衣)라 하고, 흰 바탕에 삼베로 선을 두르면 마의(麻衣)라 하며, 조복(朝服), 제복(祭服), 상복(喪服)의 속에 입는 것을 중의(中衣)라고 하나니 다만 대부(大夫) 이상은 제사를 도울 때에는 면복(冕服)을 입고, 스스로 제사를 지낼 때에는 작변(爵弁)복을 입고 흰 선을 두룬 중의를 입으며, 선비는 제사에 조복을 입고, 삼베를 두룬 중의를 입는 것이다.

39-1-1 ──────────────── 古者에 深衣가 蓋有制度하야 以應規矩繩權衡하더니 短毋見膚하고 長毋被土하며 續衽鉤邊하고 要縫이 半下하니라.

『옛날에 심의가 대개 만드는 법도가 있어서 그림쇠와 곡척과 먹줄
과 저울추와 저울대를 응용하더니 짧아도 살을 보이지 아니하고, 길
어도 흙을 가리지 아니하며, 치마폭의 옆 깃을 이어 붙여서 합쳐 꿰
맨 다음에 가장자리를 덮어서 꿰매고, 허리폭을 꿰매는 부분은 치마
아래 폭의 반이니라.』

◯ 이 장은 심의(深衣)제도를 기술하였다.

심의(深衣)는 앞에 13-7-2에서 이미 해설하였고, 응(應)은 응용
(應用)함이며, 속(續)은 이음이요, 임(衽)은 치마폭의 옆 깃이며, 구
(鉤)는 갈고리처럼 접어서 꿰매는 것이요, 변(邊)은 옷의 가장자리이
다. 대저 심의의 치마는 12폭을 이은 것이니 속임구변(續衽鉤邊)은 그
것을 이어서 꿰매는 방법을 말한다. 요(要)는 허리 부분이요, 봉(縫)
은 저고리와 치마를 붙여서 꿰매는 허리폭이며, 반하(半下)는 치마의
하단(下端) 폭에 반으로 함이니 앞에 13-7-2에서 이미 심의의 허리
폭은 7척 2촌이요, 치마 끝 폭은 1장(丈) 4척 4촌임을 해설하였다.


39-1-2 ─────────── 袼之高下가 可以運肘하며 袂之長短이 反詘之하야
及肘하며 帶는 下毋厭髀하며 上毋厭脅하고 當無骨者니라.


『소매혼솔의 높낮이가 팔꿈치를 돌릴 만하며, 소매의 길고 짧음이
굽혀서 접어 팔꿈치에 미치며, 허리띠는 아래로 넓적다리뼈에 가깝지
않고, 위로 갈비뼈에 가깝지 아니하고, 마땅히 뼈가 없는 곳에 해당
하니라.』

◑ 이 절은 앞 절에 이어 심의(深衣)를 재단함에 있어서 사람에 따라 팔의 넓이와 길이 그리고 허리 부분의 위치를 기술하였다.

각(袼)은 소매혼솔이니 소매를 옷에 붙여 꿰매는 부분으로 고(高)는 어깨이고, 하(下)는 겨드랑이요, 운(運)은 팔을 돌리는 것이요, 주(肘)는 팔꿈치이다. 메(袂)는 소매이고, 반굴(反詘)은 굽혀서 접은 것이요, 대(帶)는 허리띠를 매는 부분이며, 염(厭)은 가까워지는 것이고, 비(髀)는 넓적다리뼈요, 협(脅)은 갈비뼈이다.

대저 옷은 사람의 체형에 맞아 활동하기에 편해야 되므로 옷을 몸에 맞추어야지 사람을 옷에 맞출 수 없는 까닭에 심의(深衣)를 재단함에 몸에 맞추도록 서술하였다.


39-1-3 ───────────── 制有十二幅하야 以應十有二月하며 袂圜하야
以應規하며 曲袷如矩하야 以應方하며 負繩及踝하야
以應直하며 下齊如權衡하야 以應平하니라.


『심의제도에 12폭이 있게 하여 12월을 응용하며, 소매는 둥글게 하여 그림쇠를 응용하며, 동구래깃을 굽혀서 기역자처럼 하여 모남을 응용하며, 등의 이음선을 곧게 하여 복사뼈에 미치게 하여 직선을 응용하며, 아래 끝단을 가지런히 해서 저울처럼 하여 수평을 응용하니라.』


◑ 이 절은 앞 절에 이어 심의(深衣)제도에 있어서 12월과 규구승권형(規矩繩權衡)을 응용하는 법을 기술하였다.

십이폭(12幅)은 심의(深衣)의 치마폭을 12폭으로 만드는 것이고,

곡겁(曲袷)은 곡령(曲領)이니 저고리의 목깃인 동구래깃을 굽히는 것이며, 부승급과(負繩及踝)는 저고리의 등판을 이은 중앙선과 치마의 등판을 이은 중앙선이 아래로 복사뼈에 이르기까지 일직선이 되게 함이다. 하제(下齊)는 치마의 하단(下端)이 수평으로 가지런함이다.

39-2-1 ── 故로 規者는 行擧手하야 以爲容이요
負繩抱方者는 以直其政하며 方其義也니 故로 易에
曰坤六二之動은 直以方也하니라 下齊如權衡者는
以安志而平心也니 五法이 已施라 故로 聖人이
服之하시니 故로 規矩는 取其無私요 繩은 取其直이요
權衡은 取其平이니 故로 先王이 貴之니 故로
可以爲文하며 可以爲武하며 可以擯相하며
可以治軍旅하여 完且弗費하니 善衣之次也니라.

『그러므로 소매통을 그림쇠로 둥글게 함은 다님에 손을 들어서 예절의 모습을 표현하기 위함이요, 등판의 이음선을 일직선으로 하고 목을 안은 깃을 모나게 하는 것은 그 정사를 정직하게 하며 그 의리를 방정함을 표현하기 위함이니 그러므로 주역에 말하기를 곤괘에 62효의 움직임은 정직하여 방정하다고 하니라. 치마의 아래 끝을 저울처럼 가지런히 하는 것은 뜻을 편안히 하여 마음을 화평하게 함을 표현한 것이니 다섯 가지의 법도가 이미 시행한지라. 그러므로 성인이 입으시니 그러므로 그림쇠로 둥글게 하고, 기억자로 모나게 함은 그 사사로움이 없음을 취한 것이요, 먹줄로 일직선을 만듦은 그 곧음을 취한 것이요, 저울추와 저울대로 가지런히 함은 그 평평함을 취한 것이니 그러므로 선왕이 귀하게 여기니 그러므로 문인의 일을 행할 수 있으며, 무인의 일을 행할 수 있으며, 손님의 응접을 맡은 관리를 할 수 있으며, 군대를 다스릴 수 있어서 완전하면서도 낭비를 아니 하니 좋은 옷의 버금이니라.』

◐ 이 장은 심의(深衣)에 담은 깊은 뜻과 심의를 입고 할 수 있는 일을 기술하였다.

행(行)은 걸어 다니는 것이고, 거수(擧手)는 읍양(揖讓)함이며, 용(容)은 의용(儀容)이요, 포방(抱方)은 영(領)의 모짐이다. 역(易)은 주역(周易)이고, 5법(五法)은 12월과 그림쇠와 곡척(曲尺: 기역자 자)과 먹줄과 저울이요, 위문(爲文)은 문인(文人)의 일을 행함이며, 위무(爲武)는 무인(武人)의 일을 행함이고, 빈상(擯相)은 손님의 응접을 맡은 관리가 되는 것이다. 완(完)은 빠짐이 없이 두루 온전함이고, 불비(弗費)는 심의(深衣)를 만드는 데에 별로 비용이 들지 않은 것이며, 선의지차(善衣之次)는 조복(朝服)과 제복(祭服)의 버금이라는 뜻이다.

39-3-1 ——————————— 具父母와 大父母어든 衣純以繢하며 具父母어든 衣純을 以靑하며 如孤子인댄 衣純을 以素純하나니 袂緣純邊하되 廣이 各寸半이니라.

『부모와 조부모가 모두 계시거든 옷깃에 5색의 그림무늬로 선을 두르며, 부모가 모두 계시거든 옷깃에 선을 두름을 푸른 비단으로 하며, 만약 고자일진댄 옷깃에 선을 두름을 흰 비단으로 두르나니 소매 끝에 선을 두르고, 치마의 가장자리를 선 두르되 넓이가 각각 1촌 반 이니라.』

◑ 이 장은 심의(深衣)의 옷깃과 소매 끝과 치마의 가장자리에 선을 두르는 조건을 기술하였다.

태부모(大父母)는 할아버지와 할머니이고, 의준(衣純)은 옷깃에 선을 두루는 것이며, 궤(繢)는 5색으로 그림무늬를 수놓은 것이다. 고자(孤子)는 아버지가 죽은 아들이요, 몌연(袂緣)은 소매 끝에 선을 두르는 것이며, 준변(純邊)은 치마의 하단에 선을 두르는 것이다. 광(廣)은 준(純)의 넓이인데 부모와 조부모가 모두 살아 계시면 즐거우므로 5색 그림무늬로 선을 두르고, 아버지와 어머니가 모두 살아 계시면 기쁘기 때문에 푸른 비단으로 선을 두르며, 아버지가 죽은 고자(孤子)는 슬프기 때문에 흰 비단으로 선을 두르니 모두 마음을 표현한 것이요, 또한 효도(孝道)를 장려하는 뜻을 담은 것이다.

# 40. 투호(投壺)

투(投)는 화살을 던지는 것이고, 호(壺)는 입구가 좁고 복부가 벌어진 항아리처럼 생긴 술병인데 투호(投壺)는 화살을 하나씩 던져서 병 속에 넣는 것으로 활쏘기의 변형이다.

대저 군자는 만사에 적중하지 못하면 자기의 자세를 반성하나니 투호와 활쏘기를 통하여 몸의 자세를 반듯하게 세우고, 흔들림이 없는 마음으로 정신을 집중하는 덕성을 기르는 것이다.

마음이 건전하면 육체도 건강하기 때문에 자고로 주인이 손님을 초청하여 향연(饗燕)을 베풀면 반드시 투호와 활쏘기를 겨루어 고결한 덕성을 칭찬하였으니 아름다운 운동이라고 할 것이다.

40-1-1 ─────── 投壺之禮는 主人이 奉矢하고 司射가 奉中하고
使人執壺하나니 主人이 請하되 曰某有枉矢哨壺하니
請以樂賓하노이다 賓이 曰子有旨酒嘉肴하야
某旣賜矣하거늘 又重以樂할새 敢辭하노이다 主人이
曰枉矢哨壺는 不足以辭也니 敢固以請하노이다 賓이
曰某旣賜矣하거늘 又重以樂하시니 敢固辭하노이다 主人이
曰枉矢哨壺는 不足以辭也니 敢固以請하노이다
賓이 曰某가 固辭不得命하니 敢不敬從가 하나니라.

『투호의 예절은 주인이 손님에게 줄 화살을 받들고, 사사가 셈틀

을 받들고, 사람으로 하여금 항아리 병을 드나니 주인이 손님에게 청하되 말하기를 아무개에게 굽은 화살과 입 비뚤어진 항아리 병이 있으니 청컨대 손님을 즐겁게 하고자 하노이다. 손님이 말하기를 선생이 맛있는 술과 아름다운 안주가 있어 아무개에게 이미 내리셨거늘 또다시 즐겁게 할새 감히 사양하노이다. 주인이 말하기를 굽은 화살과 입 비뚤어진 항아리 병은 족히 사양할 것이 못 되니 감히 진실로 청하나이다. 손님이 말하기를 아무개에게 이미 내리셨거늘 또다시 즐겁게 하시니 감히 진실로 사양하노이다. 주인이 말하기를 굽은 화살과 입 비뚤어진 항아리 병은 족히 사양할 것이 못 되니 감히 진실로 청하나이다. 손님이 말하기를 아무개가 진실로 사양하였으나 명령을 얻지 못하니 감히 공경하여 따르지 아니하리까 하느니라.』

◑ 이 장은 투호(投壺)의 자리를 당중(堂中)에 설치하는 절도와 규칙을 기술하였다.

주인봉시(主人奉矢)는 주인이 손님에게 줄 화살이며, 사사(司射)는 던진 화살이 항아리 병에 들어간 것을 셈하여 이기고 진 결과를 심판하는 투호(投壺)의 경기를 진행하는 사회자(司會者)이다. 중(中)은 셈틀인데 그 형상이 사슴, 들소, 범, 말 같은 몸통에 뿔이 하나이고 말굽 모양의 다리를 만든 나무를 조각하여 그 위에 둥근 구멍을 파서 산가지를 담아 그 수를 계산하는 도구이다. 따라서 그 이름을 중(中)이라고 하는 것은 화살을 던져서 항아리 병에 꽂히면 명중(命中)한 것으로 인정하여 산가지를 그 셈틀의 구멍에 담기 때문에 적중(的中)함의 계산기라는 뜻이다. 왕시(枉矢)는 투호의 화살로 나무의 껍질을 벗기지 않고 화살촉과 화살 깃이 없기 때문에 굽은 화살이라고 하였으며, 소(哨)는 입 비뚤어진 것이니 소호(哨壺)는 변변치 못한 질그릇이라는 말이다. 주인(主人)은 세 번을 청하고, 손님은 두 번을 사양하고, 세 번째는 허락하였으니 투호의 예절은 공경하고 사양함이 기본임을 알 것이다.

　무릇 활쏘기는 사양함이 없으면서도 투호에는 사양함이 있는 것은 활쏘기는 자고로 사나이의 기본교육이요, 의무사항이기 때문에 사양이 없는 것이고, 투호는 일종의 즐거운 경기요, 운동인 까닭에 재능의 차이와 취향의 다름을 인정하는 것이다.


40-1-2 ──────────── 賓이 再拜하고 受어든 主人이 般還하되 曰辟라
　　　　　　　하고 主人이 阼階上에 拜하고 送이어든
　　　　　　　　賓이 般還하되 曰辟라 하니라.


『손님이 재배하고 받거든 주인이 머뭇거리되 말하기를 피합니다 하고, 주인이 섬돌계단 위에서 절하고 주거든 손님이 머뭇거리되 말하기를 피합니다 하니라.』


　◉ 이 절은 손님이 재배하면 주인도 재배한 다음에 화살을 주고받는 예절을 기술하였다.

　반선(般還)은 반선(盤旋)이니 앞으로 나아가지 않고 옆으로 머뭇거림이요, 피(辟)는 피(避)이니 절을 받지 않고 피하여 사양함이다.


40-1-3 ──────────── 已拜어든 受矢하야 進則兩楹間하고
　　　　　　　　退反位하야 揖賓就筵하니라.

『주인이 이미 손님에게 화살을 드리고 절하였거든 도우미로부터 주인의 화살을 받아 곧 두 기둥 사이로 나아가고, 되돌아 자리로 돌아와서 손님에게 읍하고, 투호의 자리로 나아가니라.』

◑ 이 절은 주인이 던질 화살을 받아 가지고 투호의 자리를 확인한 다음에 손님과 함께 투호의 자리에 나아가는 절도를 기술하였다.

이배(已拜)는 앞 절에서 말한 주인이 섬돌계단 위에서 절하고 손님에게 화살을 드린 것이요, 수시(受矢)는 주인이 자기가 던질 화살을 찬자(贊者)고부터 받은 것이며 양영간(兩楹間)은 대청의 정면중앙에 있는 양쪽 기둥이니 투호는 그 사이에서 남쪽을 향하여 화살을 던지는 것이다. 반위(反位)는 섬돌계단 위에 있는 주인의 자리요, 읍빈(揖賓)은 서쪽 계단 위에 있는 손님의 자리를 향하여 읍하는 것이며, 취연(就筵)은 대청의 정면 중앙에 양쪽 기둥 사이로 주인과 손님이 함께 나아가는 것이니 곧 투호의 자리에 가서 서는 것이다.

40-1-4 ──────────────── 司射가 進度壺하되 間二矢半하고 反位하야 設中하고 東面하야 執八筭興하니라.

『사사가 나아가 항아리 병을 놓을 곳을 헤아리되 간격을 화살길이의 두 개 반으로 하고, 자리에 돌아와 셈틀을 설치하고, 동쪽을 향하여 여덟 개의 산가지를 들고 일어서니라.』

◑ 이 절은 사사(司射)가 항아리 병과 셈틀을 배열하는 절도를 기

술하였다.

　진탁호(進度壺)는 사사(司射)가 서쪽 계단 위에 있는 항아리 병을 들고 투호의 자리 남쪽으로 적당한 위치를 헤아려서 놓은 것이요, 간(間)은 투호의 자리로부터 투호까지의 간격이다. 이시반(二矢半)은 화살 두 개 반의 길이인데 투호의 화살길이는 투호하는 장소에 따라 세 가지가 있다. 대체로 한낮에는 실중(室中)에서 하고, 해가 기울면 당중(當中)에 하며, 해가 저물면 정중(庭中)에서 하는데 장소가 좁고 넓음에 따라 화살의 길이가 각각 다르다. 실중(室中)은 좁으므로 화살길이가 5부(扶)요, 당중(堂中)은 조금 넓으므로 화살길이가 7부(扶)요, 정중(庭中)은 넓으므로 화살길이가 9부(扶)인데 1부(扶)는 네 손가락 넓이로 곧 4촌(寸)이니 5부(扶)는 2척(尺)이고, 7부(扶)는 2척 8촌이며, 9부(扶)는 3척 6촌이다. 화살에는 비록 길고 짧음이 있지만 투호의 자리와 항아리 병과의 간격은 모두 2개 반으로 하니 실중(室中)에서는 5척의 거리를 두고, 당중(堂中)에서는 7척의 거리를 두며, 정중(庭中)에서는 9척의 거리를 두는 것이다. 설중(設中)은 사사(司射)가 다시 서쪽 계단 위에 있는 셈틀을 가지고 항아리 병의 서쪽에 놓고, 셈틀의 서쪽에서 동쪽을 향하여 서는 것이다. 집8산흥(執八筭興)은 산가지 8개를 들고 일어서는 것이니 투호는 주인과 손님이 각각 화살 네 개씩을 던지는 경기이므로 모두 화살을 병에 넣을 경우를 상정하여 산가지는 8개를 준비하는 것이다.


40-1-5 ──────────────── 請賓하되 曰順投라야 爲入이요 比投인댄
不釋하며 勝이 飮不勝者니 正爵이 旣行이어든

請爲勝者하야 立馬하되 一馬가 從二馬하야 三馬가
既立이어든 請慶多馬라 하니라 請主人하되 亦如之니라.

『사사가 손님에게 청하되 말하기를 순서대로 던져야만 들어감을
인정하고, 연거푸 던질진댄 들어가도 계산하지 않으며, 이긴 사람이
이기지 못한 사람에게 술을 권하니 바른 술잔이 이미 거행했거든 청
컨대 이긴 사람을 위하여 말을 세우자고 하되, 한 말이 두 말을 쫓아
서 세 말이 이미 서거든 청컨대 말이 많은 사람에게 술을 권하고, 경
하하라고 하니라. 사자가 주인에게 청하되 또한 똑같이 하니라.』

◉ 이 절은 사사(司射)가 손님과 주인에게 경기(競技)의 진행규칙
을 알리는 절도를 기술하였다.

청빈(請賓)은 사사(司射)가 손님에게 청하는 것이요, 순투(順投)
는 손님과 주인이 교대로 화살을 1개씩 던지는 것이며, 위입(爲入)은
그 화살이 항아리 병으로 들어가면 1점을 인정하여 산가지 1개를 셈
통에 놓아서 셈하는 것이고, 비투(比投)는 이어서 연달아 화살을 던
지는 것이니 투호의 순서를 어긴 것이며, 불석(不釋)은 반칙을 범했
기 때문에 비록 그 화살이 항아리 병에 들어갔을지라도 인정하지 아
니하여 산가지를 셈틀에 놓지 않는 것이다. 정작(正爵)은 투호(投壺)
와 사례(射禮)에 있어서 승자(勝者)가 패자(敗者)에게 술을 권하여
위로하는 것이 바로 예절이므로 바른 술잔이라고 하였다. 위승자입마
(爲勝者立馬)는 화살 네 개씩을 던져서 한 판을 이긴 사람에게 산가
지 1개를 세워서 점수를 표시하는 것인데 이것을 산가지와 구별하기
위하여 말[馬]이라고 하였다. 1마(一馬)는 한 판을 이긴 것이요, 2마

(二馬)는 두 판을 이긴 것이니 1마종2마(一馬從二馬)는 한 판을 이긴 사람이 두 판을 이긴 사람에게 1 대 2로 졌음을 인정하고 말을 주는 것이며, 3마기립(三馬旣立)은 세 판이 모두 끝나고 세 판을 모두 이기거나 두 말이 한 말을 받아 세 말이 되면 투호의 경기를 마치는 것이다. 경다마(慶多馬)는 세 판의 경기에서 진 사람이 이긴 사람에게 술을 권하고 경하(慶賀)하는 것이다. 청주인(請主人)은 사사(司射)가 주인에게 청함이고, 역여지(亦如之)는 손님에게 청한 내용과 똑같은 규칙을 알리는 것이다.

살피건대 화살 4개씩 던지고서는 이긴 사람이 진 사람에게 술을 권하여 용기를 돋우고, 세 판을 진행하고서는 진 사람이 이긴 사람에게 술을 권하여 치하를 하니 아름답기 그지없도다.


40-2-1 ──────────────── 命弦者하여 曰請奏貍首하되 間若一하라
　　　　　　　　　　　　大師가 曰諾이라 하니라.


『사사가 악공에게 명령하여 말하기를 청컨대 이수편을 연주하되 악절의 사이를 한결같이 하라. 태사가 말하기를 '네~'라 하니라.』


☯ 이 장은 손님과 주인이 투호의 경기를 시작하는 절도를 기술하였으니 여기에서는 음악을 연주하는 가운데 경기를 진행함을 밝혔다.

현자(弦者)는 현악기(絃樂器)를 연주하는 악공(樂工)이요, 이수(貍首)는 시(詩)의 편명(篇名)인데 지금은 전하지 않으나 살피건대 이(貍)는 삵 또는 살쾡이로 짐승이나 새를 포획함에 매우 신중하고

집념이 아주 강하여 놓치는 법이 없는 것을 상징하는바 앞에 19-12-12에서 해설하였다. 간(間)은 악절(樂節)이 끝나고 다시 시작하는 사이이고, 약일(若一)은 한결같은 장단으로 함이며, 태사(太師)는 음악 연주를 지휘하는 책임자이다.


40-2-2 ——————————— 左右告矢具하고 請拾投니 有入者어든 則司射가 坐而釋一筹焉하나니 賓黨은 於右요 主黨은 於左니라.


『좌편과 우편에게 화살을 갖추기를 알리고, 교대로 던지기를 청하니 들어간 화살이 있거든 곧 사사가 앉아서 한 개의 산가지를 셈틀에 놓으니 손님 편은 오른쪽이요, 주인 편은 왼쪽이니라.』

◉ 이 절은 사사(司射)가 편을 짜서 투호경기를 시작하여 진행하는 과정을 기술하였다.

좌우(左右)는 주인이 좌(左)편이고, 손님이 우(右)편이니 편을 나눔이다. 고시구(告矢具)는 경기를 바로 시작하기 위하여 화살 네 대씩을 갖추도록 알리는 것이다. 접(拾)은 경(更)의 뜻이니 주인 쪽과 손님 쪽이 교대로 번갈아 가면서 화살을 던지는 것이고 입(入)은 던진 화살이 항아리 병 속으로 들어간 것이다. 무릇 투호의 자리는 남향이니 주인은 동쪽에 서고 손님은 서쪽에 서며, 사사(司射)는 항아리 병의 서쪽에서 동향하므로 사사(司射)의 오른쪽은 곧 남쪽이요, 왼쪽은 북쪽이니 손님 편의 산가지는 남쪽에 놓고, 주인 편의 산가지는 북쪽에 놓은 것이다.

卒投어든 司射가 執筭하되 曰左右가 卒投하니
請數二筭爲純하야 一純以取하되 一筭爲奇라 하고
遂以奇筭으로 告하되 曰某賢於某를 若干純이라 하고
奇則曰奇요 鈞則曰左右鈞이라 하니라.

『화살 던지기를 마치거든 사사가 산가지를 들고 말하기를 좌우가 던지기를 마쳤으니 청컨대 두 개씩 산가지를 셈하여 온전함을 삼아 한 번의 온전함으로 취하되 한 개의 산가지가 남으면 홀수로 삼겠다고 하고, 마침내 산가지를 셈하여 홀수의 산가지로 알리되 말하기를 어느 편이 어느 편보다 이김을 몇 번의 온전함에 얼마라고 하나니 홀수면 말하기를 홀수라고 하고, 균등하면 말하기를 좌편과 우편이 균등하다고 하니라.』

◉ 이 절은 화살 던지기를 마치고 산가지를 계산하여 이기고 진 것을 가리는 방법을 기술하였다.

졸투(卒投)는 투호의 경기를 마치는 것이고, 집산(執算)은 셈틀에 놓은 산가지를 양손에 드는 것이며, 수이산위순(數二算爲純)은 산가지를 두 개씩 셈하여 온전함을 삼은 것이니 순(純)은 온전함이다. 일순이취(一純以取)는 좌편의 산가지와 우편의 산가지를 각각 2개씩 취함이며, 일산위기(一算爲奇)는 좌편이나 우편에 마침내 하나의 산가지가 남으면 이것을 홀수로 삼은 것이니 홀수가 남은 쪽이 이긴 것이다. 균(鈞)은 좌편과 우편의 산가지가 동일함이니 이것은 무승부이므로 재경기를 한다.

命酌하되 曰請行觴하라 酌者가 曰諾이라 하거든 當飮者가 皆跪하야 奉觴하되 曰賜灌이라 하고 勝者가 跪曰敬養이라 하니라.

『사사가 술잔에 술을 담으라고 명하되 말하기를 청컨대 술잔을 돌리라고 하면 술잔에 술을 담은 사람이 '네~'라 하거든 마땅히 술을 마실 사람이 모두 무릎을 꿇고, 술잔을 받들되 말하기를 주신 술을 마시겠다고 하고, 이긴 사람이 무릎을 꿇고 말하기를 공경하여 힘을 기르라고 하니라.』

☯ 이 장은 투호경기에서 승리한 사람이 패전한 사람에게 술을 먹이고 기운을 내라고 격려하는 절도를 기술하였다.

명작(命酌)은 사사(司射)가 여러 집사들에게 명령하여 서쪽 계단 위에 남쪽을 향하여 왕골로 짠 자리를 펴고 술잔을 씻어 당(堂) 위로 올라가서 술잔에 술을 담아 앉아서 왕골돗자리에 놓은 것이다. 당음자(當飮者)는 패전(敗戰)한 사람이니 투호와 활쏘기에서는 지는 쪽이 모두 술을 마시도록 예절로 정했으므로 마땅히 마셔야 된다. 개궤(皆跪))는 패전한 쪽이 모두 술잔의 남쪽에서 북쪽을 향하여 무릎을 꿇은 것이고, 사관(賜灌)은 승리한 사람이 내려 준 술을 땅에 조금 부어서 제사 지내고 마시겠다는 뜻이니 관(灌)은 관주(灌酒)로 땅에 술을 조금 부어서 천지신명(天地神明)께 제사(祭祀) 지내는 형식이다. 경양(敬養)은 공경하여 기력(氣力)을 기르라는 말이다.

살피건대 세속에서는 이것을 벌주(罰酒)라고 하는데 여기에서 보면 차라리 위로주(慰勞酒)라고 해야 옳다고 하겠다.

正爵이 旣行이어든 請立馬하나니 馬는 各直其筭하되 一馬가 從二馬하야 以慶하나니 慶禮에 曰三馬가 旣備하니 請慶多馬하노이다 賓主가 皆曰諾이라 하고 正爵이 旣行이어든 請徹馬하느니라.

『바른 술잔이 이미 거행했거든 청컨대 이긴 사람을 위하여 말을 세우자고 하나니 말은 각각 그 산가지 셈틀 앞에 세우되 한 마리의 말이 두 말리의 말을 쫓아가서 승리를 경하하나니 경하하는 예절에 말하기를 세 마리의 말을 이미 갖추었으니 청컨대 말이 많음을 경하하라고 하노이다. 손님과 주인이 모두 말하기를 '네~'라 하고 바른 술잔이 이미 시행하거든 말을 철거하기를 청하느니라.』

◉ 이 장은 투호(投壺)의 경기(競技)를 연속적으로 세 판을 진행하여 이긴 편에 말을 세우고, 말이 많은 편의 승리자에게 술을 권하는 절도를 기술하였다.

입마(立馬)는 앞에 40-1-5에서 이미 해설하였고, 마각직기산(馬各直其筭)은 말은 각각 그 산가지를 놓은 셈틀의 앞에다가 세운다는 것이며, 이경(以慶)은 이긴 것으로 판단하여 경하(慶賀)함이요, 경례(慶禮)는 경하하는 예절이다. 정작(正爵)은 산가지를 셈하여 지는 편이 마시는 위로주(慰勞酒)의 정작(正爵)과 말을 셈하여 이긴 편이 마시는 경하주(慶賀酒)의 정작(正爵)이 있는데 지는 편이 마시는 술은 왕골돗자리에서 무릎 꿇고 마시며, 이긴 편이 마시는 술은 왕골돗자리를 펴지 않고 서서 마시는데 진 사람이 직접 술잔을 이긴 사람에게 주는 것이다.

筭多少는 視其坐하며 籌는 室中엔 五扶요 堂上엔 七扶요 庭中엔 九扶이니라 籌長은 尺二寸이요 壺頸脩는 七寸이요 腹脩가 五寸이요 口徑이 二寸半이요 容斗五升하나니 壺中에 實小豆하야 焉爲其矢之躍而出也라 壺는 去席二矢半이요 矢以柘若棘하되 毋去其皮니라.

『산가지의 많고 적음은 그 자리에 참석한 사람의 수를 보며, 화살은 실내에서는 5부요, 뜰방 위에서는 7부요, 마당 가운데서는 9부이니라. 산가지의 길이는 1척2촌이요, 항아리의 목의 길이는 7촌이요, 배의 길이는 5촌이요, 입의 직경은 2촌반이요, 항아리 병의 용량은 한 말 다섯 되로 하나니 항아리 병 속에 팥을 넣어서 이에 그 화살이 튀어 나옴을 방지해야 하니라. 항아리 병은 화살을 던지는 자리로부터 화살 두 개 반의 길이가 떨어지게 놓고, 화살은 산뽕나무 및 가시나무로 하되 그 껍질을 벗기지 말지니라.』

◯ 이 장은 투호(投壺)의 도구를 준비하는 절도를 기술하였으니 투호경기에 참여하는 인원수와 장소에 따라 다름을 밝혔다.

산(筭)은 셈틀에 놓을 산가지의 수량이요, 시(視)는 견주는 것이며, 기좌(其坐)는 그 자리에 참석하여 투호할 사람이니 한 사람이 화살 네 개씩 던지므로 산가지도 사람마다 4개씩 준비해야 된다. 주(籌)는 화살이요, 부(扶)는 네 손가락의 넓이니 약 4촌(寸)인데 앞에 40-1-4에서 이미 해설하였으며, 언위(焉爲)는 이에 대비함이다. 자(柘)는 산뽕나무요, 약(若)은 및이며, 극(棘)은 가시나무이니 그 껍질을 벗기지 아니함은 질박함을 숭상함이다.

魯令弟子辭에 曰毋憮毋敖하며 毋偝立하며 毋踰言하라 偝立踰言하면 有常爵하리라 薛令弟子辭에 曰毋憮毋敖하며 毋偝立하며 毋踰言하라 若是者는 浮하리라 司射와 庭長과 及冠士와 立者는 皆屬賓黨하고 樂人과 及使者와 童子는 皆屬主黨하니라.

『노나라가 제자에게 명령하는 말씀에 말하기를 거만하지 말고 오만하지 말며, 뒤로 서지 말고 건너서 말하지 말라. 뒤로 서고 건너서 말하면 일정한 술잔이 있으리라. 설나라가 제자에게 명령하는 말씀에 이르기를 거만하지 말고 오만하지 말며, 뒤로 서지 말고 건너서 말하지 말라. 이와 같은 행동을 하는 사람은 쫓아내리라. 사사와 정장 및 관 쓴 선비와 선 사람은 모두 손님 편에 속하고, 악인 및 사자와 어린이는 모두 주인 편에 속하니라.』

◉ 이 장은 투호를 구경하는 사람에게 훈계하는 내용과 응원하는 편을 기술하였다.

령(令)은 경계하는 명령이요, 무(憮)는 거만함이며, 배(偝)는 배(背)와 같으며, 유언(踰言)은 건너편 사람과 대화함이니 모두 경기의 진행을 산만하게 하는 행동이다. 상작(常爵)은 일정한 규칙에 따라 내리는 술이니 곧 벌주(罰酒)를 먹이는 것이다. 설(薛)은 설나라이고, 부(浮)는 부유(浮遊)니 자리에서 쫓아내서 멀리 주변을 방황하게 함이니 어린이에게는 술을 먹이지 못하므로 멀리서 보고 가까이 오지 못하게 함이다. 정장(庭長)은 마당에서 관중의 질서를 유지하도록 감시하는 사람이고, 관사(冠士)는 관을 쓴 선비요, 입자(立者)는 서서 구경하는 성인(成人)이며, 악인(樂人)은 음악을 연주하는 악공(樂

工)이고, 사자(使者)는 음식을 준비하는 주인집의 집사(執事)이며, 동자(童子)는 어린 구경꾼이다. 대체로 손님 편은 서쪽에 서고, 주인 편은 동쪽에 서니 동쪽은 사랑을 주장하고, 서쪽은 공경을 주장한다. 그러나 악공(樂工)과 집사(執事)는 서쪽에 자리한다.

40-7-1 ─────────── 鼓○□○○□□○□○○□半○□○□○○○□□○
□○魯鼓○□○○○□□○□○○□□○□○○□□○半
○□○○○□□○薛鼓取半以下投壺禮盡用之爲射禮魯鼓○□
○○□□○○半○□○○□○○○○□○□○薛鼓○□○○○
○□○□○○○○○□○□○○□○半○□○□○○○○○□○

◑ 이 장은 전진(戰陣)에 임하여 마상(馬上)에 설치한 비(鼙)와 고(鼓)를 치면서 싸움을 독려하는 비고(鼙鼓)의 절도를 기술하여 투호(投壺)음악을 연주하였음을 밝혔다.

정현(鄭玄)이 말하기를 동그라미는 비(鼙)를 치는 것이요, 네모는 고(鼓)를 치는 것이라고 하였는데 비(鼙)는 북틀에 놓고 치고, 고(鼓)는 북틀에 매달고 친다. 반(半)은 반음절(半音節)인데 투호(投壺)에는 반음절을 쓰고, 사례(射禮)에는 온음절을 쓰며, 노고(魯鼓)와 설고(薛鼓)에 차이가 있는 까닭은 알 수 없으나 시작은 노고(魯鼓)로 하고, 끝냄은 설고(薛鼓)로 하는 듯하다.

# 41. 유행(儒行)

　유(儒)는 도덕(道德)을 밝히고, 윤리(倫理)를 바로잡으며, 예절(禮節)을 지키는 학자(學者)를 지칭한다. 일찍이 공자는 춘추시대에 사학(私學)을 개설(開設)하여 3,000제자를 가르치면서 군자유(君子儒)가 되고, 소인유(小人儒)가 되지 말라고 하였으니 이로부터 세상에 유자(儒者)가 출현하여 천하국가사회에 강상윤리(綱常倫理)를 부식(扶植)하는 예절집단(禮節集團)을 형성하므로 사회에서 이들을 유림(儒林)이라고 일컫고, 성인(聖人)의 도덕학을 높이 받들어 실천하는 모범계층(模範階層)으로 인정하여 가까이 따르며 본받았다.

　이 편은 노(魯)나라 애공(哀公)의 물음에 공자가 대답하는 내용으로 유교인(儒敎人)이 행실을 보편적으로 서술하였으니 유학(儒學)을 연구하는 중요한 자료이다.


41-1-1 ──────────── 魯哀公이 問於孔子하되 曰夫子之服이 其儒服與이니까 孔子가 對하야 曰丘가 少居魯할새 衣逢掖之衣하고 長居宋할새 冠章甫之冠하니 丘는 聞之也하니 君子之學也는 博하고 其服也는 鄕이라 하니 丘는 不知儒服하노이다.


　『노나라 애공이 공자에게 묻되 말하기를 부자의 옷이 그 유교인의 옷입니까? 공자가 대답하여 말씀하시기를 구가 어려서 노나라에 살

때에는 옆이 넓게 트이고 소매가 큰 도포를 입었고, 자라서 송나라에 살 때에는 장보관을 썼으니 구는 듣건대 군자의 학문은 넓고, 그 옷은 고을의 풍속을 따른다고 하니 구는 유교인의 옷을 알지 못하오이다.』

◉ 이 장은 공자(孔子)가 입은 옷이 후세에 유복(儒服)이 된 유래(由來)를 기술하였다.

봉액지의(縫掖之衣)는 옆이 넓게 트이고 소매가 큰 도포(道袍)의 한 가지요, 장보지관(章甫之冠)은 대개 검은 베로 만든 치포관(緇布冠)인데 은(殷)나라에서는 장보(章甫)라고 하였으니 앞에 11-10-3에서 이미 해설하였다.

살피건대 유(儒)는 주관(周官)에서 처음으로 나오는데 천관태재(天官太宰)의 9량(九兩)에 말하기를 목(牧)은 이지득민(以地得民)하고, 장(長)은 이귀득민(以貴得民)하고, 사(師)는 이현득민(以賢得民)하고, 유(儒)는 이도득민(以道得民)하고, 종(宗)은 이족득민(以族得民)하고, 주(主)는 이리득민(以利得民)하고, 이(吏)는 이치득민(以治得民)하고, 우(友)는 이임득민(以任得民)하고, 수(藪)는 이부득민(以富得民)한다고 하였으니 대개 유(儒)는 국가사회에서 도덕윤리와 예절풍류를 지킴으로써 인민대중으로부터 존경받은 학자이다. 그러나 주관(周官)의 유(儒)는 관직(官職)에 복무하는 사람으로 당연히 관복(官服)을 입었을 터이나 공자가 제창한 유(儒)는 초야의 민간인이기 때문에 마땅히 사복(私服)을 입어야 하는 것이다. 이에 공자는 당시에 노나라에서 입었던 옆이 넓게 트이고 소매가 큰 도포를 입고, 송나라에서 쓰던 치포관을 썼으니 이것이 후세에 유교인(儒敎人)의 의복으로 정착하게 된 것이다.

哀公이 曰敢問儒行하노이다 孔子가 對하야

曰遽數之면 不能終其物이요 悉數之면 乃留更僕이라도

未可終也이니이다. 哀公이 命席하시거늘 孔子가 侍하사

曰儒有席上之珍하야 以待聘하나니 夙夜強學하야

以待問하며 懷忠信하야 以待擧하며 力行하야

以待取하니 其自立이 有如此者하니이다.

『애공이 말하기를 감히 유교인이 행실을 묻나이다. 공자가 대답하여 말씀하시기를 짧게 밝히면 그 실체를 다 말하지 못하고, 모두 밝히면 이에 머물러 시중꾼을 바꿀지라도 끝내지 못할 것입니다. 애공이 자리에 앉으라고 명하시거늘 공자가 곁에 앉으시어 말씀하시기를 유교인은 아름다운 보배를 펼쳐 놓음이 있어서 초빙하여 오기를 기다림이 있나니 새벽부터 밤에까지 학문에 힘써 묻기를 기다리며, 충직하고 믿음을 간직하여 등용하기를 기다리며, 행실을 힘써 취하기를 기다리니 그 스스로 몸을 세움이 이와 같은 것이 있나이다.』

☯ 이 장은 유교인(儒敎人)의 행실을 조목조목 열거하였는데 여기에서는 성인(聖人)의 도덕으로 몸을 세우는 학문사상의 자립정신을 기술하였다.

거수지(遽數之)는 짧게 밝히는 것이고, 물(物)은 실체(實體)이며, 실수지(悉數之)는 전체들 모두 밝힘이요, 경복(更僕)은 시중꾼이 피곤하므로 교대하여 근무하게 함이다. 명석(命席)은 자리에 앉아서 말하도록 배려함이고, 시(侍)는 곁에 모시고 앉은 것이며, 석(席)은 베풀어 진열함이요, 상지진(上之珍)은 최상의 보배이니 곧 옛 성인(聖

人)의 아름다운 도리(道理)를 진열하여 펼쳐 놓은 것이다. 강학(强
學)은 6경(六經)을 배우는 것이고, 충신(忠信)은 충성심(忠誠心)과
신의(信義)이며, 역행(力行)은 언행일치(言行一致)하여 시종일관(始
終一貫)함이요, 자립(自立)은 인격적으로 독립(獨立)하여 결코 아첨
하거나 비굴하게 추종함이 없는 것이니 천인합일(天人合一)하고, 물
아일체(物我一體)하여, 우주(宇宙)가 쾌활한 경지에 들어가서 조금도
꿀리거나 부족함이 없는 것이다.


41-2-2 ——————————— 儒有衣冠이 中하며 動作이 愼하나니 其大讓은
如慢하고 小讓은 如僞하며 大則如威하고
小則如愧하며 其難進而易退也가 粥粥若無能也하나니
其容貌가 有如此者하니이다.


『유교인은 의관이 반듯하며 동작이 신중함이 있나니 그 크게 사양
함은 오만한 듯하고, 작게 사양함은 거짓인 듯하며, 성대한 차림은
으르는 듯하고, 약소한 차림은 부끄러운 듯하며, 그 나아가기를 어렵
게 하고, 물러오기를 쉽게 함은 나약하여 무능한 듯하나니 그 용모가
이와 같은 것이 있나이다.』


◯ 이 절은 유교인(儒敎人)이 3청(三請) 3사(三辭)의 예의를 갖추
는 용모(容貌)를 기술하였다

중(中)은 적중(的中) 또는 절중(節中)이니 반듯함이고, 대양(大讓)
은 세 번 사양(辭讓)함이며, 만(慢)은 아무리 강청(强請)하여도 듣지
아니함이요, 소양(小讓)은 한 번만 사양하는 예사(禮辭)이며, 위(僞)

는 고청(固請)하면 응(應)하므로 거짓으로 사양하는 것처럼 보이는
것이다. 대(大)는 성대(盛大)한 차림이요, 위(威)는 위협적인 것이며,
소(小)는 약소(弱小)한 차림이고, 괴(愧)는 부끄러운 것이다. 난진
(難進)은 세 번을 사양하는 3사(三辭) 이후에 나아감이고, 이퇴(易
退)는 한 번 사양하고 물러감이며, 죽죽(粥粥)은 나약한 모양이요,
무능(無能)은 능력이 없는 것이다.


41-2-3 ─────────── 儒有居處齊難하며 其坐起恭敬하며 言必先信하며
行必中正 하나니 道塗예不爭險易之利하며 冬夏에
不爭陰陽之和하며 愛其死는 以有待也며 養其身은
以有爲也하나니 其備豫가 有如此者하나이다.


『유교인은 거처함에 삼가고 어려워하며, 그 앉고 일어섬에 공경하
며, 말은 반드시 믿음을 앞세우며, 행동은 반드시 원만하고 방정함이
있나니 길거리에서 험난하고 평이한 이로움을 다투지 아니하며, 겨울
과 여름에 그늘과 양지의 조화를 다투지 아니하며, 그 죽음을 아낌은
기다림이 있는 까닭이며, 그 몸을 기름은 쓸모가 있게 하기 위함이니
그 미리미리 대비함이 이와 같음이 있나이다.』


　◑ 이 절은 유교인(儒敎人)의 예비정신(豫備精神)을 기술하였다.
　재(齊)는 재계(齊戒)하여 삼감이요, 난(難)은 어려워함이며 선신
(先信)은 언행일치(言行一致)함이고 중정(中正)은 시중(時中)하고
정위(正位)함이며, 리(利)는 편리(便利)함이요, 화(和)는 조화(調和)

이다. 애기사(愛其死)는 그 생명을 아껴서 함부로 죽지 아니함이고, 이유대(以有待)는 큰일에 죽기를 기다림이 있는 까닭이며, 비예(備豫)는 미리미리 꼼꼼하게 대비하는 것이다.

살피건대 길에서 편리함을 다투고, 자리에서 조화로움을 다투면 도량이 협소한 것이고, 생명을 가볍게 여겨 함부로 죽거나 몸을 천하게 여겨 수양을 하지 않는 것은 지혜가 없는 것이니 어찌 유교인이 될 것인가?

41-2-4 ──────── 儒有不寶金玉하고 而忠信以爲寶하며 不祈土地하고
立義以爲土地하며 不祈多積하고
多文以爲富하나니 難得而易祿也하며 易祿而難畜也니
非時不見하나니 不亦難得乎이니까 非義不合하나니
不亦難畜乎이니까 先勞而後祿하나니不亦易祿乎이니까
其近人이 有如此者이니이다


『유교인은 금과 옥을 보배로 아니하고 충직함과 신의를 보배로 삼으며, 토지를 추구하지 아니하고 의리를 확립함을 터전으로 삼으며, 많이 축적하기를 추구하지 아니하고 많은 문채를 부유함으로 삼음이 있나니 얻기는 어려워도 봉록을 주기는 쉬우며, 봉록을 주기는 쉬어도 기르기는 어려운 것이니 때가 아니면 나타나지 않으니 또한 얻기가 어렵지 아니하리까? 의리가 아니면 화합하지 아니하나니 또한 기르기가 어렵지 아니하리까? 수고로움을 먼저 하고 봉록을 뒤로 하나니 또한 봉록을 주기가 쉽지 아니하리까? 그 사람에게 가까이함이 이와 같은 것이 있나이다.』

☯ 이 절은 유교인(儒敎人)의 평이(平易)하고 진실한 인간관계를
기술하였다.

기(祈)는 구(求)함이고, 자(積)는 축적함이며, 휵(畜)은 기르는 것
이다. 근인(近人)은 사람을 가까이함이니 현실에 참여하여 인간의 도
리를 행하는 것이다.

살피건대 유교인은 현실에 참여하여 물질적 가치보다는 정신적 가치
를 추구하기 때문에 평이(平易)하고 진실한 인간관계를 맺는 것이다.


41-2-5 ──────────────── 儒有委之以貨財하며 淹之以樂好라도 見利하고
不虧其義하며 劫之以衆하며 沮之以兵이라도 見死하고
不更其守하며 鷙蟲이 攫搏하되 不程勇者하며 引重鼎하되
不程其力하며 往者를 不悔하며 來者를 不豫하며 過言을
不再하며 流言을 不極하며 不斷其威하며 不習其謀하나니
其特立이 有如此者하니이다.


『유교인은 돈과 재물로써 맡기게 하며 좋아함으로써 빠지게 할지
라도 이익을 보고 그 의리를 훼손하지 아니하며, 무리로써 겁박하고
병기로써 위협할지라도 죽음을 보고 그 지킴을 바꾸지 아니하며, 억
세고 사나운 짐승과 새가 후려갈기되 용맹한 사람을 헤아리지 아니
하며, 무거운 솥을 들되 그 힘을 헤아리지 아니하며, 지나간 것을 뉘
우치지 아니하며, 오는 것을 안일하게 아니 하며, 허물 있는 말을 두
번 하지 아니하며, 떠도는 말을 끝까지 추궁하지 아니하며, 그 위엄
을 단절하지 아니하며, 그 계책을 연습하지 아니하나니 그 우뚝 섬이

이와 같은 것이 있나이다.』

　◐ 이 절은 유교인(儒敎人)의 의리정신(義理精神)이 투철하여 우뚝하게 확립한 특립(特立)을 기술하였다.

　위(委)는 위임(委任)하여 맡기는 것이고, 엄(淹)은 담아서 빠지게 함이니 곧 유혹함이며, 겁(劫)은 겁박(劫迫)이요, 저(沮)는 저지(沮止)함이다. 수(守)는 지조(持操)와 의리(義理)를 지킴이며, 지충(鷙蟲)은 억세고 사나운 짐승과 새이고, 확박(攫搏)은 후려갈기는 것이며, 부정(不程)은 헤아리지 않고 즉각 돌진하는 것이요, 불회(不悔)는 뉘우칠 것이 없도록 완벽하게 처리함이며, 불예(不豫)는 안일(安逸)하게 처리하지 않고 철저하게 준비함이다. 과언(過言)은 과실(過失)이 있는 말이고, 부재(不再)는 두 번 하지 않음이니 똑같은 허물을 반복하지 않는 것이요, 유언(流言)은 떠도는 말이요, 불극(不極)은 끝까지 추궁하여 색출하지 아니함이다. 단(斷)은 좌절(挫折)하여 잃어버린 것이고, 습(習)은 예습함이니 공작(工作)함이다. 특립(特立)은 특별(特別)하게 립(立)함이다.


41-2-6 ──────────────── 儒有可親而不可劫也며 可近而不可迫也며
可殺而不可辱也니 其居處가 不淫하며 其飮食이
不溽하며 其過失이 可微辨而不可面數也니
其剛毅가 有如此者하니이다.


『유교인은 친할 수 있으나 위협할 수 없으며, 가까울 수 있으나

협박할 수 없으며, 죽일 수 있으나 모욕할 수 없음이 있나니 그 거처
가 사치하지 아니하며, 그 음식이 기름지지 아니하며, 그 과실이 은
미하게 지적해도 분별할 수 있으므로 얼굴을 마주 보면서 조목조목
셈할 필요가 없으니 그 굳세고 씩씩함이 이와 같은 것이 있나이다.』


　☯ 이 절은 유교인(儒敎人)의 의지(意志)가 강건(剛健)하여 불굴
(不屈)이 투지(鬪志)가 있음을 기술하였다.

　음(淫)은 사치하여 화려함이고, 욕(溽)은 기름지고 맛있는 것이며,
미(微)는 은미하게 지적함이요, 변(辨)은 분별하여 고치는 것이다.
면수(面數)는 얼굴을 아주 보면서 과실(過失)을 조목조목 밝혀서 꾸
짖는 것이며, 강의(剛毅)는 의지(意志)가 굳세고 기상이 씩씩함이다.


41-2-7 ──────────────── 儒有忠信以爲甲胄하며 禮義以爲干櫓하나니
戴仁而行하며 抱義而處하야 雖有暴政이나
不更其所하니 其自立이 有如此者하니이다.


『유교인은 충직과 신의로써 갑옷과 투구를 삼으며, 예절과 의리로
써 방패와 큰 방패를 삼음이 있나니 사랑을 이고 행하며, 정의를 안
고 머물러 비록 사나운 정치가 있으나 그 지조를 바꾸지 아니하니
그 스스로 섬이 이와 같은 것이 있나이다.』


　☯ 이 절은 유교인(儒敎人)은 고결한 지조를 지키고, 정치사상적으
로 확고한 주의주장(主義主張)이 있어서 자립(自立)함을 기술하였다.

갑(甲)은 갑옷이요, 주(胄)는 투구이며, 간(干)은 방패이고, 로(櫓)
는 큰 방패이니 모두 몸을 보호하는 병기(兵器)이다. 대인이행(戴仁
而行)은 봉사정신으로 나아가 벼슬함이요, 포의이처(抱義而處)는 의
리를 지키기 위하여 초야에 머물러 사는 것이며, 포정(暴政)은 포악
한 정치이고, 기소(其所)는 그 지조를 지키는 바이다. 자립(自立)은
앞에 41-2-1에서의 자립은 인격적인 도덕과 학문의 자립이고, 여기
에서의 자립은 정치적 사상과 지조의 자립이니 분별하기 바란다.


41-2-8 ────────────── 儒有一畝之宮과 環堵之室에 篳門圭窬하며
蓬戶甕牖하고 易衣而出하고 幷日而食하며 上이
答之어든 不敢以疑하고 上이 不答이어든
不敢以諂하나니 其仕가 有如此者하니이다


『유교인은 한 이랑의 집과 담을 둘러친 방에 사립문과 허술한 판
장문을 달며, 쑥을 엮어 만든 방문과 오지그릇으로 만든 들창을 내
고, 옷을 바꾸어 입고 외출하며, 날을 아울러서 밥을 먹으며, 임금이
응답하거든 감히 의심하지 아니하고, 임금이 응답하지 아니하거든 감
히 아첨하지 아니하나니 그 벼슬함이 이와 같은 것이 있나이다.』


☯ 이 절은 유교인(儒敎人)이 청렴결백(淸廉潔白)하고, 공명정대
(公明正大)하게 책임을 완수하는 벼슬하는 도리를 기술하였다.

일묘(一畝)는 폭이 1보(步)에 길이가 100보(步)인 밭이랑인데 잘
라서 사각형으로 만들면 4방(方)이 10보(步)씩이며, 궁(宮)은 집터

요, 환(環)은 둘러서 돌림이고, 도(堵)는 한 면의 길이가 1장(丈)이
니 환도지실(環堵之室)은 동서남북이 각각 1장(丈)인 작은 방이다.
필문(篳門)은 대나무를 엮어 만든 사립문이고, 규유(圭窬)는 규(圭)
처럼 위는 둥글고 아래는 모진 판장문이며, 봉호(蓬戶)는 쑥을 엮어
만든 방문이요, 옹유(甕牖)는 깨진 오지그릇으로 만든 들창이니 모두
가난한 집을 상징한다. 역의(易衣)는 옷이 없어서 식구가 외출할 때
면 교대로 바꾸어 입는 단벌옷이고, 병일이식(幷日而食)은 양식이 부
족하여 끼니마다 먹지 못하므로 2일에 한 번 또는 3일에 한 번 먹는
것이며, 답(答)은 응답(應答)함이니 신하의 건의사항을 임금이 수용
함이요, 불감이의(不敢以疑)는 확신을 가지고 추진하며 책임을 완수
함이다. 사(仕)는 벼슬하여 정직하게 직무를 수행하는 것이다.


41-2-9 ────────── 儒有今人與居하야 古人與稽하며 今世行之하야
後世以爲楷하며 適弗逢世라도 上弗援하고 下弗推하며
讒諂之民이 有比黨而危之者라도 身可危也나
而志不可奪也요 雖危起居나 竟信其志하야
猶將不忘百姓之病也하나니 其憂思가 有如此者하니이다.


『유교인은 오늘날 사람과 더불어 살면서 옛날 사람과 더불어 비교
하여 살피며, 오늘의 세상에 시행하여 후세에 법도가 되게 하며, 마
침 세상을 만나지 못했을지라도 위로 손을 쓰지 않고, 아래로 힘을
빌리지 아니하며, 참소하고 아첨하는 사람들이 어울려서 도당을 모아
위태롭게 함이 있을지라도 몸은 위태로울지나 그 뜻은 빼앗지 못하

는 것이요, 비록 살아가는 형편을 위태롭게 할지나 마침내 그 뜻을 펴서 오히려 장차 백성의 고통을 잊지 아니하나니 그 근심하는 생각이 이와 같은 것이 있나이다.』

　◑ 이 절은 유교인(儒敎人)은 시대의 본질적 가치를 실현하기 위해 어떠한 고난도 홀로 극복하고, 마침내 인민을 고통에서 해방하는 애민(愛民)정신을 기술하였다.

　계(稽)는 비교하여 살피는 것이고, 해(楷)는 중정(中正)한 모범법도이며, 비당(比黨)은 어울려 당파를 결집함이다. 기거(起居)는 살아가는 형편이요, 신(信)은 신(申)과 같으며, 병(病)은 고통이고, 우사(憂思)는 인민의 고통을 근심하는 생각이니 곧 애민(愛民)정신이다.


41－2－10────────────────────── 儒有博學而不窮하며 篤行而不倦하며 幽居而不淫하며 上通而不困하나니 禮之以和爲貴하야 忠信之美와 優游之法으로 慕賢而容衆하며 毀方而瓦合하니 其寬裕가 有如此者하니이다.


『유교인은 학문을 넓혀서 막히지 아니하며, 행실을 돈독히 하여 게으르지 아니하며, 그윽하게 숨어 살아도 음란하지 아니하며, 위로 하늘의 이치를 달통하여 괴롭지 아니함이 있나니 예절은 화합으로써 귀중함을 삼아서 충직과 신의의 아름다움과 편안하고 한가로운 방법으로 어진 이를 사모하고 민중을 포용하며, 자기의 정당성을 굽히고 모 안 나게 여러 사람과 화합하니 그 너그러움이 이와 같은 것이 있나이다.』

　☯ 이 절은 유교인(儒教人)은 현실에서 이상(理想)을 추구하기 때문에 만물일체(萬物一體)의 관념으로 두루 아우르는 관후장자(寬厚長者)의 도량이 있음을 기술하였다.

　박학(博學)은 고금(古今)의 역사와 동서남북의 문화 및 형이상학(形而上學)과 형이하학(形而下學)을 모두 연구함이고, 독행(篤行)은 5륜3강(五輪三綱)의 생활윤리와 관혼상제(冠昏喪祭)의 의례를 실천하여 어기지 아니함이다. 유거(幽居)는 벼슬을 하지 않고 초야에 숨어 사는 것이요, 불음(不淫)은 타락하지 아니함이며, 상통(上通)은 위로 하늘의 이치를 달통함이고, 불곤(不困)은 괴롭지 아니함이다. 훼방(毁方)은 모서리를 부셔서 훼손함이니 곧 자기의 정당성을 굽히고 모가 안 나게 함이며, 와합(瓦合)은 깨진 기와를 모으는 것이니 쓸모가 없는 것이라도 모으듯이 여러 사람들과 화합함을 뜻한다.


41-2-11 ─────────── 儒有內稱不辟親하며 外擧不辟怨하나니
程功積事하야 推賢而進達之하고 不望其報하야
君得其志하며 苟利國家하고 不求富貴하니
其擧賢援能이 有如此者하니이다.


『유교인은 안에서 선거함에 친한 사람을 피하지 아니하며, 밖에서 선거함에 원수를 피하지 아니함이 있나니 공로를 헤아리고 사업을 모아서 어진 이를 선거하여 나아가 영달하게 하고, 그 보답을 바라지

아니하여 임금이 그 뜻을 얻게 하며, 진실로 국가를 이롭게 하고, 부
귀를 추구하지 아니하니 그 어진 이를 선거하고 유능한 사람을 구원
함이 이와 같은 것이 있나이다.』

　❂ 이 절은 유교인(儒教人)이 공명정대(公明正大)한 통찰력으로
어질고 유능한 사람을 적극 찾아서 선거(選擧)함을 기술하였다.
　칭(稱)과 거(擧)는 모두 선거(選擧)함이고, 피(辟)는 피(避)이며,
정(程)은 헤아리는 것이요, 달(達)은 영달(榮達)함이다. 불망기보(不
望其報)는 인재를 골라서 선거하는 것은 국민의 당연한 책무이므로
그 보답을 바라지 않는 것이니 만일 보답을 바란다면 그것은 사심
(私心)이 있는 것이니 어찌 공명(公明)선거라고 하겠는가? 군득기지
(君得基志)는 임금이 어진 이의 보필에 의하여 국가의 이념(理念)을
구현하고, 정치의 목적을 성공적으로 달성하는 것이다.


41-2-12 ──────────────── 儒有聞善以相告也하며 見善以相示也하나니
爵位相先也하며 患難相死也하며 久相待也하며
遠相致也하니 其任擧가 有如此者하나이다.


『유교인은 착함을 들음에 서로 알리는 것이며, 착함을 봄에 서로
보이는 것이 있나니 작위를 서로 먼저 하도록 양보하고, 환난에 서로
죽으려고 다투며, 오래되어도 서로 기다리며, 거리가 멀어도 서로 이
르러 가니 그 책임을 지워서 맡김이 이와 같은 것이 있나이다.』

◑ 이 절은 유교인(儒敎人)이 함께 벼슬하는 동료(同僚)와 화합하며, 진급(進級)을 서로 추천하는 동료애(同僚愛)를 기술하였다.

문선(聞善)은 착한 말을 들은 것이고, 견선(見善)은 착한 행실을 보는 것이며, 상고(相告)와 상시(相示)는 그 지식과 정보를 서로 교환하며 화합함이다. 작(爵)은 작록(爵祿)이요, 위(位)는 관직(官職)이며, 상선(相先)은 서로 먼저 하도록 양보(讓步)함이고, 상사(相死)는 서로 죽으려고 앞다투는 것이다. 치(致)는 지(至)와 같고, 임(任)은 동료(同僚)를 신임하여 보증(保證)하는 것이며, 거(擧)는 선거(選擧)가 아니고 동관(同官)을 벼슬에 천거(薦擧)하여 승진시키는 것이다.

41-2-13 ──── 儒有澡身而浴德하야 陳言而伏하야 靜而正之하나니
上弗知也어든 麤而翹之하되 又不急爲也하며
不臨深而爲高하며 不加少而爲多하며 世治不輕하며
世亂不沮하며 同弗與하며 異弗非也하니
其特立獨行이 有如此者하니이다.

『유교인은 몸을 씻고 덕을 깨끗이 하여, 임금에게 나아가 말을 하고도 숨겨서 고요하게 바로잡음이 있나니 임금이 알지 못하거든 거칠게 우뚝하게 말하되 또한 급하게 하지는 아니하며, 깊은 곳에 임하여 높이 되지 아니하며, 작은 것을 보태서 많게 되지 아니하며, 세상이 다스려 줘도 가볍게 아니하며, 세상이 어지러워도 막히지 아니하며, 같아도 더불어 아니 하며, 달라도 비난하지 아니하니 그 우뚝하게 서서 홀로 행함이 이와 같은 것이 있나이다.』

◐ 이 절은 유교인(儒敎人)이 임금에게 간쟁(諫諍)하는 절도가 있음을 기술하였다.

진언(陳言)은 임금에게 나아가 말하는 것이고, 복(伏)은 숨겨서 남이 알지 못하게 함이며, 정(靜)은 밖으로 나타나기 전의 고요한 상태이고, 정지(正之)는 임금의 그릇된 마음을 바로잡은 것이다.

상불지(上弗知)는 임금이 간(諫)하는 말을 듣지 않는 것이고, 추(麤)는 거칠게 간쟁(諫諍)함이니 명확하게 그릇됨을 지적함이며, 교지(翹之)는 우뚝하게 나서는 것이니 당당하게 앞장서는 것이다. 불급위(不急爲)는 서두르지 아니하여 참고 기다리는 것이고, 불임심이위고(不臨深而爲高)는 임금의 그릇됨이 깊어지기를 기다렸다가 간쟁(諫諍)하여 높은 인기(人氣)를 얻으려고 아니 함이요, 불가소이위다(不加少而爲多)는 임금의 자잘한 잘못을 여러 번 간쟁(諫諍)하여 가장 많이 간쟁한 명성을 얻으려고 아니 함이다. 세치불경(世治不輕)은 치세(治世)에 언론의 자유를 보장한다고 해서 가볍게 간쟁하지 않는 것이고, 세란불저(世亂不沮)는 난세(亂世)에 언론자유를 통제하여 처벌한다고 해서 입을 다물고 있지는 않는 것이니 아무리 통제사회라도 할 말은 한다는 뜻이다. 동불여(同弗與)는 간쟁(諫諍)하는 내용이 서로 같아도 합동으로 간쟁하지는 아니함이고, 이불비(異弗非)는 간쟁하는 내용이 서로 달라도 비난하지 않는 것이니 언론의 자유를 존중하는 까닭이다. 특립(特立)은 정치적 부정(不正)과 불의(不義)에 타협하지 않고 우뚝하게 서는 것이니 앞에 41-2-5에서 말한 의리정신(義理精神)을 우뚝하게 확립한 특립(特立)과 서로 통하고, 독행(獨行)은 홀로 행하는 것이니 임금의 권위(權威)를 존중하기 위한 것이다.

儒有上不臣天子하고 下不事諸侯하나니

愼靜而尙寬하며 强毅以與人하며 博學以知服하며

近文章하며 砥厲廉隅하야 雖分國이라도 如錙銖하야

不臣不事하니 其規爲가 有如此者하니이다.

『유교인은 위로 천자에게 신하 노릇을 아니 하고, 아래로 제후를 섬기지 아니함이 있나니 고요함을 삼가고 너그러움을 숭상하며, 굳세고 의젓하게 사람과 더불으며, 학문을 널리 하여 복무할 일을 알며, 문채와 무늬를 가까이하며, 가장자리와 모서리를 반듯하게 갈아서 비록 나라를 쪼개 줄지라도 저울눈처럼 시시하게 여겨 신하 노릇을 아니 하고 섬기지 아니하니 그 규모와 됨됨이가 이와 같은 것이 있나이다.』

◉ 이 절은 유교인(儒敎人)의 천하도덕(天下道德)을 자임(自任)하는 규모와 국량(局量)을 기술하였다.

신정(愼靜)은 고요함을 삼가는 것이니 망동(妄動)하지 아니하여 몸을 신성(神聖)하게 간직함이요, 상관(尙寬)은 너그러움을 숭상함이니 일에 얽매이지 않고 몸의 자유(自由)로움을 지키는 것이다. 강의이여인(强毅以與人)은 확고한 사상(思想)과 주장(主張)을 가지고 사람과 더불어 일하는 것이며, 지복(知服)은 마땅히 종사(從事)해야 되는 직무(職務)를 아는 것이요, 근문장(近文章)은 덕(德)의 아름다운 광채에 접근함이니 인격을 신성(神聖)하게 완성함이다. 지려(砥厲)는 숫돌에 갈아서 날카롭게 함이고, 염우(廉隅)는 수학(數學)의 개평법(開平法)에 가장자리의 변(邊)을 염(廉)이라 하고, 모서리의 각(角)을 우(隅)라고 한다. 치수(錙銖)는 저울눈금의 표시인데 10서(黍)가

1루(絫)요, 10루가 1수(銖)이며, 24수가 1량(兩)이요, 8량이 1치(錙) 인데 수(銖)는 약 0.67그램으로 가볍고 시시함을 상징한다. 규(規)는 규모(規模)이고, 위(爲)는 위인(爲人)이니 사람의 됨됨이로 그릇이 크고, 국량(局量)이 거대함을 뜻한다.


41-2-15──────── 儒有合志同方하며 營道同術하나니 並立而樂하며
相下不厭하며 久不相見하되 聞流言不信하며 其行이
本方立義하야 同而進하고 不同而退하니
其交友가 有如此者하니이다.


『유교인은 뜻을 합하고 방법을 같이 하며, 도덕을 경영하여 학술 을 같이 함이 있나니 나란히 서도 즐거우며, 서로 낮추어도 싫지 아 니하며, 오랫동안 서로 보지 못하되 뜬소문을 들어도 믿지 아니하며, 그 행실은 근본이 방정하고, 세움이 정의로워서 같으면 나아가고, 같 지 아니하면 물러나니 그 벗을 사귐이 이와 같은 것이 있나이다.』

　☯ 이 절은 유교인(儒敎人)이 붕우(朋友)와 교제하는 절도를 기술 하였다.

　합지(合志)는 이상(理想)이 같은 것이고, 동방(同方)은 이상을 추 구하는 방법(方法)이 같은 것이며, 영도(營道)는 도덕(道德)을 경영 함이요, 동술(同術)은 학술(學術)이 같은 것이다. 병립(並立)은 나란 히 성공하여 쌍벽(雙璧)을 이루는 것이고, 상하(相下)는 서로 자기를 낮추고 벗을 높여 먼저 영달(榮達)하도록 권장함이다. 본방(本方)은

근본바탕을 방정(方正)하게 함이요, 입의(立義)는 입신(立身)을 정의
롭게 함이며, 동이진(同而進)은 방정하고 정의로우면 함께 교제하는
것이요, 부동이퇴(不同而退)는 부정불의(不正不義)하면 교제를 끊는
것이다.


41-3-1 ─────────────────── 溫良者는 仁之本也요 敬愼者는 仁之地也요
寬裕者는 仁之作也요 孫接者는 仁之能也요
禮節者는 仁之貌야요 言談者는 仁之文也요
歌樂者는 仁之和也요 分散者는 仁之施也니
儒皆兼此而有之하되 猶且不敢言仁也하나니
其尊讓이 有如此者하니이다.


『따뜻하고 어진 것은 사랑의 본질이요, 공경하고 삼가는 것은 사
랑의 바탕이요, 너그럽고 여유로운 것은 사랑의 동작이요, 공손한 붙
임성은 사랑의 기능이요, 예절은 사랑의 모양이요, 말하고 이야기하
는 것은 사랑의 문채요, 노래하고 풍류하는 것은 사랑의 화순함이요,
나누어 흩어지게 함은 사랑의 베풂이니 유교인은 이것을 모두 아울
러 가지고 있되 오히려 또한 감히 사랑을 말하지 아니하나니 그 높
이어 사양함이 이와 같은 것이 있나이다.』


◉ 이 장은 유교인(儒敎人)의 행실은 인간의 본성(本性)인 인애
(仁愛)를 말미암아 이룩된 것임을 기술하여 이상의 15개 덕목(德目)
을 총체적으로 논구(論究)하였다.

　인(仁)은 인간의 착한 본성(本性)으로 측은(惻隱)한 마음이며 애

정(愛情)의 원리인데 또한 하늘땅이 만물을 살리는 덕(德)이요, 만사에 공명정대(公明正大)한 이치이다.

본(本)은 본질(本質)이고, 지(地)는 터전이며, 작(作)은 동작(動作)이요, 능(能)은 기능이며, 모(貌)는 모양이다. 문(文)은 문채(文彩)요, 화(和)는 화순(和順)함이며, 시(施)는 베풀어 주는 것이니 이상의 여덟 가지 덕목(德目)은 모두 인(仁)의 본체(本體)에서 말미암아 나타나는 현상의 작용이다. 존(尊)은 인(仁)을 높임이요, 양(讓)은 자기를 낮추어 사양함이니 감히 스스로 인자(仁者)라고 밝히지 아니하는 것이다.

41-3-2 ──────────── 儒有不隕穫於貧賤하며 不充詘於富貴하며 不慁君王하며 不累長上하며 不閔有司하나니 故로 曰儒이니 今衆人之命儒也는 妄하니 常以儒로 相詬病하니다 孔子가 至舍하신대 哀公이 館之하시니 聞此言也하시고 言加信하시며 行加義하사 終沒吾世나 不敢以儒로 爲戱라 하시니라.

『유교인은 빈천에 괴로워하지 아니하며, 부귀에 기뻐서 어쩔 줄 몰라하지 아니하며, 임금과 천자를 욕되게 아니 하며, 어른과 윗사람을 더럽히지 아니하며, 책임자를 고민하게 아니 하나니 그러므로 말하기를 유교인이라고 하나니 이제 뭇 사람들이 유교인이라고 이름하는 것은 속이는 사이비니 늘 유교인이라고 서로 비방하며 욕하니다. 공자가 휴식하실 곳에 이르시거늘 애공이 객관을 마련하시다. 이 말씀을 들으시고 말을 더욱 믿게 하시며, 행실을 더욱 의롭게 하사 마침내 우리 세대가 죽을지라도 감히 유교인으로 희롱거리를 삼지 못하게 하시니라.』

◎ 이 절은 유교인(儒敎人)의 고결한 행실을 기술하여 군자유(君子儒)가 진유(眞儒)이고, 소인유(小人儒)는 사람들을 속이는 사이비(似而非)임을 밝혔다.

운확(隕穫)은 고통을 괴로워함이고, 충굴(充詘)은 기뻐서 어쩔 줄을 몰라함이며, 흔(愿)은 욕되게 함이요, 루(累)는 더럽히는 것이며, 민(閔)은 고민스럽게 함이다. 군자유(君子儒)는 능력이 탁월하고 책임감이 투철하기 때문에 맡은 바를 성공적으로 완수하는 것이다. 명유(命儒)는 유자(儒者)라고 명명(命名)하여 이름을 지어 붙이는 것이요, 망(妄)은 속이는 사이비(似而非)로 유교인의 학덕(學德)이 없으면서도 거짓으로 유교인의 행실(行實)을 가장(假裝)하여 사람을 속이는 부유(腐儒)와 곡사(曲士)로 통칭하여 소인유(小人儒)이다. 상이유(常以儒)는 항상 소인유(小人儒)로 지목함이고, 상후병(相詬病)은 인민대중이 서로 비방하면서 욕하는 것이다. 지사(至舍)는 임시로 휴식하시는 방에 이르심이고, 관지(館之)는 객관(客館)을 마련하여 음식을 대접하는 것이다. 가신(加信)과 가의(加義)로 보면 애공(哀公)도 유자(儒者)로 자처(自處)하였음을 알 수 있다.

# 42. 대학(大學)

　대학(大學)은 일찍이 주자(朱子)가 집주(集註)하여 4서(四書)의 하나로 삼았으니 나도 『새 시대를 위한 대학·중용·예기』로 뽑아서 역주(譯註)하였다.

# 43. 관의(冠義)

　의례(儀禮)에 사관례(士冠禮)가 있으니 성인(成人)이 되는 예절이다. 그 의미가 중대하므로 예기(禮記)에서 특별히 관례(冠禮)의 본의(本義)를 기술하였다.

　관의(冠義)는 앞에 11-10-1~7에서 이미 해설하였으니 참조하라.


43-1-1 ──────────── 凡人之所以爲人者는 禮義也니 禮義之始는 在正容體하며 齊顔色하며 順辭令이니 容體가 正하며 顔色이 齊하야 辭令이 順而後에 禮義가 備하야 以正君臣하며 親父子하며 和長幼하나니 君臣이 正하며 父子가 親하며 長幼가 和한 而后에 禮義가 立하니라 故로 冠而后에 服備하고 服備而后에 容體가 正하고 顔色이 齊하며 辭令이 順하나니 故로 冠者는 禮之始也니라 是故로 古者에 聖王이 重冠하시니라.


　『무릇 사람이 사람이 되는 까닭은 예의를 지키는 것이니 예의의 시작은 태도를 바르게 하며, 얼굴빛을 가지런히 하며, 말주변이 화순하게 함에 있으니 태도가 바르며, 얼굴빛이 가지런하며, 말주변이 화순한 이후에 예의가 갖추어져서 임금과 신하를 바르게 하며, 아버지와 아들을 친하게 하며, 어른과 어린이를 화합하게 하나니 임금과 신하가 바르며, 아버지와 아들이 친하며, 어른과 어린이가 화합한 다음에 예의가 이루어지느니라. 그러므로 관례를 거행한 다음에 의복을 갖추고, 의복이 갖추어진 다음에 태도가 바르고, 얼굴빛이 가지런하며, 말주변이 화순하나니 그러므로 관례는 예절의 시작이니라. 이런 까닭으로 옛날에 성왕이 관례를 중대하게 여기시니라.』

☯ 이 장은 성왕(聖王)이 관례(冠禮)를 중대(重大)하게 여기는 이유는 사람이 성인(成人)이 되어 예절세대(禮節世代)로 들어가는 최초의 관문(關門)을 통과하기 때문임을 기술하였다.

용체(容體)는 태도(態度)이고, 사령(辭令)은 말주변이며, 복비(服備)는 성인(成人)의 의복을 갖추어 입는 것이요, 예지시(禮之始)는 사람이 자라서 어른이 되어 처음으로 거행하는 예절이니 의례(儀禮)에 사관례(士冠禮)를 가장 먼저 서술하였다. 성왕(聖王)은 요순(堯舜)과 우탕문무(禹湯文武)이고, 중관(重冠)은 관례(冠禮)를 중대(重大)하게 여겨서 전 국민이 모두 똑같이 사관례(士冠禮)를 거행하도록 거국적으로 교육하여 권장함이다.

43-2-1 —————————————— 古者에 冠禮는 筮日筮賓하나니 所以敬冠事요 敬冠事는 所以重禮요 重禮는 所以爲國本也니라.

『옛날에 관례는 날을 받음에 산가지점을 치고, 손님을 정함에 산가지점을 쳤으니 관례의 행사를 공경하는 까닭이요, 관례의 행사를 공경함은 예절을 중대하게 여기는 까닭이요, 예절을 중대하게 여김은 나라의 근본이 되는 까닭이니라.』

☯ 이 장은 관례(冠禮)의 행사(行事)를 지극히 공경하는 의미를 기술하였다.

서일(筮日)은 관례를 거행하는 날짜를 조상(祖上)의 사당에서 산가지점을 쳐서 잡는 것이요, 서빈(筮賓)은 관(冠)을 씌울 손님을 역시 산가지점을 쳐서 결정하는 것이니 사람이 임의(任意)로 선택하지 않고, 조상신(祖上神)의 계시(啓示)에 따르는 경건(敬虔)하고 공손한 자세이다. 국본(國本)은 성인(成人)이 되면 국가에 대한 의무와 권리를 가지는 인민(人民)이 되기 때문에 국가를 구성하는 기본이 되는 바 자고로 영토(領土)와 인민(人民)과 주권(主權)은 국가를 구성하는 기본이 되는 것이다.


43-3-1 ——————————— 故로 冠於阼는 以著代也요 醮於客位하며
三加彌尊은 加有成也요 已冠而字는 成人之道也니라.


『그러므로 섬돌계단 위에서 관을 씌움은 세대를 이어야 됨을 나타내기 위함이요, 서쪽 계단 위의 손님자리에서 술을 먹게 하며, 관을 세 번 씌우며 더욱 높임은 성공함이 있도록 더하는 것이요, 이미 관을 씌우고 자를 지어 줌은 인간을 완성한 도덕이니라.』


☯ 이 장은 관례(冠禮)의 절도가 가정적으로 세대(世代)를 계승하고, 국가적으로 크게 봉사하기 위한 완성된 인간임을 인증(認證)하는, 행사임을 기술하였다.

관어조(冠於阼)는 의례(儀禮)에 말하기를 주인은 섬돌계단 위에

서쪽을 향하여 서고, 관을 쓰는 사람은 그 북쪽에 남쪽을 향하여 무릎 꿇고 앉는다고 하였으니 모두 동쪽의 주인이 서는 곳이다. 저대(著代)는 아버지의 뒤를 이어 가통을 계승할 자식임을 밝히는 것이고, 초(醮)는 관을 쓰는 사람이 별님에게 제사 지내고 마시는 술이요, 객위(客位)는 서쪽 계단 위인데 손님으로 대우하여 높이기 위함이다. 3가미존(三加彌尊)은 관(冠)을 씌움에 있어서 처음에는 치포관(緇布冠)을 씌우니 큰 학자(學者)가 입는 옷이요, 두 번째는 피변(皮弁)을 씌우니 임금이 조정에서 입는 관복(官服)이요, 세 번째는 작변(爵弁)을 씌우니 임금이 종묘(宗廟)에서 제사 지낼 때에 입는 례복(禮服)이다. 이와 같이 관례(冠禮)는 점점 높은 옷을 입히고 더욱 높이는 것이다. 가유성(加有成)은 이제 성인(成人)이 되었으니 장차 크게 성공하여 위대한 학자가 되고, 임금이 될 수 있도록 더욱 노력하라고 권장함이다. 이관이자(已冠而字)는 당상(堂上)에서 이미 관을 씌우면 당하(堂下)로 내려와서 관을 쓴 사람이 서쪽 계단 아래 조금 동쪽에 남쪽을 향하여 서면 손님이 자(字)를 지어 주는 것이고, 성인지도(成人之道)는 인간을 완성한 도덕이니 인간을 완성한 성인(成人)의 이름은 공경하여 군사부(君師父) 이외에는 부르지 못하므로 애칭(愛稱)으로 자(字)를 지어 주어서 누구나 호칭할 수 있도록 하였으니 성인(成人)을 존경하는 도덕이다.


43-4-1 ──────────────── 見於母어든 母가 拜之하고 見於兄弟어든 兄弟가 拜之함은 成人而與爲禮也요 玄冠과 玄端으로 奠摯於君하고 遂以摯로 見於鄕大夫鄕先生은 以成人으로 見也니라.

『어머니에게 보이거든 어머니가 절하고, 형제에게 보이거든 형제가 절함은 인간을 완성하여 더불어 예절을 행하는 것이요, 현관과 현단복으로 임금에게 폐백을 드리고, 드디어 폐백으로 고을의 읍장과 고을의 선생에게 보임은 성인으로써 뵈는 것이니라.』

☯ 이 장은 관례(冠禮)를 거행한 사람은 가정이나 국가사회에서 예절을 지키고, 책임과 의무를 스스로 다해야 됨을 기술하였다.

현어모(見於母)는 의례(儀禮)에 관(冠)을 쓰는 사람이 초례(醮禮)를 마치고 자(字)를 받기 전에 그 육포(肉脯)를 들고 어머니에게 가서 보이면 어머니가 절하고 받으니 아들이 절하고 드리면 어머니가 또 절한다고 하였다. 이것은 어머니가 아들에게 절하는 것이 아니고 아들이 손님으로부터 받은 육포(肉脯)를 먼저 가지고 왔으므로 그 고귀한 음식을 높여서 감사의 절을 한 것이다. 현관(玄冠)과 현단복(玄端服)은 임금이 사사로이 거처하는 연거(燕居)에서 입는 옷이요, 지(摯)는 폐백이니 선비의 폐백(幣帛)은 꿩이며, 임금에게 폐백을 드리는 것은 성인(成人)이 되었음을 나라에 신고하는 의식이요, 향대부(鄕大夫)는 고을의 읍장(邑長)이며, 향선생(鄕先生)은 고을의 스승이니 역시 성인(成人)이 되었음을 알리는 의식이다. 모름지기 성인(成人)은 능동적으로 사회에 참여하여 그 구성원의 한 사람으로서 권리와 의무를 다하여 공동체사회에 봉사해야 되는 것이다.

43-5-1 ──────────
成人之者는 將責成人禮焉也요 責成人禮焉者는
將責爲人子爲人弟爲人臣爲人少者之禮行焉이니
將責四者之行於人하되 其禮를 可不重與아 故로

孝弟忠順之行이 立而后에 可以爲人이요
可以爲人而后에 可以治人也니 故로 聖王이 重禮하신
故로 曰冠者는 禮之始也이며 嘉事之重者也라 하나니
是故로 古者에 重冠하더니 重冠故로 行之於廟하며
行之於廟者는 所以尊重事요 尊重事하야 而不敢擅重事하나니
不敢擅重事는 所以自卑而尊先祖也니라.

『인간을 완성한다는 것은 장차 성인의 예절을 갖추도록 요구함이요, 성인의 예절을 갖추도록 요구하는 것은 장차 사람의 아들이 되고, 사람의 아우가 되고, 사람의 신하가 되고, 사람의 젊은이가 되는 예절을 행하도록 요구함이니 장차 네 가지 행실을 사람에게 갖추도록 요구하되 그 예절을 무겁게 하지 아니하리오. 그러므로 효도와 우애, 충성과 온순한 행실이 이루어진 다음에 사람이 될 수 있고, 사람이 된 다음에 사람을 다스릴 수 있는 것이니 그러므로 성왕이 예절을 중대하게 하신 까닭으로 말하기를 관을 씌우는 행사는 예절의 시작이며, 아름다운 일의 중대한 것이라고 하나니 이런 까닭으로 옛날에 관을 씌우는 것을 중대하게 하더니 관 씌우는 행사가 중대하므로 사당에서 거행하며, 사당에서 거행하는 것은 중대한 행사를 높이는 방법이요, 중대한 행사를 높여서 감히 중대한 행사를 제멋대로 하지 아니하나니 감히 중대한 생사를 제멋대로 하지 않음은 자기를 낮추고 선조를 높이는 방법이니라.』


◑ 이 장은 인간완성을 요구하는 관례(冠禮)의 구체적인 의미를 밝히고, 관례를 사당에서 거행하는 까닭은 행사가 중대하기 때문이며

중대한 행사를 제멋대로 하지 않고, 그 날짜와 손님을 산가지점을 쳐서 결정함은 자기를 낮추고, 선조를 높이기 위한 것임을 기술하였다.

　성인(成人)은 육체적으로 건강하게 장성(長成)할 뿐만 아니라 또한 정신적으로도 건전하게 성장(成長)한 사람이니 마땅히 인간완성의 기본행실을 갖추어 어버이에게 효도하고, 형을 공경하며, 나라에 충성하고, 노인을 공경하는 책임을 다해야 되는 것이다. 사람은 먼저 자기의 책무를 완수한 다음에 남을 다스릴 수 있는 것인즉 관례를 거행한 사람은 먼저 자기의 완성에 힘을 써야 된다. 가사(嘉事)는 가례(嘉禮)의 행사이니 관례와 혼례는 가례이다. 불감천중사(不敢擅重事)는 관혼상제(冠昏喪祭)의 날짜를 잡음에는 모두 사당에서 산가지점을 쳐서 잡고, 제멋대로 잡지 않는 것이다. 자비이존선조(自卑而尊先祖)는 자기의 뜻을 낮추고, 선조에게 물어서 선조의 뜻을 받드는 것이다.

　무릇 점(占)을 치는 것은 조상의 뜻을 묻기 위함이니 반드시 사당에서 조상신께 물어야지 무당이나 점쟁이에게 묻는 것은 점을 치는 본래의 뜻이 아니다.

# 44. 혼의(昏義)

혼의(昏義)는 의례(義禮)에 있는 사혼례(士昏禮)의 본의(本義)이니 성인(成人)이 장가들고 시집가는 예절의 근본 뜻인데 혼(昏)이라고 이름하는 까닭은 자고로 친영(親迎)하는 시각이 해가 지고 달이 뜨는 저녁을 선택하여 양(陽)이 가서 음(陰)을 맞이하여 오는 뜻을 취했기 때문이다.

대저 혼인은 부부(夫婦)가 친밀하게 화합하여 분별 나게 사는 길을 닦는 것이니 사랑하고 공경하는 마음이 그 기본이므로 앞에 11-11-1~5에서 이미 혼례의 본의를 기술하였으니 참조하라.


44-1-1 ──────────── 昏禮者는 將合二姓之好하야 上以事宗廟하고 而下以繼後世也니라 故로 君子가 重之하나니 是以로 昏禮에 納采와 問名과 納吉과 納徵과 請期를 皆主人이 筵几於廟하고 而拜迎於門外하며 入揖讓而升하야 聽命於廟하나니 所以敬愼重正昏禮也니라.


『혼례는 장차 두 성씨가 좋게 잘 만나서 위로 종묘를 섬기고, 아래로 후세에 이어 가도록 하는 것이니라. 그러므로 군자가 중대하게 여기나니 이래서 혼례에 납채와 문명과 납길과 납징과 청기를 모두 주인이 사당에 자리를 만들고, 대문 밖에서 절하고 맞이하며, 마당에 들어와서는 읍하고 사양하며, 뜰방에 올라 사당에서 명령을 듣나니 혼례를 공경하고 신중하고 중대하고 바르게 거행하는 원리니라.』

　☯ 이 장은 혼례는 두 성씨(姓氏)의 집안이 잘 만나서 호합(好合)하는 것이므로 처음부터 두 집안의 가주(家主)가 주관하는 것임을 기술하였다.

　2성(二姓)은 이성혼(異姓婚)이 기본예절임을 밝혀 동성혼(同姓婚)을 피하라는 것이며, 호(好)는 가족관계를 맺어 외척(外戚)이 되는 것이다. 사종묘(事宗廟)는 조상님께 제사를 지내는 것이고, 계후세(繼後世)는 자손을 낳아 종통(宗統)을 계승함이며, 납채(納采)는 남자 집에서 중매인을 통해 여자 집에 보내서 천생연분(天生緣分)임을 하달(下達)하고, 기러기를 폐백으로 보내면 여자 집에서 채택하겠다고 받아들인 것이다. 문명(問命)은 남자 집에서 여자 집에 부모의 성명(姓名)을 묻는 것이니 조상님께 보고하여 그 길흉(吉凶)을 점치기 위함이다. 납길(納吉)은 남자 집에서 점을 쳐서 조상님이 길하다고 하였음을 여자 집에 알리는 것이다. 납징(納徵)은 남자 집에서 여자 집에 신부의 옷감을 보내서 혼인의 징표를 삼은 것이다. 청기(請期)는 남자 집에서 여자 집에 친영(親迎)할 날짜를 청하는 것이다. 이상의 다섯 가지 절차는 모두 양가(兩家)의 주인이 직접 주관하는 혼례의 절차인데 이에 사당의 뜰방에 자리를 설치하고 거행하는 것이니 조상님께 알리는 중대한 행사임을 나타내기 위함이다. 혼례에 중매인이나 사자(使者)를 대함에 주인이 대문 밖에 나아가서 맞이하고 보내며, 전하는 말을 듣고 말함에 모두 사당의 뜰방에서 하는 것은 상대편을 지극히 공경하는 절도이니 지극히 공경하여야 좋게 만날 수 있는 것이다.

父가 親醮子而命之迎은 男先於女也요 子가
承命以迎커든 主人이 筵几於廟하고 而拜迎於門外어든
壻가 執鴈入하야 揖讓升堂하야 再拜奠鴈은
蓋親受之於父母也요 降出御婦車하고 而壻授綏御輪三周하고
先俟於門外하다가 婦至어든 壻가 揖婦以入하여 共牢而食하며
合巹而醋은 所以合體同尊卑하야 以親之也니라.


『아버지가 친히 아들에게 술을 주어 먹게 하고, 명령하여 신부를 맞이하여 오라고 함은 남자가 여자보다 먼저 하는 것이요, 신부 집의 주인이 사당에 자리를 설치하고, 대문 밖에서 절하고 맞이하거든 사위가 기러기를 안고 들어가서 읍하고 사양하며, 당에 올라 재배하고 기러기를 드림은 대개 친히 부모에게서 허락을 받는 것이요, 당을 내려와서 대문 밖으로 나아가 신부의 수레를 어거하고, 사위가 수레고삐를 주며, 신부의 수레를 세 바퀴가 돌도록 어거하고, 먼저 자기 집의 대문 밖에서 기다리다가 신부가 이르거든 사위가 신부에게 읍하고 들어가서 한 마리의 희생을 함께 나누어 먹으며, 표주박술잔을 맞추어서 술로 양치질을 함은 몸을 합쳐서 높고 낮음을 동등하게 하여 친하도록 하는 것이니라.』


● 이 장은 신랑이 신부 집에 가서 기러기를 바치고 신부를 직접 맞이하여 집으로 와서 혼례식을 거행하는 친영(親迎)의 본의를 기술하였다.

초(醮)는 앞에 43-3-1에서 이미 해설하였고, 남선어녀(男先於女)는 양(陽)이 음(陰)보다 앞서는 자연법칙이며, 주인(主人)은 신부의 아버지를 지칭하고, 서(壻)는 사위로 맞이하는 신랑이며, 전안(奠鴈)

은 기러기를 신부의 아버지에게 드리는 것이니 기러기는 대부(大夫)의 신분을 상징하는 폐백(幣帛)임과 동시에 가족집단의 생활질서를 지키고 추우면 따뜻한 곳으로 옮기고 더우면 서늘한 곳으로 옮기면서 가족의 안락을 보호하는 철새로 부부(夫婦)의 정절(貞節)을 지킬 뿐만 아니라 또한 그 몸을 우아(優雅)하게 가꾸기 때문에 이러한 삶의 자세를 가지고 평생을 함께 살겠다고 맹세하는 것이다. 친수지어부모(親受之於父母)는 신랑이 직접 신부의 부모로부터 혼인의 허락을 받는 것이고, 어부거(御婦車)는 신부를 맞이하여 가는 수레를 신랑이 직접 마부로 복무하는 것이며, 서수수(壻授綏)는 신랑이 직접 수레고삐를 신부에게 주어 수레에 오르도록 함이요, 어륜3주(御輪三周)는 신부가 탄 수레를 신랑이 직접 마부노릇을 하여 수레바퀴가 세 번 돌도록 말을 이끄는 것이니 곧 출발하는 일이다. 선사어문외(先俟於門外)는 신랑이 앞장서서 자기 집의 대문 밖에서 신부가 이르기를 기다리는 것이고, 공뢰이식(共牢而食)은 혼인식을 거행함에 희생(犧牲) 한 마리를 잡아 그 왼쪽은 신랑상에 차리고, 그 오른쪽은 신부상에 차려서 한 마리를 나누어 함께 먹는 행사이니 앞에 11-11-5에서 해설하였다. 합근이윤(合卺而酳)은 반으로 쪼갠 표주박으로 술잔을 만들어서 신랑과 신부에게 술을 주어 그 술로 양치질을 하게 하는 것이니 이 세상에 오로지 하나밖에 없는 제 짝임을 확인하는 행사이다. 합체(合體)는 몸을 결합함이요 동존비(同尊卑)는 부부의 신분이 동일함이며, 이친지(以親之)는 부부를 서로 친하게 살도록 도모함이다.

敬愼重正而后에 親之는 禮之大體로
而所以成男女之別이며 而立夫婦之義也라 男女가
有別而後에 夫婦가 有義하며 夫婦가 有義而後에
父子가 有親하며 父子가 有親而後에 君臣이
有正이니 故로 曰昏禮者는 禮之本也라 夫禮는
始於冠하며 本於昏하며 重於喪祭하며 尊於朝聘하고
和於鄕射하나니 此가 禮之大體也니라.

『공경하고 신중하고 중대하고 바르게 한 다음에 친하도록 함은 예절의 큰 체계로써 남녀의 분별을 이루고, 부부의 의리를 세우는 방법이니라. 남녀가 분별이 있은 다음에 부부가 의리가 있으며, 부부가 의리가 있은 다음에 부자가 친함이 있으며, 부자가 친함이 있은 다음에 군신이 바름이 있으니 그러므로 말하기를 혼례는 예절의 근본이라고 하니라. 무릇 예절은 관례에서 비롯하며, 혼례에서 근본하며, 상례와 제례에서 중대하며, 조례와 빙례에서 존엄하고, 향음주례와 대사례에서 화합하나니 이것이 예절의 큰 체계이니라.』

◉ 이 장은 혼례(昏禮)로 남자와 여자가 만나서 부부로 결합함이 예절의 근본이 되는 중대한 체계임을 기술하였다.

대체(大體)는 중대한 체계(體系)이니 공경하고 신중하고 중대하고 바르게 인간의 기본관계를 설정하여 서로 친근하게 하는 것은 예절의 중대한 체계이다. 따라서 관례(冠禮)는 인간의 기본을 갖출 것을 요구하니 예절의 시작이요, 혼례(昏禮)는 이성(異姓)의 남자와 여자가 서로 만나 부부(夫婦)의 가족관계를 맺으므로 예절의 근본이며, 상례(喪禮)와 제례(祭禮)는 죽음을 슬퍼하고 그리워하는 것이므로 예절의 중대한 것이요, 조례(朝禮)와 빙례(聘禮)는 평화세계를 건설하므로 예절의 존엄한 것이며, 향음주례(鄕飮酒禮)와 대사례(大射禮)는 사회를 화합하므로 예절의 화친함이니 모두 공경하고 신중하고 중대하고 바르게 행사를 거행해야 되는 예절의 큰 체계인 것이다.


44-4-1 ──────── 夙興하야 婦가 沐浴하고 以俟見하다가 質明에 贊이
見婦於舅姑어든 婦가 執笲棗栗段脩하야 以見하며 贊이
醴婦하거든 婦가 祭脯醢하며 祭醴는 成婦禮也요
舅姑가 入室이어든 婦가 特豚으로 饋는 明婦順也니라.


『새벽에 일어나서 며느리가 목욕하고, 뵈기를 기다리다가 날이 샐 무렵에 도우미가 시부모에게 며느리를 보이거든 며느리가 대추와 밤과 육포를 담은 폐백상자를 들고 보이며, 도우미가 며느리에게 단술을 주거든 며느리가 포와 젖을 제사 지내며, 단술을 제사 지냄은 며느리가 되는 예식을 마침이요, 시아버지와 시어머니가 안방에 들어가거든 며느리가 한 마리의 돼지로 음식을 대접함은 며느리가 유순하게 따름을 밝히는 것이니라.』


◉ 이 장은 큰며느리가 혼인한 다음 날 아침에 시아버지와 시어머니께 폐백을 드리는 현구고(見舅姑)는 며느리가 되는 예절이고, 며느리가 시부모에게 밥상을 올리는 것은 시어머니의 대(代)를 이어 부엌을 관장함을 기술하였다.

질명(質明)은 혼인한 다음 날이 샐 무렵이요, 찬(贊)은 도우미이

며, 변(籩)은 폐백(幣帛)을 담은 상자로 대나무나 갈대로 만들어 푸
른 비단으로 감싸서 여기에 대추와 밤과 육포를 담는다. 단(段)은 단
(腶)이고, 단수(腶脩)는 생강과 계피를 섞어 다진 육포(肉脯)이다.
대저 며느리가 시부모에게 보이는 예절은 가묘(家廟)의 당상(堂上)
에서 거행하는바 며느리가 대추와 밤을 폐백으로 시아버지께 드림은
꼭지가 나무에 붙어 있듯이 이 집에 붙어 있어 옮기지 않겠다는 뜻
이요, 며느리가 시어머니께 육포를 폐백으로 드림은 이 집에서 재미
나게 살겠다는 뜻이다. 그리고 도우미가 시부모를 대신하여 며느리에
게 단술과 육포와 젓갈을 주는 것은 기쁘게 며느리로 받아들인다는
뜻이니 며느리는 육포와 젓갈을 빈 접시에 조금 떼어 놓아 제사 지
내고, 숟가락으로 단술을 세 번 떠서 빈 접시에 부어서 제사 지내는
것은 지극히 공경하여 감사함을 뜻하는 것이다. 입실(入室)은 살림집
의 안방으로 들어감이고, 특돈궤(特豚饋)는 한 마리의 되지를 잡아
그 왼쪽으로는 시아버지의 밥상을 차리고, 그 오른쪽으로는 시어머니
의 밥상을 차려서 드리는 것이다. 명부순(明婦順)은 며느리가 시어머
니의 대(代)를 차례로 계승하여 부엌살림을 맡아 관장하겠음을 분명
하게 밝히는 것이다.


44-5-1 ───────────────  厥明에 舅姑가 共饗婦하되 以一獻之禮로
奠酬하고 舅姑가 先降自西階하고 婦가
降自阼階함은 以著代也니라.


『그날 낮에 시아버지와 시어머니가 함께 며느리에게 향례를 베풀

되 술을 한잔 드리는 예절로서 주고받아 마시고, 시아버지와 시어머니가 먼저 서쪽 계단으로 내려오고, 며느리가 섬돌계단으로 내려옴은 며느리가 시어머니의 대를 이어받았음을 나타내는 것이니라.』

　☯ 이 장은 시아버지와 시어머니가 며느리에게 향례(饗禮)를 베풀어 주고, 큰며느리에게 부엌 살림권을 넘겨주는 것을 기술하였다.

　궐명(厥明)은 앞에 질명(質明)의 동이 틀 때를 지나고 그날 낮이니 오전(午前)을 지칭한다. 선배들은 궐명(厥明)을 현구고(見舅姑)의 다음 날 곧 혼인식을 거행한 지 제3일째 되는 날이라고 하였으나 의례(儀禮)의 사혼례(士昏禮)에 현구고(見舅姑)와 같은 날에 거한 것으로 되어 있으므로 이에 내가 바로잡는다. 향(饗)은 향례(饗禮)로 사당의 당상(堂上)에서 큰며느리에게 향음주례(鄕飮酒禮)의 절차에 따라 술을 먹게 하는 예절이다. 일헌지례(一獻之禮)는 시아버지가 동쪽의 섬돌계단 위에서 서쪽 계단 위에 있는 며느리에게 술을 주고 시어머니는 육포와 젓갈을 신부의 큰상에 차리면 신부가 절하고 술잔을 받아 큰상에 나아가 남쪽을 향하여 앉아서 육포를 떼어 빈 접시에 놓아 제사 지내고, 술도 조금 부어서 제사 지낸 다음에 일어나서 자리의 서남쪽 끝에서 술을 마시고, 다시 며느리가 술잔을 씻어서 시아버지와 시어머니에게 술을 한 잔씩 올리고 절하면, 시아버지와 시어머니가 절하고 그 술을 받아 마시는 것이니 며느리와 시아버지와 시어머니가 각각 한 잔씩을 마시는 예절이다. 전수(奠酬)는 다시 시아버지가 술을 술잔에 담아서 섬돌계단 위에서 마신 다음에 그 잔을 씻어 술을 담아 며느리의 큰상에 놓고, 며느리에게 먹으라고 권하는 예절이다. 이어 시아버지와 시어머니가 손님이 사용하는 서쪽 계단으로 내려오고, 며느리가 주인이 사용하는 섬돌계단으로 내려오는

것은 시부모는 손님으로 처신하고, 며느리는 주인으로 처신한다는 뜻
이니 이로부터 큰며느리가 주부(主婦)가 되어 안방에 거처하고, 시어
머니는 시아버지의 방으로 옮겨 함께 거처하는 것이다. 저대(著代)는
세대교체(世代交替)하여 장자(長子)와 장부(長婦)가 가정경영의 주
체임을 밝힌 것이다.

　살피건대 시아버지와 시어머니가 함께 큰며느리에게 베풀어 준 향
례(饗禮)의 음식은 모두 거두어 포장해서 신부 집으로 보내는 것이
니 딸이 시집가서 대접받은 기쁨을 친정부모에게 알리기 위함인데
이것을 일컬어 시집가서 큰상 받은 음식이라고 하였다.


44-6-1 ─────────────────────── 成婦禮하며 明婦順하고 又申之以著代는
所以重責婦順焉也니 婦順者는 順於舅姑하며
和於室人而後에 當於夫하야 以成絲麻布帛之事하며
以審守委積蓋藏이니 是故로 婦順備而後에 內和가 理하고
內和가 理而後에 家可長久也니 故로 聖王이 重之하시니라.


『며느리가 되는 예절을 마치며, 며느리가 유순함을 밝히고, 또한
거듭 부엌 살림권을 교대하였음을 나타냄은 며느리에게 순종하는 책
무를 중대하게 하는 방법인 것이니 며느리가 유순함이란 것이란 시
아버지와 시어머니에게 순종하며, 시누이와 동서가 화목한 다음에 지
아비에게 집안살림을 감당하게 하여, 명주실과 삼실과 베와 비단을
만드는 일을 완성하게 하며, 모으고 쌓으며 덮은 데와 광을 살펴 지
키게 하니 이런 까닭으로 며느리가 유순한 덕을 갖춘 다음에 집안에

서 아낙네의 화합이 바르게 되고, 집안에서 아낙네의 화합이 바르게
된 다음에 집안이 오래 가나니 그러므로 성왕이 며느리에게 대한 예
절을 중대하게 하니라.』

　☯ 이 장은 성왕(聖王)이 혼례(昏禮)에 있어서 며느리에 대한 예
절을 중대하게 제정한 이유를 기술하였다.

　부순(婦順)의 순(順)과 순어구고(順於舅姑)의 순(順)은 그 의미가
다르니 며느리는 유순(柔順)한 덕성을 갖추어 포용력이 있어야 되고,
시아버지와 시어머니에게는 순종(順從)하여 거역하지 아니함이다. 실
인(室人)은 남편의 자매(姉妹)와 제사(娣姒)이고, 당어부(當於夫)는
남편에게 가정살림의 경영을 감당(敢當)하게 함이며, 위(委)는 조금
모음이고, 자(積)는 많이 모은 것이며, 개(蓋)는 덮어서 저장함이요,
장(藏)은 광이나 창고에 저장함이니 모두 식량과 물품을 갖추어 저
축함이다. 내화(內和)는 집안의 아낙네가 화목함이고, 이(理)는 바르
게 함이며, 장구(長久)는 길이 발전하여 행복을 보장함이다.


44-7-1 ──────────────── 是以로 古者에 婦人이 先嫁三月하야 祖廟가
未毁어든 敎于公宮하고 祖廟가 旣毁어든 敎于宗室하되
敎以婦德과 婦言과 婦容과 婦功하야 敎成이어든
祭之하되 牲用魚하고 笔之以蘋藻하나니 所以成婦順也니라.


『이래서 옛날에 부인이 시집가기 3개월 전에 할아버지의 사당을
아직 헐지 아니했거든 할아버지의 사당에서 가르치고, 할아버지의 사

당을 이미 헐었거든 종가에서 가르치되 부덕과 부언과 부용과 부공
으로써 가르쳐서 교육이 끝나거든 제사 지내되 희행은 물고기로 하
고, 잡탕국은 마름으로 하나니 며느리의 유순한 덕을 이루게 하는 방
법이니라.』

　　◐ 이 장은 혼인하기에 앞서 먼저 신부수업(新婦授業)을 받는 옛
날의 관습을 기술하였다.

　　조묘(祖廟)는 할아버지의 사당이요, 미훼(未毁)는 아직 훼철(毁撤)
하지 않은 것이니 제사를 지내고 있는 것인즉 대부(大夫)의 집안이
며, 기훼(旣毁)는 이미 할아버지의 사당을 헐어서 제사를 지내지 않
은 것인즉 사서인(士庶人)의 집안이다. 무릇 천자(天子)는 7묘(七廟)
요, 제후(諸侯)는 5묘(五廟)요, 대부(大夫)는 3묘(三廟)이니 모두 조
묘(祖廟)가 있으나 사(士)는 2묘(二廟)로 시조묘(始祖廟)와 부묘(父
廟)만 있고 조묘(祖廟)는 없는 것이니 앞에 5-12-1을 참조하라. 전
배들은 여자에서 복(服)이 있고 없는 것으로 말했으나 옳지 않기에
내가 바로잡았다. 교(敎)는 종부(宗婦)나 종손부(宗孫婦)가 가르치는
것이고, 공궁(公宮)은 조묘(祖廟)이며, 종실(宗室)은 종자(宗子)의
집이니 곧 종가(宗家)이다. 부덕(婦德)은 부인의 정숙(貞淑)하고 유
순(柔順)한 품격이요, 부언(婦言)은 부드럽고 온화한 말주변이며 부
용(婦容)은 상냥스럽고 수더분한 모양이고, 부공(婦功)은 음식솜씨와
길쌈하는 재능이다. 제지(祭之)는 할아버지의 사당에 제사 지냄이요,
모(芼)는 잡탕국이며, 물고기와 마름은 모두 물속에서 사는 것이므로
유순함을 상징하는 것이다.

古者에 天子后는 立六宮하사 三夫人과 九嬪과 二十七世婦와 八十一御妻로 以聽天下之內治하사 以明章婦順하실새 故로 天下에 內和而家理하며 天子가 立六官하사 三公九卿과 二十七大夫와 八十一元士로 以聽天下之外治하사 以明章天下之男敎하실새 故로 外和而國治하나니 故로 曰天子가 聽男敎하시고 后가 聽女順하시며 天子가 理陽道하시고 后가 治陰德하시며 天子가 聽外治하시고 后가 聽內職하시니 敎順成俗하야 外內和順하야 國家理治하나니 此之謂盛德이니라.

『옛날에 천자의 후비는 여섯 궁궐의 직원을 세우시어 3부인과 9빈과 27세부와 81어처로 천하의 집안을 다스리는 사무를 관장하사 며느리가 유순함을 뚜렷이 밝히실새 그러므로 천하에 아낙네가 화순하여 집안이 바르게 되며, 천자가 여섯 관직을 세우시어 3공9경과 27대부와 81원사로 천하의 바깥을 다스리는 사무를 관장하사 천하의 사나이가 본을 보임을 뚜렷이 밝히실새 그러므로 바깥이 화평하여 나라를 잘 다스리게 되나니 그러므로 천자가 사나이의 본받게 함을 들으시고, 후비가 여자의 유순함을 들으시며, 천자가 양도를 바르게 하시고, 후비가 음덕을 잘 다스리시며, 천자가 바깥 정치를 들으시고, 후비가 안에 직책을 들으시니 본받게 함과 유순함의 풍속이 이루어져서 안팎이 화순하여 국가가 바르게 잘 다스려지나니 이것을 일컬어 성대한 덕이라고 하니라.』

◉ 이 장은 후비(后妃)가 천하의 부녀자(婦女子)를 유순하게 다스리고, 천자(天子)가 천하의 남자(男子)를 본받게 다스리는 성대한 덕

화(德化)를 기술하였다.

　6궁(六宮)은 대침(大寢)1과 소침(小寢)5의 궁궐을 관리하는 직책
이요, 부인(夫人) 이하는 앞에 2-7-6에서 이미 해설하였고, 6관(六
官)은 천지(天地)와 4시(四時)에 속하는 일을 관리하는 직책이고, 3
공(三公) 이하는 앞에 5-4-1에서 이미 해설하였으니 천자가 3공9
경(三公九卿)을 거느리고 나라를 다스리듯이 후비가 3부인9빈(三夫
人九嬪)을 거느리고 궁궐을 다스리는 것이다. 청(聽)은 보고를 받고
지시함이니 곧 관리함이요, 명장(明章)은 뚜렷이 밝히는 것이며, 교
(敎)는 먼저 모범을 보여서 아내가 본받게 함이다. 양도(陽道)는 굳
세게 확산하는 역동적인 힘을 발휘함이고, 음덕(陰德)은 유순하게 화
합하여 고요하게 지키는 덕이다. 이(理)는 합리적으로 다스리는 것이
고, 치(治)는 화합적으로 다스리는 것이며, 성덕(盛德)은 천하 사람
을 모두 교화하여 행복한 가정을 경영하고 태평한 세상을 누리게 하
여 억조만민이 융성(隆盛)한 삶을 보장하는 덕화(德化)이다.


44-9-1 ─────────────── 是故로 男敎가 不脩하야 陽事가 不得하면
適見於天하야 日爲之食하며 婦順이 不脩하야 陰事가
不得하면 適見於天하야 月爲之食하나니 是故로
日食則天子가 素服하고 而脩六官之職하고 蕩天下之陽事하시며
月食則后가 素服하고 而脩六宮之職하사 蕩天下之陰事하시니
故로 天子之與后가 猶日之與月과 陰之與陽이 相須而后에
成者也이니라 天子가 脩男敎하시나니 父道也요 后가
脩女順하시나니 母道也라 故로 曰天子之與后가 猶父之與母也라

하니 故로 爲天王하야 服斬衰는 服父之義也요 爲后하야
服齊衰는 服母之義也니라.

『이런 까닭으로 남편이 본받게 함을 닦지 아니하여 양의 일이 잘 되지 아니하면 책망이 하늘에 나타나서 해가 먹히며, 며느리가 유순함을 닦지 아니하여 음의 일이 잘 되지 아니하면 책망이 하늘에 나타나서 달이 먹히나니 이런 까닭으로 해가 먹히면 천자가 흰옷을 입고, 6관의 직책을 다듬어 천하의 양사를 넓혀서 크게 하시며, 달이 먹히면 후비가 흰옷을 입고, 6궁의 직책을 다듬어 천하의 음사를 넓혀서 크게 하시니 그러므로 천자가 후비와 같이함은 마치 해가 달과 같이함과 음이 양과 같이함이 서로 기다린 다음에 이루는 것과 같은 것이니라. 천자가 남자의 본보기를 닦으시나니 아버지의 도리요, 후비가 부녀자의 유순함을 닦으시니 어머니의 도리이니라. 그러므로 말하기를 천자가 후비와 같이함이 마치 아버지가 어머니와 같이함과 같은 것이라고 하니 그러므로 천왕을 위하여 참최복을 입는 것은 아버지의 상복을 입는 의리이고, 후비를 위하여 자최복을 입는 것은 어머니의 상복을 입는 의리이니라.』

☯ 이 장은 남교(男敎)와 부순(婦順)의 가정화목과 천하화합의 체계는 천지자연의 원리로써 서로 감응(感應)하므로 천자와 후비(后妃)는 가장 아름다운 모범을 보여야 됨을 기술하였다.

적(適)은 책(責)이니 꾸짖음이고, 식(食)은 식(蝕)이며, 탕(蕩)은 넓고 크게 함이요, 상수(相須)는 상대(相待)와 같으니 서로 짝을 기다려 배합(配合)하여 발전하는 것이다.

살피건대 태허(太虛)의 담일청허(湛一淸虛)한 1기(一氣)가 동(動)

하여 양기(陽氣)가 되고, 정(靜)하여 음기(陰氣)기 되니 양기는 위로 올라가 하늘이 되고, 음기는 내려와서 땅이 되었는데 태양(太陽)의 기(氣)는 해이고, 태음(太陰)의 정(精)은 달이다. 그러므로 양(陽)은 음(陰)과 짝하고, 하늘은 땅과 짝하며, 해는 달과 짝하니 네 철이 순환하여 만물이 생성 변화하는 것이다. 따라서 양기(陽氣)를 받아 태어난 남자는 음정(陰精)을 받아 태어난 여자와 짝을 지어 부부(夫婦)가 되어야 가정에 아버지와 어머니가 있게 되며, 나라에 천자(天子)와 후비(后妃)가 있게 되나니 양(陽)의 일은 앞에서 본보기가 되는 것이고, 음(陰)의 일은 뒤에서 유순하게 따르는 것이므로 내외(內外)가 화합하여 서로 사랑하고 공경해서 집안에서는 아버지와 어머니가 화평하고, 나라에서는 천자(天子)와 후비(后妃)가 명랑하면 하늘과 땅이 바로 서고, 해와 달이 밝아 음양(陰陽)이 순조롭게 변화하여 우주(宇宙)가 쾌활한 것이다.

그러나 만일 내외(內外)가 불화하여 서로 미워하고 원망해서 아버지와 어머니가 불안하고, 나라에서는 천자(天子)와 후비(后妃)가 근심하면 하늘과 땅이 뒤바뀌고, 일식(日蝕)과 월식(月蝕)이 일어나며, 음양(陰陽)이 뒤바뀌어 4시(四時)가 어긋나기 때문에 옛날 성왕(聖王)은 일식과 월식의 천체현상을 통하여 음양(陰陽)이 조화(調和)하는 도덕(道德)을 크게 깨우치고, 반성의 계기로 삼게 하였던 것이다.

# 45. 향음주의(鄕飮酒義)

  향음주의(鄕飮酒義)는 의례(儀禮)에 있는 향음주례(鄕飮酒禮)의 본의(本義)이다.

  주(周)나라는 무왕(武王)이 주지육림(酒池肉林)의 향락에 빠진 은(殷)나라 주(紂)를 정벌하고, 떼 지어 밤낮으로 술을 마시는 군음(群飮)의 퇴폐풍조를 바로잡기 위하여 천지신명(天地神明)에게 제사 지낼 때에만 술을 마시게 하였던 것이다.

  그러나 또한 노인에게는 예절을 갖추어 술을 마시게 하였으니 이른바 향음주례(鄕飮酒禮)인데 노인의 기력을 돋우고, 만남의 흥취를 북돋울 뿐만 아니라 아름다운 절도와 풍채를 보여서 사회에 경로(敬老)사상을 일으켜 아름다운 문화를 보급시키기 위함이었다.

  이 편은 향음주례의 절도와 술자리에서의 위계질서 및 상차림의 등급 등을 해설하였으니 음주예절의 핵심내용이다.


45-1-1 ──────────── 鄕飮酒之義는 主人이 拜迎賓于庠門之外하야 入하되 三揖而后에 至階하며 三讓而后에 升은 所以致尊讓也요 盥洗揚觶는 所以致潔也요 拜至하며 拜洗하며 拜受하며 拜送하며 拜旣함은 所以致敬也니 尊讓潔敬也者는 君子之所以相接也라 君子가 尊讓하면 則不爭하고 潔敬하면 則不慢하나니 不慢不爭하면 則遠於鬪辨矣요 不鬪辨하면 則無暴亂之禍矣니 斯君子所以免於人禍也니라.

『향음주례의 본의는 주인이 학교정문 밖에서 손님을 절하고 맞이하여 들어오되 세 번을 읍한 다음에 계단에 이르며, 세 번을 사양한 다음에 계단을 오름은 존경하고 사양함을 극진히 하는 방법이요, 손을 씻고 술잔을 드는 것은 깨끗함을 지극히 하는 방법이요, 이르는 곳마다 절하며, 씻을 때마다 절하며, 받을 때마다 절하며, 보낼 때마다 절하며, 다 마실 때마다 절함은 공경을 극진히 하는 방법인 것이니 존경하고 사양하고 깨끗이 하고 공경하는 것은 군자가 서로 만나는 방법이니라. 군자가 존경하고 사양하면 다투지 아니하고, 깨끗이 하고 공경하면 업신여기지 아니하나니 업신여기지 아니하고 다투지 아니하면 싸우고 변박함에서 멀어지고, 싸우고 변박하지 아니하면 사납고 어지러운 재앙이 없는 것이니 이에 군자가 사람의 재앙에서 벗어나는 방법이니라.』


◉ 이 장은 향음주례(鄕飮酒禮)를 거행하는 모든 절도는 주인과 손님이 서로 지극히 존경하며 사양하며 깨끗하며 공경하는 방법임을 기술하였다.

상(庠)은 고을의 학교이고, 학교의 정문 서쪽에 손님이 이르러 동향하면 주인이 정문 밖에 나아가 동쪽에서 서향하여 손님에게 절하면 손님도 주인에게 답하여 절하고, 주인이 먼저 들어가기를 청하면 손님이 사양하여 3청3양(三請三讓)하면 함께 들어가서 대문 안에 들어가 서로 읍하고 함께 들어가서 또 주인과 손님이 읍하고, 손님은 서쪽으로 가고 주인은 동쪽으로 가서 다시 북쪽을 향하여 서서 서로 읍하고, 앞으로 나아가 주인은 동쪽의 섬돌계단에 이르고 서고, 손님은 서쪽 계단에 이르러 서서 마주 보는 것이니 이것이 3읍(三揖)이다. 3양(三讓)은 주인이 먼저 손님에게 오르기를 청하고, 손님이 사양하기를 세 번 하는 것이니 처음은 예청(禮請)에 예사(禮辭)요, 다음은 고청(固請)에 고사(固辭)요, 마지막은 강청(强請)에 종사(終辭)인데 이것을 마치면 주인은 동쪽 계단으로 손님은 서쪽 계단으로 올라가서 주인은 동쪽 계단 위의 주인자리에 서고, 손님은 서쪽 계단 위의 손님자리에 선다. 관세(盥洗)는 주인이 손님에게 술을 드리기 위하여 먼저 마당으로 내려와서 손을 씻는 것이고, 양(揚)은 거(擧)와 같으며, 치(觶)는 향음주례의 술잔인데 사발과 비슷하다. 치결(致絜)은 깨끗함을 극진히 함이니 먼저 손을 씻을 뿐만 아니라 또한 반드시 술잔도 씻어서 술을 담으므로 지극히 깨끗함을 숭상한다. 배지(拜至)는 이르는 곳마다 절하거나 읍(揖)을 하는 것이고, 배세(拜洗)는 씻을 때마다 감사하여 절하거나 읍을 하는 것이며, 배수(拜受)는 술잔을 받을 때마다 먼저 절하고 받는 것이요, 배송(拜送)은 술잔을 줄 때마다 주고 나서 절하는 것이며, 배기(拜旣)는 술을 다 마신 다음에는 절하는 것이다. 상접(相接)은 서로 붙좇아 교제함이요, 투(鬪)는 싸움이며, 변(辨)은 변박(辨駁)이니 시비와 흑백을 가려서 반박함이다. 포란(暴亂)은 포악(暴惡)과 혼란(混亂)이니 감정이 악화하여 이성(理性)을 잃은 것이고, 면(免)은 벗어나는 것이다.


45-2-1 —————————— 故로 聖人이 制之以道하사 鄕人士君子가
尊於房戶之間은 賓主가 共之也요 尊有玄酒는
貴其質也요 羞를 出自東房은 主人이 共之也요
洗當東榮은 主人之所以自絜而以事賓也니라.

『그러므로 성인이 도리로써 제도화하사 고을 사람과 선비와 군자가 방과 방문 사이에 술동이를 놓은 것은 손님과 주인이 함께 권하기 위함이요, 술동이 옆에 물동이가 있음을 그 원질을 귀하게 여김이요, 음식을 동쪽 방으로부터 가지고 나오게 함은 주인이 드리는 것이요, 세숫대야를 동쪽 처마 아래에 설치함은 주인이 스스로 깨끗이 하여 손님을 섬기는 방법이니라.』

◉ 이 장은 향음주례를 거행함에 있어서 술과 음식과 세숫대야를 배치하는 절도를 기술하였다.

도(道)는 도리(道理)이고 준(尊)은 술동이이며, 방(房)은 건물의 동쪽 방이요, 호(戶)는 건물의 방문이다. 빈주공지(賓主共之)는 주인이 손님에게 작(爵)으로 술을 헌(獻)하면 손님이 마시고 그 작을 씻어서 술을 담아 주인에게 권하는 작(酢)을 권하고, 주인이 그 술잔을 받아 마신 다음에 다시 치(觶: 향음주례 술잔)를 씻어 먼저 자기가 마신 다음에 그 치를 씻어 술을 담아 손님에게 권하는 수(酬)를 권하는 것이니 이러한 행사가 곧 주인과 손님이 술동이를 함께 이용하는 것이다. 현주(玄酒)는 깨끗한 샘물을 담은 물동이로 술동이의 서쪽에 나란히 놓으니 이것을 붕주(朋酒)라고 하며, 질(質)은 원질(原質)이니 술은 물로 만들었기 때문에 술을 마심에 그 본질을 생각하도록 배려한 것이다. 수(羞)는 안주로 장만한 음식이요, 주인공지(主人共之)는 주인이 공급(供給)하여 이바지함이며, 세(洗)는 세숫대야이고, 영(榮)은 처마의 밑이니 세숫대야는 동쪽 처마의 밑에 설치하는 것이다. 무릇 향음주례에 있어서 주인은 동쪽에 자리하니 양기(陽氣)가 발산하는 곳이므로 주인은 사랑을 베풀어야 되고, 손님은 서쪽에 자리하니 음기(陰氣)가 수축하는 곳이므로 손님은 공경심을 모아야 되는 것이다.


45-3-1 ────────────────── 賓主는 象天地也요 介僎은 象陰陽也요
三賓은 象三光也요

『손님과 주인은 하늘과 땅을 상징하고, 손님도우미와 주인도우미는 음과 양을 상징하고, 세 손님은 방성, 심성, 미성을 상징하고』


◉ 이 장은 향음주례를 거행하는 사람과 절도와 좌석의 상징적 의미를 기술하였다.

빈주상천지(賓主象天地)는 손님은 하늘처럼 높은 덕성(德性)을 지키고, 주인은 땅처럼 넓은 도량(度量)을 간직하는 것이다. 개(介)는 손님을 보좌하여 돕는 손님도우미요, 준(僎)은 주인을 보필하여 돕는 주인도우미인데 개(介)는 음기(陰氣)의 정숙(靜肅)한 기상으로 공경을 위주로 삼으며, 준(僎)은 양기(陽氣)의 활달(活達)한 기상으로 사랑을 위주로 삼은 것이다. 3빈(三賓)은 의례(儀禮)의 향음주례(鄕飮酒禮)에서는 중빈(衆賓)이라고 하였으니 곧 여러 손님인데 상3광(象三光)은 동방 7성(星) 가운데 방성(房星)과 심성(心星)과 미성(尾星)을 상징하여 이 세 별이 항상 동방의 각성(角星)과 항성(亢星)과 저성(氐星)의 다음에 자리함을 뜻한다.


45-3-2 ────────────────── 讓之三也는 象月之三日而成魄也요.

『사양을 세 번 하는 것은 달이 3일이 되어야 달의 어두운 부분이
이루어짐을 상징하는 것이오.』


◑ 이 절은 주인이 세 번을 청(請)하면 손님이 세 번을 사양(辭
讓)하는 이유를 기술하였다.

백(魄)은 보름달이 이지러져서 어둡게 보이는 부분인데 15일 밤의
둥근 보름달이 16일이 되면 바야흐로 가장자리가 조금 이지러지기
시작하므로 재생백(載生魄)이라고 하는바 17일이 지나고 18일이 되
어야만 밝은 달의 이지러진 부분이 뚜렷이 나타나는 기생백(旣生魄)
이 된다. 따라서 손님이 세 번을 사양하여야 분명히 사양하는 뜻을
확인할 수 있는 것이다.


45-3-3 ──────────────────────────── 四面之坐는 象四時也라.


『네 면의 좌석은 네 철을 상징하는 것이라.』


◑ 이 절은 향음주례의 향례(饗禮)를 거행하는 동서남북(東西南
北)의 좌석이 춘하추동(春夏秋冬)의 상징적 의미를 담고 있음을 기
술하였으니 다음 절에서 구체적으로 해석하였다.


45-3-4 ──────────── 天地嚴凝之氣가 始於西南하야 而盛於西北하나니
此는 天地之尊嚴氣也이며 此는 天地之義氣也요

天地溫厚之氣가 始於東北하야 而盛於東南하니 此는
天地之盛德氣也이며 此는 天地之仁氣也라 主人者는
尊賓하나니 故로 坐賓於西北하고 而坐介於西南하야
以輔賓하나니 賓者는 接人以義者也라 故로 坐於西北하고
主人者는 接人以仁하나니 以德厚者也라 故로 坐於東南하고
而坐僎於東北하야 以輔主人也니라 仁義接하며 賓主가
有事할새 俎豆가 有數를 曰聖이요 聖立而將之以敬을
曰禮요 禮以體長幼를 曰德이니 德也者는 得於身也니 故로
曰古之學術道者는 將以得身也하니 是故로 聖人이 務焉하시니라.

『하늘과 땅이 엄숙하게 엉긴 기운이 서남에서 비롯하여 서북에서
왕성하나니 이것은 하늘과 땅의 존엄한 기운이며, 이것은 하늘과 땅
의 정의로운 기운이요, 하늘과 땅의 따뜻하고 두터운 기운이 동북에
서 비롯하여 동남에서 완성하니 이것은 하늘과 땅의 성대한 덕성의
기운이며, 이것은 하늘과 땅의 사랑하는 기운인 것이다. 주인이라는
것은 손님을 존경하나니 그러므로 손님은 서북쪽에 자리하고, 손님도
우미는 서남쪽에 자리하여 손님을 돕게 하나니 손님이라는 것은 사
람을 의리로써 사귀는 것이다. 그러므로 서북쪽에 자리하고, 주인이
라는 것은 사람을 사랑으로 사귀나니 덕으로써 두텁게 하는 것이다.
그러므로 동남쪽에 자리하고, 주인도우미는 동북쪽에 자리하여 주인
을 돕게 하는 것이니라. 사랑과 의리로 사귀며, 손님과 주인이 직무
가 있을 때에 제물접시에 분수가 있는 것을 말하여 신성한 음식이라
고 하고, 신성한 의식을 갖추어 공경심으로 거행함을 말하여 예절이
라 하고, 예절로써 어른과 어린이의 질서를 주체함을 말하여 덕이라
하니 덕이라는 것은 몸에 얻어서 간직하는 것이다. 그러므로 말하기

를 옛날에 예술과 도덕을 배우는 것은 장차 몸을 얻기 위한 것이니
이런 까닭으로 성인이 힘쓰신 것이니라.』


  ☯ 이 절의 향음주례의 좌석배치는 자연의 법칙에 기초한 것임을
기술하여 결코 질서를 어기고, 체면을 잃어서는 안 됨을 밝혔다.
  엄응지기(嚴凝之氣)는 음기(陰氣)가 엄숙하게 엉기는 기운이고,
서남(西南)은 서천(西天)의 소호제(少皞帝)가 가을을 주관하기 시작
하는 곳이며, 서북(西北)은 북천(北天)의 전욱제(顓頊帝)가 겨울을
주관하기 시작하는 곳이다. 온후지기(溫厚之氣)는 양기(陽氣)가 따뜻
하고 두텁게 퍼지는 기운이고, 동북(東北)은 동천(東天)의 태호제(太
皞帝)가 봄을 주관하기 시작하는 곳이요, 동남(東南)은 남천(南天)의
염제(炎帝)가 여름을 주관하기 시작하는 곳이다. 좌(坐)는 자리이고,
접(接)은 사귐이며, 유사(有事)는 행사를 거행함이요, 유수(有數)는
분수(分數)가 있음이니 술과 음식을 차리는 수량(數量)과 마시고 먹
을 정량(定量)을 제도로 규정함이 있는 것이다. 성(聖)은 신성(神聖)
한 의식(儀式)을 갖추어 깨끗하고 밝게 통달함이고, 성립(聖立)은 신
성한 의식절도를 갖추어 확립함이며, 장지(將之)는 거행함이다. 체장
유(體長幼)는 장유(長幼)의 질서를 주체(主體)하여 화합질서를 이룩
함이고, 득어신(得於身)은 예절로써 장유(長幼)의 질서를 지키고 전
체를 화합시키는 주체역량(主體力量)을 몸에 얻어서 간직하는 것이
요, 학술도(學術道)는 예술(藝術)과 도덕을 본받아 익히는 것이며,
득신(得身)은 득체(得體)와 같으니 자기 자신의 체면을 유지하여 실
신(失身)하지 아니함이다.

祭薦祭酒는 敬禮也요 嚌肺는 嘗禮也요 啐酒는
成禮也라 於席末은 言是席之正이 非專爲飮食也라
爲行禮也니 此는 所以貴禮而賤財也요 卒觶致實於西階上은
言是席之上이 非專爲飮食之也니 此는 先禮而後財之義也라
先禮而後財면 則民이 作敬讓하야 而不爭矣니라.

『드리는 음식을 제사 지냄과 술을 제사 지냄은 예절을 공경함이요, 폐를 맛봄은 음식을 맛보는 예절이요 술을 맛봄은 예절을 마치는 것이다. 자리의 끝에서 술을 마심은 언컨대 이 자리의 바른 자리가 오로지 음식을 먹기 위함이 아니라, 예절을 거행하기 위한 것이니, 이것은 예절을 귀하게 여기고 재물을 천하게 여기는 원리요, 서쪽 계단 위에서 향음주례 술잔에 담은 술을 모두 마심은 언컨대 이 자리의 위에가 오로지 음식을 먹기 위함이 아닌 것이니, 이것은 예절을 앞으로 하고 재물을 뒤로 하는 뜻이라. 예절을 앞으로 하고 재물을 뒤로 하면 인민이 공경하고 사양함을 일으켜 다투지 아니하니라.』

◉ 이 장은 손님이 주인이 차린 술과 음식을 먹는 절도를 기술하였으니 향음주례는 술을 먹기 위한 자리가 아니고, 예절을 숭상하는 자리임을 밝혔다.

제천(祭薦)과 제주(祭酒)는 당상(堂上)에 자리를 펴고, 상(床)을 설치해서 주인이 제기술잔인 작(爵)에 술을 담아 손님에게 드리고 집사가 간소한 음식을 상(床) 위에 차리면 손님이 술잔을 들고 자리에 올라가서 상(床)의 북쪽에서 남쪽을 향하여 그 상에 차린 음식을 빈 접시에 조금씩 담아 제사 지내고, 이어 술을 그 빈 접시에 부어

제사 지내는 것이니 천(薦)은 간소하게 드린 음식이다. 제(嚌)는 맛보는 것이고, 폐(肺)는 향음주례를 거행하기 위하여 희생(犧牲)을 잡아 삶은 고기로 주(周)나라는 폐(肺)를 귀중하게 여겼으므로 가장 중요한 부위를 맛보는 것이고, 상례(嘗禮)는 음식을 가장 높은 사람이 먼저 맛보아서 알맞게 요리하였음을 판단하는 예절이다. 졸주(啐酒)는 술을 조금 맛보아서 향기롭게 맛있음을 확인함이고, 성례(成禮)는 술과 음식을 제사 지내고 맛보는 예절을 마치는 것이다.

어석말(於席末)은 손님이 상에서 술잔을 들고 일어나서 자리의 서남쪽 끝에서 남쪽을 향하여 앉아 술을 모두 마시는 것이며, 석지정(席之正)은 상(床)을 차린 자리의 정위(正位)이니 곧 손님이 술과 음식을 제사 지내고 맛보았던 자리이고, 귀례(貴禮)는 향음주례의 숭고한 정신을 귀중하게 여김이며, 천재(賤財)는 향음주례의 빈약한 물질을 이야기하지 아니함이다. 졸치치실(卒觶致實)은 향음주례 술잔에 담은 술을 남김없이 모두 마시는 것이니, 실(實)은 술잔에 담은 술을 지칭한다. 선례(先禮)는 향음주례의 아름다운 예절을 먼저 갖추는 것이고, 후재(後財)는 향음주례의 검소질박한 물질을 뒤로 하여 말하지 아니함이다.

45-5-1 ──────────── 鄕飮酒之禮에 六十者면 坐하고 五十者면 立侍하야
以聽政役은 所以明尊長也요 六十者는 三豆요 七十者는
四豆요 八十者는 五豆요 九十者는 六豆는 所以明養老也니
民이 知尊長養老而后에 乃能入孝弟하고 民이 入孝弟하고
出尊長養老而后에 成敎하고 成敎而后에 國可安也니라
君子之所謂孝者는 非家至而日見之也라 合諸鄕射하고

<sup>교 지 향 음 주 지 례</sup>　　<sup>이 효 제 지 행</sup>　　<sup>립 의</sup>
敎之鄕飮酒之禮하야 而孝弟之行이 立矣니라.

『향음주의 예절에 60세면 앉고 50세면 서서 모시면서 정사와 노역을 들음은 어른을 존경함을 밝히는 방법이요, 60세는 세 접시오, 70세는 네 접시오, 80세는 다섯 접시오, 90세는 여섯 접시는 노인을 봉양함을 밝히는 방법이니 인민이 어른을 존경하고 노인을 봉양할 줄을 안 다음에 이에 능히 들어와서 효도하고 우애하며 인민이 들어와서 효도하고 우애하며, 나아가서 어른을 존경하고 노인을 봉양한 다음에 교화가 이루어지고, 교화가 이루어진 다음에 나라가 편안할 수 있는 것이니라. 군자가 이른바 가르침이 것은 집집마다 이르러 가서 날로 살피는 것이 아니라, 고을의 활쏘기 대회에 모이게 하고, 향음주의 예절로 가르쳐서 효도와 우애의 행실을 세우는 것이니라.』

　☯ 이 장은 향음주례의 마지막 절차로 연회(燕會)를 하는 절도를 기술하였다.

　6십자좌(六十者坐)는 60세 이상은 좌석에 앉아서 술도 앉아서 마시는 것이요 5십자립시(五十者立侍)는 50대 이하는 서서 모시며 술도 서서 마시는 것이다. 청정역(聽政役)은 향음주례의 행사를 바르게 처리하는 사무와 시키는 일을 처리하는 것이다. 두(豆)는 나무제기로 안주와 별미를 담은 접시요, 향사(鄕射)는 향사례(鄕射禮)로써 의례(儀禮)에는 향음주례와 향사례(鄕射禮)와 연례(燕禮)를 각각 엮었으나 향음주례에 있어서 제1부는 향례(饗禮)를 거행하고, 제2부는 향사례(鄕射禮)를 거행하며 제3부는 연례(燕禮)를 거행할 수 있으니 앞에 5 −19−2~4를 참조하라. 소위효자(所謂孝者)의 효(孝)는 교(敎)이다.

孔子가 曰吾觀於鄕하니 而知王道之易易也라 主人이 親速賓及介어든 而衆賓이 自從之하며 至于門外하야 主人이 拜賓及介어든 而衆賓이 自入하니 貴賤之義가 別矣로다 三揖하며 至于階하고 三讓하야 以賓升하면 拜至獻酬辭讓之節이 繁하되 及介하야 省矣하며 至于衆賓엔 升受坐祭立飮하고 不酢而降하니 隆殺之義가 辨矣로다.

『공자가 말씀하시기를 내가 향음주례에서 관찰하니 왕도정치의 쉬움을 알겠도다. 주인이 친히 손님을 불러 손님도우미에게 미치거든 그 여러 손님이 스스로 따라오며, 대문 밖에 이르러 주인이 손님에게 절하여 손님도우미에게 미치거든 그 여러 손님이 스스로 들어오니, 귀하고 천한 의리가 다른 것이로다. 세 번을 읍하며 계단에 이르고, 세 번을 사양하여 손님이 당상에 오르면 이르는 곳과 제기술잔에 술을 드림과 향음주례 술잔의 술을 드림과 사양할 때마다 절하는 절도가 번거롭되 손님도우미에 미쳐서는 향음주례 술잔의 술을 드림을 생략하는 것이며, 여러 손님에 이르러서는 올라가서 제기술잔의 술을 받아 앉아서 제사 지내고 서서 마시고 주인에게 술을 드리지 않고 내려오니 융숭하게 더하고, 감쇄하여 덜어내는 의리가 가려진 것이로다.』

◉ 이 장은 공자가 향음주례를 보시고 그 질서와 조화로운 윤리적 체계가 있음을 밝힌 내용을 기술하였는데 여기에서는 향음주례에 귀천(貴賤)의 의리와 융쇄(隆殺)의 의리가 있음을 밝혔다.

향(鄕)은 향음주례이고, 왕도(王道)는 대도(大道)이니 자연과학적 합리주의와 인문과학적 합리주의와 사회과학적 합리주의를 모두 갖춘 도덕과 윤리와 예절로 다스리는 성왕(聖王)의 정치체제이다. 이이(易

易)는 아주 쉬운 모양이며, 친속(親速)은 향음주례를 거행하는 날의 아침에 주인이 직접 손님의 집으로 찾아가서 행사를 알리고 오시도록 재촉함이고, 급개(及介)는 손님도우미에게도 직접 찾아가서 알리는 것이다. 자종지(自從之)는 주인이 중빈(衆賓)에게는 직접 찾아가서 알리지 아니하여도 손님과 손님도우미를 따라 스스로 오는 것이요, 귀(貴)는 손님이 가장 귀하고, 다음이 손님도우미이며, 천(賤)은 중빈(衆賓)이다. 헌(獻)은 주인이 작(爵)으로 손님에게 술을 드리는 것이고, 이어 손님이 주인에게 술을 드리는 것을 작(酢)이라고 하며, 그 다음에 주인이 치(觶)로 술을 마신 다음에 손님에게 드리는 것을 수(酬)라고 하다. 급계생(及介省)은 손님도우미에게는 헌(獻)과 작(酢)만 거행하고, 수(酬)를 생략하는 것이요, 중빈(衆賓)은 헌(獻)만 받고서서 마실 뿐만 아니라 또한 작(酢)도 생략하는 것이니 빈(賓)에게는 융숭(隆崇)하게 대접하고, 개(介)에게는 보통으로 대접하며, 중빈(衆賓)에게는 감손(減損)하여 대접하니 그 귀하고 천함에 따라 융숭하게 보태고, 감쇄(減殺)하여 덜어 내는 의리가 가려진 것이다.

45-6-2 ———————— 工이 入升하야 歌三終이어든 主人이 獻之하며 笙이 入하야 三終이어든 主人이 獻之하며 間歌三終하고 合樂三終이어든 工이 告樂備하고 遂出하나니 一人이 揚觶어든 乃立司正焉하고 知其能和樂而不流也하니라.

『악공이 들어와서 당위에 올라 노래하여 세 곡을 마치거든 주인이 술을 드리고, 생황이 들어와 마당에서 세 곡을 마치거든 주인이 술을

드리며, 교대로 노래를 하여 세 곡을 마치고, 합동으로 풍류를 연주
하여 세곡을 마치거든 악공이 풍류가 갖추어졌음을 알리고, 마침내
나아가나니 한 사람이 향음주례 술잔을 들거든 이에 사정을 세우고,
그 능히 화락하도록 주재하면서 문란하지 않게 하는 것이니라.』

◐ 이 절은 향음주례에 있어서 풍류를 노래하고 연주하는 절도를
기술하였다.

공(工)은 악공(樂工)이요, 입(入)은 마당으로 들어오는 것이며, 승
(升)은 서쪽 계단으로 당상(堂上)에 오르는 것이다. 가삼종(歌三終)
은 노래 세 곡조를 마치는 것이니 노래 한 곡조(曲調)는 시(詩) 1편
(篇)을 마치는 것을 1종(終)이라고 하는데 당상에서 노래하는 3편의
시는 녹명(鹿鳴), 사모(四牡), 황황자화(皇皇者華)인데 이 노래를 마
치면 주인이 악공(樂工)에게 술을 드린다. 생(笙)은 생황(笙簧)을 부
는 사람이고, 입삼종(入三終)은 마당의 서쪽에서 남해(南陔), 백화
(白華), 화서(華黍) 등의 곡조를 연주하는 것인데 이 곡조를 마치면
주인이 생황을 부는 사람에게 술을 드린다. 간가(間歌)는 당상(堂上)
의 노래와 당하(堂下)의 생황(笙簧)이 교대로 한 곡조씩 노래하여 1
종(一終)을 삼은 것이니 먼저 당상에서 어리(魚麗)를 노래하면 이어
당하에서 유경(由庚)을 연주함이 1종(一終)이요, 다음은 당상에서 남
유가어(南有嘉魚)를 노래하면 당하에서 숭구(崇丘)를 연주함이 2종
(二終)이며, 또 당상에서 남산유대(南山有臺)를 노래하면 당하에서
유의(由儀)를 연주함이 3종(三終)이다. 합악(合樂)은 당상의 슬(瑟)
과 당하의 생(笙)이 나란히 함께 연주하는 풍류인데 당상에서 관저
(關雎)를 노래하면 당하에서 작소(鵲巢)를 연주하여 합치고, 이어 당
상에서 갈담(葛覃)을 노래하면 당하에서 채번(采蘩)을 연주하여 합

치며, 또 당상에서 권이(卷耳)를 노래하면 당하에서 채빈(采蘋)을 연
주하여 합치는 것이니 이상의 시편(詩篇)은 모두 의례(儀禮)의 향음
주례(鄕飮酒禮)에 뚜렷이 기록되어 있다. 고악비(告樂備)는 악공이
주인에게 풍류를 모두 갖추어 연주하였음을 보고하는 것이요, 수출
(遂出)은 마침내 당상에서 내려가는 것이며, 일인(一人)은 주인 측의
집사(執事)이고, 양치(揚觶)는 향음주례 술잔으로 모든 사람에게 술
을 권하기 위하여 사정(司正)에게 주기 위함이다. 사정(司正)은 술자
리의 사회(司會)를 보는 사람이니 차례로 술을 마시고 권하여 모두
마시도록 진행한다. 불류(不流)는 술자리가 어지럽게 타락하지 않도
록 보살피는 것이다.


45-6-3 ─────────────── 賓이 酬主人하며 主人이 酬介하며 介가
酬衆賓하되 少長이 以齒로 終於沃洗者焉하나니
知其能弟長而無遺矣니라.


『손님이 향음주례 술잔으로 술을 마시고 주인에게 술을 권하며,
주인이 마시고 손님도우미에게 권하며, 손님도우미가 마시고 여러 손
님에게 권하여 차례로 마시고 권하게 하되 젊은이와 어른이 나이순
으로 세숫물을 끼얹어 주는 사람에게서 마치도록 하나니 그 어른을
잘 공경하여 남김이 없이 술을 먹고 권함을 알 것이니라.』


● 이 절은 향음주례에 있어서 풍류를 노래하여 마친 다음에 사정
(司正)을 세우고 모든 사람이 차례로 마시고 권하는 여수(旅酬)의

절차를 기술하였다.

　빈수주인(賓酬主人)은 사정(司正)이 치(觶)에 술을 담아 손님에게 드리면 손님이 마시고 주인에게 술을 권하는 것이니 주인이 그 술을 받아 마시고 개(介)에게 권하며, 개(介)는 그 술을 받아 마시고 중빈(衆賓)에게 권하여 나이순으로 모두 돌아가면서 권하는 것이다. 옥세자(沃洗者)는 손을 씻고 술잔을 씻을 때에 세숫대야에 물을 끼얹어 주는 집사(執事)요, 제장(弟長)은 어른에게 공손하여 어른이 권하는 술잔을 받아서 서서 마시는 것이다.


45-6-4 ────────── 降說屨하고 升坐하야 脩爵無數하되 飮酒之節은 朝不廢朝하고 莫不廢夕하며 賓出이어든 主人이 拜送하야 節文이 終遂焉하나니 知其能安燕而不亂也니라.


『마당으로 내려와서 신을 벗고, 당상에 올라가서 앉아 술을 천천히 여러 잔 마시되 술을 마시는 절도는 아침에 아침을 폐하지 아니하고, 저녁에 저녁을 폐하지 아니하며, 손님이 나아가든 주인이 대문 밖에서 절하고 보내서 절도와 문채가 마침내 이루어지나니 그 연회를 능히 편안이 하여 문란하지 아니함을 알 것이니라.』

　☯ 이 절은 신을 벗고 당상에 올라가 앉아서 독상(獨床)을 받아 술과 음식을 먹는 연회의 절도를 기술하였다.

　수(脩)는 긴 것이니 수작(脩爵)은 잔을 상 위에 놓고 천천히 길게 마시는 것이요, 무산(無數)은 술잔을 셈하지 않고 마시는 무산작(無

算爵)이니 취(醉)할 정도로 마시는 것이다. 음주지절(飮酒之節)은 술을 마시는 시간이고, 조불폐조(朝不廢朝)는 아침에는 아침에 할 일을 폐하지 아니함이니 정상적으로 아침에 할 일을 보는 것이며, 모불폐석(莫不廢夕)은 저녁에는 저녁에 할 일을 폐하지 아니함이니 정상적으로 저녁에 할 일을 보는 것이다. 따라서 향음주례는 너무 일찍부터 거행해도 안 되고, 너무 늦게까지 거행해도 안 되는 것임을 알 것이다. 빈출(賓出)은 손님이 일어나 모두 대문 밖으로 나아가서 집으로 돌아감이요, 배송(拜送)은 주인이 대문 밖에서 절하고 보내는 것이니 손님은 답배(答拜)를 하지 않고 간다. 절문(節文)은 절도와 문채요, 종수(終遂)는 마침내 아름답게 완성함이며, 연(燕)은 연회(燕會)이다.


45-6-5 ─────────────── 貴賤이 明하며 隆殺가 辨하며 和樂而不流하며 弟長而無遺하며 安燕而不亂하니 此五行者가 足以正身安國矣니라 彼國安而天下安이니 故로 曰吾觀於鄕하야 而知王道之易易也라 하니라.


『귀하고 천함을 분명하며, 높여서 더하고 낮추어 덜어냄이 가려지며, 화합하여 즐거우면서도 타락하지 아니하며, 어른에게 유순하면서도 남김이 없으며, 편안하게 연회를 하면서도 난잡하지 아니하니 이 다섯 가지의 행실은 족히 몸을 바르게 하고 나라를 편안하게 하는 것이니라. 저 나라가 편안하여 천하가 편안하나니 그러므로 말하기를 내가 향음주례에서 관찰하여 왕도정치의 쉬움을 알았다고 하니라.』

　이 절은 앞 절에서 열거한 향음주례의 다섯 가지 윤리를 재강조하여 왕도정치를 일으키는 기본예절임을 기술하였다.

　무릇 몸이 바로 서야 나라를 편안하게 다스리고, 나라가 편안해야 천하가 편안한 것이니 술에 취하여 체신을 지키지 못한다면 어떻게 편안한 사회를 만들겠는가?


45-7-1 ──────────
鄕飮酒之義에 立賓以象天하며 立主以象地하며
設介僎以象日月하며 立三賓以象三光하나니
古之制禮也에 經之以天地하며 紀之以日月하며
參之以三光은 政敎之本也니라.


『향음주례의 본의에 손님을 세워 하늘을 상징하며, 주인을 세워 땅을 상징하여, 손님도우미와 주인도우미를 두어 해와 달을 상징하며, 세 손님을 세워 세 별을 상징하나니 옛날에 예절을 제정함에 하늘과 땅으로써 경위를 삼으며, 해와 달로써 기강을 삼으며, 세 별로써 참여함은 정치와 교육의 기본이니라.』


　이 장은 앞에서 기술한 향음주례의 본의가 하늘과 땅의 절도(節度)에 있는 문채(文彩)를 갖추어 정치와 교육의 보편적인 기본체제임을 기술하였다.

　무릇 천명(天命)의 착한 본성을 말미암아 중정(中正)한 삶의 길을 개척하는 성왕(聖王)의 예절은 현상만물을 대통일하는 태극(太極)의 진리와 음양(陰陽)의 기운과 5행(五行)의 원질을 뚜렷이 밝혀 그 존

재구조와 생성체계를 본받아 대동화합(大同和合)하여 지선(至善)의
세계를 건설하는 것을 최고의 이념으로 하였다. 따라서 사람은 천명
(天命)을 받들어 하늘을 법받고, 땅을 본받는 법천효지(法天效地)의
자세를 가지고, 지성(知性)은 하늘처럼 정신이 고명(高明)하고, 예절
은 땅처럼 몸을 낮추어 질서를 지키는 가운데 화합과 협동을 이룩해
야 발전할 수 있는 것이다. 그러므로 예절은 인생의 만사에 있어서
가장 아름다운 규범이라고 하나니 그것은 주인은 손님을 사랑하고
손님은 주인을 공경하는 진정성이 말과 행동으로 계속 표출하여 나
타나기 때문이다.

　경(經)은 경위(經緯)로 삼음이니 곧 천존지비(天尊地卑)를 대원칙
으로 삼아 협동질서를 세우는 것이요, 기(紀)는 기강(紀綱)으로 삼음
이니 곧 일월교대(日月交代)를 규범으로 삼아 화합질서를 세우는 것
이며, 참(參)은 참여(參與)토록 함이니 곧 뭇 별의 운행이 네 철의
기상(氣象)을 끊임없이 변화시키는 것이다. 정(政)은 정치와 행정이
요, 교(敎)는 교육과 문화이며 본(本)은 근본적인 체제(體制)이니 곧
천인합일(天人合一)의 정치와 교육이다.


45-7-2 ────────────────────────── 烹狗於東方은 祖陽氣之發於東方也라
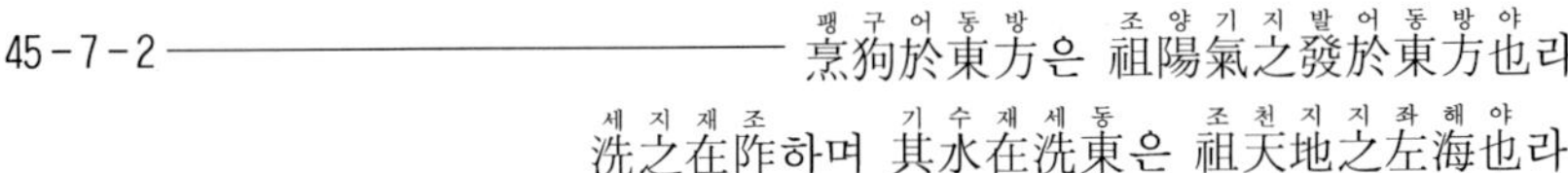
洗之在阼하며 其水在洗東은 祖天地之左海也라.


『개고기를 동쪽 모퉁이에서 삶음은 양기가 동쪽에서 발동을 시작
하는 것이라. 세숫대야가 섬돌 아래 있으며, 그 씻을 물이 세숫대야
의 동쪽에 있음은 하늘과 땅이 동쪽 바다에서 비롯한 것이라.』

◑ 이 절은 개고기를 동쪽 모퉁이에서 삶은 뜻과 세숫물을 세숫대야의 동쪽에 놓은 까닭을 기술하였다.

팽구(烹狗)는 향음주례를 거행하기 위하여 희생(犧牲)으로 개를 잡아 삶은 것이고, 조(祖)는 비롯하는 것이며, 발(發)은 발동(發動)이니 양기(陽氣)는 동방에서 발동하기 시작하여 남쪽에서 극성하고, 음기(陰氣)는 서방에서 응결하기 시작하여, 북쪽에서 극성한 것이니 양기가 극성하면 음기가 생기고, 음기가 극성하면 양기가 생기는 것이다. 세(洗)는 세숫대야이고, 기수(其水)는 세수를 하기 위하여 물을 끼얹어 주는 물이며, 좌해(左海)는 동해(東海)이니 아시아 대륙을 중심으로 동해에서 태양이 떠오르기 때문에 동해에 부상(扶桑)이 있다고 하였다.

살피건대 앞에 45-2-1에서 말하기를 음식을 동쪽에서 공급함은 주인이 차리기 때문이고 세숫대야를 동쪽 처마 밑에 설치함은 주인이 스스로 깨끗이 하기 위함이라고 하였으니 미루어 함께 연구하기 바란다.


45-7-3 ─────────────────────── 尊有玄酒는 敎民不忘本也라.


『술동이에 물이 있음은 인민에게 근본을 잊지 않도록 가르치는 것이라.』


◑ 이 절은 향음주례에 현주(玄酒)를 술동이에 담아 놓은 이유를 기술하였다.

술의 원질(原質)은 물이기 때문에 술을 마실 때에는 물을 생각하

고, 물을 먹을 때에는 원천의 샘을 생각하는 것이 근본을 잊지 않는
행실이다.


45-8-1 ──────────── 賓必南鄕하니 東方者는 春이니 春之爲言은 蠢也니
産萬物者가 聖也라 南方者는 夏니 夏之爲言은 假也니
養之長之는 假之仁也라 西方者는 秋이니 秋之爲言은
愁也니 愁之以時察은 守義者也라 北方者는 冬이니
冬之爲言은 中也니 中者는 藏也라 是以로
天子之立也엔 左聖鄕仁하며 右義偕藏也니라.


『손님은 반드시 남쪽을 향하니 동방이란 것은 봄이니 봄의 말 됨
은 꿈실거리는 것이니 만물을 생산한 것은 성스러운 것이니라. 남방
이란 것은 여름이니 여름의 말 됨은 키우는 것이니 기르고 자라게
함은 사랑의 씨를 키우는 것이니라. 서방이라는 것은 가을이니 가을
의 말 됨은 거두는 것이니 때를 살펴서 거둠은 본의를 지키는 것이
니라. 북방이라는 것은 겨울이니 겨울의 말 됨은 가운데로 모이는 것
이니 가운데로 모임은 감추는 것이니라. 이래서 천자가 섬에서 왼쪽
을 성스럽게 하여 어진 쪽을 향하며, 오른쪽을 정의롭게 하여 모두
저장하는 것이니라.』


◉ 이 장은 향음주례의 끝부분인 연회(燕會)를 할 때에 좌석의 방
향과 의미를 기술하였는데 여기에서는 손님의 기능을 밝혔다.

빈필남향(賓必南鄕)은 신을 벗고 당상에 올라앉아서 독상(獨床)을
받은 연회(燕會)를 할 때에 손님은 반드시 남쪽을 향하여 앉게 함이

다. 준(蠢)은 준동(蠢動)이니 꿈실거리는 모양이요, 성(聖)은 성스러운 것이니 봄에 만물을 생성하는 공덕(功德)은 성스러운 것이다. 가(假)는 크게 키우는 것이요, 인(仁)은 만물을 살리는 덕으로 사랑의 원리이니 여름은 만물을 장양(長養)하여 사랑의 씨앗을 크게 키우는 것이다. 추(愁)는 추(揫)로 거두어 모으는 것이며, 시찰(時察)은 열매가 여물 때를 살피는 것이니 열매가 아직 익지 않으면 충실하지 못하고 너무 익으면 떨어지는 까닭에 알맞게 익은 때를 살펴서 거두어야 된다. 중(中)은 가운데 속에 모이는 것이니 핵심(核心)의 원기(元氣)를 내면에 간직함이고, 장(藏)은 깊이 감추어 저장하는 것이다. 좌성(左聖)은 왼쪽에는 동방의 봄이 만물을 생산하는 성스러운 덕을 갖추게 함이요, 향인(鄕仁)은 전면에는 남쪽의 여름이 만물의 씨앗을 키우는 성대한 사업을 갖추게 함이다. 우의(右義)는 오른쪽에는 서방의 가을이 만물을 제때에 거두는 의무를 완수하게 함이고, 해장(偕藏)은 뒤에는 북쪽의 겨울이 만물의 원기를 가운데 속에 모아 깊이 저장하는 지혜를 발휘하는 것이다.

무릇 동서남북의 방위는 춘하추동의 계절을 배합하여 인의예지(仁義禮智)의 본질적 가치를 생산하는 것이니 예절의 방위를 임의로 바꾸어서는 아니 된다.

45-8-2 ──────── 介必東鄕은 介賓主也라 主人이 必居東方하나니
東方者는 春이니 春之爲言은 蠢也니 産萬物者也요
主人者는 造之하나니 産萬物者也라
月者는 三日則成魄하고 三月則成時하나니 是以로

禮有三讓하고 建國에 必立三卿하나니 三賓者는
政敎之本이며 禮之大參也니라.

『손님도우미가 반드시 동쪽을 향함은 손님과 주인을 매개하는 것이라, 주인이 반드시 동쪽에 거처하나니 동방이란 것은 봄이니 봄의 말 됨은 꿈실거리는 것이니 만물을 생산하는 것이요, 주인이라는 것은 만드나니 만물을 생산하는 것이다. 달은 보름에 3일이 지나면 그림자가 생기고, 3개월이면 한 철을 이루나니 이래서 예절은 세 번 사양함이 있고, 나라를 세움에 반드시 3경을 세우나니 세 손님은 정치와 교육의 근본체제이며, 예절의 중대한 참여인 것이니라.』

☯ 이 절은 개(介)와 주인과 3빈(三賓)의 역할과 기능을 기술하였다. 개빈주(介賓主)는 손님과 주인을 매개(媒介)하는 것이고, 조(造)는 조성(造成)함이며, 3일(三日)은 보름을 지난 3일이요, 성시(成時)는 한 철이 이루어진 것이며, 대참(大參)은 중대한 참여이다.

살피건대 향음주례의 연회(燕會)에서 손님은 북쪽에서 남향하여 앉고, 주인은 동쪽에서 서향하여 앉으며, 손님도우미는 서쪽에서 동향하여 앉고, 주인도우미는 남쪽에서 북향하여 앉으니, 손님은 북쪽의 겨울처럼 원기를 저장하고, 주인은 동쪽의 봄처럼 만물을 생산하고, 개(介)는 서쪽의 가을처럼 때를 살펴 열매를 거두며, 준(僎)은 남쪽의 여름처럼 사랑의 씨앗을 키우는 역할과 기능이 있는 것이다.

# 46. 사의(射義)

　사(射)는 활쏘기로 의례(儀禮)에 향사례(鄕射禮)와 대사(大射)편이 있는바 대체로 활쏘기는 예절로 자세를 바로잡고, 무예(武藝)를 익히며, 마음의 덕성을 기르며, 선비를 뽑기 위하여 실시하였다.

　그 예절은 자고로 일정한 규칙이 있어서 서로 비슷한 절차로 진행하지만 향사례(鄕射禮)는 고을에서 경대부(卿大夫)가 소규모로 활쏘기를 하는 예절이고, 대사(大射)는 국가에서 대규모로 활쏘기를 거행하는 행사인데 천자(天子)가 주최하면 천자대사례(天子大射禮)요, 제후가 주최하면 제후대사례(諸侯大射禮)라고 한다.

　이 편은 향사례와 대사(大射)의 본의를 두루 밝혔으니 체력단련의 운동정신(運動精神)이 숭고함을 여기에서 살필 수 있는 것이다.


46-1-1 ──────── 古者에 諸侯之射는 必先行燕禮하고 卿大夫之射는
必先行鄕飮酒之禮하나니 故로 燕禮者는
所以明君臣之義也요 鄕飮酒之禮者는 所以明長幼之序也라.


『옛날에 제후의 활쏘기는 반드시 먼저 연례를 거행하고, 경대부의 활쏘기는 반드시 먼저 향음주의 예절을 거행하나니 그러므로 연례는 임금과 신하의 본의를 밝히는 원리요, 향음주의 예절은 어른과 어린이의 차례를 밝히는 원리이다.』

◐ 이 장은 대사(大射)와 향사(鄕射)의 절도와 본의를 기술하였다.

제후지사(諸侯之射)는 대사(大射)이고, 경대부지사(卿大夫之射)는 향사례(鄕射禮)이며, 연례(燕禮)는 임금이 연회(燕會)를 베풀어 신하(臣下)에게 술을 권하는 예절이요, 향음주례(鄕飮酒禮)는 주인이 손님에게 술을 드리는 예절이니 그 주체자가 다른 것이다. 따라서 연례(燕禮)는 임금이 내린 술을 신하들이 모시고 먹기 때문에 신하는 술을 세 잔 이상 마실 수 없으며, 향음주례는 주인이 드린 술을 손님이 함께 먹기 때문에 술을 세 잔 이상을 마셔도 되는 것이다.


46-2-1 —————— 故로 射者는 進退周還이 必中禮니 內志正하며
外體直然後에 持弓矢審固하고 持弓矢審固然後에
可以言中이니 此可以觀德行矣니라.


『그러므로 활쏘기라는 것은 나아가고 물러오고 두루 돌아다님이 반드시 예절에 적중하니 안으로 뜻이 바르며, 밖으로 몸이 곧은 다음에 활과 화살을 잡음이 살피어 단단하고, 활과 화살을 잡음이 살피어 단단한 다음에 활을 쏘아 명중함을 말할 수 있으니 이것이 덕행을 볼 수 있는 것이니라.』


◐ 이 장은 활을 쏨에는 안으로 정신을 통일하고, 밖으로 자세가 반듯해야 명중할 수 있으므로 활쏘기는 덕행(德行)을 관찰하는 경기(競技)임을 기술하였다.

중례(中禮)는 활쏘기의 예절을 바르게 지키는 것이고, 내지정(內

志正)은 내심(內心)을 편안하게 해서 정신을 통일함이며, 외체직(外體直)은 외모(外貌)를 엄숙하게 해서 자세를 바로 함이다. 심고(審固)는 활과 화살 및 활깍지 등의 준비물을 모두 자상하게 살펴 갖추어 확인하고 단단하게 마무리하는 것이다. 언중(言中)은 과녁에 명중(命中)함을 말하는 것이니 활쏘기는 준비가 철저해도 오히려 화살이 빗나가거늘 하물며 허술하게 준비하여 명중하기를 바라겠는가? 관덕행(觀德行)은 내지(內志)가 바르고, 외체(外體)가 곧으면 화살이 과녁에 명중하니 덕행(德行)이 있는 것이고, 내지(內志)가 산란하고 외체(外體)가 굽으면 화살이 과녁에 벗어나니 덕행이 없는 것이다. 따라서 활쏘기는 덕행을 관찰하는 운동경기이다.


46-3-1 ──────────────── 其節에 天子는 以騶虞爲節하고 諸侯는
以貍首爲節하고 卿大夫는 以采蘋爲節하고 士는
以采蘩爲節하나니 騶虞者는 樂官備也요 貍首者는
樂會時也요 采蘋者는 樂循法也요 采蘩者는
樂不失職也라 是故로 天子는 以備官爲節하고 諸侯는
以時會天子로 爲節하고 卿大夫는 以循法爲節하고 士는
以不失職爲節하나니 故로明乎其節之志하야
以不失其事하면 則功成而德行立하나니 德行이
立하면 無暴亂之禍矣요 功成하면 則國安하나니
故로 曰射者는 所以觀盛德也라 하니라.


『그 풍류가락에 천자는 추우로써 절도를 삼고, 제후는 이수로써 절도를 삼고, 경대부는 채빈으로써 절도를 삼고, 선비는 채번으로써

절도를 삼나니 추우는 관직의 갖춤을 즐거워하는 것이요, 이수는 모임의 때를 즐거워하는 것이요, 채빈은 법을 따름을 즐거워하는 것이요, 채번은 직분을 잃지 않음을 즐거워하는 것이라. 이런 까닭으로 천자는 관직을 구비함으로 절도를 삼고, 제후는 때로 천자에게 조회함으로 절도를 삼고, 경대부는 법을 따름으로 절도를 삼고, 선비는 직분을 잃지 않음으로 절도를 삼나니 그러므로 그 풍류가락의 뜻에 밝아서 그 일을 잃지 아니하면 공이 이루어지고 덕행이 서나니 덕행이 서면 사납고 어지러운 재앙이 없는 것이요, 공이 이루어지면 나라가 편안하나니 그러므로 말하기를 활쏘기는 성대한 덕을 보는 방법이라고 하니라.』

◉ 이 장은 대사(大射)와 향사례(鄕射禮)에서 연주하는 풍류가락인 악절(樂節)의 본의를 밝히고, 성덕(盛德)을 보는 운동경기임을 기술하였다.

기절(其節)은 악절(樂節)이니 풍류가락이고, 위절(爲節)은 화살을 쏘는 절도(節度)이니 활쏘기 하는 사람이 각각 화살을 네 대씩 쏘는 간격을 조절하는 시간이다. 추우(騶虞), 채빈(采蘋), 채번(采蘩)의 시(詩)는 시경(詩經)의 소남(召南)에 있으나 이수(貍首)는 없으니 앞에 40-2-1을 보라. 추우(騶虞)는 2장 3구(二章三句)씩으로 되었으니 모두 6행(六行)이요, 채빈(采蘋)은 3장 4구(三章四句)씩으로 되어 있으니 모두 12행이며, 채번(采蘩)도 3장4구(三章四句)씩으로 되어 있으니 모두 12행이다. 그렇다면 천자(天子)와 제후(諸侯)는 빨리빨리 쏘아야 되고, 경대부(卿大夫)와 사(士)는 느릿느릿 쏘아야 되는 것이니 대사(大射)는 능숙한 천하국가의 선수들이므로 진행을 빨리빨리 하고, 향사례(鄕射禮)는 초보적인 지방의 배우는 사람들이므로 진행을 천천히 함을 알 수 있는 것이다. 그러므로 여기에서 말한 천자(天子), 제후(諸侯), 경대부(卿大夫), 사(士)는 곧 천자대사례(天子大射禮), 제후대사례(諸侯大射禮), 경대부향사례(卿大夫鄕射禮), 사향사례(士鄕射禮)를 거행할 때에 연주하는 악절이다. 그러나 또한 의례(儀禮)의 향사례(鄕射禮)에 주남(周南)의 관저(關雎), 갈담(葛覃), 권이(卷耳)와 소남(召南)의 작소(鵲巢)편도 기본적으로 연주한다고 하였으니 살피기 바란다. 무릇 문덕(文德)을 갖추고, 무예(武藝)를 기르면 사업이 성공하고, 인격이 확립되기 때문에 기강이 바로 서고 화합사회를 이룩하므로 국가의 안녕을 길이 보장하여 태평성대를 건설하나니 참으로 성대한 도덕정치를 볼 수 있는 것이다.


46-4-1 ──────────────────────── 是故로 古者에 天子가 以射로
選諸侯卿大夫士하더니 射者는 男子之事也라
因而飾之以禮樂也하니 故로
事之盡禮樂而可數爲하야 以立德行者가
莫若射하니 故로 聖王이 務焉하시나니라.


『이런 까닭으로 옛날에 천자가 활쏘기로 제후와 경대부와 선비를 뽑더니 활쏘기란 것은 남자의 일이라, 인하여 예절과 풍류로써 다듬게 하니 그러므로 섬김을 예절과 풍류를 다해서 자주 할 수 있게 하여 덕행을 세우게 하는 것이 활쏘기와 같은 것이 없으니 그러므로 성왕이 힘쓰시나니라.』

◑ 이 장은 앞 장에 이어 활쏘기로 성대한 덕을 기르게 하여 인재를 선발하였음을 기술하였다.

시고(是故)는 앞 장에서 기술한 관성덕(觀盛德)의 활쏘기요, 남자지사(男子之事)는 활쏘기로 사냥을 하고 전쟁에 나아가 싸우는 것은 남자가 할 일이라는 것이며, 인(因)은 활쏘기를 인연함이고, 식(飾)은 아름답게 절도와 문채를 다듬은 것이다. 사지(事之)는 활쏘기의 행사를 거행함이고, 가삭위(可數爲)는 자주 활쏘기를 할 수 있도록 제도화하는 것이며, 무(務)는 모든 사나이가 문무(文武)를 겸전(兼全)하도록 숭덕상무(崇德尙武)의 정신을 교육적으로 힘써 연마하게 하는 것이다.


46-5-1 ─────── 是故로 古者天子之制에 諸侯가 歲獻貢士於天子이든
天子가 試之於射宮하되 其容體가 比於禮하며 其節이
比於樂하고 而中多者는 得與於祭하고 其容體가
不比於禮하며 其節이 不比於樂하고 而中少者는
不得與於祭하니라 數與於祭이어든 而君에 有慶하고
數不與於祭어든 而君에 有讓하니 數有慶이어든 而益地하며
數有讓이어든 則削地하나니 故로 曰射者는 射爲諸侯也라
하니 是以로 諸侯君臣이 盡志於射하야 以習禮樂하나니
夫君臣이 習禮樂하고 而以流亡者가 未之有也니라.


『이런 까닭으로 옛날 천자의 제도에 제후가 해마다 선비를 뽑아 천자에게 추천하거든 천자가 활터에서 시험하되 그 몸가짐의 자세가 예절에 맞으며, 그 절도가 풍류에 맞고, 그 명중함이 많은 사람은 제

사에 참여함을 얻게 하고, 그 몸가짐의 자세가 예절에 맞지 아니하며, 그 절도가 풍류에 맞지 아니하고, 그 명중함이 적은 사람은 제사에 참여함을 얻지 못하게 하니라. 자주 제사에 참여하거든 그 임금에게 칭찬이 있고, 자주 제사에 참여하지 못하거든 그 임금에게 꾸짖음이 있나니 자주 칭찬이 있거든 땅을 더하며, 자주 꾸짖음이 있거든 땅을 깎으나니 그러므로 말하기를 활쏘기라는 것은 제후를 위하여 활을 쏜다고 하니 이래서 제후의 임금과 신하는 활쏘기에 뜻을 극진히 하며, 예절과 풍류를 익히나니 대저 임금과 신하가 예절과 풍류를 익히고도 망명하여 떠돌아다닌 사람이 있지 아니하니라.』

◉ 이 장은 활쏘기는 제후국(諸侯國)의 기본 교과목(敎科目)임을 기술하였으니 옛날의 소학(小學)에서는 예악사어서수(禮樂射御書數)의 6예(六藝)를 기본 교과목으로 가르쳤던 것이다.

제(制)는 제도(制度)요, 세헌(歲獻)은 매년 보내는 것이며, 공사(貢士)는 제후가 천자에게 선비를 뽑아 바치는 것이다. 사궁(射宮)은 태학(太學)에서 무예를 단련하는 활터요, 비(比)는 똑같이 합하여 맞음이며, 중(中)은 화살이 과녁에 명중함이고, 제(祭)는 천자가 지내는 제사이다. 삭(數)은 자주 함이요, 경(慶)은 칭찬하여 상(賞)을 내리는 것이며, 양(讓)은 꾸짖어 견책함이고, 익지(益地)는 영토(領土)를 더 보태 줌이며, 삭지(削地)는 영토를 잘라 빼앗는 것이다. 진지(盡志)는 뜻을 극진히 함이고, 유망(流亡)은 나라와 벼슬을 잃고 망명(亡命)하여 떠돌아다니는 것이다.

살피건대 예절과 음악은 문과(文科)이고, 활쏘기와 말 타기는 무과(武科)이며, 글쓰기와 셈하기는 기술과(技術科)이나 제후가 이러한 국민교육을 극진히 하면 나라를 일으키고, 이러한 국민교육을 소홀히 하면 나라를 잃은 것이므로 예절과 음악의 절도를 지키면서 활쏘기를 장려하는 것은 제후의 책무인 것이다.

46-5-2 ——————————— 故로 詩에 曰曾孫侯氏가 四正을 具舉라 하니
大夫君子와 凡以庶士가 小大莫處하고 御于君所하야
以燕以射하야 則燕則譽라 하니 言君臣이 相與盡志於射하야
以習禮樂하면 則安則譽也니라 是以로 天子가 制之하시고
而諸侯가 務焉하나니 此는 天子之所以養諸侯하야 而兵不用이며
諸侯가 自爲正之具也니라.

『그러므로 시에 말하기를 증손 후씨가 네 명의 책임자를 모두 뽑았다고 하니 대부와 군자 및 무릇 여러 선비가 작고 큰 일에 집에 있지 아니하고, 임금이 계신 곳으로 말을 몰아 연례를 거행하고 활쏘기를 하여 곧 편안하고 곧 명예롭다고 하니라. 이래서 천자가 제정하시고, 제후가 힘쓰는 것이니 이것은 천자가 제후를 양성하여 병기를 사용하지 않는 방법이며, 제후가 스스로 바르게 되는 도구인 것이다.』

☯ 이 절은 앞 절에 이어 시(詩)를 예로 들어 옛날의 제후(諸侯)가 거국적으로 활쏘기를 장려한 사실을 확인하였다.

시(詩)는 시경(詩經)에 빠졌기 때문에 제목을 알 수 없고, 후씨(侯氏)도 어느 나라 제후인지 알 수 없으며, 4정(四正)은 대사례(大射禮)를 거행함에 있어서 음악책임자인 악정(樂正)과 연회에 술을 권하는 사정(司正)과 활과 화살 및 활깍지를 관장하는 사정(射正)과 과녁에 명중함을 확인하는 사마정(司馬正)의 네 사람이며, 구거(具

擧)는 모두 선출하여 임명한 것인데 전배들은 의례(儀禮)의 본문을 오해하여 빈(賓), 군(君), 경(卿), 대부(大夫) 네 사람이 술을 모두 마신 것이라고 억지로 해석하였기에 내가 바로잡았다. 막처(莫處)는 집에 머물러 있지 아니함이고, 어(御)는 말을 타고 달려가는 것이며, 군소(君所)는 임금이 활쏘기를 하는 활터이다. 이연(以燕)은 연례(燕禮)를 거행함이요, 즉연(則燕)은 곧 편안함이며, 이사(以射)는 활쏘기를 함이고, 즉예(則譽)는 활쏘기에 합격하여 영광스러운 것이다. 양제후(養諸侯)는 제후국의 상무정신(尙武精神)을 배양함이고, 병불용(兵不用)은 제후국이 강성하므로 외부의 침략자가 저절로 없어서 병기를 사용할 일이 없는 것이며, 자위정지구(自爲正之具)는 스스로 바르게 되는 도구이니 곧 활쏘기를 지칭한다.


46-6-1 ──────────────── 孔子가 射於矍相之圃하실새 蓋觀者가
如堵牆하더니 射至于司馬하거늘 使子路로
執弓矢하야 出延射하되 曰賁軍之將과 亡國之大夫와
與爲人後者는 不入하고 其餘는 皆入하라 하시니
蓋去者가 半이요 入者가 半이더라.


『공자가 확상의 밭에서 활쏘기를 하실 때에 대개 구경꾼이 울타리처럼 많더니 활쏘기가 과녁에 명중함을 확인하는 심판관을 세움에 이르거늘 자로로 하여금 활과 화살을 들고 나아가 활쏘기에 참여할 사람을 나오게 하되 말씀하시기를 군대를 낭패하게 했던 장수와 멸망한 나라의 대부와 더불어 남의 밑에 들어간 사람은 들어오지 못하

고, 그 나머지는 모두 들어오게 하라고 하시니 대개 가는 사람이 반이요, 들어온 사람이 반이더라.』

◑ 이 장은 공자가 확상포(矍相圃)에서 활쏘기를 하실 때에 활쏘기에 참여하는 자격의 기준을 기술하였으니 여기에서는 패전한 장군과 멸망한 나라의 대부(大夫)와 주의주장(主義主張)이 없는 사람은 활쏘기에 참여할 수 없음을 밝혔다.

확상(矍相)은 땅이름이고, 포(圃)는 채마밭이니 일찍이 공자가 활쏘기를 배운 곳인데 산동성(山東省)에 있다. 여도장(如堵牆)은 담장의 울타리처럼 관중이 많은 것이며, 사마(司馬)는 활쏘기에서 화살이 과녁에 명중함을 확인하는 심판관이니 곧 사마정(司馬正)이요, 연(延)은 진(進)과 같으며, 분(賁)은 분(僨)과 같으니 낭패하게 뒤엎는 것이다. 인후(人後)는 남의 밑에 종속한 사람이고, 입(入)은 들어와서 활쏘기의 대열에 편입함이다.

대저 활쏘기는 사나이의 기개를 드높이는 아름다운 교과목이고, 국가를 호위하는 신성한 무예(武藝)이므로 영광스러운 예절이거늘 군대를 낭패하게 뒤엎은 장군과 멸망한 나라의 대부(大夫)와 남의 밑에 들어가서 부끄럽거나 비굴하거나 떳떳지 못한 사람들과 함께 할 수 없는 바가 있다.

46-6-2 ──────────── 又使公罔之裘와 序點으로 揚觶而語하라 하시니
公罔之裘가 揚觶而語하되 曰幼壯孝弟하고 耆耋好禮하고
不從流俗하며 脩身以俟死者는 不아 在此位也라 하니
蓋去者가 半이요 處者가 半이니라.

『또 공망의 구와 서점으로 술잔을 받들고 말하라 하시니 공망의 구가 술잔을 받들고 말하기를 어려서부터 효도하며 우애하고, 늙어 감에 예절을 좋아하고, 세속의 유행을 좇지 아니하며, 몸을 닦아서 죽기를 기다리는 사람은 없습니까? 이 자리에 있으라고 하니 대개 가는 사람이 반이고, 있는 사람이 반이니라.』

◑ 이 절은 앞 절에 이어 활쏘기를 마치고 당상(堂上)에 올라앉아서 편안하게 술을 마시는 자리에 참여할 수 있는 자격요건을 기술하였다.

공망(公罔)은 성(姓)이요, 구(裘)는 이름이며, 지(之)는 어조사이고, 서(序)는 성(姓)이며, 점(點)은 이름이다. 양치(揚觶)는 향사례(鄕射禮)에 활쏘기를 모두 마치면 두 사람이 향음주례 술잔을 받들고 여러 손님에게 술을 권하는 절차가 있다. 유(幼)는 어린이요, 장(壯)은 30세이며, 기(耆)는 60세요, 질(耋)은 80세이다. 사사(俟死)는 평생의 지조를 지켜서 깨끗하게 죽기를 기다리는 것이고, 부(不)는 부(否)이니 문장의 끝에 붙어서 의문부정사가 된다.

살피건대 비록 활쏘기에 참가하였어도 뒤풀이의 연음(燕飮)에 참석하기 위해서는 평생 동안 고결한 도덕적 품격을 지킨 존경받는 사람이어야 되나니 이것은 아무리 활솜씨가 좋아도 예절을 어기고 타락하여 변절하면 존경의 대상이 아니라는 뜻이다.

46-6-3 ─────────────── 序點이 又揚觶而語하되 曰好學不倦하며 好禮不變하며 旄期稱道不亂者는 不아 在此位也라 하니 蓋廲有存者하더라.

『서점이 또 향음주례 술잔을 받들고 말하기를 배우기를 좋아하여 게으르지 아니하며, 예절을 좋아하여 변경하지 아니하며, 90세이나 100세라도 도덕을 일컬음에 산란하지 않은 사람은 없습니까? 이 자리에 있으라고 하니 대개 겨우 살피는 사람만 있더라.』

◑ 이 절도 앞 절에 이어 특별히 현창하기 위한 행사의 일환이다. 모(旄)는 모(耄)와 같으니 80세나 90세의 노인이고, 기(期)는 100세의 노인이며, 칭도(稱道)는 도덕을 일컬어 말을 하는 것이요, 불란(不亂)은 정신이 또렷하여 논리 정연한 것이니 사람이 늙어도 기억력과 추리력과 판단력이 전혀 쇠퇴하지 않을 뿐만 아니라 또한 활을 쏘는 체력까지 구비하였으니 과연 초인적인 도력(道力)이라고 할 것인즉 어찌 세상의 존경을 받지 않을 것인가!

46-7-1

射之爲言者는 繹也니 或이 曰舍也라 하니라
繹者는 各繹己之志也니 故로 心平體正하면
持弓矢審固하고 持弓矢審固하면 則射中矣니 故로
曰爲人父者는 以爲父鵠하고 爲人子者는 以爲子鵠하고
爲人君者는 以爲君鵠하고 爲人臣者는 以爲臣鵠하나니
故로 射者는 各射己之鵠하니 故로 天子之大射를
謂之射侯니 射侯者는 射爲諸侯也라 射中하면
則得爲諸侯하고 射不中하면 則不得爲諸侯하니라.

『활쏘기의 말 됨은 과녁을 맞히는 것이니 어떤 사람이 말하기를 쏘는 것이라고 하니라. 맞히는 것은 각각 자기의 생각하는 목표물을 맞히는 것이니 그러므로 마음이 평안하고 몸이 바르면 활과 화살을 잡음이 살펴서 단단하고, 활과 화살을 잡음이 살펴서 단단하면 활쏘기가 명중하는 것이니, 그러므로 사람의 아버지가 된 이는 아버지의 과녁을 생각하고, 사람의 아들이 된 이는 아들의 과녁을 생각하고, 사람의 임금이 된 이는 임금의 과녁을 생각하고, 사람의 신하가 된 이는 신하의 과녁을 생각하나니, 그러므로 활쏘기는 각각 자기의 과녁에 활쏘기 하니, 그러므로 천자의 대사를 일컬어 과녁을 쏘아 맞힌다고 하니 과녁을 쏘아 맞히는 것은 활쏘기로 제후가 되는 것이다. 활쏘기가 명중하면 능히 제후가 되고, 활쏘기가 명중하지 못하면 제후가 될 수 없느니라.』

　●　이 장은 활쏘기의 궁극적 목표는 문무겸전(文武兼全)하여 제후(諸侯)가 되는 것임을 기술하였다.

　역(繹)은 풀어서 궁극적 목표물을 찾은 것이니 곧 화살이 과녁을 향해 계속 날아가서 맞히는 것이고, 사(舍)는 놓아 버리는 것이니 화살을 활시위에 걸어 당겼다가 놓는 것으로 곧 화살을 발사(發射)하여 쏘는 것이다. 역기지지(繹己之志)는 자기가 생각하는 목표물을 쏘아 맞히는 것이니 곧 과녁에 명중한 것이며, 곡(鵠)은 따오기로 과녁의 중심을 나타낸 것이요, 이위(以爲)는 생각하는 것이며, 부곡(父鵠)은 아버지의 목표점(目標点)이니 아버지는 아버지의 중심적 가치를 생각하고, 아들은 아들의 중심적 가치를 생각하며, 임금은 임금의 중심적 가치를 생각하고, 신하는 신하의 중심적 가치를 생각하니 모두 활쏘기를 통하여 자기의 중심적 가치를 확인하는 것이다. 후(侯)는 짐승의 가죽이나 또는 천으로 만든 과녁이며, 사후(射侯)는 과녁을 쏘아 맞히는 것인데 활쏘기로 제후(諸侯)가 된다는 뜻을 담았으

니 여기에서 고대의 제후는 문덕(文德)과 무예(武藝)를 아울러 온전
히 갖추어야만 될 수 있었던 것을 알 수 있다.


46-8-1 ──────────── 天子가 將祭하실새 必先習射於澤하나니
澤者는 所以擇士也라 已射於澤而后에 射於射宮하야
射中者는 得與於祭하고 不中者는 不得與於祭하나니
不得與於祭者는 有讓하야 削以地하고 得與於祭者는
有慶하야 益以地하나니 進爵絀地가 是也라.


『천자가 장차 제사 지내실 때에 반드시 먼저 못가에서 활쏘기를
익히게 하나니 못이라고 하는 것은 선비를 고르는 방법이다. 이미 못
가에서 활쏘기를 한 다음에 활터에서 활쏘기를 하여 활쏘기가 명중
한 사람은 제사에 참여할 수 있고, 명중하지 못한 사람은 제사에 참
여 할 수 없나니 제사에 참여할 수 없는 사람은 꾸짖음이 있어도 토
지로써 덜어 줄이고, 제사에 참여할 수 있는 사람은 경사가 있어도
땅으로써 더하여 보태나니 벼슬을 높이고 땅을 줄임이 이것이니라.』


☯ 이 장은 천자(天子)가 제사에 참여할 선비를 고르는 방법은 못
처럼 천하의 물이 한곳으로 모이게 하듯이 모든 사람에게 균등한 기
회를 주는 것임을 기술하였다.

택(澤)은 주변의 물이 흘러서 한곳으로 모여 생긴 못이니 사방의
어진 선비를 천자국에 모이도록 문호를 개방하여 누구나 활쏘기에
참여할 수 있게 함을 상징한다. 이사어택(已射於澤)은 이미 지방의

못가에서 활쏘기를 하여 선비를 선발한 것이고, 사어사궁(射於射宮)
은 태학(太學)의 활터에서 활쏘기를 하여 합격자와 불합격자를 판정
하는 것이다. 진작(進爵)은 벼슬을 높여 승진시킴이고, 굴지(絀地)는
영토를 줄여서 강등시키는 것이다.


46-9-1 ——————————————————— 故로 男子가 生이어든 桑弧와 蓬矢六으로
以射天地四方하나니 天地四方者는
男子之所有事也라 故로 必先有志於其所有事하고
然後에 敢用穀也하나니 飯食之謂也라.


『그러므로 남자가 탄생하거든 뽕나무활과 쑥대화살 여섯 개로 하
늘땅과 4방에 쏘아 맞히나니 하늘땅과 4방이라는 것은 남자의 사업
이 있는 곳이라. 그러므로 반드시 먼저 그 사업이 있는 곳에 뜻을 두
고, 연후에 감히 곡식을 먹나니 밥을 먹임을 일컫는 것이다.』

　◑ 이 장은 사나이의 사업은 국토방위의 의무가 첫째이고, 경제는
두 번째임을 기술하였다.
　상호(桑弧)는 뽕나무의 가지로 만든 활이요, 봉시(蓬矢)는 쑥대로
만든 화살이며, 석(射)은 쏘아 맞히는 것이고, 천지4방(天地四方)은
상하4방(上下四方)으로 곧 우주(宇宙)이니 사나이가 사업을 경영하
는 활동무대이다. 용곡(用穀)은 곡식을 복용(服用)함이고 반사(飯食)
는 밥을 먹이는 것이다. 남자가 탄생하면 먼저 상하4방(上下四方)에
활을 쏘아 우주에 뜻이 있음을 밝힌 다음에 어머니가 아기에게 젖을

먹이니 장차 자라서 상하4방의 국토를 호위한 다음에 봉록을 받아먹
겠다는 사나이의 기개를 보인 것이다.


46-10-1 ──────────────────────── 射者는 仁之道也라 求正諸己하야
己正而后에 發하고 發而不中이어든
則不怨勝己者하고 反求諸己而已矣니라.


『활쏘기라는 것은 어진 길이라, 바름을 자기에게서 찾아 자기가
바른 다음에 발사하고, 발사하여 명중하지 못하거든 곧 자기를 이긴
사람을 원망하지 아니하고, 돌이켜 자기에게서 찾을 따름이니라.』


☯ 이 장은 활쏘기가 목표물에 명중함은 자기의 자세와 역량에 있
음을 기술하여 같은 조건에서 정정당당하게 겨루는 운동경기임을 밝
혔다.

인지도(仁之道)는 인간의 덕성(德性)을 길러 도덕과 윤리와 예절
을 지키는 교육과목이고, 정(正)은 마음과 자세가 바른 것이며, 발
(發)은 발사(發射)이다.

활쏘기의 예절은 짝을 지어 두 사람이 나란히 사선(射線)에 서서
교대로 화살을 네 개씩 발사하는데 만일 명중하지 못하여 지게 되면
자기의 자세를 반성하여야지 이긴 상대편을 원망해서는 안 되는 정
정당당한 운동정신이 있다.

 ———————— 孔子가 曰君子는 無所爭이나 必也射乎인저 揖讓而升하야 下而飮하나니 其爭也가 君子이니라.

『공자가 말씀하시기를 군자는 다투는 바가 없으나 반드시 활쏘기는 할진저, 읍하고 사양하며 올라가서 내려와 술을 마시나니 그 다툼이 군자이니라.』

◉ 이 절은 앞 절에 이어 활쏘기에 진 사람은 스스로 승복하여 술을 마심을 기술하였다.

읍양이승(揖讓而升)은 활쏘기의 예절에 한 짝씩 조(組)를 지어 서로 읍(揖)하고 사선(射線)에 올라가서 나란히 서서 활쏘기를 하는 것이고, 하이음(下而飮)은 화살 4대를 모두 쏘면 사선(射線)에서 내려와 이긴 사람이 진 사람에게 술을 권하여 진 사람이 술잔을 들고 내려와 서서 마시는 것이다. 진 사람이 마시는 술은 결단코 벌주(罰酒)가 아니고, 술을 마시고 기운을 내라는 격려주(激勵酒)이니 군자다운 너그러운 도량을 볼 수 있는 것이다. 만일 벌주(罰酒)라면 이것은 이긴 사람이 교만하게 진 사람을 부끄럽게 하는 것이니 어찌 군자라고 하겠는가?

 ———————— 孔子가 曰射者는 何以射며 何以聽고 循聲而發하니 發而不失正鵠者는 其唯賢者乎인저 若夫不肖之人은 則彼將安能而中이리오 詩에 云發彼有的하야 以祈爾爵이라 하니 祈는 求也니 求中以辭爵也라 酒者는

소 이 양 로 야　　　소 이 양 병 야　　구 중 이 사 작 자　　사 양 야
所以養老也며 所以養病也니 求中以辭爵者는 辭養也니라.

『공자가 말씀하시기를 활쏘기 하는 사람은 어떤 자세로 쏘며 어떤 소리를 듣는가? 풍류소리를 따라 발사하니 발사하여 정곡을 벗어나지 아니하는 사람은 그 오직 어진 사람인저. 만약 저 같잖은 사람은 곧 그가 장차 어찌 능히 명중하리오. 시에 이르기를 활을 쏘되 그가 맞히었다는 신호가 있으면 너의 술잔을 빌려 청한다고 하니 빌려 청함은 찾는 것이니 적중하기를 추구하여 술잔을 사양하는 것이라, 술이라는 것은 노인을 봉양하는 바이며, 병을 치료하는 바이니 명중하기를 추구하여 술잔을 사양하는 것은 먹기를 사양하는 것이니라.』

◎ 이 장은 사례(射禮)에 있어서 명중하기를 추구함은 술잔을 사양하여 상대편에 권하기 위함임을 기술하였다.

하이사(何以射)는 어떠한 자세로 발사하는가이니 명중하기 위하여 정신을 통일하고 자세를 바로잡아 발사함이다. 하이청(何以聽)은 어떠한 풍류소리를 듣는가이니 악절(樂節)에 따라 발사함이다. 활쏘기는 자세가 예절을 어기지 아니하고, 절도가 악절(樂節)을 어기지 아니하여야 그 명중을 인정하니 만일 예절과 음악을 어기면 비록 명중했어도 실격이 되는 것이다. 피유적(彼有的)은 함께 짝을 지어 경기를 하는 상대자가 과녁에 적중함이 있는 것이요, 이작(爾爵)은 경기에 이긴 상대자의 술잔이니 패배를 자인하고 스스로 격려주(激勵酒)를 자청하는 것이다. 주(酒)는 노인에게 원기(元氣)를 북돋우고, 질병을 치료하는 영양제이므로 어진 이는 명중하여 술을 상대편에게 사양하니 어진 사람의 도량이다.

　살피건대 활쏘기의 예절은 이긴 사람이 이익을 독점하지 아니하고, 오히려 진 사람에게 술잔을 양보하니 이긴 것을 뽐내지 아니하고, 진 사람을 배려하여 격려하게 하였는바 군자의 운동경기이다.

# 47. 연의(燕義)

연(燕)은 연례(燕禮)이니 의례(儀禮)에 연례(燕禮)편이 있는바 임금이 연회(燕會)를 주최하여 신하들에게 술을 권하고, 기쁨을 나누는 예절이다.

대체로 연례(燕禮)는 국가의 공식적인 행사로 천자가 조회(朝會)하는 제후(諸侯)를 위함과 제후가 빙문(聘問)하는 사신(使臣)을 위함과 임금이 신하의 공로를 위함과 임금이 종친을 위함과 임금이 노인을 위할 때에 개최한다.

연의(燕義)는 연례(燕禮)의 본의로 이 편에서는 임금이 그 신하의 공로를 위하여 연회를 베풀고, 술을 권하여 기쁨을 나누는 것은 임금과 신하의 관계를 두텁게 하여 즐겁게 화합하고, 협조하는 분위기를 조성하기 위함임을 기술하였다.

47-1-1 ────────────────── 古者에 周天子之官이 有庶子官하니 庶子官은
職諸侯卿大夫士之庶子之卒하야 掌其戒令과
與其敎治하야 別其等하며 正其位하야 國有大事어든
則率國子而致於大子하야 唯所用之하나니 若有甲兵之事어든
則授之以車甲하야 合其卒伍하며 置其有司하야
以軍法으로 治之하되 司馬가 弗正하느니라
凡國之政事에 國子가 存游卒하야 使之脩德學道하야
春合諸學하고 秋合諸射하야 以考其藝而進退之하느니라.

『옛날에 주나라 천자의 관직에 여러 아들을 관장하는 벼슬아치가 있으니 여러 아들을 관장하는 벼슬아치는 제후와 경과 대부와 선비의 여러 아들로 아직 벼슬자리에 오르지 않은 사람을 관장하여, 그 경계하는 법령과 그 가르치고 다스림을 장악하여 그 등급을 나누며 그 품위를 바르게 하여 나라에 큰 일이 있거든 곧 국학의 학생을 거느리고 태자에게 가서 오직 쓰이는 바 되게 하나니 만약 갑옷을 입고 병기를 쓰는 일이 있거든 곧 수레와 갑옷을 주어서 그 군졸의 대오에 편입하며, 그 책임자를 두어 군법으로 다스리되 군대의 지휘관이 정규군으로 편입하지 아니하니라. 무릇 나라의 정치사업에 국학의 학생이 아직 벼슬자리에 오르지 아니하고 노는 아들을 살펴서 하여금 덕을 닦고 도를 배우게 하여 봄에는 태학에 집합하고, 가을에는 활터에 집합하여 그 재능을 평가하여 그 등급을 높이고 낮추느니라.』

　　◐ 이 장은 나라에서 연례(燕禮)를 거행함에 있어서 그 행사를 맡아 준비하고 진행하며 뒤처리를 하는 요원(要員)의 차출방법을 기술하였다.

　　서자관(庶子官)은 하관(夏官)의 제자직(諸子職)으로 하대부(下大夫)여러 아들을 관장하는 벼슬아치다. 서자(庶子)는 적자(適子)를 포함한 모든 아들로 제자(諸子)를 지칭하고, 차자(次子)나 첩자(妾子)를 일컬음이 아니다. 쉬(卒)는 쉬(倅)로 아직 벼슬자리에 오르지 않은 아들이니, 술을 마시고 기쁨을 나누는 자리에 정식으로 관직에 근무하는 관료나 군인을 행사요원으로 부릴 수 없기 때문에 아직 벼슬자리에 오르니 않은 아들에게 일을 시키는 것이다. 계령(戒令)은 서자관(庶子官)에 소속한 소년단(少年團)의 규율과 명령이요, 교치(敎治)는 가르치는 교육과정과 일을 하는 사무처리 요강이며, 등(等)은 상하(上下)의 등급이고, 위(位)는 몸가짐의 품위(品位)이다. 대사(大事)는 국가의 제사와 초상과 향음주례와 연례(燕禮) 등이요, 국자(國子)는 태학(大學)과 국학(國學)의 학생이며, 소용(所用)은 쓰일 일에 동원하는 것이고, 갑병지사(甲兵之事)는 갑옷을 입고 병기를 드는 일이니 곧 전역(戰役)이다. 졸(卒)은 100인이요, 오(伍)는 5인이니 군대의 대오를 편성함이며, 치기유사(置其有司)는 독립적인 집단으로 편성하여 책임자를 두는 것이다. 사마부정(司馬弗正)은 정규군의 지휘관이 정규군으로 편입하지 아니함이니 소년단(少年團)은 보조적 역할에 머물러야지 정규군으로 동원해서는 안 되기 때문이다. 존(存)은 살피는 것이고, 유쉬(遊卒)는 아직 어려서 벼슬을 하지 않고 노는 아들이며, 합저학(合諸學)은 태학(太學)이나 국학(國學)에 집합함이요, 합저사(合諸射)는 태학이나 국학의 사궁(射宮)에 집합함이다. 고(考)는 시험하여 성적을 평가함이고, 진(進)은 진급(進級)하여 올라가게 함이며, 퇴(退)는 강등(降等)하여 낮추는 것이다.


47-2-1 ─────────────────── 諸侯燕禮之義에 君立阼階之東南하사
南鄕爾卿이어든 大夫가 皆少進은 定位也요 君이
席阼階之上은 居主位也요 君이 獨升立席上하사
西面特立은 莫敢適之義也라.


『제후연례의 본의에 임금이 섬돌계단의 동남에 서시어 남쪽을 향하여 경을 가까이 대하거든 대부가 모두 조금씩 앞으로 나아감은 벼슬을 차례로 자리를 정한 것이요, 임금이 섬돌계단 위에 자리함은 주

인의 자리에 있는 것이요, 임금이 홀로 섬돌계단을 올라 주인의 자리에
서시어 서쪽을 향하여 홀로 섬은 감히 대적하지 못하는 의리이다.』

　● 이 장은 제후연례(諸侯燕禮)를 거행하는 절도에 대하여 그 의
미를 기술하였는데 여기에서는 임금이 주인이 됨에 신하는 감히 임
금과 대등할 수 없는 의리를 밝혔다.
　제후연례(諸侯燕禮)는 제후가 그 신하에게 연례(燕禮)를 베풀어
주는 것이요, 이(爾)는 이(邇)니 가까이함이며, 소진(少進)은 조금씩
앞으로 다가가는 것이다. 무릇 군신(君臣)관계는 상하(上下)의 위계
질서가 있으므로 그 신하는 모두 임금을 수행하여 동쪽 섬돌계단 아
래에 차례로 서쪽을 향하여 서는 것이며, 빈주(賓主)는 동등한 관계
이므로 주인은 동쪽 계단 아래에 서고, 손님은 서쪽 계단 아래에 서
는 것이다. 특립(特立)은 홀로 서서 상대가 없는 것이고, 적(適)은
적(敵)이니 막감적(莫敢適)은 감히 대적하여 맞서지 못하는 것으로
곧 신하는 감히 임금의 손님이 되어 서쪽 계단을 이용하지 못하기
때문에 일단 모든 신하는 동쪽 계단 아래에 서야 되고, 서쪽 계단 아
래는 비워 두어야 되는 것이다.


47-3-1 ──────── 設賓主는 飮酒之禮也요 使宰夫로 爲獻主는

臣이 莫敢與君亢禮也요 不以公卿으로 爲賓하고

而以大夫로 爲賓은 爲疑也니 明嫌之義也요

賓入中庭이어든 君이 降一等而揖之는 禮之也라.

『손님과 주인을 베풀어 정함은 술을 마시는 예절이기 때문이요, 궁중의 요리장으로 하여금 술을 드리는 주인이 되게 함은 신하가 감히 임금과 더불어 대등한 위치에서 예절을 거행할 수 없기 때문이요, 3공이나 6경으로 손님을 정하지 아니하고 대부로 손님을 삼은 것은 의심을 하기 때문이니 혐의를 밝히려는 뜻이요, 손님이 마당 가운데에 들어오거든 임금이 한 계단을 내려가서 읍을 함은 예절을 거행하기 때문이다.』

◑ 이 장은 제후연례(諸侯燕禮)를 거행함에 있어서 먼저 가설적(假說的)으로 주인과 손님을 임시로 정하여 향음주례(鄕飮酒禮)를 거행하는 절도에 대한 의미를 기술하였다.

설빈주(設賓主)는 향음주례(鄕飮酒禮)를 거행하기 위하여 가설적(假說的)으로 술을 드리는 예절을 거행할 주인과 손님을 선정하는 것이다. 음주지례(飮酒之禮)는 향음주례(鄕飮酒禮)이고, 재부(宰夫)는 궁중(宮中)의 요리를 담당하는 책임자이니 곧 요리장이며, 헌주(獻主)는 향음주례에 있어서 손님에게 술을 드리는 주인(主人)인데 연례(燕禮)에서는 임금이 주인이므로 동쪽 계단을 이용하기 때문에 헌주(獻主)는 서쪽 계단을 손님과 함께 사용하는 것이다. 항례(抗禮)는 대등한 신분으로 예절을 거행하는 것이고, 의(疑)는 의혹(疑惑)함이며, 혐(嫌)은 혐의(嫌疑)요, 빈입중정(賓入中庭)은 연례(燕禮)에서 손님으로 선정된 사람은 다시 대문 밖으로 나아갔다가 들어오는 것이며, 강일등(降一等)은 섬돌계단 위에서 한 계단만을 내려와서 손님에게 읍을 한다.

君擧旅於賓과 及君所賜爵엔 皆降하야 再拜稽首하고
升成拜는 明臣禮也요 君이 答拜之하시나니 禮無不答은
明君上之禮也요 臣下가 竭力盡能하야 以立功於國이어든
君必報之以爵祿하시나니 故로 臣下가 皆務竭力盡能하야
以立功하니라 是以로 國安而君寧하시나니 禮無不答은
言上之不虛取於下也라 上必明正道하야 以道民하사 民이
道之而有功然後에 取其什一이라 故로 上用이 足하고
而下가 不匱也하나니 是以로 上下가 和親而不相怨也니라
和寧은 禮之用也니 此는 君臣上下之大義也라
故로 曰燕禮者는 所以明君臣之義也니라.


『임금이 손님에게 여러 사람에게 술을 권하게 함과 임금이 내리신
바 술잔에는 모두 마당에 내려와서 임금에게 재배하여 머리를 땅에
대고, 올라가서 재배하는 예절을 완성함은 신하의 예절을 밝히는 것
이요, 임금이 답하여 절하시나니 예절에 답하여 절하지 아니함이 없
음은 임금과 윗사람의 예절을 밝히는 것이요, 신하가 힘을 다하고 지
능을 모두 발휘하여 나라에 공을 세우거든 임금이 반드시 작위와 봉
록으로 보답하시나니 그러므로 신하가 모두 힘써 힘을 다하고 지능
을 극진히 발휘하여 공을 세우느니라. 이래서 나라가 안정하고 임금
이 편안하시나니 예절에 답하지 아니함이 없음은 윗사람은 아랫사람
에게 공짜로 취하지 아니함을 말하는 것이다. 임금은 반드시 바른 도
리를 밝혀서 인민을 인도하사 인민이 말미암아 성공함이 있는 다음
에 그 10분의 1을 세금으로 징수하는 것이라, 그러므로 나라의 재용
이 풍족하고, 아래 민중이 궁핍하지 아니하나니 이래서 위아래가 화
친하여 서로 원망하지 아니하니라. 화합하여 편안함은 예절의 작용이

니 이것은 임금과 신하 위아래의 중대한 의리이라. 그러므로 말하기를 연례는 임금과 신하의 의리를 밝히는 원리라고 하니라.』

☯ 이 장은 연례(燕禮)에서 여러 사람에게 술을 권하는 여음(旅飮)과 임금이 특별히 공적이 있는 신하에게 술잔을 하사(下賜)하는 절도의 본의를 기술하였다.

군거여어빈(君擧旅於賓)은 임금이 하대부(下大夫) 두 명으로 하여금 잉작(媵爵)으로 손님을 비롯하여 여러 신하에게 차례로 술을 먹게 하는 절차이고, 군소사작(君所賜爵)은 임금이 특별히 공이 있는 신하에게 술을 먹게 하는 절차이다.

개강(皆降)은 모든 신하들이 임금으로부터 술을 먹으라는 명령을 받으면 마당으로 내려가서 임금에게 재배하고 머리를 땅에 대어 지극한 감격을 표하면 임금이 당상(堂上)에서 답배(答拜)하는 것으로 임금과 신하의 위상을 밝히는 예절이다. 승성배(升成拜)는 신하가 마당에 내려와 절한 다음에 다시 서쪽 계단으로 올라가서 절하면 임금이 절하고 술잔을 주는 것이니 이것은 향음주례에 있어서 술잔을 절하고 받고, 절하고 주는 예절이므로 예절을 완성하는 절이란 뜻으로 성배(成拜)라고 하였다. 군답배지(君答拜之)는 연례(燕禮)에서 임금이 직접 신하에게 술을 먹으라고 권함에 신하가 절하면 임금이 답하여 절하는바 이것은 임금이 신하를 예절로 대하는 지극히 아름다운 덕목(德目)인즉 임금이 갖추어야 될 예절임을 여기에서 확인할지어다. 신하갈력진능(臣下竭力盡能)은 임금이 신하를 존경하여 사랑하며 예절로 대하면 신하가 임금을 위하여 진충보국(盡忠報國)하는 것이다. 허취(虛取)는 공짜로 취함이고, 도민(道民)의 도(道)는 인도(引導)함이며, 민도지(民道之)는 인민이 말미암은 것이요, 취기십일(取

其什一)은 10분의 1을 세금으로 거두는 것이며, 궤(匱)는 궁핍함이
다. 상하화친(上下和親)은 임금은 신하를 예절로 부리고, 신하는 임
금을 예절로 받드는 것이요, 화녕(和寧)은 협력하고 화합하여 사업이
성공하므로 안녕을 보장하는 것이니 곧 예절의 작용이다.


47-5-1 ——————————— 席은 小卿이 次上卿하고 大夫가 次小卿하고
士庶子가 以次로 就位於下하며 獻君이어든
君擧旅行酬而后에 獻卿하며 卿擧旅行酬而后에
獻大夫하며 大夫擧旅行酬而后에 獻士하며
士擧旅行酬而后에 獻庶子하며 俎豆牲體薦羞가
皆有等差하니 所以明貴賤也라.


『좌석은 소경이 상경의 다음이고, 대부는 소경의 다음이고, 선비와
여러 아들은 차례로 마당의 자리로 나아가며, 술잔을 임금에게 드리
거든 임금이 여러 사람에게 차례로 술을 마시고 권하게 한 다음에
경에게 술잔을 드리며, 경이 여러 사람에게 차례로 술을 마시고 권하
게 한 다음에 대부에게 술잔을 드리며, 대부가 여러 사람에게 차례로
술을 마시고 권하게 한 다음에 선비에게 술잔을 드리며, 선비가 여러
사람에게 차례로 술을 마시고 권하게 한 다음에 여러 아들에게 술잔
을 드리며, 도마제기와 나무제기에 희생고기와 올리는 음식은 모두
등급과 차이가 있으니 귀하고 천함을 밝히는 원리이다.』


◑ 이 장은 연례(燕禮)에 있어서 신을 벗고, 당상(堂上)에 올라
모두 앉아서 편안하게 술을 차례로 먹고 권하는 여수(旅酬)의 절차

를 기술하였다.

석(席)은 좌석의 배치이니 그 순서는 임금, 헌주(獻主), 빈(賓), 경(卿), 대부(大夫)의 순서로 당상(堂上)에 앉고, 사서자(士庶子)는 마당에 선다. 차(次)는 다음의 차례요, 하(下)는 당하(堂下)이다. 헌군(獻君)은 손님이 임금에게 술잔을 드리는 것이고, 거(擧)는 술을 취하도록 마시라고 권함이며, 여행수(旅行酬)는 여러 사람이 차례로 술잔을 받아 마신 다음에 다음 사람에게 술잔을 권하는 것이니 곧 술잔을 돌리면서 흥취를 돋우는 순배(巡杯)를 행수(行酬)라고 한다. 헌경(獻卿)과 헌대부(獻大夫)와 헌사(獻士)와 헌서자(獻庶子)는 모두 헌주(獻主)가 술잔을 드리는 것이며, 등차(等差)는 등급과 차이니 경대부(卿大夫)에게는 질량이 좋고 많으며, 사서자(士庶子)에게는 질량이 거칠고 작은 것이요, 귀(貴)는 경대부(卿大夫)이고, 천(賤)은 사서자(士庶子)이다.

살피건대 음식을 먹음에 사람을 차별하는 것은 화합을 깨는 일이지만 연례(燕禮)는 임금이 주최하는 국가의 공식행사로 공적을 표창하는 영광의 자리이기 때문에 술은 공평하게 술잔을 돌리며 똑같이 마시면서도 그 음식은 차별하여 공적이 많은 사람에게는 후대하고 그 공적이 적은 사람에게는 얄팍하게 대우함은 모두 즐거운 가운데 귀하고 천함을 분별하는 원리이다.

# 48. 빙의(聘義)

빙(聘)은 빙례(聘禮)이니 의례(儀禮)에 빙례(聘禮)편이 있는바 제후국(諸侯國)이 이웃 나라의 외교사절단(外交使節團)을 맞이하고 보내는 예절이다.

무릇 빙례(聘禮)는 국가의 공식적인 행사로 천자가 빙문(聘問)하는 제후를 위함과 제후가 이웃나라의 빙문사절(聘問使節)을 위하여 개최한다.

빙의(聘義)는 빙례(聘禮)의 본의로 이 편에서는 제후국(諸侯國)이 서로 외교사절을 보내서 빙문(聘問)하는 절도를 기술하고, 그 의미를 해설하였으니 고대의 외교사절에 대한 규모와 절차 및 공경의 법도를 여기에서 확인할 수 있다.


48-1-1 ──────────────────── 聘禮는 上公은 七介요 侯伯은 五介요 子男은 三介니 所以明貴賤也라.


『빙례는 공작국의 상경은 부사가 7이요, 후작족과 백작국은 부사가 5인이요, 자작국과 남작국은 부사가 3인이니 귀하고 천함을 밝히는 원리이다.』


◉ 이 장은 제후(諸侯)의 작위(爵位)에 따라 상경(上卿)을 정사(正使)로 하는 부사(副使)의 정원(定員)을 기술하였다.

빙례(聘禮)는 편명(編名)해제(解題)에서 이미 해설하였고, 상공(上公)은 공작국(公爵國)의 상경(上卿)을 정사(正使)로 함이며, 개(介)는 부사(副使)인데 7개(七介)는 일곱 명의 부사가 수행함이다.

대저 공작국의 임금이 직접 빙문(聘問)할 때에는 9명의 부사가 수행하지만 만일 공작국의 상경(上卿)이 정사가 되면 2명을 줄여서 7명의 부사가 수행하나니 후작국(諸侯國), 백작국(伯爵國), 자작국(子爵國), 남작국(男爵國)도 역시 상경(上卿)을 정사로 하면 그 부사를 2명씩 줄이는 것이다.


48-2-1 ──────────────────── 介紹而傳命하나니 君子가 於其所尊에
弗敢質은 敬之至也라.


『부사가 승계하여 명령을 전달하나니 군자가 그 존경하는 바에 대하여 감히 맞대해서 묻지 아니함은 공경의 지극함이니라.』


◉ 이 장은 외고사절과의 의사소통에 직접대화법을 피하고, 간접대화법을 쓰는 것은 상대를 지극히 존경하기 위함임을 기술하였다.

개소이전명(介紹而傳命)은 부사(副使)에는 상개(上介), 중개(衆介), 하개(下介)가 있으니 정사(正使)는 의견을 상개(上介)에게 전하면 상개는 중개(衆介)에게 전하고, 중개는 하개(下介)에게 전하며, 또한 외교사절을 맞이하는 나라에서는 경(卿)으로 상빈(上擯)을 삼고, 대부(大夫)로 승빈(承擯)을 삼고, 사(士)로 소빈(紹擯)을 정하여 임금이 상빈(上擯)에게 의견을 전하면 상빈은 승빈(承擯)에게 전하

고, 승빈은 소빈(紹擯)에게 전하여 이에 소빈(紹擯)이 하개(下介)를 직접 만나서 의사소통을 하는 것이니 그 결과를 돌아가서 보고하는 형식도 소빈은 승빈에게 전하고, 승빈은 상빈에게 전하고, 상빈이 임금에게 보고하며, 역시 하개가 중개에게 전하고, 중개가 상개에게 전하고, 상개가 정사(正使)에게 보고하는 것이다. 질(質)은 대질(對質)이니 얼굴을 마주 대하여 묻고 대답하는 것이요, 경지지(敬之至)는 서로 상대국을 지극히 존경하는 것이다.

살피건대 빙례(聘禮)는 정사(正使)가 빈(賓)이 되고, 외교사절을 맞이하는 나라의 임금이 주인(主人)이 되나니 손님은 종묘의 대문 밖 서쪽에서 북쪽을 향하고, 부사(副使)는 차례로 남쪽에서 북쪽을 향하이 서며, 임금은 동쪽 섬돌계단 아래에서 동쪽을 향하고, 접빈(接賓)을 담당한 빈(擯)은 대문 밖에 나아가 북쪽에서 남쪽을 향하여 하빈(下擯)이 하개(下介)와 의사를 소통하는 것이다.


48-3-1 ──────────── 三讓而后에 傳命하며 三讓而后에 入廟門하며 三揖而后에 至階하며 三讓而后에 升하나니 所以致尊讓也라.


『세 번을 사양한 다음에 명령을 전달하며, 세 번을 사양한 다음에 종묘의 대문을 들어가며, 세 번을 읍한 다음에 계단에 이르며, 세 번을 사양한 다음에 당상에 오르나니 존경하고 사양함을 지극히 하는 원리이니라.』


◐ 이 장은 외교사절이 지극히 조경하여 세 번을 사양하는 예절로

빙문(聘問)하는 절차를 기술하였다.

삼양이후전명(三讓而后傳命)은 빈(賓)이 대빙(大聘)의 예절을 사양하고, 소빙(小聘)의 예절로 뵈기를 세 번 사양한 다음에 따르겠다고 허락하는 말을 전함이고, 삼양이후입묘문(三讓而后入廟門)은 상빈(上擯)이 빈(賓)에게 먼저 종묘(宗廟)의 대문을 들어가라고 권함에 세 번을 사양하여 함께 나란히 들어감이다. 삼읍이후지계(三揖而后至階)는 손님이 대문 안에 들어오면 임금이 맞이하여 읍(揖)하고 임금은 동쪽 계단을 향하여 가고 손님은 서쪽 계단을 향하여 감에 방향을 돌릴 때마다 서로 읍하니 모두 세 번을 읍하고 계단에 이르는 것이며, 상양이후승(三讓而后升)은 임금이 손님에게 먼저 계단을 오르라고 세 번을 청하면 손님이 세 번을 사양하다가 임금이 먼저 두 계단을 오르면 손님이 올라가는 것이다. 치존양(致尊讓)은 존경하고 사양함을 지극히 함이다.

48-4-1 ──────────────── 君이 使士로 迎于竟하고 大夫로 郊勞하나니
君이 親拜迎于大門之內而廟受하시고 北面拜貺하사
拜君命之辱은 所以致敬也라 敬讓也者는
君子之所以相接也니 故로 諸侯가 相接以敬讓하면
則不相侵陵하느니라.

『임금이 선비로 하여금 국경에서 맞이하고, 대부로 하여금 교외에서 위로하나니 임금이 대문 안에서 맞이하여 절하고, 종묘에서 받으시고 북쪽을 향하여 내려주심에 절하사 임금의 명령이 욕됨을 절함

은 공경을 지극히 하는 원리인 것이라. 공경하고 사양하는 것은 군자가 서로 만나는 방법이니 그러므로 제후가 공경과 사양으로 서로 만나면 서로 침해하여 욕보이지 아니하느니라.』

☯ 이 장은 이금이 외교사절을 맞이하는 절도는 공경과 사양을 기본으로 함을 기술하였다.

영우경(迎于竟)은 임금이 선비로 하여금 외교사절을 국경에서부터 맞이하여 길을 안내하는 것이고, 교로(郊勞)는 임금이 대부로 하여금 도성(都城)의 근교(近郊)에서 외교사절을 위로하는 폐백(幣帛)을 전달하는 것이다. 묘수(廟受)는 임금이 정사(正使)가 전하는 말이나 폐백(幣帛)을 종묘(宗廟)의 당상(堂上)에서 받은 것이니 지극히 존경하는 것이며, 북면배황(北面拜貺)은 임금이 동쪽 섬돌계단 위에서 북쪽을 향하여 정사(正使)를 통해서 내려 주심을 감사하여 절하는 것이다. 배군명지욕(拜君命之辱)은 임금이 정사(正使)가 전하는 말과 폐백을 받아들인 것이 정사(正使)를 보낸 임금의 명령을 욕되게 하는 것이므로 이에 대하여 임금이 절하는 것이다.

무릇 절을 함에 있어서 평교간(平交間)에는 마주 보며 절을 하고, 높은 사람에게는 곡배(曲拜)를 하는 것이니 임금이 북쪽을 향하여 절을 하는 것은 정사(正使)가 전한 말이나 폐백을 지극히 높이기 때문이다.

48-5-1 ──────────────── 卿이 爲上擯이요 大夫가 爲承擯이요 士가 爲紹擯이니 君親禮賓하며 賓이 私面私覿하며 致饔餼하면 還圭璋하며 賄贈饗食燕은

『경이 위에 접빈사가 되고, 대부가 받드는 접빈사가 되고, 선비가 승계하는 접빈사가 되니 임금이 친히 손님을 예절로 단술을 대접하며, 손님이 사사롭게 면회하고 사사롭게 뵈며 죽은 희생과 산 희생을 드리면 홀과 반쪽 홀을 되돌려 주며 비단과 패옥을 선물하고, 향례와 사례와 연례를 베풀어 줌은 손님과 임금과 신하의 의리를 밝히는 원리이니라.』

◉ 이 장은 외교사절이 돌아감에 환송(歡送)하는 정도가 매우 성대함을 기술하였다.

빈(擯)은 주인(主人)을 도와서 손님을 접대하는 접빈사(接賓使)로 주인 쪽의 집사(執事)이다. 상빈(上擯)은 임금의 명령을 받드는 최고의 접빈사요, 승빈(承擯)은 상빈(上擯)을 받드는 접빈사요, 소빈(紹擯)은 승빈(承擯)을 승계(承繼)하여 손님을 접대하는 접빈사이다. 군친례빈(君親禮擯)은 임금이 손님에게 직접 단술인 례(醴)를 권하는 예절이고, 사면(私面)은 손님이 사사롭게 빙문(聘問)한 나라의 경대부(卿大夫)를 면회(面會)함이며, 사적(私覿)은 손님이 사사롭게 빙문한 나라의 임금을 뵈는 것이니 돌아가겠다는 뜻을 알리는 것이다. 옹(饔)은 죽은 희생물(犧牲物)이고, 희(餼)는 산의 생물이니 모두 손님에게 바치는 것이며, 선규장(還圭璋)은 홀과 반쪽 홀을 정사(正使)에게 되돌려 줌이니 본래 처음에 왔을 때에 신표(信標)로 받은 것인데 돌아감에 되돌려 주는 것이다. 회(賄)는 비단을 묶은 선물이고, 증(贈)은 패옥(佩玉)을 선물함이며, 향(饗)은 술을 드리는 향례(饗禮)

요, 사(食)는 밥을 먹이는 사례(食禮)이며, 연(燕)은 여러 사람에게 연회를 베풀고 술을 권하는 연례(燕禮)이니 빙례(聘禮)에서 손님을 기쁘게 대접하는 행사들이다.


48-6-1 —————————— 故로 天子가 制諸侯하되 比年에 小聘하고 三年에 大聘하며 相厲以禮하야 使者가 聘而誤어든 主君이 弗親饗食也는 所以愧厲之也라 諸侯 相厲以禮하면 則外不相侵하고 內不相陵하나니 此가 天子之所以養諸侯라 兵不用이라도 而諸侯가 自爲正之具也라.


『그러므로 천자가 제후를 통제하되 해마다 소신이 빙문하고, 3년에 대신이 빙문하여, 서로 예절로써 권장하여 사신이 빙문함에 어긋나거든 주인나라의 임금이 친히 향례와 사례를 베풀지 아니함은 부끄럽게 하여 예절을 권장하는 방법인 것이니라. 제후가 예절로써 서로 권장하면 밖으로 서로 침노하지 아니하고, 안으로 서로 능멸하지 아니하나니 이것이 천자가 제후를 양성하는 원리라, 병기를 사용하지 아니하여도 제후가 스스로 바르게 되는 도구인 것이다.』


◑ 이 장은 빙례(聘禮)는 천자(天子)가 제도적으로 제후(諸侯)를 서로 예절로써 권장하게 하여 국제적 화합질서로 세계평화를 보장하는 예절임을 기술하였다.

제(制)는 제도적으로 통제함이요, 비년(比年)은 해마다 이어 감이며, 소빙(小聘)은 소신(小臣)인 대부(大夫)가 빙문함이고, 대빙(大

聘)은 대신(大臣)인 경(卿)이 빙문함이다. 려(厲)는 권장(勸奬)함이
요, 오(誤)는 예절을 어기는 것이며, 괴려(愧厲)는 부끄럽게 하여 예
절을 권장함이니 스스로 반성토록 함이다. 외(外)는 국제적 관계요,
내(內)는 국내적 관계이며, 자위정지구(自爲正之具)는 앞에 46-5-2
에서 이미 해설하였다.


48-7-1 ─────────── 以圭璋으로 聘은 重禮也라 已聘而還圭璋하니
此는 輕財而重禮之義也니 諸侯가
相厲以輕財重禮하면 則民이 作讓矣니라.


『홀과 반쪽 홀로써 빙문함은 예절을 존중하는 것이니 이미 빙문을
마치면 홀과 반쪽 홀을 되돌려 주니 이것은 재물을 가볍게 여기고
예절을 무겁게 하는 뜻이니 제후가 재물을 가볍게 여기고 예절을 무
겁게 함으로써 서로 권장하면 인민이 사양하는 풍속을 일으키느니라.』

　☯ 이 장은 빙례(聘禮)의 근본정신이 재물을 가볍게 여기고, 예절
을 무겁게 하는 것임을 기술하였다.

　빙문하는 정사(正使)가 그 신표(信標)를 주인나라 임금에게는 홀 즉
규(圭)를 드리고, 주인나라 임금의 부인에게는 반쪽 홀 즉 장(璋)을 드
리는데 이것은 대단히 귀중한 물건이므로 되돌려 주는 것이요, 기타의
선물은 가벼운 재물이므로 받고 되돌려 주지 않으니 이것이 재물을 가
볍게 여기고, 예절을 무겁게 하는 것이다. 작양(作讓)은 재물을 가볍게
여기고 예절을 중대하게 알아 서로 사양하는 풍속이 일어나는 것이다.

主國이 待客하되 出入에 三積하며 餼客於舍에
五牢之具는 陳於內하고 米三十車와 禾三十車와
芻薪은 倍禾하여 皆陳於外하며 乘禽을 日五雙하며
群介에 皆有餼牢하며 壹食再饗하며 燕與時賜하야
無數함은 所以厚重禮也라 古之用財者가 不能均如此어니와
然而用財如此其厚者는 言盡之於禮也라 盡之於禮하면
則內君臣不相陵하며 而外不相侵하나니 故로 天子가
制之하시며 而諸侯가 務焉爾니라.

『주인의 나라가 손님을 대접하되 나아가고 들어옴에 세 가지를 쌓으며, 손님을 객사에서 먹임에 세 가지 희생을 다섯 번 갖춤은 안에 진열하고, 쌀 30수레와 벼 30수레와 꼴과 땔감은 벼보다 배로 하여 모두 밖에 진열하며, 한 쌍의 새를 하루에 다섯 쌍을 공급하며, 여러 부사에게 모두 희생을 먹임이 있으며, 한 번 사례를 베풀면 두 번 향례를 베풀며, 연례는 때로 더불어 내리어 수없이 함은 예절을 두텁고 무겁게 하는 원리인 깃이다. 옛날에 재물을 사용하는 사람이 이와 같이 균등하게 할 수 없었거니와 그러나 재물을 씀이 이와 같이 두텁게 하는 것은 예절에 극진히 함을 말하는 것이다. 예절에 극진히 하면 안으로 임금과 신하가 서로 능멸하지 아니하며, 밖으로 서로 침노하지 아니하나니 그러므로 천자가 통제하시며, 제후가 힘쓰느니라.』

◉ 이 장은 외교사절을 접대함에 있어서 재정적으로 두텁게 해야 됨을 기술하였다.

주국(主國)은 외교사절을 맞이하여 접대하는 주인의 나라요 대객(待客)은 빈(賓)을 수행하여 따라온 사절단원(使節團員)에게 물질적으로 대접하는 것이다. 출(出)은 외출(外出)이요, 입(入)은 객사(客舍)로 들어감이며, 3자(三積)는 세 가지 궤향(饋餉)인 희생(犧牲)과 미화(米禾)와 추신(芻薪)을 공급하여 쌓아 놓은 것이다. 사(舍)는 객사(客舍)이고, 5뢰(五牢)는 소와 양과 돼지를 1뢰(一牢)라고 하니 다섯 번 뢰(牢)를 공급함이며, 진어내(陳於內)는 객사(客舍)의 울타리 안에 진열함이고, 추(芻)는 말을 먹이는 꼴이요, 신(薪)은 땔감나무이며, 배화(倍禾)는 벼의 배이니 곧 60수레요, 진어외(陳於外)는 객사(客舍)의 울타리 밖에 진열함이다. 승금(乘禽)은 짝을 지은 새이니 곧 한 쌍의 기러기나 따오기를 일컫고, 일오쌍(日五雙)은 하루에 다섯 쌍씩 공급함이다. 군개(群介)는 상개(上介)와 중개(衆介)와 하개(下介)를 모두 지칭하고 1사(壹食)는 사례(食禮)를 한번 베풀어 줌이요, 재향(再饗)은 향례(饗禮)를 두 번 베풀어 줌이며, 연여시사(燕與時賜)는 연례(燕禮)는 때로 더불어 내림이니 매우 자주 빙문(聘問)한 외교사절을 위하여 성대한 행사를 주최하는 것이다. 무수(無數)는 정한 수가 없음이니 외교사절단이 돌아갈 때까지 계속 후대(厚待)함이고, 불능균여차(不能均如此)는 어제나 똑같이 이처럼 성대하게 접대할 수는 없는 것이니 곧 흉년, 전쟁, 초상, 천재지변, 유행병 등의 내우외환(內憂外患)이 있을 때에는 예절을 감쇄(減殺)하는 것이다.


48-9-1 ————————— 聘射之禮는 至大禮也라 質明而始行事하야
日幾中而后에 禮成하나니 非强有力者인댄
弗能行也니라 故로 强有力者이어야 將以行禮也니
酒淸人渴하되 而不敢飮也하며 肉乾人飢하되

而不敢食也하며 日莫人倦하되 齊莊正齊하야
而不敢解惰하야 以成禮節하며 以正君臣하며
以親父子하며 以和長幼하나니 此는 衆人之所難이어든
而君子가 行之하나니 故로 謂之有行이니 有行之謂有義요
有義之謂勇敢이라 故로 所貴於勇敢者는 貴其能以立義也요
所貴於立義者는 貴其有行也요 所貴於有行者는
貴其行禮也니 故로 所貴於勇敢者는 貴其敢行禮義也라
故로 勇敢强有力者는 天下가 無事어든 則用之於禮義하고
天下가 有事어든 則用之於戰勝하나니 用之於戰勝하면
則無敵하고 用之於禮義하면 則順治하니 外無敵하며
內順治하거든 此之謂盛德이니 故로 聖王之貴勇敢强有力이
如此也하니라 勇敢强有力하되 而不用之於禮義戰勝하고
而用之於爭鬪하면 則謂之亂人이니 刑罰이 行於國하여야
所誅者가 亂人也니 如此면 則民이 順治而國安也하느니라.

『빙문하고 활쏘기 하는 예절은 지극히 큰 예절인 것이다. 날이 샐 무렵에 행사를 시작하여 해가 거의 정오가 된 다음에 예식을 마치나니 튼튼하고 힘이 있는 사람이 아닐진댄 거행할 수 없는 것이니라. 그러므로 튼튼하고 힘이 있는 사람이어야 장차 예절을 거행하는 것이니 술이 맑고 사람이 목말라도 감히 마시지 못하는 것이며, 고기가 마르고 사람이 배고파도 감히 먹지 못하는 것이며, 해가 저물고 사람이 피곤하여도 마음을 가지런히 하고 용모를 씩씩하게 하며 바르고 단정하여 감히 게으르지 아니하여 예절의 절차를 마치며, 임금과 신하를 바르게 하며 아버지와 아들을 친하게 하며 어른과 어린이를 화합하게 하나니, 이것은 뭇 사람들이 어려워하는 바이거늘 군자가 실행하나니, 그러므로 일컬어 행실이 있다고 하니 행실이 있음을 일컬어 의리가 있다고 하고, 의리가 있는 것을 일컬어 용감하다고 하니라. 그러므로 용감한 사람에게 귀중한 바는 그 능히 의리를 확립함을 귀중하게 여기는 것이요, 의리를 확립하는 사람에게 귀중한 바는 그 행실이 있음을 귀중하게 여기는 것이요, 행실이 있는 사람에게 귀중한 바는 그 예절을 거해함을 귀중하게 여기는 것이니, 그러므로 용감한 사람에게 귀중한 바는 그 예절과 의리를 용감하게 행하는 것을 귀중하게 여기는 것이다. 그러므로 용감하고 튼튼하고 힘이 있는 사람은 천하가 일이 없거든 곧 예절과 의리에 대하여 힘을 쓰고, 천하가 일이 있거든 곧 전쟁의 승리에 대하여 힘을 쓰나니 전쟁의 승리에 대하여 힘을 쓰면 대적하여 겨루는 나라가 없고, 예절과 의리에 대하여 힘을 쓰면 순조롭게 잘 다스리니 밖으로 대적하여 겨루는 나라가 없고, 안으로 순조롭게 잘 다스리거든 이것을 일컬어 성대한 덕이라고 하니 그러므로 성왕이 용감하고 튼튼하고 힘이 있는 것을 귀중히 여기심이 이와 같은 것이니라. 용감하고 튼튼하고 힘이 있되 예절과 의리와 전쟁의 승리에 대하여 힘을 쓰지 아니하고, 다투어 싸움에만 힘을 쓰면 일컬어 어지럽히는 사람이라고 하니, 형벌이 나라에 시행하여야 처벌하는 대상자가 어지럽히는 사람인 것이니 이와 같으면 인민이 순조롭게 잘 다스리어 나라가 편안한 것이니라.』

◉ 이 장은 천하국가에 있어서 빙례(聘禮)와 사례(射禮)의 지극히 중대한 가치를 밝혀 국제평화를 보장하고, 사회기강을 확립하는 도구임을 기술하였다.

지대례(至大禮)는 지극히 중대한 예절로 국제 평화를 보장하고 사회기강을 확립하는 예절이다. 제장(齊莊)은 마음을 가지런히 하고 용모를 장중하게 함이요, 정제(正齊)는 거동을 바르고 단정하게 함이며, 용감(勇敢)은 용기(勇氣)가 있고 과감(果敢)하게 실천함이고, 무적(無敵)은 대적(對敵)하여 견줄 나라가 없는 것이며, 순치(順治)는 천명(天命)에 순응하여 나라를 잘 다스리는 것이다. 난인(亂人)은 도덕과 윤리와 예절을 어지럽히는 사람이고, 소주자(所誅者)는 처벌을 받는 대상자이다.

48-10-1 子貢이 問於孔子하되 曰敢問君子가 貴玉而賤碈者는 何也이니까 爲玉之寡而碈之多與이니까 孔子가 曰非爲碈之多故로 賤之也며 玉之寡故로 貴之也라 夫昔者에 君子가 比德於玉焉하니 溫潤而澤은 仁也요 縝密以栗은 知也요 廉而不劌는 義也요 垂之如隊는 禮也요 叩之其聲이 淸越以長하며 其終에 詘然은 樂也요 瑕不揜瑜하며 瑜不揜瑕는 忠也요 孚尹旁達은 信也요 氣如白虹은 天也요 精神이 見于山川은 地也요 圭璋特達은 德也요 天下에 莫不貴者는 道也니 詩에 云言念君子한대 溫其如玉이라 하니 故로 君子가 貴之也니라.

『자공이 공자에게 묻되 말하기를 감히 묻건대 군자가 옥을 귀하게 여기고 차돌을 천하게 여기는 것은 어째서입니까? 옥은 적고 차돌은 많기 때문입니까? 공자가 말씀하시기를 차돌이 많은 까닭으로 천하게 여기고, 옥이 적은 까닭으로 귀하게 여긴 것이 아니라, 대저 옛날에 군자가 덕을 옥에다가 비유했나니 따뜻하고 윤기가 흐르면서 광택이 남은 사랑의 원리요, 치밀하고 단단함은 지성이요, 모지면서 쪼

개지 아니함은 정의로운 기개요, 드리움에 떨어질듯이 몸을 낮춤은 예절의 공손함이요, 두드리면 그 소리가 맑고 가락이 높고 길며 그 그침에 굽히듯이 함은 풍류요, 옥의 티를 옥의 빛으로 가리지 아니하며, 옥의 빛을 옥의 티로 가리지 아니함은 충직함이요, 옥의 무늬가 뚜렷하게 옆으로 전달함은 믿음의 표시요, 기운이 흰 무지개처럼 아롱짐은 하늘의 빛깔이요, 정신이 산천에서 나타남은 땅의 신령함이요, 홀과 반쪽 홀을 하나만 전달함은 덕의 고상함이요, 천하에 귀하게 여기지 아니함이 없는 것은 도의 영원한 가치이니 시에 이르기를 군자를 생각하건대 따뜻함이 그 옥과 같도다 하니 그러므로 군자가 귀하게 여기느니라.』


　● 이 장은 빙례(聘禮)에서 빈(賓)이 임금에게 홀을 드리고 임금의 부인에게 반쪽 홀을 드리는 규장(圭璋)의 고귀한 가치를 기술하였다.

　옥(玉)은 각섬석(角閃石)의 일종으로 반투명의 담녹색·담회색의 보석인데 빛이 곱고 아름다운 광택이 있어 예로부터 규장(圭璋)과 패옥(佩玉)으로 사용하였다. 민(瑉)은 대개 차돌로서 무늬가 없고 투명한 수정과 같은 보석이다. 군자비덕어옥(君子比德於玉)은 앞에 13−13−5에서 이미 해설하였고, 진(縝)은 치(緻)의 뜻이며, 율(栗)은 단단함이요, 추(隊)는 추(墜)이다. 굴(詘)은 움츠려서 그침이고, 하(瑕)는 옥의 티이며, 유(瑜)는 옥의 아름다운 빛이요, 부(孚)는 옥의 무늬이며, 윤(尹)은 뚜렷하고 선명함이고, 방달(旁達)은 옆으로 전달함이다.

　천(天)은 천기(天氣)요, 지(地)는 지령(地靈)이며, 규장특달(圭璋特達)은 홀과 반쪽 홀은 오직 한 가지씩만 전달하는 것이니 그 신분을 상징하는 가장 고귀한 물건이기 때문이다. 덕(德)은 청렴결백하여 물질을 초월한 고상한 덕이요, 도(道)는 영원히 변하지 않는 고귀한 진리이며, 언(言)은 어조사이다.

살피건대 옥(玉)에는 인(仁), 의(義), 례(禮), 악(樂), 충(忠), 신(信), 천(天), 지(地), 덕(德), 도(道) 등의 군자(君子)다운 자질과 문채와 소리가 있어 아름다운 덕을 고루 갖추었으니 빙례(聘禮)의 가장 고귀한 폐백(幣帛)으로 삼기에 부족함이 없도다.

# 49. 상복4제(喪服四制)

이 편은 상복(喪服)을 제정(制定)하는 네 가지 원칙을 기술하였으니 첫째는 은혜에 보답하는 감정을 기준으로 하고, 둘째는 의리(義理)를 밝히는 정신을 기준으로 하며, 셋째는 절도(節度)를 지키는 행실을 기준으로 하며, 넷째는 상황에 알맞게 변통하는 권도(權道)를 기준으로 하였음을 밝혔다.

그리하여 은혜에 보답하는 감정은 인(仁)이요, 의리를 밝히는 정신은 의(義)이며, 절도를 지키는 행실은 예(禮)요, 상황에 알맞게 변통하는 권능은 지(智)이니 상복(喪服)을 제정하는 원칙은 인의예지(仁義禮智)의 네 가지 덕목임을 서술하였다.

49-1-1 ──────── 凡禮之大體는 體天地하며 法四時하며 則陰陽하며 順人情하나니 故로 謂之禮요 訾之者는 是不知禮之所由生也라 夫禮는 吉凶異道하야 不得相干하나니 取之陰陽也요 喪有四制하야 變而從宜하나니 取之四時也요 有恩有理有節有權하니 取之人情也라 恩者는 仁也요 理者는 義也요 節者는 禮也요 權者는 知也니 仁義禮知에 人道가 具矣니라.

『무릇 예절의 큰 줄거리는 하늘과 땅을 본받으며, 네 철을 법 받으며, 음양을 본받으며, 인정을 따르나니 그러므로 일컬어 예절이라 하고, 예절을 비방하는 사람은 이에 예절이 말미암아 나오는 바를 알지 못한 것이니라. 무릇 예절은 길한 일과 흉한 일에 방법을 달리 하여 서로 간섭할 수 없게 하나니 음양의 원리에서 취한 것이요, 상복에 네 가지 제도가 있어 변통하여 알맞음을 따르나니 네 철에서 취하여 본받은 것이요, 은혜가 있고 의리가 있고 절도가 있고 알맞게 조절함이 있으니 사람의 감정에서 취한 것이다. 은혜에 보답하는 것은 사랑의 원리요, 의리를 밝히는 것은 정의요, 절도를 지키는 것은 예절이요, 상황에 알맞게 조절하는 것은 지혜이니 인의예지에서 인간의 도리가 갖추어지는 것이니라.』

◑ 이 장은 예절의 대체(大體)를 밝혀 천지(天地)와 4시(四時)와 음양(陰陽)과 인정(人情)의 원리를 모두 갖추는 것이 예절임을 설파하고, 이어 상복(喪服)에는 네 가지 제도가 있음을 기술하였다.

대체(大體)는 전체를 요점만 간추린 핵심적 줄거리이고, 체천지(體天地)는 현상 세계의 하늘과 땅의 존재원리를 본받은 것이며, 법사시(法四時)는 네 철이 운행함에 따라 만물이 생성 변화하는 체계를 법받은 것이요, 칙음양(則陰陽)은 음(陰)과 양(陽)이 상대적으로 동정(動靜), 굴신(屈伸), 왕래(往來)하는 법칙을 본받은 것이며, 순인정(順人情)은 인간의 희(喜), 노(怒), 애(哀), 구(懼), 애(愛), 오(惡), 욕(欲) 7정(七情)에 순응하는 것이다. 자지(訾之)는 예절을 비방하는 것이고, 예지소유생(禮之所由生)은 곧 천지(天地)와 4시(四時)와 음양(陰陽)과 인정(人情)을 말미암아 예절이 생긴 것이다. 길흉이도(吉凶異道)는 길사(吉事)에는 길례(吉禮)가 있고, 흉사(凶事)에는 흉례(凶禮)가 있어 서로 의복과 방법을 다르게 함이요, 부득상간(不得相干)은 길례와 흉례를 동시에 같은 자리에서 거행하지 아니

함이다. 권(權)은 권도(權道)로 비상한 상황에서 임기응변(臨機應變)
하여 알맞게 조치함이다.


49-1-2 ──────────────────────── 其恩이 厚者는 其服이 重이라 故로
爲父하야 斬衰三年하나니 以恩制者也라.


『그 은혜가 두터운 것은 그 상복이 무거운지라 그러므로 아버지를
위하여 참최3년의 상복을 입나니 은혜로써 제정한 것이니라.』


☯ 이 절은 은혜에 보답하는 사랑의 원리로 상복을 제정하여 아버
지의 상복은 참최3년(斬衰三年)으로 정했음을 기술하였다.


49-1-3 ──────────────────────── 門內之治는 恩揜義하고 門外之治는
義斷恩하나니 資於事父하야 以事君하되
而敬이 同하니 貴貴尊尊은 義之大者也라 故로
爲君하야 亦斬衰三年하나니 以義制者也라.


『문안의 초상을 치름에는 은혜가 의리를 가리고, 문밖의 초상을
치름에는 의리가 은혜를 끊으나니 아버지를 섬김에 바탕을 두어 임
금을 섬기되 그 공경심이 동일하니 귀한 사람을 귀하게 섬기고, 높은
사람을 높이 섬김은 의리의 큰 것이라, 그러므로 임금을 위하여 또한
참최 3년의 상복을 입나니 의리로 제정한 것이니라.』

◎ 이 절은 의리(義理)를 밝히는 의리정신(義理精神)으로 상복을 제정하고, 임금을 위하여 경대부(卿大夫)는 참최3년(斬衰三年)의 상복을 입게 한 것을 기술하였다.

문내(門內)는 가문(家門)의 8촌(八寸) 이내의 친척이고, 치(治)는 치상(治喪)이니 초상을 치르는 것이며, 은암의(恩揜義)는 은혜가 의리를 가리는 것이니 은혜를 위주로 함이다. 문외(門外)는 나라와 사회이며, 의단은(義斷恩)은 의리가 은혜를 단절함이니 의리를 위주로 함이요, 자(資)는 바탕이며, 귀(貴)는 작위(爵位)가 높은 임금이요, 존(尊)은 은덕(恩德)이 높은 아버지이다.


49-1-4 ──────────────── 三日而食하며 三月而沐하며 期而練하며
毀不滅性하나니 不以死傷生也요 喪不過三年하며
苴衰를 不補하며 墳墓를 不培하며 祥之日에
皷素琴하나니 告民有終也니 以節制者也라


『초상을 치름에 3일이 되어야 먹으며, 3개월이 되어야 목욕하며, 1년이 지나야 상복을 빨아 입으며, 얼굴이 파리하여도 본성을 잃지 않게 하나니 죽은 사람으로 인하여 산 사람을 해치지 않도록 하는 것이요, 상기는 3년을 넘지 않게 하며, 지팡이와 상복을 보충하지 아니하며, 봉분과 묘의 흙을 돋우지 아니하며, 대상의 날에 소박한 거문고를 두드리나니 인민에게 끝이 있음을 알리는 것이니 절도로써 제정한 것이니라.』

☯ 이 절은 절도(節度)를 지키는 예절로 상주(喪主)가 초상 치고, 장사 지내고, 거상(居喪)하는 절차를 제정하였음을 기술하였다.

3일이식(三日而食)은 어버이의 초상에 3일간을 굶고 나서 비로소 죽을 먹는 것이요, 3월이목(三月而沐)은 장사 지내고 집에 돌아와서 초우(初虞)를 지내기 위하여 목욕하는 것이며, 불보(不補)는 비록 손상하였어도 보완(補完)하지 아니함이고, 불배(不培)는 흙을 더욱 북돋우지 아니함이다. 상지일(祥之日)은 대상(大祥)의 날이고, 소금(素琴)은 옻칠로 장식하지 않은 질박한 거문고이며, 고민유종(告民有終)은 인민에게 끝이 있음을 알리는 것이다.


49-1-5 ——————————————— 資於事父하야 以事母하되 而愛가 同하니
天無二日하며 土無二王하며 國無二君하며
家無二尊은 以一治之也니 故로 父在어든
爲母하야 齊衰期者는 見無二尊也라.


『아버지를 섬김에 바탕을 두어 어머니를 섬기되 그 사랑하는 마음이 한가지이니 하늘에는 두 해가 없고, 땅에는 두 왕이 없으며, 나라에는 두 임금이 없으며, 집에는 두 높은 이가 없음은 하나로써 다스리는 것이니 그러므로 아버지가 살아 있거든 어머니를 위하여 자최 1년의 상복을 입는 것은 두 높은 이가 없음을 보이는 것이니라.』


☯ 이 절은 상황에 따라 알맞게 조절하여 예절의 지고(至高), 지존(至尊)한 절대적 가치를 창조하는 지혜를 기술하였다.

아버지가 죽은 뒤에 어머니가 죽으면 자최 3년(齊衰三年)의 상복

을 입지만 아버지가 생존할 때에 어머니가 죽으면 자최 1년의 상복을 입으니 아버지가 아내의 죽음에 자최기년(齊衰期年)의 상복을 입기 때문이다.


49-2-1 ──────────────── 杖者는 何也요 爵也라 三日에 授子杖하고
五日에 授大夫杖하고 七日에 授士杖하나니 或이
曰擔主라 하며 或이 曰輔病이라 하니라 婦人과 童子가
不杖은 不能病也라 百官을 備하며 百物을 具하야
不言而事行者는 扶而起하고 言而后에 事行者는
杖而起하고 身自執事而后에 行者는 面垢而已요
禿者不髽하며 傴者不袒하며 跛者不踊하며 老病은
不止酒肉하나니 凡此八者는 以權制者也라.


『지팡이는 어째서인가요, 벼슬을 상징하는 것이다. 3일에 아들에게 지팡이를 주고, 5일에 대부에게 지팡이를 주고, 7일에 선비에게 지팡이를 주나니 어떤 사람이 말하기를 주인을 돕는 것이라 하며, 어떤 사람이 말하기를 질병을 돕는 것이라고 하니라. 부인과 어린이는 지팡이를 짚지 아니함은 질병을 앓지 않는 까닭이니라. 일백 관직을 갖추며, 일백 물건을 갖추어 말을 하지 않으면서 일을 거행하는 사람은 부축하여 일어나고, 말을 한 다음에 일을 거하는 사람은 지팡이를 짚고 일어나고, 몸이 스스로 일을 잡은 다음에 거행한 사람은 얼굴에 때를 묻힐 따름이요, 대머리는 북상투를 쪽 지지 아니하며, 꼽추는 왼쪽 소매를 벗지 아니하며, 절뚝발이는 뛰지 아니하며, 늙은이와 질병을 앓는 사람은 술과 고기를 금지하지 아니하나니 무릇 이 여덟

가지는 상황에 따라 임시로 변통하여 제정한 것이니라.』

　●　이 장은 상례(喪禮)에 있어서 비상시(非常時)에 대처하는 요령을 기술하였다.

　장(杖)은 상장(喪杖)이고, 작(爵)은 작위(爵位)가 높은 사람의 권위(權威)를 상징하는 의장(儀仗)이며, 3일수자장(三日授子杖)은 아들이 어버이의 죽음에 3일 동안 굶으면서 슬퍼하는 상례(喪禮)를 지켰으므로 아들에게 작위(爵位)를 상징하는 지팡이를 주는 것이다. 대부(大夫)와 사(士)에게 지팡이를 주는 것은 임금이 승하하였을 때이며, 섬(擔)은 섬(贍)이니 돕는 것이고, 부인(婦人)은 20세 미만의 부인이니 성인(成人)이 된 부인은 지팡이를 짚는다. 불능병(不能病)은 원기가 왕성하므로 쉽게 병들지 아니함이다. 불언이사행자(不言而事行者)는 천자(天子)와 제후(諸侯)이고, 언이후사행자(言而后事行者)는 경대부(卿大夫)이며, 신자집사이후행자(身自執事而后行者)는 사서인(士庶人)이니, 천자와 제후는 지극히 슬퍼하여 사람이 부축하여 일어날 정도에 이르러도 되고, 경대부(卿大夫)는 아무리 슬퍼도 지팡이를 짚고 일어날 정도에 그쳐야 하며, 사서인(士庶人)은 아무리 슬퍼도 손수 일을 추진하여 얼굴에 땀이 나도 되는 것이니 모두 상황에 따라서 처신함이다. 면구(面垢)는 지팡이를 짚지 않고 일을 하여 땀이 나서 얼굴이 때가 묻은 것이요, 독(禿)은 대머리이며, 좌(髽)는 앞에 15-1-3에서 이미 해설하였고, 구(傴)는 꼽추이며, 파(跛)는 절뚝발이다. 노병(老病)은 늙은이와 질병을 앓는 사람이고, 지(止)는 금지(禁止)하여 먹지 않음이니 팔자(八者)는 첫째, 미성년자가 지팡이를 짚지 않음이요, 둘째, 부축하여 일어나는 천자와 제후요, 셋째, 지팡이를 짚고 일어나는 경대부(卿大夫)요, 넷째, 자신이 직접 일을 추진하여 얼굴에 땀이 나는 사서인(士庶人)이요, 다섯째, 대머리는 북상 투 쪽 지음을 아니 함이요, 여섯째, 꼽추는 왼쪽 소매를 벗지 아니함 이요, 일곱째, 절뚝발이는 뛰지 아니함이요, 여덟째, 노인과 질병을 앓는 사람은 술과 고기를 금지하지 않는 것이다. 이권제자(以權制者) 는 보편적인 상도(常道)가 아니라 특수적인 상황에서 알맞게 변통 (變通)하는 권도(權道)로 제정한 예절이다.

49-3-1 ──────────────── 始死어든 三日을 不怠하며 三月을 不解하며 期를 悲哀하며 三年을 憂하나니 恩之殺也라 聖人이 因殺以制節하시니 此는 喪之所以三年이라 賢者라도 不得過하며 不肖者라도 不得不及하나니 此는 喪之中庸也니 王者之所常行也라 書에 曰高宗이 諒闇三年不言이라 하니 善之也라.

『처음 죽음에 3일을 게을리 아니 하며, 3일을 풀지 아니하며, 1년 을 슬퍼하며, 3년을 근심하나니 은혜를 감쇄하여 줄이는 것이라. 성 인이 감쇄함을 인연하여 절도를 제정하시니 이것은 상기를 3년으로 제정한 원리라, 어진 이라도 지나갈 수 없으며, 같잖은 사람이라도 미치지 않을 수 없나니 이것은 상기의 중용인 것이니 왕 노릇을 하 는 사람이 떳떳하게 행하는 바인 것이라. 서전에 말하기를 고종이 상 주가 머무르는 움막에서 3년간 말을 아니 하였다고 하니 칭찬한 것 이다.』

◑ 이 장은 상례(喪禮)에 있어서 3년의 거상범절(居喪凡節)은 인

간의 보편적 성정(性情)에 기초한 중용(中庸)의 길이므로 천하에 떳떳한 예절임을 기술하였다.

　은지쇄(恩之殺)는 은혜의식(恩惠意識)이 세월의 흐름과 더불어 점점 감쇄(減殺)하여 가벼워지는 것이 인류의 보편적인 감정의 흐름이다. 상(喪)은 상기(喪期)요, 현자(賢者)는 효자(孝子)이며 과(過)는 초과(超過)이고, 불초자(不肖者)는 불효자(不孝子)이며 불급(不及)은 미급(未及)이다. 중용(中庸)은 지나치거나 모자람이 없는 알맞은 상태이고, 상행(常行)은 보편적인 떳떳한 상도(常道)로 거행하는 예절이이며, 서(書)는 서경(書經) 상서(商書) 열명상(說命上)편이고, 고종(高宗)은 이름이 무정(武丁)인데 상(商)나라의 어진 임금으로 부열(傳說)의 보필을 받아 어진 정치를 베풀었다. 량암(諒闇)은 천자(天子)가 부모의 상복(喪服)을 입고 거처하는 움막이니 서경에는 량암(亮陰)이라고 하였는바 량암(諒陰)이라고도 한다. 3년불언(三年不言)은 정무(政務)를 수상(首相)에게 위임하고 오로지 거상범절(居喪凡節)만을 지키는 것이며, 선지(善之)는 잘한다고 칭찬함이니 앞에 4-6-4를 보라.


49-3-2　————　王者가 莫不行此禮어늘 何以獨善之也오 曰高宗者는
武丁이니 武丁者는 殷之賢王也라 繼世卽位하야
而慈良於喪하시고 當此之時하야 殷衰而復興하며
禮廢而復起하니 故로 善之하니 善之故로 載之하니
書中而高之故로 謂之高宗이라 하니라 三年之喪에
君不言하시니 書에 云高宗이 諒闇三年不言이라 하니
此之謂也라 然而나 曰言不文者는 謂臣下也니라.

『왕 노릇을 하는 사람이 이 예절을 실행하지 않음이 없거늘 어찌하여 홀로 착하다고 하는가, 말하기를 고종이란 임금은 이름이 무정이니 무정이란 사람은 은나라의 어진 왕이니라. 아버지의 뒤를 이어 왕위에 올라 아버지의 초상에 사랑하여 가엾이 여기시고, 이때를 당하여 은나라의 쇠퇴함을 다시 일으키며, 예절의 무너짐을 다시 세웠나니 그러므로 착하다고 칭찬하니 칭찬한 까닭으로 기록하니 글속에 높은 까닭으로 일컬어 고종이라고 하니라. 3년의 상복을 입음에 임금이 말을 아니 하시니 서전에 이르기를 고종이 상복 입고 움막에서 3년 동안 말을 아니 하였다고 하니 이것을 일컬은 것이니라. 그러나 말하기를 말을 꾸미지 아니한다는 것은 신하를 일컬은 것이니라.』

◑ 이 절은 앞 절에 이어 고종(高宗)이 거상범절(居喪凡節)을 잘 지켜서 특별히 칭찬을 받은 이유를 기술하였다.

자량(慈良)은 사랑하여 가엾이 여김이요, 재지(載之)는 실록(實錄)에 기재함이며, 서중(書中)은 여러 임금의 실록(實錄)을 비교하는 가운데이다. 언불문(言不文)은 말은 하되 아름답게 꾸미지 아니함이요, 위신하(謂臣下)는 신하가 상복을 입었을 때를 일컬은 것이다. 대저 천자와 제후는 일백 관료가 있으므로 비록 말이 없어도 행사를 거행할 수 있지만 신하는 보필하는 사람을 갖추지 못하므로 직접 말을 하되 아름답게 꾸미지는 말아야 되므로 예절에 상복을 입은 사람은 말을 꾸미지 말라고 한 것이다.

49-3-3 ——————— 禮에 斬衰之喪은 唯而不對하고 齊衰之喪은

<sup>대 이 불 언</sup> <sup>대 공 지 상</sup> <sup>언 이 불 의</sup>
對而不言하고 大功之喪은 言而不議하고
<sup>시 소 공 지 상</sup> <sup>의 이 불 급 락</sup>
緦小功之喪은 議而不及樂이라 하니라.

『예절에 참최의 상복은 네 하되 대답하지 아니하고, 자최의 상복은 대답하되 말하지 아니하고, 대공의 상복은 말하되 의논하지 아니하고, 시마와 소공의 상복은 의논하되 즐거움에는 미치지 아니한다고 하니라.』

◉ 이 절은 앞 절에 이어 거상(居喪)함에 말에 대한 예절을 기술하였으니 앞에 37-3-1을 참조하라.

49-4-1 ──────── <sup>부 모 지 상</sup> 父母之喪엔 <sup>최 관 승 영 관 구</sup> 衰冠繩纓菅屨하며 <sup>삼 일 이 식 죽</sup> 三日而食粥하며
<sup>삼 월 이 목</sup> 三月而沐하며 <sup>기 십 삼 월 이 련 관</sup> 期十三月而練冠하며 <sup>삼 년 이 상</sup> 三年而祥하나니
<sup>비 종 자 삼 절 자</sup> 比終茲三節者라 <sup>인 자</sup> 仁者엔 <sup>가 이 관 기 애 언</sup> 可以觀其愛焉하며 <sup>지 자</sup> 知者엔
<sup>가 이 관 기 리 언</sup> 可以觀其理焉하며 <sup>강 자</sup> 彊者엔 <sup>가 이 관 기 지 언</sup> 可以觀其志焉하니 <sup>례 이 치 지</sup> 禮以治之하며
<sup>의 이 정 지</sup> 義以正之하나니 <sup>효 자 제 제 정 부</sup> 孝子弟弟貞婦를 <sup>개 가 득 이 찰 언</sup> 皆可得而察焉하니라.

『부모의 초상에는 삼베관에 수삼 줄로 만든 관끈을 매고 엄집신을 신으며, 3일이 지나면 죽을 먹으며, 3개월이 되어야 목욕을 하며, 1주기의 13개월이 되어야 상복을 빨아 입으며, 3년이 되어야 대상을 지내나니 연달아 이 세 가지 절도를 마치는 것이라, 어진 사람에게는 그 사랑을 볼 수 있으며, 지혜로운 사람에게는 그 도리를 볼 수 있으며, 굳센 사람에게는 그 뜻을 볼 수 있나니 예절로써 다스리며, 정의로써 바로잡나니 효자와 공경하는 아우와 정숙한 부인을 모두 얻어

살필 수 있는 것이니라.』

  ☯ 이 장은 상례(喪禮)의 3년상(三年喪)을 통하여 인(仁), 의(義), 예(禮), 지(智)의 순수한 인간성(人間性)을 모두 확인할 수 있음을 기술하였다.

  비(比)는 연달아 계속함이고, 3절(三節)은 최관(衰冠), 승영(繩纓), 관구(菅屨)하며, 3일이 지난 다음에 죽을 먹는 초상범절(初喪凡節)과 3개월이 지나 장사(葬事) 지내고 반곡(反哭)한 다음에 목욕하는 장례범절(葬禮凡節) 및 초우(初虞)로부터 졸곡(卒哭)과 소대상(小大祥)을 지내는 거상범절(居喪凡節)이다.

  무릇 어버이를 위한 상례(喪禮)의 범절(凡節)은 행사가 많고, 기간이 길기 때문에 효자(孝子)가 사랑과 지혜와 용기를 다하여 정성(精誠)을 들이기 때문에 그 어버이에 대한 깊은 사랑을 볼 수 있고, 그 어버이에 대한 밝은 도리(道理)를 볼 수 있으며, 그 어버이에 대한 굳은 뜻을 볼 수 있는 것이다. 그러나 또한 인애(仁愛)가 깊고, 지혜(知慧)가 밝고, 의지(意志)가 굳어도 반드시 성왕(聖王)의 예절로써 거행하며, 사회의 정의(正義)로써 바로잡아야 하나니 공동체의 화합사회를 건설하는 도덕적 규범을 지켜야 되기 때문이다. 효자(孝子)는 어버이를 뚜렷이 빛내는 자식이요, 제제(弟弟)는 형(兄)을 공정하는 아우이며, 정부(貞婦)는 정렬(貞烈)을 지키는 부인이니 천하의 고금(古今)에 길이 감동하여 경모(敬慕)하고 하늘을 우러러 탄복하여 마지않는 것이다.

서정기(徐正淇, 아호: 躍淵·北岳·勳老)——————————————————

4·19혁명 선봉 및 민족통일전국학생 성대조직위원장
한국유학연구회 유교사상 편집인
동양문화연구소 연구실장
성균관 전학(典學)
한국청년유도회 회장: 예법(관례, 향음주례, 사상견례)부흥운동 전개
동양문화연구소 부소장 및 소장: 세계 속의 한국학운동 전개
건국대학교 대학원 철학과 박사학위 심사위원
민중유교연합 의장: 한글제사축문 보급운동 전개
성균관유교진흥대책위원회 위원장: 도덕성 회복과 새사람 운동 전개
성균관유교문화연구위원회 위원장, 태학지 번역분과 위원장
민주평화통일 자문위원회 상임위원, 성균관 유교신보 편집인 겸 주간 역임
삼경역주 성균훈로상 수상, 성균관 태학지 번역공로상 수상
현) 동양문화연구소 소장
　　(사)한국예절교육협회 상임고문
　　김동식 장군 기념사업회 상임고문
　　(사)충의무예원 고문


『世界 속의 韓國文化』, 『世界 속의 韓國精神』, 『世界 속의 韓國儒敎』, 『世界 속의 韓國禮節』,
『世界 속의 韓國流風』, 『정통가정의례』, 『민중유교사상』,
『實錄기소설 공자』, 『새 시대를 위한 大學·中庸·禮運』, 『새 시대를 위한 春秋』(上·中·下),
『새 시대를 위한 詩經』(上·下), 『새 시대를 위한 書經』(上·下), 『새 시대를 위한 周易』
(上·下), 『새 시대를 여는 길』, 『根源探索』, 『道學統論』,
『成婚錄』, 『김동식 장군』, 『아침 햇살 영롱한 대나무 열매』,
『하늘로 날아라, 못으로 뛰어라』
훈로 서정기 선생 『유교대전』 41권 외 다수

새 시대를 위한

# 禮記 5


초판인쇄 | 2011년 8월 4일
초판발행 | 2011년 8월 4일

지 은 이 | 서정기
펴 낸 이 | 채종준
펴 낸 곳 | 한국학술정보㈜
주　　소 | 경기도 파주시 교하읍 문발리 파주출판문화정보산업단지 513-5
전　　화 | 031) 908-3181(대표)
팩　　스 | 031) 908-3189
홈페이지 | http://ebook.kstudy.com
E-mail | 출판사업부　publish@kstudy.com
등　　록 | 제일산-115호(2000. 6. 19)

ISBN　　978-89-268-2407-8 94150 (Paper Book)
　　　　　978-89-268-2408-5 98150 (e-Book)
　　　　　978-89-268-2397-2 94150 (Paper Book Set)
　　　　　978-89-268-2398-9 98150 (e-Book Set)